ART MUSEUM

Theory & Practic

艺术博物馆
理论与实务

张子康　罗怡　/著

文化艺术出版社
Culture and Art Publishing House

图书在版编目（C I P）数据

艺术博物馆：理论与实务 / 张子康，罗怡著. --
北京：文化艺术出版社，2017.10
ISBN 978-7-5039-6292-9

Ⅰ. ①艺… Ⅱ. ①张… ②罗… Ⅲ. ①艺术馆—运营
管理 Ⅳ. ①G242

中国版本图书馆CIP数据核字（2017）第261539号

艺术博物馆
——理论与实务

著　　者　张子康　罗　怡
责任编辑　董瑞丽
装帧设计　秦　华　纪玉洁　泓　杰
出版发行　文化艺术出版社
地　　址　北京市东城区东四八条52号　100700
网　　址　www.whyscbs.com
电子邮箱　whysbooks@263.net
电　　话　（010）84057666（总编室）84057667（办公室）
　　　　　84057691—84057699（发行部）
传　　真　（010）84057660（总编室）84057670（办公室）
　　　　　84057690（发行部）
经　　销　新华书店
印　　制　北京雅昌艺术印刷有限公司
版　　次　2017年10月第1版
印　　次　2017年10月第1次印刷
开　　本　720mm × 1000mm　1/16
印　　张　29.125
字　　数　360千字　图片60余幅
书　　号　ISBN 978-7-5039-6292-9
定　　价　98.00元

我们是谁，从哪里来，到哪里去（代序）

距离2009年初版《美术馆》已经过去了7年的时间，这期间，中国的美术馆——艺术博物馆的发展环境发生了很大的改变，绝大多数改变都是积极的、正面的、蓬勃的。已经有几年的时间，当越来越多的人开始询问到哪里可以找到《美术馆》的时候，我们开始意识到重新整理出版的必要。

但是重印原书并非我们所愿。当年这本书是建立在每天“打仗”一样的管理“战场”，资料的收集在很长的时间都只是基于实战需要，缺乏规范的学术整理，当时国内可参考的学术文献凤毛麟角，因此在学术规范上是有所欠缺的，我们一直觉得颇为遗憾，也感到十分惭愧。通过我们的观察、研究和搜寻，发现虽然现在关于“博物馆—艺术博物馆”的理论梳理与管理经验介绍铺天盖地，但多是些演讲、短文、采访的合集，还是缺乏一本系统地介绍“如何做艺术博物馆”的专著，于是我们坚定了重写“艺术博物馆”的决心，并为了规范改名为“艺术博物馆”。

重建与新筑相比，比想象的更为艰难。我们完全重写了原来《美术馆》一书的第一章和第三章，增加了第五部分（第十七、十八、十九章），整个新增的文字量在8万字左右。同时我们对其他的章节进行了重构，尤其对涉及最新的政策和趋势方面做了调整。

新的研究是基于一个整体“博物馆”的概念而进行的，因此我们认为本书讨论的许多内容也适用于各种类型的博物馆，我们只在特别针对“艺术博物馆”的地方和章节明确提出，至于我们认为的通用的理论和实践，都以“博物馆”指代。

国际博物馆协会（The International Council of Museums，简称ICOM）主席汉斯－马丁·欣茨（Hans-Martin Hinz）在2015年的一次讲话中说：“全世界的博物馆和艺术博物馆都肩负着一个根本的使命，就是寻找我们从哪儿来，以及人们在自然世界中的位置。”让人们在艺术博物馆中身有所依，心有所寄，让人们得到艺术的感动、激发、创造，走到一起，面对浩瀚宇宙，建设共同未来，找到回家之路，这是我们从事艺术博物馆的心愿，相信也是所有艺术博物馆人的使命与为之奉献的艺术。

在此，我们一并感谢支持与帮助我们在艺术博物馆这一领域发展的所有的人，感谢众多对本书的撰写提供帮助的文化与艺术同业，并祝福你们，也祝愿中国的艺术博物馆事业兴旺发达。

张子康　罗怡

2016年7月

目 录

第一部分 认识艺术博物馆（美术馆）

第一章 什么是艺术博物馆

第二章 体验型艺术博物馆：艺术博物馆与观众

第五章　艺术博物馆的展览

第六章　艺术博物馆的典藏

第七章　艺术博物馆的教育

第三部分　艺术博物馆（美术馆）的资金链条

第八章　艺术博物馆营利和非营利的关系

第九章　艺术博物馆的资金来源

第十章　艺术博物馆商店

第十一章　艺术博物馆的品牌

第四部分　艺术博物馆（美术馆）的运营管理

第十二章　战略规划

第十三章　博物馆的行政管理与安全管理

第十四章　艺术博物馆的财务运营管理

图表目录

第一部分

认识艺术博物馆（美术馆）

“美术馆”直译为Art Museum或者Museum of Art，也就是指艺术博物馆。中国一直沿袭着建成于1936年的国立美术陈列馆之“美术馆”来称呼“艺术博物馆”。正如科学博物馆、自然博物馆、历史博物馆……美术馆是博物馆的一个细分。我们可以从“艺术＋博物馆”两个步骤来理解“艺术博物馆”。

“艺术”的美学含义起源很晚，且在不同的国家都有不同的意义范围。中世纪以前，拉丁语中的Arts，类似希腊语中的“技艺”。直到文艺复兴时期，艺术家都是以匠人自居的。18世纪，人们才有了艺术作为一种高尚和神圣之物的观念，艺术才开始与技术和手工艺的相关问题及概念分开。到18世纪末，这种分离使美学的概念进一步发展，建立起与实用手工艺之间清楚的区别，尤其强调“Fine Art”。到19世纪，形容词Fine被去掉，单数替代复数，于是这一表达被浓缩和概括为“Art”。英语中的“Art”，泛指一切“与社会上的任何功能都不相关的为艺术本身进行的活动”[1]。很多时候，它也用来专指艺术的一个部分——视觉艺术。由于西方艺术史以绘画及雕塑为中心的固有特点，它的特指范围甚至为绘画与雕塑。

在中国，“绘画”的概念由来已久，早在南朝时期，谢赫的绘画“六法”便提出了我们今天看来仍然比较完备的绘画理论体系。不过，“美术”这个词却是个舶来品。它最早由蔡元培先生在新文化运动前后译自日语，当时是泛指包括音乐、诗歌等在内的一切表达人类情感的艺术门类的总称。“日本语中，美术馆的内涵是和中国汉语中博物馆的内涵相通”[2]。但“美术”一词的概念在中国却越来越接近英文中“Fine Art”的指代，更多代表摄影、国画、油画、版画、雕塑等以物质材料为媒介、在空间开展的视觉艺术，甚至常常特指绘画。

“博物馆”一词源自西欧。在英语中，Museum 这个词是指“缪斯的崇拜地”（缪斯在古希腊神话中主司智慧，传说由九位掌管不同艺术门类的女神组成），它的意思是说，博物馆是一个向公众展示智慧、展示知识的地方。1961 年，国际博物馆协会（ICOM）将“博物馆”（Museum）一词定义为“一个以研究、教育与欣赏为目的，来保存以及展示在文化及科学方面具有重要价值的对象的机构”。1974 年，国际博物馆协会进一步对“博物馆”给出比较完整的且具备一定前瞻性、革命性的定义：“一个不追求营利，向公众开放、服务于社会和社会发展的持久机构。它为研究、教育和欣赏的目的，对人类和人类环境的物质见证进行了搜集、保护、研究、传播与展览。”[3]增加的部分着重强调了博物馆的公共性、服务性、非营利性以及以人为本的精神，也说明博物馆那时已经或者即将不再扮演过去单纯的角色。20 世纪 80 年代末以来，世界上有关博物馆学的研究成为一门新兴专门学科，世界博物馆协会对博物馆的分类有了更广范的延伸。2007

年，国际博物馆协会（ICOM）在维也纳会议上更新的这一版定义是国际博物馆界公认的最新定义，它是这样描述的："一个不追求营利，向公众开放、服务于社会和社会发展的持久机构。它为研究、教育和欣赏的目的，对于人类的物质与非物质遗产及其环境进行了搜集、保护、研究、传播与展览。"[4]新定义最重要的区别在于明确非物质遗产也是博物馆工作的重要对象。"艺术博物馆的宗旨在于艺术品本身。"[5]艺术品作为非物质与物质遗产的一部分，艺术博物馆——也就是美术馆作为博物馆一分子，自当是在这个大概念之下的。

如今在全球化、信息化浪潮的带动下，博物馆经营的体制与形态、运作的内容及方向已产生了巨大的变革。公众对于博物馆的内涵、功能、期待随着博物馆自身的发展也发生了变化。尤其是艺术博物馆，正如艺术本身也是一个不断进化的概念，艺术博物馆更加紧密地与纷繁的当代社会时空相链接，作为"教育的场所、灵感的源泉，人们娱乐、反思和创造奇迹的地方"[6]，艺术博物馆比任何时期都更加积极地参与到艺术生态的各个环节之中。笔者认为，从这个意义上，博物馆的定义更新可以突出博物馆，尤其是艺术博物馆的文化的主动推动力和文化的自身创造力。

瑞德边界 Vitra 博物馆及其周边的建筑群均出自大师之手

CENTENAIRE DE LA NAISSANCE
DE GEORGES POMPIDOU
1911-2011
"L'ART DOIT DISCUTER.
DOIT CONTESTER.
DOIT PROTESTER"
GEORGES POMPIDOU
Centre
Pompidou

AU MUSEE...
RÉACCROCHAGE
COLLECTIONS CONTEMPORAINES
A PARTIR DU 6 AVRIL 2011
MARTIN SZEKELY
12 OCTOBRE 11 - 2 JANVIER
CYPRIEN GAILLARD

法国蓬皮杜艺术中心

（上）巴黎东京宫

（下）伦敦博物馆

（上）牛津阿什莫林博物馆
（下）威尼斯佩吉·古根海姆艺术博物馆

（上）阿姆斯特丹梵高艺术博物馆

（下）阿姆斯特丹市立现代艺术博物馆

意大利佛罗伦萨乌菲兹美术馆

第一章　什么是艺术博物馆

一、艺术博物馆的历史

1. 世界艺术博物馆发展简史

“人类所知的最广阔的形象领域正在产生它的圣所，就像超自然的领域产生了教堂一样”[7]，马尔罗（Malraux,A.）在《无墙的博物馆》中这样描述了博物馆的诞生。博物馆的理念源自公元290年埃及托勒密王朝的亚历山大[8]。最早的博物馆雏形要追溯到古罗马帝国将战利品摆放在公共场所供人参观；笔者所认知的最早的博物馆是1581年前后意大利佛罗伦萨美弟奇（Medici Family）家族的收藏馆（Uffizi Gallery）；启蒙运动时期，17世纪到18世纪之间，在平等主义精神的背景下，西方宫廷、贵族、教会的部分藏品陆续向公众开放，是早期博物馆的萌芽；世界上第一个对公众开放的博物馆位于工业革命的发源地英国——1683年建于牛津的阿什莫林博物馆（Ashmolean Museum）；1759年，伦敦大英博物馆（British Museum，1753年始建）对外开放；闻名于世的巴黎卢浮宫（Louvre）于1793年对公众开放，它是世界公认的现代博物馆的模型。随后，19世纪上半叶，英国伦敦持续进行着世界顶级博物馆的建设，其他欧洲的大城市也纷纷开始拥有自己的博物馆。1803年的里昂艺术博物馆（Museum of Fine Art），

1819年的马德里皇家艺术与雕塑博物馆（后普拉多艺术博物馆）（Prado），1824年的伦敦国家画廊（National Gallery）……到19世纪下半叶，受英语文化影响深远的北美也开始投入到博物馆建设中，1870年的波士顿的艺术博物馆（Museum of Fine Art）和纽约大都会艺术博物馆（Metropolitan Museum of Art），1879年的芝加哥艺术馆（The Art Institute），1880年的渥太华加拿大国家画廊（National Gallery of Canada）等。亚洲最早的博物馆东京国立博物馆于1872年建成开放。1889年，世界上最早的、至今还在高效运转的博物馆协会（Museum Association）在伦敦宣告成立。[9]

世界上第一批现代博物馆的专业人士——卢浮宫的工作人员为今天博物馆的定型打下了坚实的基础。18世纪晚期，他们为了将展览做得更“专业化”，已经开始将藏品“每一件都按照时间顺序和国家、流派归类”[10]，组成了人类——法国文化艺术与历史发展的脉络，供世代参观者领悟继承。卢浮宫的公开展览模式被法国其他城市和欧洲各国纷纷效仿，大型、公共、综合性和具有教育功能的博物馆从此开始大跃进式的发展。同时，根植于文艺复兴而显著于18世纪末，在欧洲，美术学院、美的观念、美术史的观念、艺术创作（脱离了定制）、艺术市场纷纷出现，艺术的历史在自我发展中逐步成型。19世纪，作为民族古董的历史性物件和艺术作品渐渐被分别对待[11]，意味着艺术史的归类系统与一统天下的古董分类相分离。博物馆在艺术分类上的完整性与独立性也越来越强，艺术博物馆在艺术、在博物馆诞生的基础上应运而生。18世纪末撒下的种子，在艺术博物馆成长的100多年里相互促进演化。19世纪末20世纪初，艺术博物馆逐渐成型。艺术博物馆不仅仅展出人们公认的艺术大师的作品，也致力于发现、赞助和解释新的艺术家。到19世纪中期，大多数西方发达国家都有了自己的艺术博物馆。

学者史蒂芬·康恩（Conn, S.）在其著作《博物馆与美国的智识生活，1876—1926》中分析指出，博物馆曾经“通过对待物品时细致而系统的方式激发了创造性的研究”，成为“19 世纪末到 20 世纪初智识领域的重要场所，也是我们今天了解那个时代的丰富宝库”。[12] 然而在与“大学争夺智识创造中心地位的过程中”[13]，“当以物品为中心的认识论最终在历史舞台上落下帷幕时，博物馆也从此离开了美国智识生活的中心舞台”[14]。“在自身的矛盾重压下，博物馆赖以为基础的智识结构在 20 世纪走过了第一个 15 年的时候终于坍塌了。”[15] 一些博物馆的形式和内容都发生了重要变化，如美国的“商业博物馆成为了商务部的前身”[16]，只有艺术博物馆通过斗争“在今天的文化体系中占据着最高的位置”[17]，“这绝不仅仅是因为它们得到了社会中最为富有、最具影响力的精英分子的支持”，而是因为它们“比人类学、史学或是商业物品都更能保有并且将继续保有自己在认识论方面的价值……大多数艺术史学家在得出关于艺术史的智识时，主要依赖的依然是艺术品本身”。[18] 范景中教授在其主编的《美术史的形状——从瓦萨里到 20 世纪 20 年代》一书中曾说：“我理想中的美术史……应是专业的学术和普及教化的结合，博物馆的活动和大学教学的结合；鉴赏家的实践和美术史家的探索的结合，它不仅体现知识的整体性，而且也体现人性的整体性。”进一步说明了“它们对人们进一步明确了解该领域依然作用斐然”[19]。同时，艺术博物馆“延续了自己与艺术史学之间亲密的智识联系”[20]。

正是艺术博物馆在历史发展中所形成的高阶文化（High Culture）代表地位，使得艺术博物馆建设成为 20 世纪后新富国家（城市）的标志性文化项目。艺术博物馆的发展往往与国家财富发展是同步的。美国通过两次世界大战所聚集的财富与人才，在 1929 年纽约现代艺术博物馆（Museum of Modern Art，简称 MoMA）及 1937 年华盛顿国家艺术画廊

（National Gallery of Art）、纽约古根海姆博物馆（Solomon R.Guggenheim Museum）的建成以及发展壮大上得到体现。尤其是“二战”后，美国的艺术博物馆在内容、数量、功能、角色、文化社会地位上的发展更是日新月异。艺术博物馆成为一个涉及美术创作、美术收藏、美术品社会接受与推广、审美教育、美术评论与研究、美术的社会管理的综合性机构。这一系列发展使艺术的规则和标准的天平逐渐倾斜，艺术博物馆的策源地在欧洲落下步伐。20 世纪 80 年代前后开始，“二战”后经过漫长复苏的欧洲掀起了新一轮的艺术博物馆建设潮，在法兰克福、阿姆斯特丹、伦敦、巴黎，大项目此起彼伏，延续近 20 年。同样，日本在 20 世纪 70 年代开始掀起了兴建艺术博物馆的热潮，各地争先恐后，县立、市立、町立、街道、财团直到私人，都在建艺术博物馆。20 世纪 90 年代，日本的艺术博物馆建设潮随泡沫经济热潮而衰退，不过艺术博物馆的文化意义却深入人心，成为都市生活的重要组成部分。[21]

2. 中国艺术博物馆发展简史

让我们再来看看中国。如果把清末状元张謇于 1905 年创建的南通博物苑作为中国博物馆的开端，1912 年开始筹建的历史博物馆作为中国第一个公立博物馆的开端，我们可以看到中国的博物馆诞生于国难时期，并一再断于战火和内乱。因此中国的博物馆并没有经历像欧美等国家一样的完整发展过程。甚至在中国，“美术馆”的定义一直都不那么清晰。如前所述，“美术馆”这一中文名称直接援引自日文译名，其英文名称“Art Museum”所含有的“博物馆”之明确义旨在“美术馆”中先天缺位。即使到今天，美术馆经常会被简单地看作展览馆、文化宫，甚至画廊，而完全没有被作为艺术博物馆来看待。从这个角度来说，早在 1913 年，时任教育部社会教育司第一科科长、主管博物馆、图书馆、美术馆及美术展览会、文物调查及搜集等文化事项的鲁迅（也是中国第一位艺术博物馆主管官员），为教育部起草了一份《拟播布美术意见书》，明确提出“美术馆”和“美术展览会”的不同，在于美术馆的公共性、教育性、智识创造性，并对其建设方式、展出内容都做了具体表述。1922 年，蔡元培先生在其著名的《以美育代宗教说》的理论基础上，在《美育实施方法》中，继鲁迅之后，再次提出建立“美术馆”和“美术展览会”的设想，就其不同性质做了进一步的区分和说明。1926—1927 年，徐悲鸿再次赴欧洲考察，对国外的博物馆作了一番考察后，向中法庚款委员会提交了一份建设美术馆的方案。[22]

可以说，这些有志之士的共同努力，使中国的博物馆事业在 1929—1937 年曾有过一个非常好的开端。以民国十八年（1929）筹备、民国十九年（1930）正式建馆的天津市立美术馆为例，“它具有丰富的馆藏，完善的管理体制、健全的社会教育制度等等”[23]。它直属天津市教育局，1 万元（相当于 2004 年的 40 万元）拨款作为开办费，每月 1000 元的日常经费，到民国二十一年（1932），天津市立美术馆通过征集、购买等手段拥有的藏品就达到 5000 件。[24]民国二十四年（1935）筹备建设的中国近代第一个国家艺术博物馆——国立美术陈列馆亦采用这种系统的管理方式。

其后是抗日战争、解放战争，直到 20 世纪五六十年代，我国长期停滞的艺术博物馆事业才获得了一定的发展，先后建立了上海美术馆、江苏美术馆、中国美术馆等省级、国家级美术馆。这种各级政府直接设立的公立艺术博物馆，属于国家事业性单位，享有国家的行政费用和全额拨款。不过在很长时期，甚至到新世纪，国家级艺术博物馆都是作为行政机关存在的，无法摆脱被动收藏和被指派展览的角色，未能真正体现艺术博物馆所具有的功能和作用。20 世纪 80 年代中期以后，国内再次兴起了一股创建公立艺术博物馆的热潮，中国的艺术博物馆建设进入了复苏阶段，进而成为不少较发达地区的阶段性文化命题。以上海美术馆、深圳美术馆等新馆的落成、开放为标志，许多省市的场馆建设从无到有，部分地方政府甚至私营企业也开始把注意力投注到文化硬件设施的建设上来。艺术的发展要求艺术博物馆必须突破原来单一的展览陈列的功能，逐渐向国际化的艺术博物馆形态靠近。经过一二十年的发展，艺术博物馆的典藏、保存、展示、研究、教育、推广、社会服务等功能日益完善丰富起来，并与开展群众喜闻乐见的各类文化艺术娱乐活动的群艺馆、以流动陈列展示为主的展览馆、以固定展览各类文物为主的文物馆以及承担专业教育功能的艺术院校、承担创作生产的各级画院、作为专业理论研究机构的艺术研究院区别开来，不过功能划分的略见清晰并不意味着人们对艺术博物馆的本质与性格完全了解清楚了。

稍稍滞后于这一时期，一类新型的民营，但享受政府间接支持的艺术博物馆，如炎黄艺术馆诞生了。它属于民办公助性质，主要在职员工都列入国家事业单位编制，是理事会领导下的公益性机构，属于国家事业性单位的范畴。炎黄艺术馆的基础运作资金是出于黄胄先生向国家捐赠的本金成立的基金。1997 年开馆的何香凝美术馆是隶属于国务院侨办的国家级美术馆，由国侨办委托华侨城集团代管。2005 年成立的 OCT 当代艺术中心（OCAT）是由华侨城集团全额资助的一所新型当代艺术机构，最初作为何香凝美术馆管理的一个部门进行运作，近年来，随着创意产业的发展，华侨城越发意识到艺术馆在其文化战略中的重要作用，因此将 OCAT 正式从原系统中独立出去，注册为民办非企业单位，并成立了布局全国的 OCAT 馆群，总部设立在深圳，包括上海馆、西安馆和北京研究中心。

到20世纪90年代末期，一批先富起来的企业家（以房地产商为主）首先投身民营艺术博物馆的建设中。他们中大多是艺术爱好者或者曾经是艺术家，他们以企业的房产作为场地，以企业资金利润运营“美术馆”和收藏作品，在本质上仍然是“画廊+艺术陈列室”的概念。“艺术博物馆”的运作和策划，部分取决于企业家个人的爱好，也不排除投资主体试图通过兴办“美术馆”取代单一宣传的广告方式，借助艺术和公众活动积累社会声誉，争取税收优惠和其他政府项目的便利条件。这一试验期，成都上河美术馆、沈阳东宇美术馆等纷纷成立，但都没逃脱“陨落”的命运。2003年前后，中国艺术品市场大面积复苏，各种名目的民营艺术博物馆再次丛生，成为艺术界的一大现象，画家聚居地宋庄一下子涌现出8家民营艺术博物馆。不过，除北京今日美术馆、上海证大现代艺术馆、深圳OCT当代艺术中心等少数机构已站稳脚跟之外，大多数或烟消灰灭，或苟延残喘，或名存实亡。此类艺术博物馆也都是企业家按自己的理想状态成立的私人艺术机构或是作为企业产业链条与战略发展一部分的美术机构，这两种类型时常以交叉方式存在着。这与中国的经济构成对民营艺术博物馆形成、发展的决定性影响有关。

直到2006年，今日美术馆成为中国第一家民办非企业、公益性艺术博物馆，才开始陆续出现比较符合国际标准的社会化私人艺术博物馆。民营艺术博物馆不断涌现，是中国产业转型带来的投资冲动，在乱象横生之中挑战着我国传统的美术馆管理体制，挑战着艺术博物馆建设与评价的国际游戏规则。诸多民营资本的介入，不仅在酝酿更大更高的产业整合，也在酝酿着体制突破。

2008年北京奥运会以及金融危机过后，随着国家文化政策的进一步推出、稳定、完善，中国出现了更大的、引起国际广泛关注的艺术博物馆建设潮。艺术博物馆的母体关联首先是地产商——随着文化政策的倾斜，城市规划中提出了更多的文化用地的相对严格的要求，这其中或许带着些半信半疑振兴片区、抬高地价的朦胧愿望，半推半就顺应着经济结构变化中的未雨绸缪，没准还掩盖着想以艺术博物馆试水文化创意产业的“小赌怡情”；然后是地方政府，在当前国家的文化政策和创意产业政策下，公共文化空间的品质能够给市政业绩带来最高性价比的加分或者寄希望拉动旅游开发——虽然很多领导低估了文化内容投入这个“无底洞”。这两者中，“合谋而为”的BOT（Build-Operate-Transfer，即建设—经营—转让，是企业参与基础设施建设，向社会提供公共服务的一种方式）模式，尤其是近年政府文化管理创新的亮点和热门，正在建设中的深圳两馆（深圳当代艺术与城市规划馆）便是其中的案例；另外一种PPP（Public — Private — Partnership）模式，指政府与私人组织之间形成一种伙伴式的合作关系。2015年4月，六部委共同发布的《基础设施和公用事业特许经营管理办法》首次为PPP项目设定最长30年的特许经营期限。艺术博物馆的母体关联其次是收藏家——这往往源于“给自己的藏品找一个家”（余德耀语）的愿望，一般存活率最高，如位于上海西岸开发区的龙美术馆、余德耀美术馆、摄影博物馆成为国际热点。收藏家建设的艺术博物馆中有一类目的比较复杂，比如外资作为主要后盾的非营利艺术空间“尤伦斯当代艺术空间”。尤伦斯先生作为中国当代艺术的大藏家，在很长时间支持了中国很多艺术家的发展，当然，他也享受到中国艺术市场井喷后带来的暴利。尤伦斯当代艺术空间一直是中国做得最好的民营艺术博物馆之一，这与他持续、高额、无私的投入分不开。自尤伦斯开幕展展出中国当代艺术之后，很多展品在国际上被专场拍卖的行为，使人们对机构的性质毁誉参半，尤伦斯也在多年的艺术博物馆投入中不断萌生退意。除此之外，也不乏品牌企业为了追求艺术带来的美誉度和附加客户价值而建设的艺术博物馆，在中国主要是与金融相关的品牌企业，如泰康艺术中心、民生现代美术馆（原有民生现代分别位于北京、上海的两个馆和上海21世纪民生美术馆，2016年年底，上海民生两个馆合并为一个馆）。这几年百货公司（其实多少也与商业地产相关）为了带人流、树特色，也开始把艺术博物馆作为好工具。上海的K11购物艺术中心继“印象派大师·莫奈”之后，又举办了“跨界大师·鬼才达利”大展，通过商展的运作手法，确实把艺术博物馆式的观展文化带给了更多观众。我们可以说，中国的艺术博物馆发展历程自2008年北京奥运会后，进入了快速、多元并逐步规范化的发展时期。

二、艺术博物馆的性质

明确艺术博物馆的性质，即了解艺术博物馆的身份、归属、角色、功能、管制模式，从而对艺术博物馆进行准确的定位，是在中国的艺术博物馆事业发展的现阶段面对并正待解决的最为关键的问题。我们对中国艺术所出现的问题（体系、机构、市场等）有任何意见，甚或我们对中国传统文化的继承与当代文化的发展有任何意见，一切都根源于中国社会（我们的政府、我们的公众、我们的文化与艺术从业者）没有从思想上和行动上认清楚艺术博物馆的性质及其在整个艺术生态、社会生态、政治生态、人类生态等整个生态系统中的重要作用。只有对艺术博物馆的性质足够明确，才能保证艺术博物馆存在的价值与意义。在此基础之上，中国艺术体系才有望完善，众所期盼的政府对艺术发展的优惠政策出台才能够成为可能。

1. 社会和文化的持久性

“档案馆、图书馆和博物馆许诺有一种世俗的永恒，一种可替代宗教有关复活和永生的承诺的世俗的永恒。”[25] 博物馆也是米歇尔·福柯（Michel Foucault）所命名的异托邦（Heterotopias），是一个让人类历经的有价值的时间积聚起来不被失去的场域。在日益受事件驱动的文化中，艺术机构的核心特质应为可持续性与遗产传承。[26] 法国历史学家、博物学家所罗门（Lorena San Roman）也曾经说：“博物馆就如同一面镜子，它反映了社会的过去和现在的进步与发展，并与其他社会发展相结合，进而影响了整个世界。”博物馆的目标是通过链接不同时空让人们了解世界的样子，让人们在人类的历史长河中给自己要创造的今天一个清晰的定位，并帮助人们思考未来。每一个时代都需要见证人。MoMA 纽约现代艺术博物馆正是诞生于 20 世纪早期，现代艺术是所处时代的当代艺术的沉淀。今天的当代艺术博物馆也正在履行时代赋予的同样功能。

博物馆是社会文化传播、传承与建设的载体，是人们社会文化生活的重要组成部分。“对艺术来说，风格样式、技法与材质确实是非常重要的因素，可是拥有样式、技法等条件，并不代表就已臻至艺境了。最重要的应该是背后的概念与理想。就如同科学技术一样，这些概念与理想都根植于国家、时代精神与世界观之上。作品能够根植于这些概念之上，才最具真实性。”[27] 所以说，艺术博物馆代表着不同社会群体最高的价值与真理，一个民族、国家、城市的博物馆（艺术博物馆）的性格，正是代表了一个民族、国家、城市的性格。

2. 民主性、公共性、多元性和非营利性

“博物馆是民主的接生婆。”（弗兰西斯·亨利·泰勒）从博物馆发展的历史来看，以封建君主制的消亡作为政治背景，以平等精神作为思想基础，以皇家私家（贵族、教会、神殿）内藏对公众开放作为诞生标志，博物馆曾代表着一种以物品为中心的、更广泛的认识世界的新方法，代表着一种人类民主与文明的力量，成为了人类迈进现代社会的典型特征。

在西方社会，民主对于公众利益的基本保障之一就是博物馆所代表的社会教育——艺术教育是面向所有人的，甚至不局限于国家。“博物馆本身是，也被看做是美国人人平等的民主社会中重要而有促进作用的一环，这是博物馆权威的根本来源。”[28]“博物馆把自己看成是一个促进社会公平的积极的中介，通过收藏、研究、展示等博物馆专业活动将人类与更广泛的社会现实相联系，通过物件美学和智识力量激发和促进民主的、深思熟虑的、创意的和包容的社会。”[29]同时，博物馆的“参与被视作每个人的文化权利，是博物馆特性不可或缺的一部分，这意味着每个人有权利：认识自己的文化身份；与其他文化发生链接；参与文化事项；拥有平等的创意机会；具备自由批评权利”[30]。

视觉艺术所追求的主要特性，既使得艺术与博物馆的结合成为天作之美，也充分地塑造了艺术博物馆的民主性特征，从而使艺术博物馆成为一个公共性与多元化的平台。

（1）艺术的可传递性使艺术博物馆具备天然的公共性基因。汉娜·阿伦特（Hannah Arendt）认为“‘公共’（Public）这个词……它首先代表所有在公共领域出现，享受最大的被看见与被听见的公开性的人……再者，‘公共’这个词描绘了这个我们共同享有，却又在其中相互凸显个人不同地位的世界本身”[31]。艺术是形象化的文化语言，是时代精神的图像，与人的经验息息相关。虽然艺术的理解有时需要一定的知识或者文化背景背书，但艺术的本体——视觉形象对于所有看到它们的人们，是一目了然的，没有任何交流界限，甚至有超越语言文字的直观交流优势，这正是图像一直作为宗教传播、教化的重要工具的原因。作为艺术聚集地的艺术博物馆，成为大众最可亲近的文化中心。在广泛深入且日常化的艺术互动中，大众对艺术的接收更为积极。艺术博物馆成为一种公共的文化资源，在公共文化生活中扮演着重要的角色。

（2）艺术的包容性使艺术博物馆可以成为公众的平台。艺术是追求差异性的工作，艺术最本质的东西就在于不否定人的差异性，可以容纳不同的声音。艺术将持不同观点的人联系起来，成为不同意见交流的平台。“艺术引进社会，意味着社会包容更广义、更丰富的价值观。”[32]“作为市民机构，博物馆成为了一种罕有的公共空间，能同时满足社会顶尖精英特权阶层和更边缘化弱势群体的兴趣和需求。”[33]“保证穷人能同富人一样得到艺术品的慰藉”，并“将贫富两个阶层的人们更紧密地联系起来”。[34]艺术的包容性使艺术博物馆成为多元化文化、多元社会融合的公共空间，也使得“公共艺术博物馆是，而且必须是，向多层次的公众负责的机构”[35]。“让观众拥有同样的欣赏机会，博物馆就能让一个多元的社会团结得更紧密。”[36]

（3）现代博物馆在模塑的过程中对于“不分高低贵贱、男女老少咸宜”（Pidansat de Mairobert）的选择，针对“所有人开放”（Ministre de I'interieur Roland）的性质，给予任何人欣赏它的权利，直接促成了博物馆“公众普世性”（李军）的生成。[37]“公共性产生于当代社会对于个性的承认”[38]，并由此导向了“通达性”（accessibility）[39]——这种通达性不仅指向物理建筑，也指向精神产品（具体内容）。

正是因为博物馆在发展过程中的民主化、公共化、多元化特质越来越明确，1974年，世界博物馆协会在修订他们1963年给博物馆的定义时，对“向公众开放”、“服务社会和社会发展”以及“不追求营利”进行了特别强调。博物馆是非营利组织，作为博物馆一个类别的艺术博物馆也是非营利组织，这一点在世界上早已达成共识。

非营利组织泛指在政府、企业等实体以外，经由合法的方式筹组而成的机构或组织。非营利组织以谋求社会、大众的共有福利为前提，不以私人营利和利润追求为目的。美国约翰·霍普金斯大学（The Johns Hopkins University）的莱斯特·M. 萨拉蒙（Lester M.Salarmon）教授提出了非营利组织的五个特征[40]，即组织性、非政府性、非营利性、自治性、志愿性，被作为国际流行的非营利组织的定义标准。非营利组织是随着民主社会的不断健全而茁壮成长的。在美国，20 世纪 50 年代，非营利组织的角色还微不足道，处于边缘地带。到 20 世纪 90 年代，非营利组织已处于美国社会的中心位置，成为美国社会的一个最显著的特征。人们意识到非营利组织不仅对美国人民的生活质量、公民权利是非常重要的，而且它还承载着美国社会和传统的价值观。非营利组织不仅成为美国公民社会的重要支撑，赋予并增强个人履行公民义务和实现自我价值的能力；非营利组织还被视作现代公民社会的一个标志。

作为社会公共文化服务体系的一部分，艺术博物馆是为全社会提供公共产品和服务的公益性单位。当然，作为非营利组织的艺术博物馆并不排除盈利行为的必要存在，只是艺术博物馆严禁将其剩余的收入与利润分配给组织拥有者或特定的受益对象。在许多发达国家，以“免税”（尤其是“同额免税”）为核心，已经形成了相对完善的艺术社会化运行体制。激励慈善、捐赠捐助活动为各类基金会的成立提供了良好的政策环境，保障了非营利组织的运营资金与自身独立性。在本书中，我们将结合中国艺术博物馆的发展现状进行具体的阐述。

表 1-1 非营利性组织的艺术博物馆在国家和社会中的角色与功能[41]

窗口	角色	功能
对企业	沟通者、媒合者	搭建产业端与创意沟通桥梁，居中协调，为企业与艺术家（艺术团体）牵红线
对文艺界	改革者、倡导者	改革文艺生态环境 倡议政府制定与发送相关政策或措施 提倡创新观念与作为
对社会大众	社会教育者	推广新理念，增进大众对艺术的了解兴趣
组织间	整合者	倡议结盟，以做共同的诉求与作为 整合文化艺术组织之间的现有资源
对政府	咨询者、建言者	成为政策智库中心或政策咨询机构 文艺界与政府间咨询与沟通的渠道 适时提出新观念、新议题、作为等建言
	协助者、支援者	补充政府不足之处，包括参与、执行、合作、营销、推广
	研究调查者	持续从事生态调查、相关机制、趋势之研究
	先驱者	创意观念或方案的开拓与创新
	游说者	游说政策决策者支持通过相关法案或政策
	监督者、制衡者	监督制衡政府的政策与作为，影响政策走向

当然，我们也不讳言，即使在一套相对完善的体系下，在诸多以公众利益为核心的行业规范和艺术博物馆内部管理规范约束之下，发达国家艺术博物馆的营利（主观或者客观上服务了直接或者间接的商业利益）也时常处于舆论的中心。根据德国学者贝尔廷的看法，这主要是因为博物馆与时下艺术的结合而催生的。博物馆为了避免进入历史的坟墓，与时下艺术的结盟几乎是被迫且无法回避的，而时下的艺术在博物馆的背书之下提升了自身的价值。这种“象征性的交易”，使“人们常常会问，到底是新的艺术在寻找它的博物馆的语境，还是博物馆在寻找一种新的艺术”[42]。斯坦福大学终身教授谢晓泽认为，“艺术博物馆常常处于权力的阴影、商业和财富的渗透中；它所应当具有的非营利性、学术性和公信力并非先天决定的品质，而是长期不懈努力的结果”[43]。可以说，艺术博物馆出于自身发展的问题，对自身的民主性、公共性、非营利性的主动偏移，可能会导致艺术博物馆的智识制造体系因为商业的侵袭，对私人利益的主动依附而遭到干扰，甚至从内部开始崩溃，而旧有的约束机制的有效性如何通过改良尽可能广泛彰显，这是全球艺术博物馆界共同面对的课题。学者甘阳对此有严厉的批判：“文化原本提出了更高的生活方式，超越市场经济条件下人的商品拜物教，从而开展包括个人生活方式的精神上的可能性。但晚近二三十年来，这种要求在西方基本上放掉了，所有的对高级文化的批判和无批判地吹捧大众文化，实际都只是进一步助长了市场主宰文化领域，导致文化领域的日益低下庸俗，因为没有更高的标准，没有正面的价值追求。”[44]对于中国的艺术博物馆来说，这既是现实，也是困境，更意味着机会。

3. 独立性与中立性

直到 19 世纪，艺术的概念才逐渐定位于今天“艺术博物馆”中的“艺术”方向。走过中世纪，历经政治的混乱、宗教的钳制以及由此带来的战争、贫穷和苦闷之后，伴随着“反封建、反教会、反专制”的呼声和“民主、平等、自由”的人文主义的智性光芒，“艺术”与“博物馆”几乎与启蒙运动同时期诞生、成长。正因为如此，可以说，宗教与政治的中立性是“艺术”和“博物馆”的天然基因，并成为艺术博物馆的最重要标准所在。或者我们也可以换一种说法，“艺术”、“博物馆”或者“艺术博物馆”是被人类发明的、代表着启蒙运动精神的新的“政治”与新的“宗教”。这个“政治”和“宗教”的核心与价值在于，代表人类的精神领域，以独立的姿态，传播社会共同认知的价值，为人类的进步不断拓宽新的疆域，进行新的实验，探索新的可能。

在西方社会，艺术博物馆的独立性和中立性主要是指艺术博物馆的“非党派”特点。在美国，主要体现为NGO（非政府组织）的特点。这与艺术博物馆的核心——艺术本身追求独特性的特点密切相关。作为一项追求差异的工作，艺术最大的价值在于创新，无论是从形式、方式、材料、内容、观念……也不排除批判性观点。如果艺术将外在的要求作为首要目的，最后艺术将会失去存在的理由。由此，“我们知道是什么使一件艺术作品同产生它或给予它存在理由的意识形态区分开来”[45]。“艺术所寻求的并非是赞赏而是敬意。”[46]先验性的艺术极有可能无法融于当时代某个成熟、僵化或封闭的体系，然而独立的艺术一旦指向未来，便会具备一种超越政治和宗教的精神力量，引领人类前进的方向。比如，作为现代主义艺术之父，杜尚（Marcel Duchamp）解放了“艺术”的定义，当年他出格的艺术理念——以著名的“小便壶”为表现形式，严重伤害了欧洲艺术沙龙里弥漫的高级文化（High Culture）的骄傲，但其革命性的观念却得到了更加开放的美国人的理解和追捧。美国纽约现代艺术博物馆（MoMA）正是把艺术以及这种艺术所表现的观念推向顶峰的机构。前瞻性的价值使杜尚成为开现代主义艺术先河之人，也使推动这个价值的纽约成为现代艺术的策源地，并成为继伦敦和巴黎之后的世界艺术文化中心，且有过之而无不及。其后整个20世纪的艺术史几乎都绕不开这个观念的各种变种，20世纪以降的艺术发展、定位、经济方方面面也都绕不开美国。杜尚不是美国人，也不能代表美国，但美国的艺术博物馆通过对杜尚的学术地位的确定，推广了这一观念所代表的美国，并将这种观念价值反输到欧洲，让全世界买单。从这个角度，我们可以理解“艺术接受史尤其重要，特别对20世纪的艺术来说”[47]。而这一点正是中国的国家艺术博物馆战略中还没有被全面认识，并有待开发的金矿，我们在后面章节还会具体分析。

进一步说，艺术博物馆的独立性和中立性与艺术博物馆自身的公益性（非营利性）紧密相连。艺术博物馆的受益人指向广泛意义上的公众，其行动可以使社会上任何作为公众一分子或者代表的政府、组织、机构、团体、个人等受益，但其行动准则并不受制于任何现实存在的利益集团。“博物馆必须同真实保持联系……使公众对博物馆项目的正直性有十足的信心，就必须向他们保证，博物馆的项目都是基于平等、文明、公正的学术研究的结果。”[48]实际上由于艺术创作常常无法脱离当下的现实社会和政治环境，尤其是当代艺术，甚至和不同类型的社会互动紧密联系在一起，但艺术中的独立性却要求艺术创作、艺术标准和社会生活的直接影响脱离开来。艺术博物馆在挑选艺术作品、参与艺术标准制定的过程中，尤其是针对当下的艺术，如何“身处其中，置身事外”，如何在整体的社会环境中坚守智力资源和专业纯粹，对于边界的微妙把握，一旦失当，则使艺术、艺术博物馆脱离本性，从而失去了存在的真正价值。“博物馆参与更大的社会或政治日程是危险的，这将会脱离艺术史实践。”[49]因为一旦艺术博物馆受制于宗派力量，需要在经济及社会地位和审美选择中寻求安全和保障，艺术出于自身生存需要就会出走。“自越南战争以来，我们所谓的政治化艺术已经不断地从博物馆和画廊引退，在街头获得了立足之地……在一种非机构化的语境之下……年轻一代的行动主义者很清楚煽动性告示的审美化潜力，并加以利用。”[50]艺术博物馆可以以最大的包容性给涉及政治争端和社会话题的艺术项目一个讨论的平台，但是这些艺术创作、项目本身不应该含有任何政治目的。这种独立与中立的立场也是艺术博物馆权威性的基本保障。

正如前文所述，艺术博物馆在宗教和政治上的中立性并非是指艺术博物馆不与政治、政府发生关系。联系的普遍性原理和知识生态学理论[51]告诉我们，博物馆不但无法离开它所处的历史、自然、社会、政治环境、整体生态环境并被其塑造，而且博物馆还通过影响身处这一生态系统中人的观看、观念、知识结构与智识体验，改变着这一系统和环境。正是因为联系的普遍性，显示了博物馆在联系中以专业突出独立性的重要。也正是因为博物馆在整体生态系统中的重要地位，所以它从专业出发的中立性的角色越发受到瞩目。我们强调艺术博物馆的独立性，但并不指向“反体制”，更不是“极端”看法中的“政府对立面”。即便是对政府持批评意见的艺术家及作品，也可能对国家的文化包容和政府的政治形象有积极的展示。比如，美国中情局在“冷战”期间会通过基金会秘密支持对美国持批判态度的艺术家和展览，目的是从不同角度引发人们对美国文化艺术的兴趣和讨论，并充分体现美国社会的开明、包容和多元。[52]事实上，任何一个国家的艺术博物馆的发展都离不开政府的支持，任何一个国家的政府都无法回避艺术博物馆的存在和它本身具备的功能对于施政的积极影响。不过在不同的治国理念和治国模式下，艺术博物馆与政府的关系还是有区别的，在尊重专业规律的前提下可以对它有最好的利用。

参考卢娟在《国外政府文化资助模式及对中国的启示》一文中的研究，“国家治理模式大体分为两类：国家主导型和社会主导型。国家主导型认为，国家在国家、社会、市场三个领域中具有最高决定权，国家对社会进行全面干预；社会主导型正好相反，认为国家只是社会组织中的一种，相对于社会来说，国家是从属性的，国家的作用非常有限”。不同的国家治理模式，博物馆的归属比例有不同的倾向性，政府对博物馆的投入与干预也不尽相同。“美国艺术博物馆主要是被赋予了公共身份的私人机构，而欧洲的大部分则是公民／城市和国家机构。”[53]

在崇尚自由市场、竞争自由与财产私有化的美国，博物馆中59%是私立机构创设，41%是各级政府创设。[54]美国至今是一个没有文化部的国家，是因为自肯尼迪政府开始，政府便坚信只能在文化领域起到有限的、间接的以及边缘的作用；且一个有官员和体制的行政机构会将艺术变成体制，会催生行政科层系统，无益创作的活力与艺术家的自由；同时认为以私人资金为主进行艺术博物馆建设才能保障美国文化体制的自由、活力和多元。因此美国艺术博物馆的私立比重大约是其他类别博物馆中最高的。无论私立或公立艺术博物馆，几乎所有的博物馆（尤其是艺术博物馆）都是建立在私人捐赠的基础上的；无论私立或公立艺术博物馆，所有享受国家公益文化艺术事业扶助政策的501（c）（美国联邦政府关于公益性组织的免税条款），都是事实上的“公有公营”的非营利机构（“公”是“公众”，而不是“公家”）。美国中央政府不直接进行文化艺术拨款，而是通过国家基金会这种社会中介组织，有选择地在规定范围内（一般为10%，不超过项目的50%）体现对文化艺术事业的支持。各市、州、郡等对艺术博物馆的资助倾斜与艺术博物馆是否公立、私立无关。在这种情况下，艺术博物馆所需资金、资源绝大部分来自于社会，即使国有艺术博物馆，也不受政府支配，但政府会以公众代言人的身份在艺术博物馆的活动偏离轨道时施加压力（比如涉及人权、种族问题）。在国际文化交流方面，举例来说，MoMA 作为一家独立的私人博物馆，不仅在传播现代艺术上起到过核心作用，而且实际上承担着捍卫美国整体利益的一项使命，这是因为当美国政府由于国会中持反对意见的议员而无法进行某项工作的时候，具备党派中立性的博物馆以及一些公益基金会可以继续开展原本由国务院开展的工作，虽然这些基金会有很多甚至受到美国中央情报局的秘密资助，再或者 MoMA 的管理层也可能与国务院的人员有所交叉，比如纳尔逊·洛克菲勒（Nelson Aldrich Rockefeller）本人曾先后任 MoMA 董事长和副国务卿，洛克菲勒基金会长时间是 MoMA 的主要支持机构，曾担任 MoMA 馆长的勒内·德·阿农古曾经负责国务院美洲司的艺术部门。[55]

在传统文化大国法国，文化权利被视为立国根本和基本的公民权利，中央政府文化主管行政机构法国文化和通讯部通过与文化机构、团体签订合同对法国文化事务进行直接管理，法国的文化机构、团体的大部分费用来自国家直接拨款，因此法国的非营利性博物馆大多直属于国家，很大程度上受政府的支配。

英国既不同于美国无中央政府文化主管部门，也不同于法国从中央到地方派驻政府官员的文化部管理，英国是通过非政府公共文化机构（准官方机构）来统一资助和管理全国的文化事务的。国家所有的大型文化单位，如大英博物馆、国家艺术博物馆、大英图书馆等，都是独立运作，不直接隶属于文化、新闻和体育部。具体事务交给非政府公共文化机构，如英格兰艺术委员会、工艺美术委员会、博物馆和艺术博物馆委员会等由专家组成的机构，他们负责对各文化单位进行评估和拨款。政府采用间接管理的方式避免了对艺术博物馆的过多行政干预，防止腐败，同时也不是完全脱手，缺乏宏观调控与规划，政府的资助比例也明显高于美国。

其实，无论艺术博物馆的所有者是谁，无论是通过政府支配（法国）、有利于保障资金来源的政策引导（美国），还是借助非营利机构的间接干预（英国），美、英、法都采用不同的制度和方式保证了艺术博物馆作为非营利机构的特征，并保证了艺术博物馆在宗教和政治上的中立性。意识到艺术博物馆所具备的独立性和中立性，对于中国的价值，是获得一个国家和社会发展的润滑剂，对内可缓和经济发展过快带来的诸多社会问题。比如伦敦国家美术馆（National Gallery）的一个明确宗旨就是通过鼓励穷人和富人阶层“去发现他们共同的本性”来“巩固联系两个阶层之间纽带的政府秩序”[56]。对外，艺术博物馆可帮助中国快速融入全球文化中。当然，不可否认中国的艺术博物馆在这个问题上与西欧发达国家的艺术博物馆所处的背景不同，因此西方经验借鉴和有中国特色的调整思路都在我们的讨论范围中。

4. 智识生产的权威性

区别于“知识”(Knowledge）是通过经验和教育获得的事实或信息，“智识”（Intellect）则是指人们判断事物和解决矛盾的逻辑与能力，以思考、理智、判断为特征，从哲学层面上说，它与人们认识事物的科学相连；从心理层面说，它描述了人们理性认识世界的高水平。[57]

在“艺术博物馆的历史”一节中，我们引用了史蒂芬·康恩（Conn, S.）的研究，介绍了博物馆作为 19 世纪末人们认识世界的一种方式，成为人类智识和价值的源泉，曾经具备的不可替代性，同时我们介绍了 20 世纪博物馆智识体系衰落过程中，其分支艺术博物馆反而成为一枝独秀的原因。

艺术博物馆在智识生产的权威性与艺术博物馆的其他三个性质是相辅

相成的。因其“社会和文化的持久性”，所以权威；因其“民主性、公共性和非营利性”，所以权威；因其“宗教和政治的中立性”，所以权威。保障艺术博物馆的三个性质，艺术博物馆的权威性才能充分体现出来，并能充分发挥它对于人类、民族、国家、社会的功能。詹姆斯·伍德（J.Wood）在《美国艺术博物馆的学术权威》中阐述了艺术博物馆所代表的八种权威：“滋养，专业性，等级，回忆，保存，建筑，使命和领导力。”[58]其中既包括心理层面的权威，如“滋养”、“回忆”、“使命”等，代表了艺术博物馆自诞生以来作为人们心目中时代神殿或艺术崇拜的圣地的高冷形象，也代表了艺术博物馆作为人类精神栖息地的美好情结。小阿尔弗雷德·巴尔（Alfred H.Barr Jr）在1944年曾提出：“博物馆展出的藏品对观众来说必须是馆内各部门的权威表现。它们永久而明白地展示着博物馆的核心活动、运作范围、判断标准、品位价值、工作原则和对艺术的信心。”大卫·卡尔（David Carr）在2001年的《博物馆新闻》（*Museum News*）中说：“博物馆是向外传递着影响力、价值观和权威的机构。它与生俱来的影响力来自馆藏之宝和对知识以及信息的掌控。”迈克尔·金梅尔曼（Michael Kimmelman）在2001年的《纽约时报》中写道：“艺术博物馆必须重新审视自己在定义美的问题上的权威，才能找回艺术的价值。”[59]我们这里要讨论的是智识生产权威，如“等级”、“专业性”、“领导力”等。在本书中，我们把智识的权威总结为以下三个方面。

首先，在艺术发展的历史中，艺术博物馆即使不完全是艺术标准的仲裁人，也是艺术之所以成为艺术的一个关键性决定因素，虽然今天这样的权威有减弱的趋势。“我们身边的事物是透过了某种形式才能呈现自身，而艺术的唯一目的就是使这形式呈现出来。”[60]这就是为什么在艺术的价值实现过程中，被观看是必不可少的环节。由于艺术博物馆主要承担了艺术观赏的公共空间的角色，因此在博物馆的发展历程中，它保证了自身在艺术生态和人类智识生产中的中心位置。德国学者贝尔廷（Hans Belting）从另外一个角度说明了艺术博物馆在艺术标准建立中不可或缺的位置。他认为，艺术具备“一种不受时代影响的普遍的有效性”，而且“艺术就像人权一样是永恒的和普遍的”，单一的艺术并不构成这种力量，只有当艺术进入艺术史，那些串联起艺术史的“艺术们”，才可以具备这个力量。而艺术博物馆正是人类发明的一个“所有个别的艺术均可以分享艺术的普遍原则”[61]的地方。古巴当代策展人赫拉尔多·莫斯克拉（Gerardo Mosquera）也曾说：“当代艺术的价值评估高度依赖艺术流通和被推广的主要网络，以及这些网络接纳或拒绝它们的能力。”[62]当然，我们不否认艺术史并不是由艺术博物馆独立创造的，而是由批评话语、机制（艺术博物馆、画廊、学院、市场）和各种公共媒体共同产生的。现如今，基金会、艺术经济、艺术顾问以及艺术家自己成为了艺术制造中信誉和标准的共同建造人。正是因为如此，我们可以清晰地发现，具备了公共性、民主性、非营利性、独立性与中立性的艺术博物馆，不仅是其中的重要一环，更因为在这其中的立场使其权威性得以突出。这是为什么即便“在艺术领域，20世纪60年代的艺术家已经抛弃了艺术博物馆，Avant Garde（极少主义、地景、观念）艺术家都明确表示艺术博物馆是艺术的坟墓”[63]。艺术理论界，从丹托（Arthur Danto）的“艺术终结”到贝尔廷（Hans Belting）的“非博物馆论”，到丹托的高足、美国当代著名艺术理论家大卫·卡里尔（David Carrier）撰写的《博物馆怀疑论——公共艺术博物馆的艺术展览史》，均认为艺术品在进入艺术博物馆后，脱离了它与社会、历史、现实的联系而死亡。即便如此，被艺术博物馆收藏、展示和出版却一直被视为艺术作品价值的一个衡量标准，因为“一个没有坟墓的文明是不可想象的”（陈丹青语）；正如格罗伊斯（Boris Groys）所认为的，博物馆是“一架生产和展示今日之新艺术的机器——换言之，一架生产今日本身的机器”，博物馆求新、辨新、立新、藏新的本质，使得在“艺术和艺术史‘终结’了的今天，博物馆体制不仅没有终结，而且历久弥新”[64]。

其次，在当代的艺术博物馆发展中，对当下艺术创作和发展的关注有增强的趋势，也越来越活化了“坟墓论”中艺术博物馆对艺术作品的某些僵死的限制，使当代艺术博物馆成为“思想、批评、建议、创造以及永恒不断的重新定义的巨大实验场，通过与其他领域和学科之间的协作和衔接——从文学、音乐、建筑、戏剧等到社会和经济活动……一个新的世界正被不断想象、构思、形成、考验和质疑”[65]。比如历史悠久的大英博物馆非常重视与当下的艺术世界保持同步，并且期待因此能建立历史传承关系，挖掘古典的收藏及其传统的价值。2011年，大英博物馆邀请徐冰创作《背后的故事7》，以当代媒介（多为废弃物）摹制馆藏清王时敏的无题山水就是其中一例。艺术博物馆成为发表时代尖端作品的最佳场所。发表前沿和先锋的作品，探索最新的艺术形式，也符合公众对艺术博物馆权威的期待。[66]这些随着变幻的时代潮流而不断更新的艺术创作，必须经过阶段性的沉淀才能辨别其价值，艺术博物馆正是这样一个净化机制。同时，当代艺术创作和传播的很多新的趋势，如跨学科、互动性、多媒介、数字化等为艺术博物馆主动支持艺术发展，尤其是通过建设艺术家的公共服务平台，为艺术家提供了许多新的机会，而这种“主动性”可以构成对艺术、文化、社会的引导力，这正是艺术博物馆权威的体现。

另外，博物馆“可以说建立了社会的物质文化”[67]，“展品的收藏、分类和展出都应当被理解成权力的运用”[68]。每一件装置或藏品的每一次展示都在试图阐述一种对藏品的解读，一种对艺术史的理解，最重要的是对艺术博物馆作为智慧和艺术活动中心的阐述。“建馆的理念提供了一个环境，又提供了印证理念的作品，就这样成为了智识、文化和社交活动的中心。”这种智识正是“指博物馆通过激发人们思考和交流，让他们更留意自己周边的环境”。[69]也就是说艺术博物馆的工作是建立在艺术博物馆自身的文化意识与价值观念基础上的，在对艺术现象进行描述和塑造的过程中，对社会发展所形成的物质文化方式进行了研究、梳理、提炼，形成了一个更大的作品，并通过具备广泛影响力的公共空间和公共平台向公众进行传播，培养公众对艺术的欣赏和理解，从而形成一种推动社会共识的力量。这也正是我们所强调的艺术博物馆文化主动推动力的来源。

综合以上描述，为了进一步说明这个问题，我们以卢浮宫为例，分析艺术博物馆智识权威的诞生。卢浮宫博物馆自设立时起，便是作为公共的文化资源而存在的；那些法国历朝历代（当时主要是波旁王朝）遗存下来的艺术珍宝，代表了每一个时期欧洲主要是法国人的最高艺术标准，反映了每一个时期欧洲主要是法国的历史人文风貌与社会发展历程；博物馆的工作人员按照流派和风格发展分类布置，同时充分考虑到公共传播的便利，使卢浮宫成为人类共同物质文化遗产的一个艺术典藏库和艺术研究的文献档案馆，表明博物馆思考的独立，不再受制于任何宗派政体。卢浮宫保存了欧洲主要是法国最优秀的文化传统，并以生动的呈现使一代又一代的欧洲主要是法国人甚至全世界的参观者受益，用它的存在向世界展示了欧洲主要是法国文化的独特价值。今天，卢浮宫成为法国的代名词，成为法国文化甚至是世界现代先进文化的一个标志。如果把卢浮宫中的这些艺术品仅仅作为一个审美的对象，作为审美经验及审美品位的具体呈现，那么艺术作品所损失的含义是可观的。当时法国皇室贵族积累下来的藏品不计其数，哪些藏品要展示，如何展示，与哪些藏品放在一起，展示在哪些地方，对此如何宣扬，这些选择与判断至今仍在影响着博物馆的相关工作。从古代到文艺复兴，古希腊、古埃及、古罗马，收藏按照时间和地区排列。在卢浮宫南侧三层大画廊空间，法国18世纪后期到19世纪的历史画巨作被重点展示，如达维特（Jacques Louis David）的《贺拉斯兄弟之誓》（1784—1785）、《马拉之死》（1793）、《拿破仑越过圣贝尔纳山》（1801）、《拿破仑为约瑟芬加冕》（1804—1807），以及德拉克洛瓦（Eugène Delacroix）的《自由引导人民》（1831），等等，可见法国这个号称包容世界文化的国家，在自己的艺术博物馆中并没有忘记特别突出本国历史的辉煌。在保证专业性的基础上所做出的选择是主观的，有偏向性的，而选择的结果最终变成一部客观的、普遍的艺术历史。这些作品体现了法兰西的意志，彰显了其欧洲中心的地位，也印证了法国大革命以来走向现代的历史。它们被永久陈列在卢浮宫里，成为吸引观众和研究者的最重要的经典。这绝非偶发的行为，而是艺术博物馆意志的体现，展示了收藏者（收藏机构）的文化立场及文化企图。博物馆意图传播的知识，在本质上并非是“中性的”。智识是一种社会的产物，它反映了我们所处社会的权力关系。艺术博物馆传播美与文化，可什么是美，什么样的文化应当得到传承，艺术博物馆的判断，在本质上构成了文化特权甚至是经济特权。因此，艺术博物馆也成为了研究权力和文化形式历史交错贯穿的最好场所。[70]

对于当代艺术博物馆而言，由于对当下艺术的价值判断常常伴随着争议和变数，相比那些坐拥“盖棺定论”进入了艺术史的大师作品的古典艺术博物馆，当代艺术博物馆或者艺术博物馆的当代部门更多扮演了一个论坛的角色，而不是裁判的角色。当代艺术馆成为一个倾听不同声音的场所，正是因为这些声音足够丰富与多元，使得它们可以被放在一定的历史阶段进行评价。因此，艺术博物馆的智识权威是贯穿在整体过程中的。[71]事实是，从 20 世纪 60 年代中期开始，机构批评成了后现代艺术实践中一股重要的潮流；20 世纪 60 年代的社会和政治动乱引导艺术家质疑机构价值，包括博物馆的价值，很多重要的艺术家通过作品揭示博物馆叙述所隐含的意识形态；到 20 世纪 80 年代末期和 90 年代初期，艺术家更多地参与到艺术博物馆的内容工作中，并努力提高公众对文化机构内部的权力体系的意识。[72] 正因为艺术是如此求新、求变、求争议的创作和活动，艺术博物馆又在推动这类创作的同时成为对博物馆智识系统质疑观点的拥抱者，使得艺术博物馆的权威并未成为一种僵死的威权被框架。

艺术博物馆所具备的智识生产权威在一个开放和民主的社会是通过对公众的影响获得的，已经不存在绝对的威权。移动互联网时代的艺术博物馆发展趋势，更使得每一个声音、每一种声音（哪怕是对体系的价值观批评）都可能成为这种权威的一部分。艺术博物馆的权威性是在公共性的基础上建立的。艺术博物馆传递权威的方式也是通过专业分享—公众（含专业圈）接收—公众（含专业圈）判断。艺术博物馆权威最直接的表象就是能够影响艺术作品的价值，但并非“定价权”，因此非常容易被滥用，当然也非常容易因滥用而导致权威的失去。“要想在一个民主社会中享有权威，博物馆必须有创造性地保持展示专业性和质疑假设之间的关系”[73]，甚至勇于主动发现自身体系的谬误。艺术博物馆需要尽可能明智地运用权威，才能激发纯粹的审美体验，否则艺术博物馆将失去想象力并由此失去权威。不过，西方当代艺术生态发展的一些特点正减弱着艺术博物馆作为智识生产者的权威性。在这个艺术变革的时代，我们所有的基础、所处的位置、面对的资源、所有的体制及其他基础等和国际艺术博物馆有很大不同，而在中国如何建构独立于市场和中立于体系之外的艺术博物馆特性，并让这个特性为公众服务，我们还会在接下来的章节中展开深入讨论。

三、艺术博物馆的功能

发展他们的身份，让他们自愿地建立信心，理解文化差异，享受一个无党派意识形态的地方，促进理解普世价值，帮助新移民了解语言、文化、历史并且发现自己在其中的位置。

——摘自威尔士《博物馆战略》[74]

1. 国家、民族、地区的身份与精神力量

博物馆是记忆的守护者与文化的呈现者。大英博物馆前馆长、现德国国家文化顾问 Mac Gregor Neil 先生曾经写道："一个社会如果足够强大，就会去设计自己的系统、结构、物件和仪式去帮助他们记得那些需要记住的，那些塑造了过去、信仰、习惯的个体和瞬间正决定了未来，这些纪念碑和边界记忆不仅指出我们是谁，还有我们想成为谁。"[75]

每一个人在死亡的时候，如果说能够带走的东西，只能是他（她）的记忆。可以说，记忆是身份，至少是非常重要的一部分。对记忆的安放并进行回应是博物馆的中心工作，也是当代文化机构的核心职责。

博物馆可以创造出一种归属感和社会文化内涵。[76]1983 年，世界博物馆协会在对博物馆的展望中说："博物馆乃是文化的贮存所，也是了解、保护和更新文化的主要机构，而在每一个国家能确保其文化的条件之下，博物馆不仅能对其和平发展有所贡献，对社会变化发展亦有所贡献。"

我们尤其需要注意的是，"每一个国家能确保其文化"这个前提条件。博物馆要"了解、保护和更新"的内容是建立在自己族群的文化身份基础上的。19世纪的殖民地国家搜罗了大量它所掌控的国家和地区的藏品，奠定了今日许多国家博物馆的馆藏基础，争论将不止于一时一刻。这个问题涉及殖民国家与其殖民地或者战争中战胜国与战败国对于藏品归属的许多道德标准的建立。比如在对待希特勒第三帝国时期的林茨艺术博物馆建设时期的藏品上，首先是馆长汉斯—波色（Hans Posse）在德国对奥地利的侵占中压倒了公民正义的考虑，将许多奥地利个人藏品"充库"，从而把自己置于德国艺术劫掠行径的中心。其后，一批德国战时在地库中保存的艺术品于1945年被运送到美国暂时保管，后来在各国的抗议下，尤其是美国国内艺术史学者的抗议下，才在1954年归还给德国。[77]

如今区域的文化身份和精神的塑造似乎遭到了反方向的侵袭。举世闻名的美国古根海姆博物馆（Guggenheim Museum，简称古根海姆）国际分馆策略，很长时间被认为是美国实行文化"侵略"的典型。1997年10月，毕尔包市（Bilbao）以天文数字的费用总额（2004年曝光的古根海姆与台中市合约显示，"品牌授权费"2000万美元、每年营运费用700万美元、典藏费5000万美元、周边整建费2000万美元、建筑施工1亿美元等，毕尔包市的费用应该在同一量级）引进了古根海姆，美国古根海姆在分文未出、分责不担的情况下获得了整体艺术博物馆的话语权，而且每年还从中赚取可观的费用。毋庸置疑的是，配合毕尔包市的都市复兴计划，古根海姆在振兴区域经济上取得了巨大成功。正当"古根海姆效应"被以"福祉"的方式向全球扩展之际，人们从一个国际的视野、全人类的角度往回路聚焦，也有很多人提出疑问：艺术博物馆是谁的艺术博物馆？艺术博物馆所呈现的真理是谁的真理？艺术博物馆要展现的是谁的历史？

卡塔尔公主、卡塔尔博物馆管理委员会的主席Sheikha Al Mayassa在TED的演讲中是这样对全世界解释她的博物馆建设推广计划的："文化是一个重要的工具让人们聚在一起。对于未来的一代，最重要的是保持自己的文化身份。所以，我们建立当代艺术博物馆，就是要建立我们自己的文化，在了解世界其他文化的同时，重要的是与世界上其他地方分享我们的文化。”[78]

自从萨义德（Edward Waefie Said）1978年出版了《东方主义》（*Orientalism*），我们更加增加了对于民族身份塑造的意识，并且扩展到通过文化表达来建立身份。[79]作为一个建设与联结过去、现在与未来的载体，同时是世界的秩序、个人的身份认同的场所，艺术博物馆在全球化及后殖民时代的21世纪，还将继续扮演更重要的角色。

大英博物馆前馆长Mac Gregor Neil在他的另一篇文章中就艺术博物馆的这一功能提出了要求，他说：“我发现，恰恰是要在馆内打造一种公共体验、一种社区归属感，才是国家艺术博物馆一个实实在在的表现……在我的概念里，形形色色的观众通过不同方式对彼此、对艺术博物馆、对馆方工作人员产生归属感，而这样的归属感互相重叠，构成真实而有益的关系。国家艺术博物馆让人们感到那是属于他们自己的收藏……感到自己身在一个生机勃勃的群体之中并获取知识，在那里他们不是一个人。”[80]

2. 国家、城市、政府形象与地区开发程度的指标

法国大革命创造了真正意义上的现代艺术博物馆——卢浮宫从旧皇宫转变为对公众免费开放的艺术博物馆是新的法兰西共和国日程上的关键事件，被认为是新政府德政和形象的重要证据——把以前极权的所有物转变为公众服务平台。同时卢浮宫代表了一个新秩序的民主世界的标志物。从此，博物馆就作为国家、城市、政府形象的指标在西方生机勃勃地发展起来。[81]早在1895年，就有批评家认为：“任何一个国家、城市或是省份的文明程度都在其公共博物馆的特点以及其维护的投入程度中得到了体

现。”[82]“西方文化之所以优势、强势，是因为西方的文化重镇和重点是美术馆，以及美术馆连带承担并高度发挥的社会教育功能。”[83]一个大国，纵然经济飞速发展，在向世界输出其文化观念之前，是不能称其为大国的。博物馆和艺术博物馆的厚度，也就是这个国家及城市的生命及文化的厚度。“在西方，美术馆是国家的文化脸面，美术馆就是所谓的国家支柱产业，是建设高度精神文明的教育基地，是真正可持续发展的一大笔文化资源。”[84]

巴黎的博物馆建设潮是与巴黎作为世界旅游城市和法语文化中心的目标联系在一起的。在博物馆文化上的财政投资是有力说明。一系列包括科学馆（Museum of Natural Science），奥赛（Musee d'Orsay），卢浮金字塔（The Louvre, Paris: Kevlar mock-up of the Pyramis），东京宫（Palais de Tokyo）等世界级博物馆（艺术博物馆）都是在20世纪八九十年代建设的。[85]法兰克福在1978年通过了13项文化中心修建的计划，目的是向世人宣布法兰克福不只是金融中心。[86]

不仅如此，艺术博物馆之间的合作内容往往与一国的形象宣传相关。1985—1986年的印度文化节，超过1500万美元被投入到上百个展览中，38个艺术博物馆成为活动的一部分；1990年9月，以穿梭在纽约城里的巴士载体广告为热议中心，一个名为“墨西哥，一件艺术品”的国家文化推广活动投入了1000万美元的专业广告费用，在MoMA、大都会、IBM和其他艺术机构展开；再比如北京奥运会期间，不仅中国在全球主要国家的文化宣传投入借势增加，中国各城市的重要艺术博物馆更成为各国艺术活动抢占展示的平台。中国有句俗话，叫做“文化搭台，经济唱戏”。在国际的艺术博物馆交流中，艺术的碰撞只是一个方面，甚至关联性很强的旅游产业也只是一个侧面，国际贸易相关的开放、谈判、合作才是重头戏，所有的国际文化艺术交流投入，都是与举办国的经济利益息息相关的。

我们的国家正在成长为一个经济的巨人，随着物质文明日益繁荣，社会极需要丰富的精神文化生活。徐冰先生在搜狐网关于中国改革开放30周年与范迪安先生的一次对话中说："中国这么大一个国家，最后它要解决这个国家的发展和崛起，它必须要获得一种新的文明体系和文明方式。这种文明方式，实际上是在现有的文化资源和文化现象中不存在的。因为它不是西方的，也不是东方过去传统的，也不是社会主义时期的比较顽固的模式。因为中国国家太复杂了，它的文化层次太多，所以，它必须要找到一种新的方式。这种方式必须要被证明对中国的发展是有益的，而且必须要被证明对人类共同面临的问题是有效的。""中国艺术真正的价值，最后会体现在作为这么大一个国家，整个的文化形态、文明方式背后所获得的思想支撑点的分量。"

3. 文化外交的重要窗口

习近平主席在联合国教科文组织总部的演讲中说："文明因交流而多彩，文明因互鉴而丰富。文明交流互鉴，是推动人类文明进步和世界和平发展的重要动力。"[87] 对任何文化来说，把自己封闭起来躲在自家墙后面都是不便的，因为它的生命力依赖交流与保存，它的身份是在对话、动态甚至实用的进程中不断地建立起来。[88]

推动中华文化走向世界，文化基础设施建设和文化交流的重要性在国家文件中再次得到凸显。中国要扩大影响力和创造力，让西方的文化艺术在中国有严肃的平台，并通过不同渠道输出中国文化艺术的重要性被国家不断深入地、充分地认识到，并体现在不同阶段的不同法案中。

从全球文化发展的战略高度来看，博物馆不仅担负着文化传承与交流的重任，同时也是国际文化交流的一个重要窗口，在全球文化竞争中具备战略性的地位，而且文化的竞争背后所代表的是政治、经济竞争，尤其是政治斗争的一个侧面。美国哲学家亨廷顿（Samuel Phillips Huntington）在《文明的冲突与社会秩序的重建》一书中早已尖锐地指出，未来国际间的竞争不仅仅是在政治和经济领域，更是文化领域的竞争。这一点，中国的国家博物馆战略比较后知后觉——中国博物馆最有代表性的故宫博物院2005年才与国际上的博物馆建立战略合作关系[89]，而精明的美国人早已参透了，早已结结实实给全世界上了一课。我们都知道美国纽约是现代艺术的中心，我们也知道这个地位是"二战"后从伦敦人和巴黎人手中"抢"过来的。那么这一切是如何发生的呢？

让我们看看纽约现代艺术博物馆（MoMA）的发展。由于没有文化部，美国的国家文化展览是通过私人基金会和大博物馆共同推动的。MoMA建馆以来，便确定了要与当世的艺术家共同发展。可以说在现代主义早期之前，美国虽然也有像萨金特（John Singer Sargent）、霍默（Winslow Homer）等优秀的本土画家，但艺术形式和语言都受欧洲影响。为了摆脱欧洲精英艺术翻版的美国艺术形象，MoMA敞开怀抱接受了从法国落魄而来的杜尚（Marcel Duchamp）。杜尚的"产生"，是因为固定的欧洲秩序"创生了一种先锋主义以反当权文化"；杜尚的被选择，是因为美国所奉为圭臬的是"进步"，因此它愿意"拥抱任何激进的文化变化"。[90]以现代主义推广作为自己的使命，其后从抽象表现主义到波普艺术的推广，美国人铸造了这些艺术流派在人类艺术史上的显赫位置，体现了美国艺术的创造性，也由此构成了所谓艺术中的美国性。最初，在沙龙艺术体制中沉醉的欧洲人并不买账。直到1958年4月，"美国现代艺术展"在八个欧洲大城市巡回展出，主推抽象艺术，欧洲观众才开始意识到美国绘画的重要性。另外，MoMA还买下了威尼斯的美国馆，还有圣保罗双年展的美国馆，改变了一直由画廊团体出资经营的状况，10 年中负责选拔和资助“官方”的美国艺术家。“真理”就这样一步步被“制造”出来。以历史的主动书写者为目标，他们不断广邀学者专家，确定了其收藏的价值取向，以收藏作为蓝图，帮助研究并大量出版与展览相关的艺术读物。MoMA 所处的生存土壤，注定了它的地位可以根深蒂固。美国合国家、社会之力，以经济发展、文化政策、艺术投入为引擎，反过来又影响了整个西方画坛，对世界文化产生了重要的影响，美国文化在一个时段内被证明它对人类文化发展的有效性。美国文化的扩张性，最终形成了以纽约为中心，汇聚艺术人才和资源的效应，从学术思想层面、文化价值层面、市场交易层面影响了整个世界近 100 年的现代艺术走向。MoMA 清楚地标示着美国的文化独特性与优越性。从这个意义上来说，MoMA 是美国最成功、最具前瞻性的一件作品。没有商业、学术两套体系，美国便不可能将文化推向世界。在一个越来越全球化的背景下，美国的文化强势是由众多的 MoMA 建构的。

对于艺术博物馆互相之间的竞争来说，意识到自己在国家文化外交中的重要作用，并将艺术博物馆的国际交流放在国家文化战略的高度来认识，会使艺术博物馆在国内、国际树立坚实的学术地位与声誉。德国东部城市德累斯顿在东西德合并前曾经属于社会主义阵营，德累斯顿国家艺术博物馆虽然以其馆藏傲视天下，但是因为地理区域使它一直处在非中心的地位。2001 年在 Martin Roth 先生任馆长的近 10 年中，以国际合作网络的建立为核心，推动了数目繁多、层次丰富的国际合作项目，有些是独立的对外展览，比如 2006 年在法国的凡尔赛博物馆举办的“壮丽华美的萨克森宫廷艺术——德累斯顿在凡尔赛”展，成为 2006 年最受瞩目和最重要的法德文化交流项目，法国总统希拉克和德国总理安格·默克尔出席了开幕式；有些是与国内其他馆合作的整体策划，比如 2007 年与柏林国家博物馆、慕尼黑巴伐利亚国家绘画收藏馆的首度联手合作在比利时德马赛美术馆（Palais des Beaux Arts）举办的“纵观欧洲—— 19 世纪的欧洲与德国绘画”展览，其后再度联袂合作的三大馆与中东的迪拜签署了文化合作协议，与当地政府合作在迪拜建立德国的博物馆分馆，力求长期展示德国本土和跨文化的艺术精品；有些馆际合作不限于展览项目，如与洛杉矶的盖蒂博物馆的馆际关系还包括馆际人员互换学习等，而且馆长 Martin Roth 一直担任德国外交部外事建议委员会的委员。由于馆长和他所推行的艺术博物馆发展策略在德国的国家文化外交中发挥了重要的作用，使德累斯顿国家艺术博物馆在德国和全世界的地位得到进一步确认和提升。[91]

4. 社区和谐的推动力量

博物馆（包含艺术博物馆在内）对于社区和谐发展的推动，见诸于众多国家、城市与地区的战略规划中，我们总结后主要体现在以下几个方面。

（1）通过对身份的认识、反思，人们在博物馆中找到自己和他人以及世界的关系，培育地方荣誉和归属感。博物馆作为社区焦点和包罗万象的空间为人们提供服务，提供人们发现自己身份的机会。博物馆能够通过把人们带到一起而加强社区团结，支持特定团体的共同经验和社区组织。很多博物馆都有更大的潜能成为社区真实的一部分；根植社区，链接过去、现在、未来；帮助所在区域成为有代表性的文化焦点区域，加强社区人群的自豪感。[92] 对于多种族群社区而言，博物馆的存在尤其具有重要的指标性。博物馆不仅仅是一个观看、教育和体验为主的地方，更是观众通过参与收获知识和个人发展的平台。

（2）博物馆是家庭和社会价值的重要纽带，这是在美国早期博物馆事业的发展中博物馆被普遍认为的一种功能。在某种程度上甚至被新移民奉为可能取代宗教的机构。蔡元培先生“美育代宗教”的思想在20世纪30年代前后也曾为中国早期博物馆事业吹响了号角。威尔士博物馆战略认为“博物馆要给一个父亲或母亲提供一个带着自己的孩子一起度过周末的地方，激发下一代的科学家，激发讨论，建立社区粘性，帮助老弱，使人们到达一个让他们惊叹的地方”[93]。

（3）作为公共文化设施，博物馆是社会福利的一部分。博物馆通过支持学习，为观众提供一系列范围宽广、具有价值的文化活动节目，促进朋友和家庭的互动，建立技能和自信等途径来提高人们的生活质量。博物馆的潜力是巨大的，无论是在正式还是非正式的学习方面，它是一个可供选择的学校，是孩子、成年人可以从他们日常的行为方式和互动方式中抽离出来的地方。[94]

博物馆的存在，不仅能够提高人的素质，还能改善所在区域的文化环境与生活品质。博物馆是一个提高个体福祉、生活质量和精神健康建设的地方。政府相信一个充满活力的文化、媒体、体育氛围是我们生活质量和幸福感的保证。[95]

（4）博物馆尤其是艺术博物馆有潜力来解决一些对社会有重要意义的事情，推动公众讨论，进行有益的社会变革。威尔士在《艺术博物馆发展战略》中写道：“博物馆将建立更好的社区，促进一个公平社会的价值。”[96]

（5）从另外一个层面来说，社区寻根也许是博物馆这个系统在面对未来的挑战时一个前进的方向，来自于博物馆的普遍“进化”需求。纽约MoMA的馆长格伦·劳瑞（Glenn Lowry）在思考21世纪艺术博物馆的发展之路时说：“一种新的机构形态，它根植于街道，并不将自己与社区分开，意识到自己是城市脉动的一部分。”[97]

早期像美国宾夕法尼亚博物馆（Penn Museum）这样的机构有效地缓

解了劳资之间的紧张关系，因为这些机构给工匠们带去了对工人身份的自豪感。在州长看来，宾夕法尼亚博物馆成为保持社会稳定的手段之一。[98]当博物馆的理念发展到今天，在2016年世界博物馆日的主题阐释中，世界博物馆协会这样表达了对于博物馆支持社区和谐的期许："过去博物馆的愿景主要在于保护、展示和传播自身的收藏，目前这一愿景正在被一种更加尊重博物馆机构本质特征的新观念所取代，即博物馆应该在研究、提供、获取、开发和共享其所在地域知识的同时，为生活在本地区的社区提供一种不同的方式来观察这些景观。""通过知识的推广，唤起当地居民和观众对其自身价值观起源的意识，邀请他们参与保护、推广和增强这些价值观等渠道，从而承担起博物馆周边遗产以及本区域解读中心的作用。"[99]

5. 经济发展与城市更新的动力

"资本主义的核心目标：将创造力与资本、想象力与生产、文化与消费完全融合。"[100]我们已经进入了一个"审美资本主义"时代，这个时代的显著特征是个人的审美喜好已经成为消费者选择商品的主要标准，使得社会的审美倾向、审美潮流、审美品位决定了工业生产的方向、频率和质量，成为工业发展的推动力，从而深入地影响了社会经济的发展。艺术博物馆对于艺术标准的影响直接建设了公众审美意识和认识。因此，艺术博物馆虽然不直接产生经济效益，却可以通过对审美活动的影响潜移默化地成为推动经济发展的要素[101]，这是艺术博物馆对于经济发展在宏观层面的影响。

从微观层面上来说，艺术博物馆对经济发展的重要影响首先体现在艺术博物馆对于文化创意产业的推动作用。

创意经济又称"创意产业"、"文化产业"或"创造性产业"等，其概念主要来自英语 Creative Industries 或 Creative Economy，是一种在全球化的消费社会的背景中发展起来的，推崇创新、个人创造力、强调文化艺术对经济的支持与推动的新兴的理念、思潮和经济实践。它通常包括广告、建筑艺术、艺术和古董市场、手工艺品、时尚设计、电影与录像、交互式互动软件、音乐、表演艺术、出版业、软件及计算机服务、电视、广播、旅游、博物馆和艺术博物馆、遗产和体育等。1998 年，英国政府正式提出“创意经济”的概念，为其正名。随后几年，发达国家和地区提出了创意立国或以创意为基础的经济发展模式，发展创意产业已经被提到了发达国家或地区发展的战略层面。根据我国《文化及相关产业指标体系框架》的界定，文化创意产业的范围有三层：以新闻出版、广播影视、文化艺术为主的行业为文化产业核心层；以网络、旅游、休闲娱乐、经纪代理、广告会展等为主的新兴文化服务业为文化产业外围层；以文化用品、设备及相关文化产品生产和销售为主的行业为文化产业相关层。

文化创意产业一是创造社会财富的主要领域，二是为政府积累文化发展的基金，三是为国家、民族、人类的发展提供精神支柱和文化动能，被许多国家视作支柱型产业。文化创意产业的核心价值是产业的文化、创意附加值。艺术是文化创意产业的骨架。艺术行业对于一个社会的文化创造力具有不可低估的作用，通过艺术想象、艺术表现来激发整个社会的创造力是艺术的一个重要功能。艺术博物馆是文化艺术的前锋，审美的建设者，创意的源头，孕育文化创意环境的温床。艺术博物馆对文化产业的影响不是通过其自身售出商品来实现的，甚至非营利的艺术博物馆都应该以不进行艺术品的交易作为生存准则。艺术博物馆主要是通过艺术与文化概念的输出，解决文化产业的生态环境问题。艺术博物馆的“Recreation”功能，便有“再创造”之意。英国在布莱尔（Tony Blair）主政时，全面免费开放国家馆藏艺术品，其目的在于开发英国的文化旅游资源，提高国民的艺术修养和想象创造力，促进文化创意产业的发展。在整个产业链中，艺术博物馆处在最上游，是价值观和潮流的引导者，其实验性、探索性将直接影响未来的文化产业，是整个产业的价值核心。

艺术博物馆在微观层面对经济和城市的影响主要体现在几个方面：

（1）作为重要的旅游资源，直接促进旅游业的发展。休闲是 21 世纪文化生活的重点之一，艺术博物馆是休闲产业的重要环节，具备极大的能量。随着科技的进步，社会财富的积累，生活水平的提高，人们的休闲支出也在不断增加，新的休闲形态也随之多元。顺应新休闲市场的需求，艺术博物馆成为休闲和旅游产业中成长最快的部门。作为架构艺术品与大众之间的桥梁，艺术博物馆除了对社会大众教育的承诺与责任，更因自身具备的丰富文化内涵、完善的展演设施、精心研究的陈列品、展览及相应的出版物、配套设计完整的导向、教育活动、休闲学习节目，加上满足纪念、搜奇、购物需求的商店，具有幽雅环境氛围的咖啡馆及餐厅，以及所提供的鉴定、咨询服务等，成为为大众提供休闲服务的场所。

休闲业和服务业强调品质，休闲形态及追求目标的变化为艺术博物馆带来了新的契机，能迅速反应的艺术博物馆均强化了其争取大众休闲时间的竞争力，到艺术博物馆参观已成为人们现代文明生活中最普遍、最大众化的活动。一如中古时期人们以教堂作为精神信仰的寄托之地，现代人将艺术博物馆作为性灵的归依及精神的解放之所。英国每年赴博物馆参观者约一亿人，显示出艺术博物馆在休闲及观光市场上的重要性。文化特色是一个城市能否吸引观光客的重要条件。对于城市而言，艺术博物馆制造了城市空间和关注的焦点，使之成为旅游者的向往之地，本地公众的自豪之所。在全球化消费时代，艺术博物馆作为吸引休闲大众的磁石，扮演了区域文化观光产业龙头的角色。

（2）与区域经济的发展构成互动，相辅相成，甚至改变所在区域的商业形态，促进城市升级更新，尤其成为后工业城市转型的希望，后工业时代经济发展的动力。“那些不寻常、被遗忘或被抛弃的空间”正是通过“艺术”来“恢复”生机的，“重新发现和创造城市风景的”[102]艺术博物馆的这种“场所制造”功能，对于那些急需产业转型、“腾笼换鸟”的区域更为迫切。这样的例子在全世界范围内不胜枚举，小到一片城市的区域，如纽约的SOHO区、北京的798；大到整个城市，如英国纽卡斯尔-盖特谢德市（British Newcastle Gateshead City）从煤炭工业的衰退中转型；西班牙毕尔包（Bilbao）的古根海姆艺术博物馆助其从老死的钢铁产业中转型；甚至整个地域，如德国鲁尔工业区(Ruhr）的艺术设计博物馆群。以西班牙毕尔包的发展为例，正因为毕尔包古根海姆艺术博物馆的存在，相关的都市公共建设，以及以此为源头所发展的服务型产业，妥善配套的经济、社会、都市发展、产业振兴与观光休闲等政策才得以成形，为毕尔包带来了大量国内外观光客，产生了良好的经济效益。它所涉及的已不是简单的艺术博物馆发展的研究，也不仅仅只涉及美术、建筑与观光结合的领域，更扩张成为财经、都市计划、人口迁移与文化学者们的热门研究课题。再看纽卡斯尔-盖特谢德市，虽然由面粉厂改建的波罗的海现代艺术中心（Baltie Art Center）只是两市文化设施投入的一部分，但这个耗资约4600万英镑的全世界最大的当代艺术场馆，面积达3万平方米，包括五个画廊、一个表演场地、部分艺术家的工作室、商店、餐厅、戏院、图书馆和数据馆等，成为地区文化产业兴起的关键。波罗的海现代艺术中心投入运营后，两市不仅旅游业大获丰收，同时吸引了400家创意公司的创立，改善了区域的商业形态。2005年，纽卡斯尔的营商环境名列全英国第三，较前次问卷调查结果的第19名，上升了16名；投资增加的同时亦带来更多的就业机会。

艺术博物馆对其社区所产生的文化、社会经济及政治效益加在一起所聚合的实际效益，绝对超越任何单一层次。当然，建设艺术博物馆并不是一剂包治百病的灵丹妙药。反观古根海姆艺术博物馆毕尔包分馆的成功，并不全然是艺术博物馆的单独魅力。如果没有革新后的交通网，崭新的国际会议中心及音乐厅，壮观的跨河大桥、扩建的港口景观、沿河岸舒畅的人行步道，以及新式旅馆、餐馆、购物商品等这些焕然一新的周边建设相辅相成，分馆不可能有如此汹涌的参观人潮。“古根海姆效应”下的“毕尔包奇迹”的根本是以经济效益为前导，通过文化观光产业的建设来进行都市国际化营销。“尽管有2001年的9·11事件以及2008年的金融危机，它对博物馆与公司、城市和国家而言依然是一个制胜法宝，实际上任何一个企业实体都期望通过这种即时图标成为一个全球性的现象。”[103] 古根海姆的营销策略之所以能够取得成功，其巨额的品牌费、运营费之所以有人买单，正是因为地方政府认识到了艺术博物馆除传统的角色之外的重要功能，因此能成为新都市产业的火车头，与其他设施和服务结合，引进投资和创造就业机会，支持经济发展。

注释

1 [英] E.H. 贡布里希（Gombrich, E.H.）：《艺术与科学——贡布里希谈话录和回忆录》（*A Lifelong Interest-Conversations on Art and Science*），杨思梁、范景中、严善淳译，杭州：浙江摄影出版社，1998年版，第56—67页。

2 苏静主编：《知日·Hi！美术馆》，沈阳：辽宁教育出版社，2011年版，第1页。

3 黄光男：《美术馆管理》，北京：文化艺术出版社，2011年版，第19页 。

4 http://icom.museum/the-vision/museum-definition/.

5 [美]詹姆斯·库诺:《美术馆的宗旨在于艺术品本身》,载[美]詹姆斯·库诺(Cuno, J.)《谁的缪斯?——美术馆与公信力》(*Whose Muse? Art Museums And The Public Trust*),桑塔兰泰拉、张婷译,北京:中国青年出版社,2013 年版,第 48 页。

6 [美]史蒂芬·康恩(Conn, S.):《博物馆与美国的智识生活,1876—1926》(*Museums and American Intellectual life, 1876-1926*),王宇田译,上海:上海三联书店,2012 年版,第 281 页。

7 [法]安德烈·马尔罗(Malraux, A.):《无墙的博物馆》(*Museum Without Walls*),李瑞华、袁楠译,桂林:广西师范大学出版社,2001 年版,第 191 页。

8 [美]格伦·劳瑞:《美术馆和公信力的道义论方法》,载[美]詹姆斯·库诺(Cuno, J.)《谁的缪斯?——美术馆与公信力》(*Whose Muse? Art Museums And The Public Trust*),桑塔兰泰拉、张婷译,北京:中国青年出版社,2013 年版,第 129 页。同时参考李军《可视的艺术史——从教堂到博物馆》,北京:北京大学出版社,2016 年版,第 52—58 页。

9 Jonah Siegel (2008) *Emergence of the Modern Museum* London: Oxford University Press.

10 [美]詹姆斯·伍德:《美国美术馆的学术权威》,载[美]詹姆斯·库诺(Cuno, J.)《谁的缪斯?——美术馆与公信力》(*Whose Muse?Art Museums And The Public Trust*),桑塔兰泰拉、张婷译,北京:中国青年出版社,2013 年版,第 106 页。

11 Sherman, J. D. and Rogoff, J. , "The German Art Museum and the History of the Nation", in *Museum Culture*, ed.Hoffmann, D. (1994) Minneapolis: The University of Minnesota Press, p.10.

12 [美]史蒂芬·康恩(Conn, S.):《博物馆与美国的智识生活,1876—1926》(*Museums and American Intellectual life, 1876-1926*),王宇田译,上海:上海三联书店,2012 年版,第 15 页。

13 同上,第 16 页。

14 同上,第 33 页。

15 同上,第 23 页。

16 同上,第 28 页。

17 同上,第 29 页。

18 同上,第 207 页。

19 同上,第 246 页。

20　同上，第 30 页。

21　Kotori：《ACG 另类思考空间：从美术馆到社交网络》，载苏静主编《知日・Hi！美术馆》，沈阳：辽宁教育出版社，2011 年版，第 83 页。

22　李万：《中国近代社会转型与美术馆的发展》，载《2005 中国美术馆年鉴》，北京：中国美术馆，2005 年版，第 168 页。鲁迅原文为："美术……本有之目的，又在人与人以享乐，则实践此目的之方术，自必在于播布。播布云者，谓不更幽秘。而传诸人间， 使与国人耳目接，以发美术之真谛，起国人之美感，更以冀美术家之出世也。……当就政府所在地，立中央美术馆，为光复纪念。次更及诸地方。建筑之法，宜广征专家意见，会集图案，择其善者，或即以旧有著名之建筑充之。所列物品，为中国旧时国有之美术品……美术展览会，建筑之法如上。以陈列私人所藏，或美术家新造之品。"

23　刘曦林：《百年呼唤声未绝》，载顾森、李树声主编《百年中国美术经典》第 3 卷，深圳：海天出版社，1998 年版，第 8 页。

24　李万：《中国近代社会转型与美术馆的发展》，载《2005 中国美术馆年鉴》，北京：中国美术馆，2005 年版，第 173 页。同时参考齐珏《丹青碑影：严智开与天津市立美术馆》，天津：天津古籍出版社，2015 年版。

25　[美] 鲍里斯・格洛伊斯（Boyis Groys）：《时代的同志》，载 [美]e-flux Journal 编：《什么是当代艺术？》（*What is Contemporary Art?*），陈佩华、苏伟等译，北京：金城出版社，2012 年版，第 19 页。

26　[瑞士] 奥布里斯特：《第 9 封：纳米（微缩）博物馆》，载 [法] 侯瀚如、[瑞士] 奥布里斯特（Hanru,H. & Obrist, H.U.）《策展的挑战》（*Curatorial Challenges*），顾灵译，北京：金城出版社，2013 年版，第 74 页。

27　[日] 南条史生（Fumio Nanjo）：《关于艺术的国际交流》，载 [日] 南条史生（Fumio Nanjo）《艺术与城市》（*From Art to Urban City*），潘广宜、蔡青雯译，台北：田园城市文化事业有限公司，2004 年版，第 144 页。

28　[美] 詹姆斯・伍德：《美国美术馆的学术权威》，载 [美] 詹姆斯・库诺（Cuno, J.）《谁的缪斯？——美术馆与公信力》（*Whose Muse?Art Museums And The Public Trust*），桑塔兰泰拉、张婷译，北京：中国青年出版社，2013 年版，第 100 页。

29　Mark O'Neill (2011) *Heritage, Regional Development and Social Cohesion in Fornvardearen 31* Ostersund p.26, pp.16–17.

30　Anderson, D. (2012) *Museums, Equality and Social Justice* (eds. Richard Sandell and Eithne Nightingale) London: Routledge p.224.

31 [法] 卡特琳·古特（Grout,C.）：《艺术介入空间：都会里的艺术创作》（*Pour de I'art dans notre quotidien*），姚孟吟译，台北：远流出版事业股份有限公司，2002 年版，第 25—26 页。

32 [日] 南条史生（Fumio Nanjo）：《何谓艺术的公共性？》，载 [日] 南条史生（Fumio Nanjo）《艺术与城市》（*From Art to Urban City*），潘广宜、蔡青雯译，台北：田园城市文化事业有限公司，2004 年版，第 59 页。

33 [美] 格伦·劳瑞：《美术馆和公信力的道义论方法》，载 [美] 詹姆斯·库诺（Cuno, J.）《谁的缪斯？——美术馆与公信力》（*Whose Muse? Art Museums And The Public Trust*），桑塔兰泰拉、张婷译，北京：中国青年出版社，2013 年版，第 132 页。

34 [英] 尼尔·麦克格雷格：《特拉法加广场的圣灵降临节》，载 [美] 詹姆斯·库诺（Cuno,J.）《谁的缪斯？——美术馆与公信力》（*Whose Muse?Art Museums And The Public Trust*），桑塔兰泰拉、张婷译，北京：中国青年出版社，2013 年版，第 27 页。

35 [美] 托马斯·霍文（Hoving, T.）：《让木乃伊跳舞：大都会美术馆变革记》（*Making The Mummies Dance: Inside the Metropolitan Museum of Art*），张建新译，南京：译林出版社，2012 年版，第 21 页。

36 [美] 詹姆斯·伍德：《美国美术馆的学术权威》，载 [美] 詹姆斯·库诺（Cuno,J.）《谁的缪斯？——美术馆与公信力》（*Whose Muse?Art Museums And The Public Trust*），桑塔兰泰拉、张婷译，北京：中国青年出版社，2013 年版，第 102 页。

37 李军：《可视的艺术史——从教堂到博物馆》，北京：北京大学出版社，2016 年版，第 119—131 页。

38 唐克扬：《美术馆十讲》，北京：商务印书馆，2016 年版，第 13 页。

39 同上，第 197 页。

40 陈婉琳：《现阶段中国非政府组织的特征刍议》，《环球市场信息导报》2012 年第 30 期。

41 夏学理、沈中元、刘美芝、刘佳琦、黄淑晶：《文化机构与艺术组织》，台北：五南图书出版有限公司，2005 年版，本表作者为刘美芝。

42 [德] 汉斯·贝尔廷（Belting, H.）：《现代主义之后的艺术史》（*Art History after Modernism*），洪天富译，南京：南京大学出版社，2014 年版，第 188—189 页。

43 谢晓泽：《序三》，载刘鹏《缪斯之约：欧美艺术博物馆的智识体验》，上海：同济大学出版社，2016 年版，第 19 页。

44 甘阳：《古今中西之争》，北京：生活·读书·新知三联书店，2012 年版，第 22 页。

45　[法]安德烈·马尔罗（Malraux, A.）：《无墙的博物馆》（*Museum Without Walls*），李瑞华、袁楠译，桂林：广西师范大学出版社，2001年版，第207页。

46　[日]南条史生：《公共艺术的现况》，载[日]南条史生（Fumio Nanjo）《艺术与城市》（*From Art to Urban City*），潘广宜、蔡青雯译，台北：田园城市文化事业有限公司，2004年版，第14页。

47　[瑞士]汉斯·乌尔里希·奥布里斯特：《弗朗兹·梅耶》，载[瑞士]汉斯·乌尔里希·奥布里斯特（Obrist, H. U.）《策展简史》（*A Brief History of Curating*），任西娜、尹晟译，北京：金城出版社，2012年版，第175页。

48　[美]菲力普·德·蒙特贝罗：《美术馆，激发公信力》，载[美]詹姆斯·库诺（Cuno, J.）《谁的缪斯？——美术馆与公信力》（*Whose Muse?Art Museums And The Public Trust*），桑塔兰泰拉、张婷译，北京：中国青年出版社，2013年版，第150页。

49　詹姆斯·库诺、菲力普·德·蒙特贝罗、安·特哈农库特、格伦·劳瑞、约翰·华尔士、詹姆斯·伍德：《圆桌讨论》，载[美]詹姆斯·库诺（Cuno, J.）《谁的缪斯？——美术馆与公信力》（*Whose Muse?Art Museums And The Public Trust*），桑塔兰泰拉、张婷译，北京：中国青年出版社，2013年版，第177页。

50　[瑞士]奥布里斯特：《第1封："美利坚不定国"的陈佩之》，载[法]侯瀚如、[瑞士]奥布里斯特（Hanru, H. & Obrist, H. U.）《策展的挑战》（*Curatorial Challenges*），顾灵译，北京：金城出版社，2013年版，第8页。

51　Beateson, G.(2000) *Steps to an Ecology of Mind*, Chicago: Universtity of Chicago Press.

52　[法]弗雷德里克·马特尔（Martel, F.）：《论美国的文化——在本土与全球之间双向运行的文化体制》（*De la Culture en Amérique Politique Publique, Philanthropie Privée et Intérêt général dans le Système Culture Américain*），周莽译，北京：商务印书馆，2013年版，第87—91页。

53　罗贝塔·史密斯（Smith,R.）：《给美术馆的备忘录：不要放弃艺术》（*Mimo to Art Museums: Don't Give up on Art*）；迈克尔·金梅尔曼（Kimmelman, M.）：《困境中的美术馆：理想在何处？》（*Museums in a Quandary*）。

54　段勇：《当代美国博物馆》，北京：科学出版社，2003年版。

55　[法]弗雷德里克·马特尔（Martel, F.）：《论美国的文化——在本土与全球之间双向运行的文化体制》（*De la Culture en Amérique : Politique Publique, Philanthropie Privée et Intérêt général dans le Système Culture Américain*），周莽译，北京：商务印书馆，2013年版，第87—91页。

56 [美] 詹姆斯·伍德：《美国美术馆的学术权威》，载 [美] 詹姆斯·库诺（Cuno, J.）《谁的缪斯？——美术馆与公信力》（*Whose Muse? Art Museums And The Public Trust*），桑塔兰泰拉、张婷译，北京：中国青年出版社，2013 年版，第 101 页。

57 综合参考《牛津高阶》（*Oxford Advanced Dictionary*）与《兰登辞典》（*Random House Dictionary*）。

58 [美] 詹姆斯·伍德：《美国美术馆的学术权威》，载 [美] 詹姆斯·库诺（Cuno, J.）《谁的缪斯？——美术馆与公信力》（*Whose Muse? Art Museums And The Public Trust*），桑塔兰泰拉、张婷译，北京：中国青年出版社，2013 年版，第 101 页。

59 同上，第 97 页。

60 [德] 汉娜·阿伦特：《文化的危机》，载 [德] 汉娜·阿伦特《在过去与未来之间》（*Between Past and Future:Eight Exercises in Political Thought*），王寅丽 、张立立译，南京：译林出版社，2011 年版。

61 [德] 汉斯·贝尔廷（Belting, H.）：《现代主义之后的艺术史》（*Art History after Modernism*），洪天富译，南京：南京大学出版社，2014 年版，第 201—202 页。

62 [古巴] 赫拉尔多·莫斯克拉（Mosquera, G.）：《艺术与文化的历史》，载 [古巴] 赫拉尔多·莫斯克拉《无界之岛：艺术、文化与全球化》（*Infinite Islands: Art, Culture, and Globalization*），孙越译，北京：金城出版社，2014 年版，第 68 页。

63 Ritchie, I. (1994) *An architect's view of recent developments in European museums in Towards the Museum of the Future* London: Routledge.

64 李军：《可视的艺术史——从教堂到博物馆》，北京：北京大学出版社，2016 年版，第 185—201 页。

65 [法] 侯瀚如：《第 2 封：一个不确定未来的实验场》，载 [法] 侯瀚如、[瑞士] 奥布里斯特（Hanru, H.& Obrist, H.U.）《策展的挑战》（*Curatorial Challenges*），顾灵译，北京：金城出版社，2013 年版，第 16 页。

66 [日] 南条史生（Fumio Nanjo）：《工作场所中的艺术》，载 [日] 南条史生（Fumio Nanjo）《艺术与城市》（*From Art to Urban City*），潘广宜、蔡青雯译，台北：田园城市文化事业有限公司，2004 年版，第 20 页。

67 Neil MacGregor (2003) in John Mack (ed.) *The Museum of the Mind: Art and memory in World Cultures*, p.8. Cited at http://www. studio-international.co.uk/museology/museum.asp.

68 [美] 史蒂芬·康恩（Conn, S.）：《博物馆与美国的智识生活，1876—1926》（*Museums and*

American Intellectual life, 1876–1926），王宇田译，上海：上海三联书店，2012 年版，第 10 页。

69　[美]格伦·劳瑞：《美术馆和公信力的道义论方法》，载[美]詹姆斯·库诺（Cuno, J.）《谁的缪斯？——美术馆与公信力》（*Whose Muse? Art Museums And The Public Trust*），桑塔兰泰拉、张婷译，北京：中国青年出版社，2013 年版，第 130 页。

70　Gergel, C. *The Museum as Metaphor in Nineteenth–Century France.*

71　Karp, I. & L. D. Steven *Art Museums, National Identity, and Status of Minority Cultures: the Case of Hispanic Art in the United States* in Steven D. Lavine (1991) *Exhibiting Cultures: the Poetics and Politics of Museum Display* Washington: Smithsonian Institution.

72　[美]林德尔·金（King, L.）、[美]珍妮·马斯汀（Marstine, J.）：《大学博物馆和美术馆：机构批评的场所和课程关注点》，载[美]珍妮特·马斯汀编著《新博物馆理论与实践导论》（*New Museum Theory and Practice*），钱春霞等译，南京：江苏美术出版社，2008 年版，第 312—323 页。

73　[美]詹姆斯·伍德：《美国美术馆的学术权威》，载[美]詹姆斯·库诺（Cuno, J.）《谁的缪斯？——美术馆与公信力》（*Whose Muse? Art Museums And The Public Trust*），桑塔兰泰拉、张婷译，北京：中国青年出版社，2013 年版，第 103 页。

74　*A Museum Strategy for Wales*, p.5. at http:// wales.gov.uk/topics/cultureandsport/museumsarchiveslibraries/cymal/museums/ strategy/?lang=en; and Claudia B Ocello in Janet Marstine (ed) (2011) *The Routledge Companion to Museum Ethics* p.199.

75　Mark, J. "preface" in Mac Gregor, N.(2003)*The Museum of the Mind* London: The British Museum Press pp.8–9.

76　Lynn Frogget et al. (2011) *Who Cares? Museums Health and Wellbeing Research Project*, University of Central Lancashire / Renaissance North West, p.9. Unpublished, summary at http://clok.uclan.ac.uk/3362/1/Who%20 Cares%20Executive%20Summary%20w%20 revisions.ashx.

77　[德]哈恩斯－克里斯蒂安·罗尔（Lohr, H.C.）：《第三帝国的美术馆》（*Das Braune Haus Der Kunst*），孙书桂、刘英兰译，北京：生活·读书·新知三联书店，2009 年版，第 52 页。

78　Sheikha Al Mayassa (2010) talk at http://www.ted.com/talks/sheikha_al_mayassa_globalizing_the_local_localizing_the_ global#t–583020.

79　Sherman, J.D. & Rogoff, J. (1994) *Selling Nations: International Exhibitions and Cultural Diplomacy in Wallis*, B.*Museum Culture*. Minneapolis: The University of Minnesota Press, p.63.

80 尼尔·麦克格雷格：《特拉法加广场的圣灵降临节》，载 [美] 詹姆斯·库诺（Cuno, J.）《谁的缪斯？——美术馆与公信力》（*Whose Muse?Art Museums And The Public Trust*），桑塔兰泰拉、张婷译，北京：中国青年出版社，2013 年版，第 41 页。

81 Karp, I. & L. D. Steven, "Art museums and the ritual of citizenship" in Carol Duncan (1991) *Exhibiting Cultures: the Poetics and Politics of Museum Display* Washington: Smithsonian Institution, pp. 88–102.

82 [美] 史蒂芬·康恩（Conn, S.）：《博物馆与美国的智识生活，1876—1926》（*Museums and American Intellectual life, 1876–1926*），王宇田译，上海：上海三联书店，2012 年版，第 278 页。引自乔治·布朗·古德的文中原话。

83 2007 年 1 月 13 日，陈丹青在今日美术馆举办的讲座《美术馆面面观》。

84 同上。

85 Siegel, J.(2008) *The Emergence of the Modern Museum* London: Oxford University Press.

86 Ritchie, I. (1994) "An architect's view of recent developments in European museums," in *Towards the Museum of the Future*, London: Routledge.

87 习近平：《习近平主席在联合国教科文组织总部的演讲》，载《2014 中国美术馆年鉴》，北京：中国美术馆，2014 年，第 92 页。

88 [古巴] 赫拉尔多·莫斯克拉（Mosquera, G.）：《权力与跨文化策展》，载 [古巴] 赫拉尔多·莫斯克拉《无界之岛：艺术、文化与全球化》（*Infinite Islands: Art, Culuture, and Globalization*），孙越译，北京：金城出版社，2014 年版，第 95 页。

89 单霁翔：《把壮美的紫禁城完整地交给下一个六百年》，载中国博物馆协会博物馆专业委员会、上海博物馆编《智造展览》，北京：北京大学出版社，2014 年版，第 8 页。

90 [澳] 罗伯特·休斯（Robert Hughes）：《绝对批评——关于艺术和艺术家的评论》（*Nothing If Not Critical: Selected Essays On Art and Artists*），欧阳昱译，南京：南京大学出版社，2016 年版，第 37 页。

91 郑妍：《浅析美术馆在德国文化外交中的作用》，载《2008 中国美术馆年鉴》，北京：中国美术馆，2008 年，第 358—361 页。

92 *Through Going Further: The National Strategy for Scotland's Museums and Galleries* (2012) p.22. at http://www.museumsgalleriesscotland.org.uk/publications/publication/460/going-furtherthe-national-strategy-for-scotlands-museumsand-galleries.

93 *A Museum Strategy for Wales*, p.5. at http:// wales.gov.uk/topics/cultureandsport/museumsarchiveslibraries/cymal/museums/ strategy/?lang=en; and Claudia B Ocello in Janet Marstine (ed), *The Routledge Companion to Museum Ethics*, 2011, p.199.

94 同上。

95 https://www.gov.uk/government/announcements?keywords=&departments[]=cabinet-office.

96 *A Museum Strategy for Wales*, p.4. at http:// wales.gov.uk/topics/cultureandsport/museumsarchiveslibrarie.

97 《6 位全球博物馆界领袖畅谈如何打造 21 世纪的博物馆》，艺术新闻中文版 2015 年 5 月 21 日。

98 [美] 史蒂芬・康恩（Conn, S.）：《博物馆与美国的智识生活，1876—1926》（*Museums and American Intellectual life, 1876-1926*），王宇田译，上海：上海三联书店，2012 年版，第 217 页。

99 《2016 年国际博物馆日主题阐释："博物馆与文化景观"》，中国博物馆协会在线文博 2016 年 3 月 7 日。

100 [法] 侯瀚如《第 12 封：奥巴马，危机，双重现实与改变》，载 [法] 侯瀚如、[瑞士] 奥布里斯特（Hanru, H. & Obrist, H.U.）《策展的挑战》（*Curatorial Challenges*），顾灵译，北京：金城出版社，2013 年版，第 97 页。

101 [法] 奥利维耶・阿苏利（Assouly, O.）：《审美资本主义——品味的工业化》（*Le capitalisme esthétique: Essai sur l'industrialisation du goût*），黄琰译，上海：华东师范大学出版社，2013 年版。

102 [西班牙] 帕科・巴拉甘（Paco Barragan）：《艺博会时代》（*The Art Fair Age*），孙越译，北京：中国青年出版社，2013 年版，第 46 页。

103 [美] 菲利普・德・蒙特贝罗（Philippe de Montebello）、[英] 马丁・盖福特（Marttin Gayford）：《艺术的对话》（*Rendez-Vous with Art*），马洁译，上海：上海人民出版社，2016 年版，第 180 页。

巴黎装饰艺术博物馆

第二章　体验型艺术博物馆：艺术博物馆与观众

一、为什么观众成为艺术博物馆的中心

1. 观众成为艺术博物馆的中心是时代所趋

观众是艺术博物馆存在的终极价值所在，没有观众意识的艺术博物馆是无法在当代社会生存的。在汉斯·乌尔里希·奥布里斯特（Hans Ulrieh Obrist）的馆长访谈录中，有多位艺术博物馆馆长主动谈到艺术博物馆观众的重要性，比如，蓬杜·于尔丹（Pontus Hulten）说："博物馆馆长的首要任务是培养观众。"[1]曾任荷兰阿姆斯特丹市立艺术博物馆（Stedelijk Van Abbe Museum）馆长的让·里尔宁（Jean Leering）认为："作为馆长，始终要把人们的兴趣放在首位。"[2]托马斯·霍文（Thomas Hoving）说："我的目标是把大都会艺术博物馆打造成人民的文化天堂，其中充满乐趣和庆典活动。"[3]把观众作为艺术博物馆工作的中心是国际艺术博物馆界的共识。

观众成为艺术博物馆的中心，与时代精神发展之下的当代艺术的发展趋势、当代博物馆业的发展趋势是分不开的。在博物馆出现的这一两百年中，人类社会经历了一个以工业化为基础的大规模的现代化过程，人类渐渐从传统宗教和政治威权下解放出来，成为征服自然、改造社会的自由主

体。在思想领域表现为以理性主义为知识和社会进步的推动力，强调知识客观性、系统性、普遍性的现代理论和以西方、基督教、白种人、男性、父权为核心的主流论述。“冷战”结束以后，伴随着知识经济浪潮、全球一体化、科技信息化的前奏，人类社会进入了一个后现代化的过程，非理性主义、相对主义、解构主义、观点主义……愈演愈烈，各种政治上、性别上、经济上、宗教上的边缘弱势团体所主张的“去中心化”、“多元化”已成潮流。在这样的时代趋势之下，不仅在内容、材质、技术方面越发多样化，同时界域越发模糊化，形态也越发大众化。这些因素决定了当今艺术博物馆的办馆理念从“以物品为中心”到“以教化为中心”再到“以观众为中心”的转变。

2. 以观众为中心是公共服务机构的最大使命

博物馆，乃至后来出现的、作为它的某种专业形态之一的艺术博物馆，刚开始都是以收藏为导向的。那些皇族内院的古物珍宝虽然已向公众开放，但其高深莫测的姿态还是会给人距离感。事实上，很多开始的“开放”是在人流限制、资格审查条件下的预约来达成的“半开放”。现代博物馆重视观众的学习，其教育导向严肃，说教式的展示说明专业术语堆积、居高临下，博物馆的研究人员借此向公众展示着他们架构知识的权威，观众只是被动的接收者与系统被灌输的对象，他们的期望、兴趣或需要在现代主义博物馆中是经常被忽视的。这一方式长时间的影响，使世界上许多博物馆到现在都无法摆脱精英化、难以接近、脱离社会现实的指责。[4]

随着当代博物馆的发展越来越成熟，从收藏展示教育的中心，渐渐也成为活动中心，更加尊重观众自我建构知识的权利，并进一步重视观众本身的动机、需要、期待、体验等情绪和感官需求，于是博物馆在为公众提供展示及教育资源之外，增添了许多体贴观众的展览设计（比如对导览、布置、动线、展示气氛的设计）和观众服务设施。不仅如此，围绕着博物馆的风格与精神，博物馆同时还延伸成一个时尚的用餐地点、雅致的咖啡馆、出售精美礼品和图书的地方，甚至提供某种程度的娱乐。而这种娱乐性和对观众的吸引趋势也体现在一些艺术作品上。比如观众对于2003年奥拉维尔·埃利亚松（Olafur Eliasson）在泰特当代艺术博物馆（Tate Modern）的涡轮大厅（Turbine Hall）展出的《气象计划》（*The Weather Project*）反映出超乎预期的参与性和表演欲，涡轮大厅变成观众经验的发生地。此后，这个厅引进了许多有类似观众效果的项目。在许多先进国家，博物馆成为连接社区关系的纽带，成为一个更人性化的体验中心。"现代主义博物馆权威式的、教谕式的和制式的沟通风格，转变成为商量式的、建构式的、非制式的后现代博物馆沟通风格。"（黄光男）"以观众为中心"，这个指导思想奠定了一种新的博物馆文化，使当代博物馆在运营、管理方式上越来越呈现出产业化与企业化的趋势。作为博物馆其中一种形态的艺术博物馆也不例外，艺术博物馆越来越重视观众，或者说是"消费者"。如何与观众进行良好的呼应与沟通，从而充分满足观众休闲、娱乐、社交、观光、学习等多方位需求，是当今营运中的一个重要的策略方向。

3. 观众是艺术博物馆生存的现实需求

在这样的策略方向上，以观众为中心便成为艺术博物馆生存发展的必要条件，成为最现实、最实际的艺术博物馆生存法则。有显著的证据表明，艺术博物馆对公共价值相关工作的持续推动，使它更成功地赢得各种资源，包括公共信任、通过合作产生的其他资源、来自私人基金的庞大资金以及与之有共同目标的社会资源。[5]艺术博物馆不是个人行为，而是社会行为。关注的人越多，社会效应越强，就会有更多的人参与到资金的支持上来。目前，大多数西方艺术机构认识到，随着文化娱乐方式的多元化，培养观众已经成为整个行业必须面对的重要问题。基于这样的认识，艺术机构大都把培养艺术观众置于生存、发展的战略高度，予以充分的重视。比如美国的艺术博物馆对儿童的重视获得了丰硕的回报，不仅在一定程度上改变了国民的教育思想，从小向国民深植了博物馆文化，培养了创新意识，而且许多捐赠者都是从小经常去艺术博物馆并对那里拥有美好回忆的人。在大都会艺术博物馆，“大都会家庭会员”（由有小孩的家庭组成）和“阿波罗会员”（由年轻人组成）给艺术博物馆带来的收益不抵维持成本的费用，但由于青少年观众被视为未来的希望，这一部分是大都会艺术博物馆最重视的部分。在中国，虽然大多数艺术博物馆的生存有国家支持，但民营美术馆（艺术博物馆）的发展，绝大部分必须依靠社会资本的投入。艺术博物馆只有把观众放在第一位，尽量让每位观众感觉满意，为艺术博物馆做最好的宣传，才能建立优良的口碑与形象，取得社会公众的信赖与支持。作为艺术博物馆，你无法准确知道哪一位观众有一天可能成为你的“金主”，而艺术博物馆一旦使潜在“金主”在其中感受过生命的独特与价值，即便只有一次，他日后都可能愿意当你的终生义工或赞助者。反之，“如果艺术博物馆的运营不以提高人们的生活质量为目标，又有何向公众要求资助的立足点呢”[6]？

当然，艺术博物馆以观众为中心除了不可逆转的时代潮流和现实考量，从本质上来说，也是艺术博物馆公共性的必然选择。实现艺术博物馆公共性的主要推动力在于观众，而非艺术博物馆自身。以“观众为中心”也是艺术本身发展、丰富和振兴的需要，更是提高国民素质、活跃社会元素和传承民族精神的关键所在。拥有广大坚实而可靠的观众，与他们在互动中建立健全共识、拥戴之情与心灵上的满足感，是艺术博物馆事业的社会责任和意义所在。换言之，虽然艺术博物馆把服务观众作为第一要义，但并非艺术博物馆的终极目标。因为艺术博物馆希望观众不仅仅是消极的受惠者，更是积极的行动者。艺术博物馆的所有服务项目是为了带动公众，引领文明的方向。因此，艺术博物馆以观众为中心，正是它作为公共服务机构的最重大的使命。“藏品是首要，但不是关键；大量建设性的活动是重要，但不足够；有效的沟通是特点，但不是主要的；钱是必不可少，但不是唯一的底线。观众，只有观众才是艺术博物馆的中心。”[7]

中国的博物馆、艺术博物馆起步晚，并未经历如同国外博物馆一样复杂的转换、积蕴和成长的过程。很多年来，国家和各地区的艺术博物馆基本只具备展览馆的功能。艺术博物馆似乎仅仅属于艺术圈，甚至是艺术孤芳自赏、自娱自乐的某种代名词。对普通人来说，艺术博物馆大约就是个“挂画的地方”，无法想象可以与大众产生什么联系。近年来，越来越多的中国的艺术博物馆提出以国际化运营标准来要求自己，跟随着国际博物馆（艺术博物馆）的发展趋势，中国的艺术博物馆也从单纯地为政府服务、为艺术家服务转向为公众服务，以公众为中心建立艺术与社会的关系。

二、体验：艺术博物馆与观众关系的关键词

1. 体验是时代的关键词

根据马斯洛的需求层次论，人在满足了生理需求、安全需求这两种物质条件需求后，开始进入需求爱和归属感、尊重、自我实现这三个精神层面。21 世纪，虽然地球上还有人挣扎在贫困线以下或者饱受战争威胁，但

是从一个相对广泛的范围来说，工业化导致的社会物质生产的极度丰富与社会环境建设的相对稳定，使人类的精神需求被提到空前重要的层面。在“以人为本”的时代浪潮的驱动下，体验成为人类生活的关键词。

体验是内在的，存在于个人心中，是个人在形体、情绪、知识上参与所得。“体验”的概念最早在经济领域由美国经济学家约瑟夫·派恩（B. Joseph Pine Ⅱ）和詹姆斯·H. 吉尔摩（James H.Gilmore）提出：体验经济是从服务经济中分离出来，它是继产品经济、商品经济、服务经济之后的第四个经济阶段。其最鲜明的特征是企业提供一种让客户身在其中并且难以忘怀的体验。在体验经济时代里，人们追求与众不同的感受，人们渴望参与、体验过程并因此历久难忘。

从购买有形的消费品转向花钱买感觉，当企业围绕着人们的消费观念积极进行变革的时刻，对于本身即为输出美、理念、价值、知识、文明等形而上的公益性艺术博物馆而言，更应该重视观众的感觉，也就是观众的体验。

体验形成感觉，但体验并非虚无缥缈的感觉。在企业经营中，体验通常被看成服务的一部分，但实际上体验是一件实实在在的产品。经济学者根据消费者是主动参与还是被动参与，以及消费者是融入情境还是吸收信息两个角度将体验划分为娱乐体验、教育体验、美学体验、遁世体验四大类别，并认为体验所涉及的感官越多，就越容易成功、越令人难忘，而只有巧妙融合这四大类别到达体验的“甜蜜地带”，才能留给人们最难忘的回忆。

创造达到“甜蜜地带”的生动体验一直是娱乐业的核心。电视业、电影业、游乐场、互动游戏、动态模拟、虚拟实境……正是因为对消费者各方位感官刺激而蓬勃发展。虽然娱乐并不是人们唯一的体验需求，受第四、第五层“尊重”和“自我实现”的需求驱使，人们希望得到精神和知识的

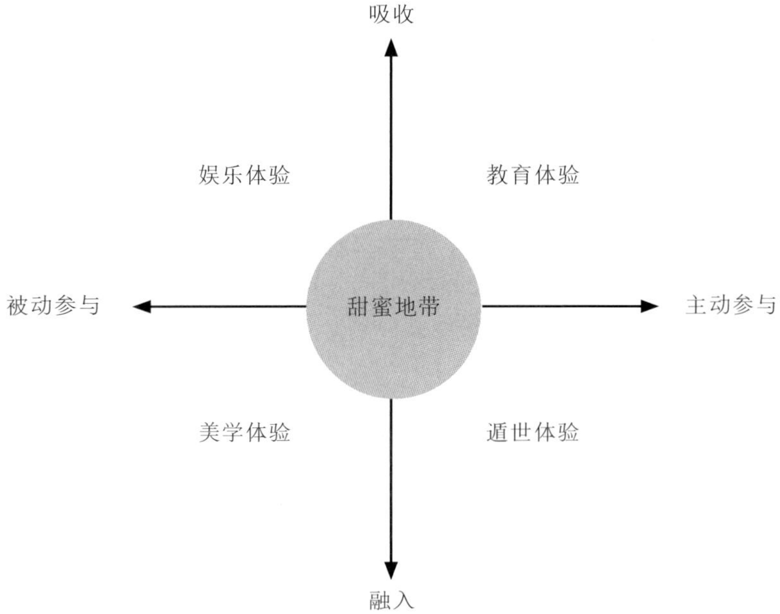

图 2-1　体验的四大类别

提升。Marilyn Hood 六年的观众体验研究结果表明，人们最希望自由时间获得以下感觉：社交互动，行为参与，舒适环绕，挑战新鲜不寻常事物，学习机会，做有价值的事。[8]

对很多人来说，参观博物馆和去动物园、植物园、科技馆一样，都是打发时间的好方式。如果艺术博物馆的参观经验无法符合观众所期待的体验标准，艺术博物馆就会承受来自其他行业的巨大威胁。事实是，艺术博物馆所处的竞争环境比我们能够列举的要复杂、严酷得多。美国劳工部 1997 年的一项调查表明，美国人一天大约花 3 小时看电视，45 分钟社交，20 分钟运动或其他锻炼，剩下顶多有 12 分钟留给艺术、文化和娱乐，其他都被事务、吃饭、购买充满。8% 的美国人每天超过一小时在上班路上，这样可以自由支配的时间就更少了。到新世纪，尤其是移动终端发展加快后，网络占据了人们更多的时间。[9]事实是，新世纪以来，即使是美国国家博物馆（Smith Sonian）这样不收费的艺术博物馆，也正在经历关注度的下降。[10]各个艺术博物馆处在巨大的压力之下，不得不使出浑身解数。2005年，洛杉矶当代艺术博物馆（The Museum of Contemporary Art in Los Angeles）在夏天开创性地开展了系列娱乐活动，整整12个周六晚上提供现场音乐、DJ、Spoken-word表演、电影和艺术工作坊等活动到深夜。[11]

不过，这样的行动并非是艺术博物馆界一致推崇的办法。曾担任大都会艺术博物馆馆长超过30年的菲力普·德·蒙特贝罗（Montebello,P.D.）批评说："我们应该通过把自己同所有形式的娱乐明确区分开以秉持我们的正直，而不是与其争夺观众——顺便说一句，那是执迷不悟的，也是注定要失败的。我们必须强调是什么让我们与众不同，并利用这些差异，尤其是真实性与艺术的奇妙。"[12]"艺术的体验并不轻松。"[13]

无论如何，"既要同颇受欢迎的娱乐产业竞争，又要保证它的核心任务，为观众提供卓越的精神价值"[14]，当代艺术博物馆面对的是双重压力。我们认为，艺术博物馆需要将自己不仅仅定位为一个传播既有知识的机构，更应该是一个常新经验的提供者，让观众产生诗意与美感享受的地方——一个不同于家和常规场所之外的"超出经验的目的地"。在以观众为中心的艺术博物馆时代，"艺术博物馆的感知经验"将会代替"艺术博物馆学习"这种概念，"艺术博物馆的场所精神"将覆盖"艺术博物馆的展览设计"的涉及范畴。正是因为物理环境对参观经验的巨大影响，因此艺术博物馆的建筑、气氛、气味、色彩、声音、感觉都非常重要，这或许就是为什么"奇观式"艺术博物馆建筑在如今受到追捧的原因，这个问题的两面性我们还会探讨。

2. 艺术博物馆的体验有何特别之处

艺术博物馆的体验到底有哪些特别之处呢？

艺术的主题始终是关于人类悲伤、喜悦、孤独、恐惧、愤怒等感受，与艺术沟通本身就是一种体验。艺术博物馆的职责就是要展示艺术家或代表文明最高质量的作品，让观众尽量去领会艺术作品在技法、美学、背景和哲学上的丰富含义，观众也有同样的期待。当然，人们来到艺术博物馆中，尤其是当代艺术博物馆中，也不完全是为了被动地接受既有的内容。每个观众的知识、视野、经验、信仰都不一样，因此展览的内容应尽量容纳更广泛的观众和符合“在地性”特征。即使背景各异，在艺术博物馆中，通常人们观展时都是采用同一的模式：循着展线在不同的展品面前做短暂停留；迅速阅读展签并观赏作品；快速移动；或者在展厅的沙发上暂时停留，然后继续前进。听讲解随着队伍前进的观众行为也差不太多，只是大多数人不再阅读展签。观众观展时也会带着同样的问题：这是什么？从哪里来？用来干什么？怎么做的？值多少钱？……[15]

要超越这样的体验，在如今这样一个感官刺激发达的时代，就需要用更鲜明的展览策划主题，更有视觉冲击力的展示方式，创造更多的艺术享受与服务，甚至是消费的情境，从各个层面打通艺术创作与艺术接受的关系，这要求策展人考虑观众需求多于自我表达欲望，需要有一种把观众作为创造时代艺术精神的主体之一的理念，并将这个理念植入艺术博物馆收藏、教育、研究、展示的传统功能之中，引发观众对艺术博物馆活动的策划、评价与讨论，让观众产生强烈的参与感与“主人翁责任感”，引导观众“自我实现”，感受到自己与艺术之间的一种强烈的关联性，意欲亲身参与到艺术实践中，并最终收获成长。只有这样，艺术博物馆才能给观众留下深刻的印象，也只有这样的艺术博物馆活动才是有效的。

艺术博物馆的体验除了观看的感官经验，还有社交经验、情感经验。如果“我们把艺术博物馆的参观过程视为一条时间线，从想要到参观到回顾，我们把这整个过程放在个人、社会、物理的情境——一个持续互动的情况中考量”[16]，我们便会轻松发现之间的链接性。这正如同人们来到艺术博物馆也许并不是为了艺术，而是为了达成一个多样化的目标，比如娱乐、社交、教育、朝圣或者这几点的融合。几乎每一个观众在参观时都有自身期待和参观流程。对于团体观众、结伴而行的观众、个体观众或者不同年龄层的观众来说，他们的行为都会有不同的特点。艺术博物馆的设施以及展览的设计要尽可能照顾到绝大多数观众的需要，以及可以激励人与人、人与艺术、人与展馆之间的互动。因此，除了展览现场，展览的衍生主题可以适当通过细节渗透到这些艺术博物馆旁系体验之中，那么观众在艺术博物馆中将拥有在其他消费场所没有的幸福感觉。一些“非艺术博物馆服务”，如纪念品商店、洗手间、餐饮、书店、庭院、广场、停车、残障人士设施、照顾儿童或育婴妇女的设计、衣帽间、舒适座椅及休息场所、公共区域卫生及整体氛围营造、馆员是否在观众需要时可以随时提供态度可亲的咨询与服务……引导观众认知艺术博物馆的功用、利用艺术博物馆所提供的公共服务设施，给人的感受都必须与艺术博物馆的整体风格相一致。使艺术博物馆的口碑口耳相传，是件繁复而有步骤的工作。比如说艺术博物馆的保安，可能是观众在参观过程中第一个与艺术博物馆打交道的人，其衣着、谈吐回答问题等方面代表艺术博物馆的形象。艺术博物馆的体验就是艺术博物馆的品牌。一个体验型的艺术博物馆具有惊人的发展能量。令人惊喜的观众体验是可以提高门票量的，如果参观经验从开始到结束都到位，艺术博物馆会得到更多的观众，而且他们愿意为好的体验进行更多的额外消费。

3. 如何制造难忘的艺术博物馆体验

如何打造艺术博物馆的观众体验呢？如何才能不喧宾夺主，影响艺术博物馆的文化和智识的塑造与传播？到底体验效果与收获的知识哪个更重要？如何把握尺度呢？艺术博物馆面对这些问题时职责如何？又该对谁负责？

2007 年，威武士（Weaver, S.）在其《打造伟大的观众体验》一书中就观众体验的测试在实操层面给出了非常有效的 15 条建议[17]，笔者摘要翻译，个别给出自己的分析例证，仅供参考。

（1）了解一小时车程内的所有竞争者。

（2）列举机构的长项和弱项，并扬长避短。

（3）指出机构使命，明确服务的对象和区域。

（4）考虑工作时间与观众休闲时间的关系，考虑户外设施的吸引力，考虑假期可能提供的不同服务。比如德国从 1997 年开始，每两年在柏林组织重要的艺术博物馆和博物馆举办“博物馆之夜”（Museum Long Night）活动，活动期间，大部分艺术博物馆都面向观众开放到深夜，凭借一张通票，观众可以参观所有夜晚开放的展览。此外，主办机构还设定了专门的公共交通路线，可以带观众到每一处展览地。[18]

（5）从六个方面自省：自我更新、行为预测、了解频率、滞留事件，参观前后的行为设计——描述出来，分别对比馆体期待和实际发生的情况，找到差距。

（6）品牌差异性体现在所有物理实体层面及行为层面。比如纽约的布鲁克林美术馆针对特殊窄众的项目，洛杉矶当代美术馆意识到当地的族群问题，提供不同语言的展览介绍，新艺术博物馆的展览则集中在一些反映性别、艾滋病、政治等尖锐的社会问题上。[19]

（7）运用 www.experienceology.com 的方法进行市场调查。

（8）使员工始终保持热情、积极、专业的态度。

（9）一套完善的顶级的 VI 系统、清晰和舒适的流线系统。

（10）充分利用自身户外广告吸引观众。

（11）充分的观众服务设施。

（12）设计超越常规的、包含乐趣的参观体验。

（13）进行观众调查。

（14）对于有合作的特殊观众，尤其是捐赠人，需要专业服务和报告。

（15）像设计精彩的开始部分一样设计艺术博物馆参观的结束部分。

艺术博物馆常常投入大量精力进行收藏和策展，却往往在丰富观众体验上投入甚少，忽略了观众的感觉和信息沟通。这个问题在中国的当代艺术博物馆里尤其突出，艺术家在艺术博物馆举办展览的目的似乎就是为了在履历上写一笔，使得艺术博物馆的功能和作用急剧缩减。虽然“作品的质量不能由观众的数量来衡量”[20]，试问离开了观众，藏品和展览做给谁看？未来的博物馆参观经验会与今天非常不同，Mark Walhimer 提到一些值得重视的动向：游戏化、肤浅化、创客运动、自拍照（开放博物馆的拍照、分享和上传）、博爱主义（大众筹款）、博物馆 4.0（个性化定制的博物馆服务）、科技（如 VR 等）、研究（跨界、跨学科背景研究的融合）、参观阶段的细分化（参观的前、中、后期都有不同的内容和服务）、网络社区对博物馆社区的改变（如社交软件和旅游软件等）、实物在虚拟时代的突出意义、对博物馆智识财富的规则与开发。[21] 因此，打造一座体验型的艺术博物馆不仅涉及我们上述所提到的体验措施和途径，同时还涉及品牌的培养、文化资源的整合、投入机制的改善、公共文化政策的配套等问题，“观众体验”将会成为贯穿本书的经线，在本书相关章节中都会分别提到。

三、艺术博物馆的观众研究

1. 什么是观众研究

我们了解我们的观众吗？

2007 年，中国美术馆启动 10 万大学生走进中国美术馆的活动，抓住“高雅艺术进校园”的活动思路，把票送进校园，邀请对象涵盖以北京地区为主的将近 70 所高校的学生。据统计，10 万张票发出去，差不多 9.6 万个大学生实实在在地走进了中国美术馆。[22] 这个数字让人鼓舞，但中国美术馆的调研显示，大概只有 10% 的大学生曾经去过艺术博物馆。如何使年轻的一代观众由技术图像走进人文图像，将间接的欣赏改变为直接的欣赏，成为摆在艺术博物馆管理者面前的一个最为迫切的课题。为此，中国美术馆 2009 年又组织藏品进校园活动，在活动期间，中国美术馆的重要馆藏作品展分别送到清华大学、北京理工大学、中央民族大学等展出，主要目的就是为了培养年轻一代观众的艺术欣赏习惯。然而对于很多大学生来说，10 元钱一张的门票也是负担。即便中国美术馆免费开放后，交通问题也成为学生们少去参观的原因。

中国美术馆做了非常好的活动，也是表率。可是面对这样的艺术博物馆参观文化，艺术博物馆的管理者们值得好好思考：今天，到底哪些观众来参观艺术博物馆？他们有何特点？他们为何而来？有何期望？他们对艺术博物馆的看法如何？有哪些误解？有哪些为他们所欣赏？艺术博物馆能为他们提供什么样的体验？他们在艺术博物馆中得到了什么参观经验？这些参观经验是否对他们有益？哪些做法能够吸引潜在观众并使他们逐渐成为忠实观众？我们如何得知？如何将观众参观的情感、思想、学习成效以较客观的方式标示出来？如何明确地定义其满意程度与参观收获？

“人们在面对艺术的时候，首先想到的都是一些基本的问题：它是什么？怎么做出来的？为什么做成这样？做什么用？在专业的引导下，我们要把自己全部打开面向观众。”[23] 对于艺术博物馆而言，创造吸引观众的体验是一个复杂的过程，虽然有着广阔的发挥空间，但它绝非完全取悦观众。区别于娱乐业的是，艺术博物馆并不是一个被动的观众需求的满足者，而是一个有地区和时代文化象征意义的机构。“我们要尊重艺术家、观众，但我们不会把艺术家当成上帝，同样也不会把观众视为上帝，我们视两者为平等关系。”[24] 艺术博物馆所指向的具有建设意义的文化趋势与价值观是艺术博物馆存在的前提，而它们与多样性、多层面的公众需求常常无法完全一致，有时甚至会产生较大差距。怎样把文化的影响寓于服务之中，这就需要艺术博物馆以其公众服务意识，彻底发挥体验的优势，为自身的运营目标量身定制相应的公众服务策略，引导观众“自投罗网”。这需要经过一系列发掘、设计、编导的过程，其中最关键的一环，也是贯彻始终的一环，就是观众研究。

我们可以把“观众”分为三类：实际观众，真正到馆参观的人；潜在观众，有可能到馆参观的人；目标观众，馆内期望来参观的人。所谓博物馆（含艺术博物馆）的观众研究，是指以观众（实际观众、潜在观众、目标观众）为研究对象，通过调查、评估、研究等途径，获取博物馆与观众之间互动的相关信息和数据，帮助博物馆认识活动对观众的影响，并且使博物馆将观众纳入博物馆活动与发展规划之中。博物馆观众研究的具体意义在于：为现有方案和政策的颁布、实施提供论据，为长远规划提供参考，协助建构新的规划，为已完成的方案进行效益评估。同时在观众研究的过程中，加强博物馆和大众的互动与沟通，帮助全民学习。观众研究是博物馆工作的基础，也是持续修正和改良的关键。

对观众的研究提供了审视博物馆自身发展的另一种视角，也就是如何让有着不同知识结构的参观者在博物馆提供的特定情境下完成有意义的建构。发达国家的博物馆早在20世纪20年代便开始有意识地进行有计划的观众研究，早期主要是对观众基本情况的调查及观众参观行为的了解。20世纪60年代以后，观众研究呈现大幅增长的趋势，并逐渐扩展到展览、环境的互动评估以及观众学习、参观经验等层面，对象也从早期的成人观众与学生发展到家庭观众等特定对象，观众研究成为非常严肃的学术研究范畴，并且在一些文化由政府主导的国家，政府组织也介入帮助博物馆进行观众研究。如德国，政府组织相关的机构运用文化监测系统（KULMON），专门对持续性的观众进行研究和基准化分析。[25] 中国的博物馆起步晚、基础差，大部分只专注于学术研究、收藏、展示和教育领域，还无暇顾及观众反应的层面；有些艺术博物馆也会进行一些观众调查，但仅限于对来馆参观人数的关注，甚至将参观人数作为展览成败的唯一依据，对观众参观和学习的质量则无法确切得知。事实上，观众的参观经验与博物馆所要阐释或传达的意义之间常常会有相当大的差距，这种差距也常常被忽视或很少被了解。因为大多数博物馆在观众研究上既缺乏专业的意识，也缺乏专业的人员，更没有专门的预算。

观众研究的对象一般集中于实际观众，主动对潜在观众、目标观众进行了解并不多见。具体到艺术博物馆，尤其像学生、家庭（亲子）、社团、某些特别生活方式的观众（小资、BoBo族），可能是艺术博物馆观众最广泛的人群；专家学者、研究者、艺术家、文化人可能是艺术博物馆观众最具行业影响力的人群；一些需要特别服务的对象如残障人，特殊区域如监狱、边远地区等，可能是最容易给艺术博物馆带来社会效益、形象建设、新闻效应的族群。一份对超过300个文化机构，即政府文化机构、文艺团

表 2-1　2011 年世界艺术博物馆的参观人次

排名	博物馆名称	年度参观人次
1	卢浮宫博物馆（Louvre, Paris）	8880000
2	大都会艺术博物馆（Metropolitan Museum of Art, New York）	6004254
3	大英博物馆　（British Museum, London）	5848534
4	伦敦国家美术馆（National Gallery, London）	5253216
5	泰特现代美术馆（Tate Modern, London）	4802287
6	华盛顿国家美术馆（National Gallery of Art, Washington）	4392252
7	台北故宫博物院（National Palace Museum, Taipei）	3849577
8	蓬皮杜中心（Centre Pompidou, Paris）	3613076
9	韩国国立博物馆（National Museum of Korea, Seoul）	3239549
10	奥赛博物馆（Musee d'Orsay, Paris）	3154000

表 2-2　美国艺术博物馆的参与情况（1952—1993）

年份	参与人数（单位：百万）	美国人口（单位：百万）	每 100 人中的参与人数
1952	11.1	157.6	7.0
1957	13.5	172.0	7.8
1962	22.0	186.5	11.8
1975	42.1	216.0	19.5
1979	49.8	225.1	22.1
1986	70.3	240.7	29.2
1988	75.9	245.0	40.0
1992	163.8	255.0	64.2
1993	225.3	258.1	87.3

体的调查表明，相比历史性、科学性和其他博物馆而言，艺术博物馆所对应的公众团体是受过比较好的教育，有经济实力、成熟的群体。[26]不同的对象和需求需要相应的方式，而同样的人群和需求也需要多样化的方式。对他们的生活方式、参观行为、参观经验与学习影响的课题探讨非常重要，有必要对艺术博物馆观众的整体状况做更深入的了解，这需要规划长期性、系统性的观众研究工作。

观众研究本身并不是目的，而是一种运营的工具。调查、评估、研究都是工具，有助于公关、营销、展览、教育等各项艺术博物馆的活动。评估是以系统的方式，检视博物馆观众和活动的互动是否有效、符合标准、达成目的，直接影响着方案决策；而研究是为了知识增加，是对资料的分析、假设的探讨，不一定提供立即有用的资讯。两者都会采取问卷调查、访谈、观察、数据分析等方法，主要区别在于两者的侧重点有所不同。

2. 观众研究的重要一环—— 观众调查

观众调查是博物馆观众研究的最重要的方式。博物馆观众调查有两个方向，一个是综合式，主要是从不同群体中随机选择观众，针对几个研究专题问不同的问题，如价格、时间、展览、项目等，可能会涉及博物馆的观众投入（需求）、参观过程、参观结果三个方面，一般采用比较正式的方式。通常调查问卷的设计与问卷分析都是由博物馆专家来主持，除了基本情况，问卷中还设计了许多没有终结答案或标准答案的开放性问题。另外一种是博物馆的入口调查，是为得到博物馆的观众结构，问题常包括针对观众了解相关兴趣、区域停留时间、如何得到信息等，这些通常采用非正式的方式。[27]

一份设计合理的问卷能够进一步分析参观经验与各层面变项之间的关

系。针对实际观众、目标观众、潜在观众，要设计不同的问卷调查。持续地从观众的特征、需要、期盼与博物馆的互动及其参观所得等各层面定期收集资讯，利用有效的统计方法分析诠释，是评估博物馆是否成功的第一步。正是在这种持续不断的观众研究中，博物馆获得成长的养料与方向，结合观众外在的观点与博物馆的内省，才能进一步保证博物馆长期的成功与永续的发展。

调查问卷必须人性化，且具备一定的引导性，制作观众调查问卷的馆员必须了解博物馆在传达理念中所特别安排的设计，有针对性地引导并及时了解效果。因此，调查问卷的沟通定位非常关键，一般来说，我们需要明确以下 8 个方面来确定沟通策略：

（1）博物馆的沟通通道；

（2）沟通的内容、类型和材料（与藏品相关，与展示内容相关）；

（3）博物馆想要沟通的人群；

（4）沟通的程度和影响（各种教育和科技手段都要被认识）；

（5）沟通的模式和语言；

（6）博物馆希望呈现的形象和设计的重要性；

（7）优先和资源（哪些功能、哪些人群、哪些内容更重要）；

（8）概念和行动计划。[28]

下面是一个有用的审视单，可以检验我们进行观众调查时沟通策略和沟通方式是否足够明智、有效：

（1）承诺在文化链接中矫正不公平情况的原则；

（2）认可大众和博物馆专业人士一样明智、聪明，而且富有文化经验；

（3）有效地支持更多观众学习和创新；

（4）在博物馆发展、收藏和公共项目中有考虑团体的参加和个性化项目；

（5）超出机构在社会沟通中进行扩展和推广；

（6）在学习、研究、评估方面的持续投资；

（7）重新聚焦在我们想提供的服务上，尤其是那些针对个体和大众共同需要的部分。[29]

一份比较完整的观众调查问卷包括以下内容：

观众组成：姓名、性别、年龄层、职业、教育程度、收入状况、居住地、爱好、参观艺术馆的频度。

来馆动机与期待：参观动机、参观兴趣、观众对城市综合信息服务的需求。

观众满意度：观众与展览的契合度（参观时间、参观次序、喜欢的展品、参观了哪几个展示区，花费时间、展览评价、有哪些意见）、观众与馆内设施。

观众收获分析：参观前与参观后知识的比较、阅读说明文字及广告牌的时间、是否满意、有哪些要求、喜欢的学习方式（导览解说，自行阅读参观，希望专家朋友的带领，喜欢随意浏览，偏好语音导览）、学习效果与参观方式的关系。

赞助商与观众：是否注意到赞助商的Logo，是否因此对赞助商有好感，展览有赞助商是否会影响对展览的评价，是否会因此购买赞助商结合活动推出的优惠和产品。

需要指出的是，对于目标观众与潜在观众来说，主要考查观众组成与期待，他们对博物馆的看法、他们的心理和价值观，这些会为博物馆的发展提供新的视野。调查结果出来后，我们应该对观众调查进行数据分析，除了分别以次数分配、百分比、平均数等进行统计分析外，由于观众体验的多元性，对某些无法归类的答案，我们也应该给予足够的重视，而且研究出归类方法。针对观众调查产生的不同结果，我们应该采取不同的应对措施，由于这一点贯穿于艺术博物馆整体运营中，我们还会在以后的章节中具体情况具体分析。

正如我们在艺术博物馆的“民主性、公共性、多元性和非营利性”一节中提到的，艺术博物馆的观众服务是否到位，直接影响到艺术博物馆公共性的发挥，直接影响到艺术博物馆公共价值的评估。对于一个博物馆来说，其公共价值主要体现在是否用藏（展）品和艺术项目激发了有价值的邂逅，参观者是否发展了他们的创意思维，加深了他们对人类经验的理解，同时博物馆是否体现作为个人学习与公共链接的价值，比如是否增进了公众对于公共事务的意识和理解，是否增进了集体和个人的参与者采取行动的尝试，是否增加了公共事务对话的体量和质量，是否促进了不同观点之间的理解和欣赏。[30] 通常我们用五个指标来评估博物馆的公共价值：社会影响力；战略中是否体现对于学习和改变的关注；观众、会员及共同利益者的增长；合作者更多出于公共事务而非商务目的；最重要的是资源、目标达成与社会需求是否在一条直线上。

注释

1 [瑞士] 汉斯·乌尔里希·奥布里斯特（Obrist, H.U.）：《蓬杜·于尔丹》，载 [瑞士] 汉斯·乌尔里希·奥布里斯特（Obrist, H.U.）《策展简史》（*A Brief History of Curating*），任西娜、尹晟译，北京：金城出版社，2012 年版，第 51 页。

2 [瑞士] 汉斯·乌尔里希·奥布里斯特（Obrist, H.U.）：《让·里尔宁》，载 [瑞士] 汉斯·乌尔里希·奥布里斯特（Obrist, H.U.）《策展简史》（*A Brief History of Curating*），任西娜、尹晟译，北京：金城出版社，2012 年版，第 112 页。

3 [美] 托马斯·霍文（Hoving, T.）：《让木乃伊跳舞：大都会艺术博物馆变革记》（*Making*

The Mummies Dance: Inside the Metropolitan Museum of Art），张建新译，南京：译林出版社，2012 年版，第 353 页。

4 Conn,S. (2010) *Do Museums Still Need Objects*? Philadelphia: University of Pennsylvania Press.

5 Williams,I. &Shearer, H.(2011) *Appraising Public Value:Past,Present and Future* Public Administration.

6 Weil, S.E.(2003) *Beyond Big and Awesome: Outcome Based Evaluation*, in Museum News,November/ December, pp.40–45, pp.52–53.

7 Munley, M. E.(2013) *Evaluating Public Value: Strategy and Practice,* in *Museum and Public Value* selected by Scott, C.A. : Ashgate Publishing Limited.

8 Hood,M.(2004) "Why People Choose Not to Visit Museums," in *Reinventing the Museum: Historical and Contemporary Perspectives in the Paradigm Shift*(ed.) Anderson,G. &W. Greek,Calif: Alta Mira Press.

9 United States Department of Labor, Bureau of Labor Statistics, "Time–use Survey", at http://www.bls.gov/tus/note01122005.htm Robinson, J. & G.Godbey (2007) Time for Life:The Surprising Easys Americans Use Their Time Pa: The Pennsylvania State University Press.

10 Brown, D.(2006) *Washington's Museums: Worth the Price of Admission?* at www.washingtonpost.com, April 13.

11 Sherman, J. D. and Rogoff, J.(1994) "An Elite experience for everyone: Art museums, the Public and Cultural Literacy", in Zolberg, V. *Museum*, *Culture* Minneapolis: The University of Minnesota Press, p.25.

12 [美] 菲力普·德·蒙特贝罗（Philippe de Montebello）：《美术馆，激发公信力》，载 [美] 詹姆斯·库诺（Cuno, J.）《谁的缪斯？——美术馆与公信力》（*Whose Muse? Art Museums And The Public Trust*），桑塔兰泰拉、张婷译，北京：中国青年出版社，2013 年版，第 149 页。

13 [美] 菲力普·德·蒙特贝罗（Philippe de Montebello）、[英] 马丁·盖福特（Marttin Gayford）：《艺术的对话》（*Rendez–Vous with Art*），马洁译，上海：上海人民出版社，2016 年版，第 180 页。

14 [美] 詹姆斯·伍德：《美国美术馆的学术权威》，载 [美] 詹姆斯·库诺（Cuno, J.)《谁的缪斯？——美术馆与公信力》（*Whose Muse?Art Museums And The Public Trust*），桑塔兰泰拉、张婷译，北京：中国青年出版社，2013 年版，第 104 页。

15 Vera L. Lolberg (2011) “An Elite Experience for Everyone: Art Museum, the Public, and Cultural Literacy” in Daniel, J.S. and Irit, R. *Museum Culture* London: Routledge, p.57.

16 Falk, J.H. and Diering, L., (2010) *The Museum Experience* Washington DC: Howells House XV.

17 Weaver, S.(2007) *Creating Great VIsitor Experiences* California: Left Coast Press, p.15.

18 张苗苗：《新命题，新理念：美术馆的观众拓展》，载《2011 中国美术馆年鉴》，北京：中国美术馆，2011 年，第 325 页。

19 Sherman, J. D. and J. Rogoff (1994) “An Elite experience for everyone: Art museums, the Public and Cultural Literacy”, in Zolberg, V. *Museum Culture* Minneapolis: The University of Minnesota Press, p.63.

20 [瑞士]汉斯·乌尔里希·奥布里斯特 (Obrist, H.U.):《约翰内斯·克拉德斯》，载[瑞士]汉斯·乌尔里希·奥布里斯特（Obrist, H.U.）《策展简史》（*A Brief History of Curating*），任西娜、尹晟译，北京：金城出版社，2012 年版，第 92 页。

21 Mark Walhimer(2015) *Museums 101* Maryland: Rowman & Littlefield, p.176.

22 范迪安：《加强公共文化服务　营造美术馆文化》，载《2007 中国美术馆年鉴》，北京：中国美术馆，2007 年，第 55 页。

23 http://www.ted.com/talks/thomas_p_campbell_weaving_narratives_in_museum_galleries#t-470424.

24 范迪安：《中英策展人论坛“当代艺术策划与文化环境”》，载《2007 中国美术馆年鉴》，北京：中国美术馆，2007 年，第 358 页。

25 张苗苗：《新命题，新理念：美术馆的观众拓展》，载《2011 中国美术馆年鉴》，北京：中国美术馆，2011 年，第 326 页。

26 Sherman, J. D. and Rogoff, J. (1994) “An Elite experience for everyone: Art museums, the Public and Cultural Literacy” in Zolberg, V. *Museum Culture*, Minneapolis: The University of Minnesota Press, p.63.

27 Sherman, J. D. and Rogoff, J. (1994), “An Elite experience for everyone: Art museums, the Public and Cultural Literacy”, in Zolberg, V. *Museum Culture*, Minneapolis: The University of Minnesota Press, p.57. 同时参考 Judy Diamond’s Practical Evaluation Guide: Tools for Museums & Other Informal Educational Settings.

28 Michael Belcher (1991) *Exhibitions in Museums* Leicester University Press.

29 David Anderson in Richard Sandell and Eithne Nightingale (eds),(2012) *Museums, Equality and Social Justice* p.224.

30 Korn Randi (2013) "Creating Public Value Through Intentional Practice" in *Museum and Public Value* selected by Scott, C.A. : Ashgate Publishing Limited. 同时可参看 Munley, M.E. (2013) "Evaluating Public Value: Strategy and Practice", in *Museum and Public Value* selected by Scott, C.A. : Ashgate Publishing Limited.

日本东京森美术馆对入口、酒吧及景观都一一做了细致的设计

（上）泰特当代艺术博物馆的体验式艺术作品

（下）艺术家谷文达的“当代艺术公众日”，将公众参与作为艺术创作的一部分

德国鲁尔区工业遗址改造的博物馆及创意园区项目

第三章 艺术博物馆的骨架

一、艺术博物馆的定位与使命

组织是为其使命而存在的。对于所有非营利组织而言，使命代表了组织的责任、公共性与信念，并实际引导着组织的一切行动。任何一个文化机构，即使是文化企业，“使命感”也是获得公众尊敬、价值认同与社会形象的最重要因素。博物馆的使命可以被看作是它同公众的一种合同。[1] 作为非营利组织的博物馆来说，使命高于一切，是博物馆决策的最高标准。任何艺术博物馆的活动都需要直接或间接支持使命达成。使命也是艺术博物馆工作人员的精神支柱——类似于神职人员的志愿精神，根源于大家所守护的是人类文明和人类灵魂中最美、最脆弱的部分。

博物馆的定位决定博物馆的使命。艺术博物馆的定位非常重要，尤其是中国的艺术博物馆，无论国有还是民营，目前的定位大都想大而全，却无法真正做到。定位不清导致艺术博物馆的个性不突出，同化力量正威胁着艺术博物馆的差异性与多样性。事实上，每个博物馆都是不同的，有不同的观众、社区和链接，不同的收藏、技能和知识，不同的历史、建筑和基金，每个独立的艺术博物馆应该根据自身定位，并确定自己的使命。[2]

可以肯定的是，所有的博物馆应该公布一份由管理当局通过的使命。

艺术博物馆在思考自身使命的时候，首先想到我们对公众和艺术家的义务是什么？对政府的义务是什么？“博物馆的使命应该来自每一个人，来自商务需求，来自政府规定，来自 NGO 的独特性，也来自自身。”[3] 博物馆的使命是博物馆成功的关键，不仅与市场相关，同时与大众沟通相关。公共价值是博物馆的使命和视野中重要的内容，视野和使命是要说清楚博物馆哪些可做，哪些不要做，做的事情达到什么成果，为谁服务，同时能够让员工了解博物馆的愿景（使命）与博物馆服务成果（公共价值）之间的区别。[4] 使命有助于发展新的思考方式，打破常规方式；使命有助于博物馆认清方向并达成可持续发展的目标；使命将推动兴趣、承诺和聚集，呈现诚心、创新、独特，同时激励并建立博物馆改变现状的信心，通过工作坊培养团队的主人翁责任感。

“使命要影响、刺激、支撑、挑战，但不是干预……对于创立者来说，思考持续性是核心。”[5] 博物馆的使命陈述必须清晰简洁，一般来说要在三句话以内。使命必须超过任何人的能力，必须提升成员的见解，必须使人们感受到自己可以为之奉献，必须具备强烈的感染力。使命应当阐明博物馆做什么，为谁？为什么？博物馆的使命确定了艺术博物馆的身份、定位及存在的目标与意义，同时还需要说明在现有条件下对公众及典藏职责的理解。一份完整的使命最少要回答“博物馆为什么在这里”，以及目标观众、愿景和所服务的区域。使命的表达需要生长的空间，但同时博物馆的使命必须可以转化为切实的目标和能够贯彻落实下去的行动（这一点我们在第十二章“战略规划”中还会详细阐述）。那些以详细清楚的使命作为自身决定、行动、自省准绳的博物馆，能够更有效地实现自己的功能。

我们评价一个博物馆好坏的核心是，博物馆在完成自己设定的使命和目标时做得怎样。使命可以直接用于对计划和执行的评估。我们最终检验博物馆使命制定好坏的标准不是辞藻华丽的使命陈述，而是正确而恰当的行动。“使命的权威太过于关键，以致很容易被人忽略，需要一套程序定期对它进行评估，充分考虑过去和当前的经历，以及所有利益相关群体不断变化的诉求。”[6]一个成熟的博物馆也有必要检视使命，即便可能带来麻烦。

美国博物馆协会要求其会员在使命的阐述方面具备以下特征：

博物馆坚持其公众服务的角色并以这一角色为中心安排教育活动。

博物馆效忠于公众服务，使其使命和运营透明化。

博物馆对自我使命有清楚的理解，相互沟通该使命存在的理由，以及在其努力下的受益人是谁。

博物馆运营的方方面面是一个完整的整体并致力于实现博物馆自身的使命。

博物馆的管理机构及员工在言行上要积极地帮助其发展并合理分配资源来实现博物馆的使命。[7]

二、艺术博物馆的物理骨架——建筑

博物馆建筑和空间主要经历了两个不同的审美阶段。在现代展览审美——白色立方体被“发明”之前，博物馆主要由皇宫改造而来，或者在皇宫、教堂、神庙的古典建筑制式基础上加以设计，以其庄严宏伟鼓舞人心，将国家权威性与文明的观念等同，将参观的过程设计为“文明化的仪式”，塑造了资本主义新兴国家的精神力量，成为19世纪一种必不可少的、具备高度象征性的城市建筑类型。随着教育的作用和参观者的利益在博物馆中被逐步重视起来，博物馆建筑和空间被时代要求着更加“亲民”、“亲物”。营造殿堂式朝拜空间的功能被尽可能避免，对个体艺术品的关注以及对观众需求的关注在建筑和空间中被凸显出来。从“白色立方体”开始，博物馆的建筑和空间变得现代、简洁、灵活。越来越多的旧工业厂房被改造为艺术空间，丰富了“白盒子”。后现代的兴起使博物馆呈现出多层面、多功能、多变化的联合体。博物馆建筑同时要求展览空间与制造空间。[8]博物馆成为一台“用于观看的机器”，具备“自我意识，希望被观看和去观看”。[9]如此，“超级建筑”以及“超级建筑”背后，或者说内部容纳的“超级内容”，成为当代博物馆成功的关键。典型的如蓬皮杜中心，图书馆、录像厅、短期展览、书店、咖啡厅、餐馆、长期展览……每一部分都是文化生产不可缺失的部分，并被建筑师将此意向整合到“超级工厂”式的建筑设计中。再如毕尔包的古根海姆艺术博物馆，弗兰克·盖里（Frank Gehry）运用当时代最新的航空钛材料建设了当代艺术博物馆建筑的又一个里程碑——“奇观式”博物馆建筑以其在博物馆中的形象建立、城市形象塑造、对观众甚至捐赠的吸引力等方面所具有的特别功效，成为大多数现当代艺术博物馆追求的目标。然而建筑一旦在雕塑相似性上或视觉领域与艺术产生竞争，则使得将建筑作为舞台或场地探索的艺术多少有些不适应。[10]新MoMA的设计于2004年11月落成开幕，它的设计师谷口吉生（Yoshio Taniguichi）再次强调“建筑不应与艺术品竞争”，宣称“建筑应该消失”。但是我们不得不说，在经过近两个世纪的发展后，博物馆建筑根据不同的主题内容、建设条件和运营方向，已经发展出了多样化的形式，甚至破除了物理建筑的藩篱，在虚拟的空间中建设着。不过，它们都有着共同的特征，即博物馆建筑是“社会制度的具有高度象征性的建筑类型。它不仅神圣而且现代，又富有教育意义，同时清晰地展现了内部的作品”[11]。

艺术博物馆的建筑及空间应该具备独特的表意方式及艺术特征，这一点的关键性在今天应该没有争议。相比较需要强调的是，艺术博物馆建筑必须符合博物馆的营运需求，因为艺术博物馆是一个涉及特殊需要与活动的有机体。虽然如此，许多世界著名的建筑师修筑的著名博物馆建筑却树立了非常典型的反面教材，比如密斯·范德罗（Ludwig Mies Vander Rohe）的柏林新国家画廊，整个通透全玻璃的一层条件不适合举办大多数艺术展出，这里就不一一列举了。艺术博物馆营运的第一要素就是观众。“如果说博物馆馆舍最重要的准则是‘形式必须服从功能’，那么第二重要的准则恐怕应该就是必须在把博物馆馆舍修得很漂亮和博物馆是用来陈列展示的中性背景这两者之间取得一个平衡。”[12] 建筑师安藤忠雄（Tadao Ando）认为“艺术博物馆是一个介于公众与私密之间的场所”，艺术博物馆的建筑空间要充分展现“服务观众”的精神，并将其纳入艺术博物馆未来的经营理念——这不仅体现在建筑的物质呈现上，也体现在建筑的精神向度上。“它必须成为一个创造性的合作伙伴。”[13] 现当代艺术作品的展示强调的不仅是视觉效果，更在于观众体验，因此建筑空间必须具备想象力。同时，对于大多数当代艺术博物馆而言，艺术家（艺术作品）是其营运和服务的重要对象。大多数当代艺术家最喜爱的展示空间（大多数当代艺术作品需要的空间），无非就是大而开放的空间，足以让他们的作品尺寸可以拥有毫无限制的想象。“建筑师必须留给艺术家必要的空间，或者说建筑师负有这样的义务”，“如果建筑师过分的设计，使建筑物本身成为一个非常具有个性的作品，甚至成为不适合展出作品的场所时，为了配合那样的建筑物，艺术家再去选择适当的展览作品时，就会造成非常不具创造性的状况”[艾斯华兹·凯利（Ellsworth Kelly）]。再次，博物馆的建筑要服务于运营者本身，艺术博物馆工作人员的基本需求、未来工作现场的基本内容和场景等是建筑师必须了解的。最后，优秀的艺术博物馆建筑设计应该与它所处的社区、自然环境相融合，并体现对它的尊重。

因此，博物馆建筑的规划作业程序应该是“由内而外”，而非“由外而内”的，建筑及空间是它所能提供服务品质的重要组成部分。如果因为强调建筑物的外观，只是机械性地完成内部设计的工作，导致完工后的建筑不能满足艺术博物馆的使用要求，这是艺术博物馆建筑尤其需要避免的。因此，建筑师在设计之前需要采纳专业博物馆人，最好是未来博物馆运营者的意见。理想的状态下，博物馆在建设前，首先要确定的便是博物馆的方向（定位）。“当博物馆的内容定位确定时，如何设计这个容器就有了起点；当内容不确定时，或者没有收藏，建筑就会指向潮流观念中的‘workshop’概念。”[14]同时，建筑方案与博物馆前瞻性计划结合，了解博物馆人的使用需求，即便还没有藏品。这几乎是目前中国的新建艺术博物馆普遍缺失的。对于藏品丰富的艺术博物馆建筑，“建筑师应该针对收藏和展示的作品来构思并从事设计”[理查·塞拉（Richard Serra）]。无论如何，需要有一份完整的从艺术博物馆功能角度提出的任务书。任务书需要针对不同空间的功能、大小、位置、特点以及空间品质、设备需求来进行分析，提出要求。公开出版的《首都博物馆新馆建筑设计征集方案集》[15]对于博物馆建设前的建筑方案评选工作有框架上的借鉴意义，比如就一套设计任务书的框架、评选方式和流程的框架、方案选择过程中执行的流程都是清晰的范例，在任务书框架上缺乏的细节部分，是不同博物馆的个性部分，不同博物馆可以自己组织研究。当然，不同博物馆在框架下的具体功能和建筑空间要求各异。个性部分需特别关注的是对艺术博物馆的新建筑建立市场概念（比如考虑是否有单独运营的空间），使建筑师带着明确的功能性指标和市场意识进行建筑设计。如果艺术博物馆的基本定位和概念都不清晰，建筑师就失去了将它具体化的基础。在中国修建艺术博物馆，建筑师甚至“甲方”时常碰到的另外一种情况是，不仅藏品不确定，定位也不确定，或者将来会发生改变。笔者建议这样的项目在进行专项定位研究之前，不要贸然推动。

带着这样的基本理念，艺术博物馆建筑就可深入到具体的功能分区中了。虽然根据定位不同细节差异很大，但一般来说至少需要分六个区域：藏品库区、展陈区、文化教育区、公共服务区、行政区、设备区。

藏品库区是相对独立的功能区，收藏各类藏品和暂存待布展的展品，并对藏品进行科学和有效处理的区域。藏品库房一般由前区和藏品库组成（有些艺术博物馆也有部分出于研究目的的“半开放”或“半展览”性库房；也有的艺术博物馆在展厅区间开放以观赏为目的的开放性库房）。库房既要满足当前藏品管理的需要，又要适应今后发展的趋势。藏品库前区包括不同的功能空间，而且针对不同的艺术博物馆（主要是根据藏品特点、预估的主要展览类型等）有所不同。藏品库区需要按照不同保存条件的藏品分区。

展厅分为长期陈列展厅、一般展厅和特展厅，展厅需要考虑到三种不同展厅的使用频率和功能，主要考虑布展动线、员工动线、VIP 动线、观众动线。如果展览在建设时还不能确定长期陈列的展品，甚至还未决定未来的展览内容，“仓库式的空间最具效果。但是规模较小的绘画或雕刻，则最适合住宅居室般、温暖安静的展览室”[16]。

对于已知内容的展示空间，需要进行展览设计。“通过视觉策划、空间布局、流线规划、灯光控制、色彩配置（展示墙面）等辅助手段，营造一个富有感染力和艺术个性的展示环境，并通过这一环境将展示的内容有机地、艺术地呈现给观众。”[17]其中要把握好动态引导、序列分布的原则，合理安排观众动线，充分考虑观众会集、逗留的可能性，把握空间设计的节奏、感受和情境，在满足功能的同时，让人感受到空间变化的魅力和设计的趣味。

艺术博物馆的公共服务区一般包括四类：一是公共的廊道通路、电梯、扶梯等人员流动线路空间；二是售（取）票处、信息台、衣物间、洗手间、母婴室、停车场等必要的公共服务性设施空间；三是多功能厅、图书室、教室等艺术博物馆主体功能（设施）配套空间；四是餐厅、咖啡厅、礼品店等附属设施空间。除了作为公共设施的某些共性特点，不同的空间根据艺术博物馆不同的定位方向（内容和市场都包括）还有许多不同的要求。不同区域之间的空间关系要根据艺术博物馆的运营和发展进行考量，有利于艺术博物馆日常工作的顺畅开展。

行政区的问题相对简单，主要根据预估人数确定面积，并为未来的人员发展留有空间，注意空间的使用功能和使用效率。许多当代艺术博物馆采取开放式办公的方式，如荷兰新改建的阿姆斯特丹市立艺术博物馆（Stedilijk Museum Amsterdam）甚至采用无固定办公桌式办公，目的是为了促进部门融合，具体的情况还需要与艺术博物馆定位以及将来的主体员工工作特点而确定。设备区的情况则相对专业与复杂，也不能完全与其他公共空间的设备区类比。空调、通风、温湿度、给排水等方面主要与艺术博物馆的设施设备的配套和标准相关，需要具体情况具体分析。

在艺术博物馆建筑分区设计中，博物馆的视觉引导系统串联着所有空间表面，针对博物馆建筑以及展示空间要求及时准确地传递着信息，服务于建筑的使用并能够体现信息与导向媒介的公共性、人们对建筑空间的心理印象，因此需要系统规划。除了常规的功能性导视，在一般的参观环境中，还特别提醒艺术博物馆需要就一些可能带来危险的场所以恰当的方式提醒观众，如可接触到的电线、黑暗区域、狭窄通道、人可能会进入的透明玻璃区、可能碰到的低矮区、太滑或抛光或不平坦的地面和尖角、非常规的楼层和楼梯改变等。艺术博物馆的导向系统设计有正向式导向和负向式导向，即突出设计风格渲染建筑氛围的导向和润物细无声的导向，端视博物馆的定位与品质来确定。无论何种导向，都需要进行专业化设计，满足功能需求，体现无障碍设计理念以及设计的可持续性，尤其注意避免视觉污染。[18]

当然，建筑还涉及结构、立面、环保、负荷、抗震、安全等，都需要符合国家博物馆馆舍的基本标准。中国目前使用的是20世纪90年代华东理工大学起草的“博物馆建筑要求”，现当代的艺术博物馆对建筑设施的标准在某些方面要超出相关要求。总之，以此为基础，建筑设计要求安全可靠、坚固耐用、结构合理、工艺先进、方便实用。

东京森艺术博物馆馆长、世界著名策展人南条史生认为一个具备美感的艺术博物馆，需要“空间构成的比例协调、色彩的综合、材料的充分均衡协调”，他进一步引用了荷兰著名的策展人、阿姆斯特丹市立艺术博物馆（Stedelijk Museum Amsterdam）前馆长鲁迪·富克斯（Rudi Fuchs）的理想艺术博物馆展示空间的说法：

（1）空间经过整体归纳；

（2）空间有着明确规定（包括造型与理念）；

（3）比例（空间的三度空间）良好；

（4）照明配置考虑周详；

（5）墙壁就是墙壁。[19]

总之，从实际细节上去要求一个艺术博物馆建筑以及空间的完整性是一项浩大的工程，建议由经验丰富的艺术博物馆人提出建议，可以作为首要审视艺术博物馆空间的几个方面。从感受性上来说，一个美好的艺术博物馆建筑应该是“长”在它所处的环境中的，它需要显著，但不可以突兀；它可以让人们感受到时间的流动，既产生对未知的好奇与期待，同时能让人端视现在、回首过去、展望未来。需要提醒的是，由于“建筑先行”导致美术馆在实际运营中出现必须重修重建的案例比比皆是，造成的时间和金钱上的浪费是难以估量的，有些甚至也无法保留建筑师的“创意”。因此需要专业博物馆经营人士参与意见。

三、艺术博物馆的上层架构

如果建筑是博物馆的物质骨架，则博物馆的上层结构是其骨髓，是博物馆的细胞制造系统。博物馆的所有工作都在上层架构的引导下生成。一般而言，若新建一个博物馆，无论国有还是民营，都需要一套合适的审议决议机制来保障博物馆的运行，事实上，完善的法人治理结构和健全的组织管理制度在《博物馆条例》中有明确的要求。对于想要申请成立博物馆的机构而言，《博物馆条例》进一步解释需要在申请材料中提交的组织管理制度：“包括理事会或者其他形式决策机构的产生办法、人员构成、任期、议事规则等。”[20] 即便现实中民营博物馆容易出现投资人“一言堂”的状况，国有博物馆容易被“安排”，但对于一个专业性机构而言，这样的机制是不可或缺的。下面介绍一套笔者认为目前在中国比较合适的方式——理事会（或董事会，以下统一由“理事会”指代）领导下的馆长负责制，供大家参考。

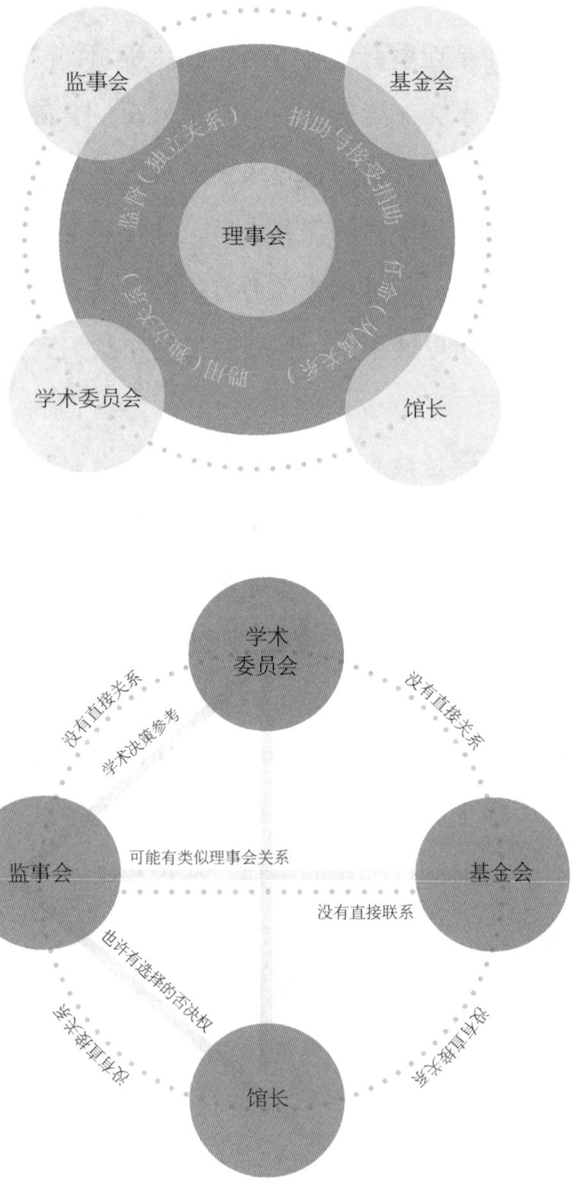

图 3-1　博物馆的主体结构关系

1. 理事会[21]

博物馆实行的是理事会领导下的馆长负责制，同时由基金会保障其运营的基本资金，监事会保障运营安全，学术委员会确定其学术内容。中国的国家博物馆大都是具有不同行政级别的政府事业单位，对于民营博物馆而言，试行了民营博物馆的管理办法后，这样的架构预计会比较普遍地出现在了民营博物馆中。不过就实际而言，功能执行与发挥得并不彻底，主要是因为缺乏专业引导性法规，使新建博物馆认识到此架构对博物馆长远发展的益处。

博物馆的理事会是最高权力机构，理事会会议是博物馆的最高决策部门，理事会章程是理事会和全体理事的议事及行为准则。理事会作为博物馆的受托人和法定实体，是博物馆的最高决策机构（除有些监事会议规定的一票否决之内容）。打理和授权打理博物馆所有的财产、权利、责任和义务，对外代表博物馆，确定博物馆的战略发展方向；对内监督博物馆的运营管理和各组织机构履行既定目标职责的情况，同时保证博物馆的公共艺术资源和财产的安全、展示和对大众的教育意义得以实施。在中国，博物馆的理事会必须贯彻执行国家的法律、法规和国家、地方有关民办非企业单位的方针政策。

博物馆有一套符合自身情况的理事产生程序和人员、任期的规定。美国大型博物馆的理事会成员一般都是博物馆的主要捐赠人或者根据他们的捐赠潜力挑选的，英国则以专业（财务、法律、艺术）人士居多（可以为博物馆提供相关帮助的顾问），通常他们都是作为志愿者来领导组织的，需要遵循一套复杂的规则，以保证机构的纯粹性和延续性。理事会一般设理事长和理事等。理事长须保证理事会成员尽忠职守，遵从高标准的礼仪规范，领导理事会高效运转。理事会所有理事应该具备以下特质：无私（把公共利益放在第一位，不使用因履行理事职责所获得的信息为个人谋取利益），正直（不因其他利益影响做出判断投票），客观（不以个人好恶作为判断标准），责任感（自己的决策和行为要对公众负责），公开（出于公众需求而要求申报的与两馆公共事务相关的信息），诚实（只申报与理事职责相关的利益），领导力（以自己的社会影响力带动博物馆的发展）。

理事会也可以根据博物馆发展的情况增设子委员会，如财务及运营委员会、收藏委员会、理事会的提名审查委员会、项目委员会等。理事会通过理事会议制度对艺术博物馆的重大事项形成决议。

2. 基金会

博物馆的基金一般主要来自博物馆的本金，同时也包括在运营中积累的针对本金的捐赠。这一部分资金通常是选择绝对保险本金的理财方式（在美国主要是利息、长期投资、股票、债券、信托等），将本金最大化并赢得利润，再将利润投入到运营中。比如大都会博物馆，本金是 17 亿美元，每年的本金收益约占每年预算的 30%—40%。[22]

基金会是指运营某笔慈善基金，同时吸引新的慈善捐赠的机构。在美国，基金会如果符合 501（c）（3）的相关条款，在中国香港，如果符合税务的 Charitable Institution，则都可以享受艺术公益机构的免税政策。只是由于美国是高税收国家，而中国香港是低税收地区，因此此政策对捐赠人的吸引力不同。在中国大陆能享受免税的基金会分为公募和私募。公募基金设立很难，基本上不批，若想公募，只能依附，不可能有独立身份。公募与私募的最大区别是是否对公众募款。中国市面上的商业型的艺术基金实际上是一种信托产品，在这个概念里，艺术和红酒、大豆、钢铁没有区别。

博物馆基金会的作用是管理和运营一笔数额固定的母基金，母基金的收益投入到符合基金会宗旨的事业中，同时为母基金筹款。基金会的章程在成立地的相关规则要求下，参考理事会章程的结构和相应条款，根据不同的状况确定基金会资助的范围。

3. 监事会

博物馆作为公益性机构，如果成立一个由不同专业（与博物馆经营相关）的社会公众人物组成的监事会，则有利于博物馆的行为规范，尤其有利于社会公信力的提升。监事会所有成员的产生遵循一套保障公共利益的委任程序和规范。一般而言，监事会需要通过的是一些重大的博物馆问题，尤其是涉及公众利益的，比如：章程的修改；本单位的分立、合并或终止；其他运营合同中包含的理事会无法决策的内容；监督理事会及其下属委员会的提名及管理过程，也对执行及理事会的人事问题提供咨询；监督利益分配，监督运营利益按章程规定投入到博物馆的运营中，坚决杜绝利益分配造成股东、管理内外部的矛盾，监督执行过程，确保博物馆的公益性目的之达成。

一般而言，对于政府BOT项目，监事会的权限还可以放大，比如大额资金的使用、发起关于辞退或更换理事长或理事的动议等。监事会通过监事会会议制度运转，是监事会的运转、行为、议事、决策准则。对于中国民非性质的艺术博物馆，文化主管部门（文化）和机构主管部门（民政）的相关人员都应该受邀列席监事会。

4. 学术委员会

学术委员会是博物馆的最高学术审议机构。学术委员会的活动（包括其设立、换届、职责和运作等）所遵循的根本理念是：坚持学术自由和学术民主，维护学术的独立性和纯洁性。

学术委员会的全部审议工作要坚持公开、公正、公平的原则，积极倡导学术自由，鼓励学术创新。坚定不移地树立和维护博物馆的学术声誉、严谨学风和相应的学术规范。学术委员会的主要职责如下：

（1）通过艺术学术发展的长远规划；

（2）审议与学术判断有关的重大决策与措施，如展览、收藏、教育项目和研究项目，为理事会提供关于博物馆业务活动内容的专业判断；

（3）维护参展艺术家、策展人、研究者在学术尊严和学术上的正当权利；

（4）对于馆长带领的管理团队在执行理事会决策时有关学术方面的行动内容提出建议和意见，可以直接向监事会报告艺术博物馆运营团队影响学术声誉的重大事件；

（5）审议学术委员联名提出的学术发展方面的重要议题；

（6）承担理事会委托审议的重大学术事项。

学术委员会由国际国内的著名专家组成。学术委员会一般设主席一人，并配备秘书专职人员，负责日常事务工作。学术委员会采取邀请制，基础名单一般由馆长提出，并经过理事会大会确定并通过，由理事长签署和颁发聘书。学术委员会有一套提名、任期、补任、会议、决议的运作规范和程序。

注释

1　[美] 詹姆斯·伍德：《美国美术馆的学术权威》，载 [美] 詹姆斯·库诺（Cuno, J.）《谁的缪斯？——美术馆与公信力》（*Whose Muse? Art Museums And The Public Trust*），桑塔兰泰拉、张婷译，北京：中国青年出版社，2013 年版，第 111 页。

2　*A Museum Strategy for Wales*, p.5. at http:// wales.gov.uk/topics/cultureandsport/

museumsarchiveslibraries/ cymal/museums/ strategy/?lang=en; 同时参考 Claudia B Ocello (2011) in *Museum Ethics* Janet Marstine (ed), London:Routledge, p.199.

3 www.greenermuseum.org, p.292.by UK's National Lottery.

4 Randi,K. "Creating Public Value Through Intentional Practice", in *Museum and Public Value*, selected by Scott, C.A.:Ashgate Publishing Limited, p.292.

5 www.greenermuseum.org, by UK's National Lottery.

6 [美] 詹姆斯·伍德：《美国美术馆的学术权威》，载 [美] 詹姆斯·库诺（Cuno, J.)《谁的缪斯？——美术馆与公信力》（*Whose Muse? Art Museums And The Public Trust*），桑塔兰泰拉、张婷译，北京：中国青年出版社，2013 年版，第 111 页。

7 注: 本书中的艺术博物馆"管理当局"是指艺术博物馆重大事项的决策机构,可以是"馆长会议"、"学术委员会会议"或"理事会会议"等。

8 [美] 哈尔·福斯特（Hal Foster）：《艺术 × 建筑》（*The Art-Architecture Complex*），高卫华译，济南：山东画报出版社，2013 年版，第 102 页。

9 同上，第 103 页。

10 同上，第 105 页。

11 迈克尔·吉百尔豪森(Giebelhausen, M.):《建筑即博物馆》，载 [美] 珍妮特·马斯汀(Marstine, J.)《新博物馆理论与实践导论》(*New Museum Theory and Practice*)，南京：江苏美术出版社，2004 年版，第 47—71 页。本段根据此文提供的信息总结出不同的观点，在吉百尔豪森的文章中，将博物馆建筑的历史分为四个阶段：阿卡狄亚与古代（18 世纪晚期至 19 世纪早期）；大都市与现代（19 世纪中晚期）；新世纪，新美学（20 世纪早中期）；新近反应：碎片、对立、表现（20 世纪晚期至 21 世纪初期）。

12 [美] 乔治·埃利斯·博寇（Burcaw, G.E.）：《新博物馆学手册》（*Introduction to Museum Work*），张云、曹志建译，重庆：重庆大学出版社，2011 年版，第 184 页。

13 [美] 哈尔·福斯特(Hal Foster)：《艺术 × 建筑》(*The Art-Architecture Complex*)，高卫华译，济南：山东画报出版社，2013 年版，第 105 页。

14 Ritchie, I.(1994) "Anarchitect's view of recent developments in European museums", in *Towards the Museum of the Future* London: Routledge.

15 北京市首都博物馆新馆工程建设业主委员会：《首都博物馆新馆建筑设计征集方案集》，北京：中国建筑工业出版社，2005 年版。

16 [日]南条史生（Fumio Nanjo）：《艺术与城市》（*From Art to Urban City*），潘广宜、蔡青雯译，台北：田园城市文化事业有限公司，2004 年版，第 107 页。

17 安雪：《关于美术馆展览空间的人文思考》，《2010 中国美术馆年鉴》，北京：中国美术馆，2010 年，第 351、354 页。

18 部分参考清华大学李德庚副教授的观点。

19 [日]南条史生（Fumio Nanjo）：《艺术与城市》（*From Art to Urban City*），潘广宜、蔡青雯译，台北：田园城市文化事业有限公司，2004 年版，第 109 页。

20 《博物馆条例》，北京：中国法制出版社，2015 年版，第 4—6 页。

21 有些地方也用董事会，从管制模式来说，对博物馆的管理力度没有明确的分野，一般来说，董事会更多指实际的资金支持者，如果同时存在，在重大财务决定权上董事会大于理事会。

22 [美]乔治·埃里斯·博寇（Burcaw, G.E.）：《新博物馆学手册》（*Introduction to Museum Work*），张云、曹志建译，重庆：重庆大学出版社，2011 年版，第 234 页。

瑞士巴塞尔当代艺术馆

泰特现代美术馆新馆及涡轮大厅

第二部分

艺术博物馆（美术馆）的学术建设系统

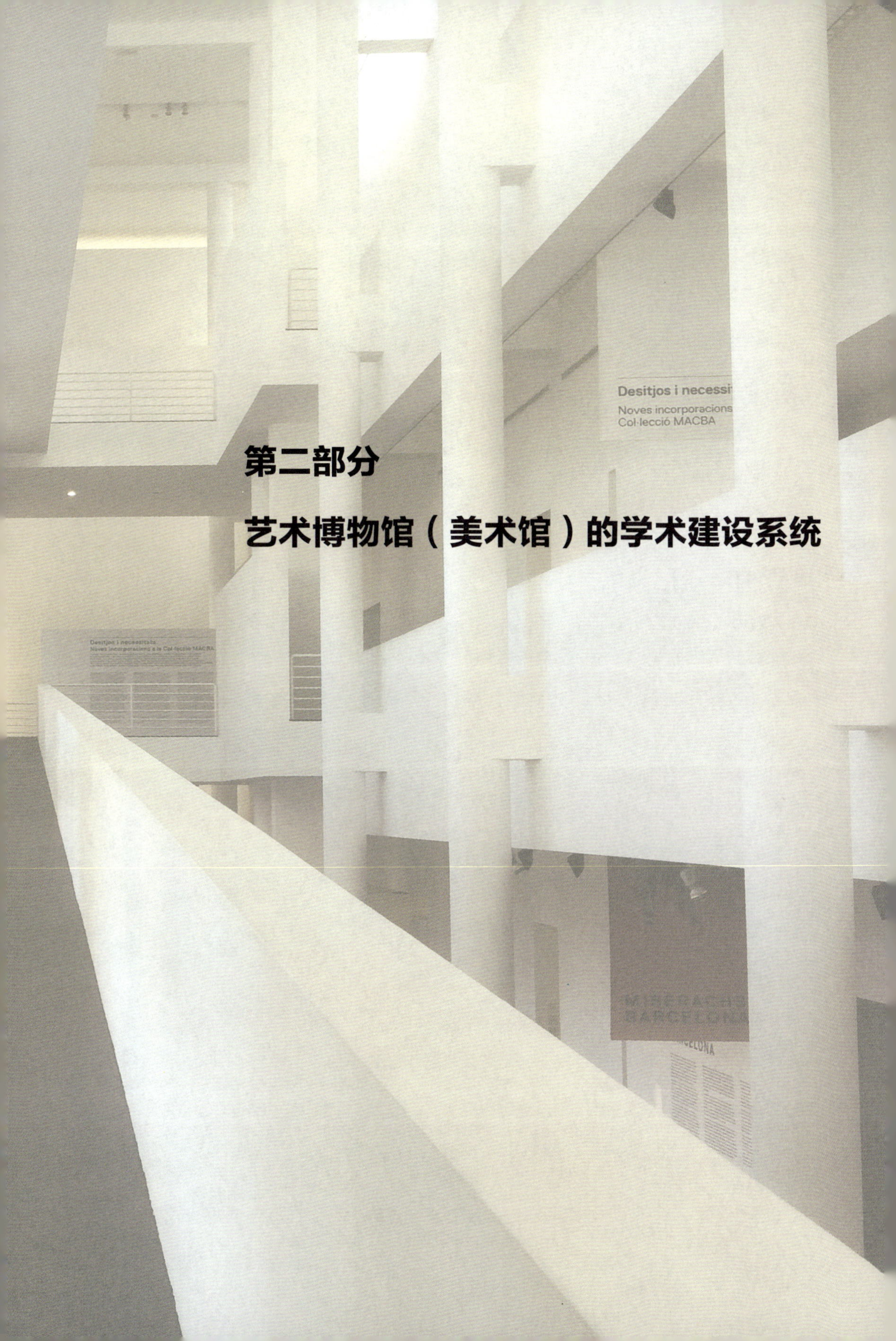

鉴于博物馆学术建设最核心的问题在于博物馆的类别，因此本部分的阐释将紧紧围绕艺术博物馆展开，仅仅在涉及具体管理的部分与其他类型博物馆有相通性。

艺术从未像今天这样被“理论化”，或这样地对其他领域如此开放[1]。“艺术品是文明的载体”（范景中），是人类文化构成中最有代表性、最重要的一部分。每个历史阶段的艺术发展都有不同的特点。艺术史是整个社会发展史、文化发展史中的一条重要线索。在寻求时代精神上，艺术史产生的成果在众学科中拔得头筹。处在时代发展的思想前沿，艺术博物馆的学术建设正是包含或者某种意义上重合于艺术博物馆智识生产的过程。学术建设渗透于艺术典藏、展示、教育、研究、体验等每一个美术内容项目的细节之中；甚至体现于餐厅、书店等附属服务设施的设置安排中；与社会实践、社会思潮紧密交织，“生成展示某个艺术家或某种文明最高质量的作品”，“为观众提供卓越的精神价值”，使艺术博物馆成为一个追究文化问题、进行文化反省和批评的现场。韩国博物馆研究学者姜育和（Yuha Jung）将博物馆的内部工作内容看成是一个相互影响的生态系统，并将博物馆作为一环放入大生态中进行考虑，与我们初版《美术馆》的观点一致，他绘制了一幅生态博物馆模型图，可以作为从学术建设角度串联博物馆各项工作内容的参考借鉴（图Ⅱ-1）。[2]

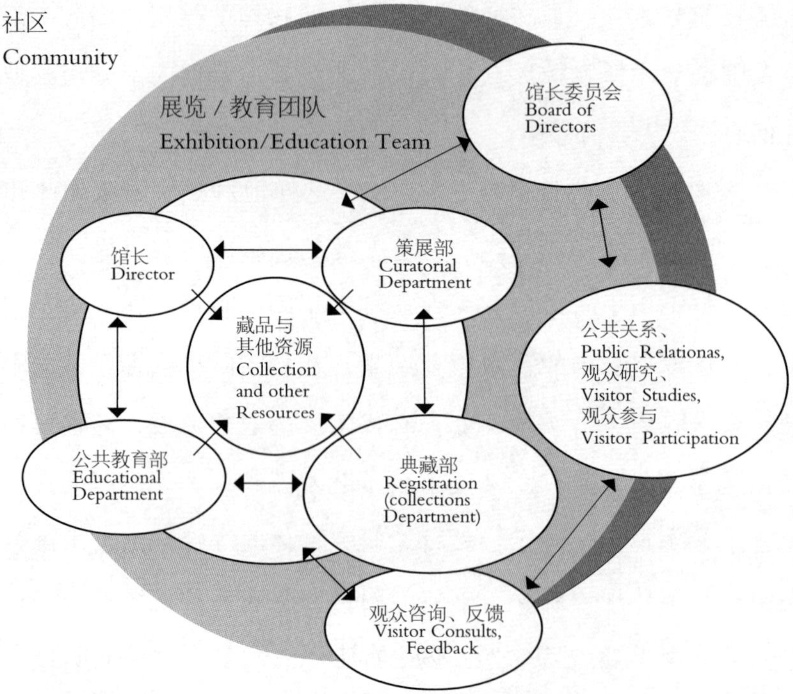

图 II-1　生态博物馆模型图

中国社会正处于一个转型的时期。悠久的传统与文明历经“五四”、“文革”、改革开放以后，中国文化界、思想界、艺术界百年的“现代理想与现代情结”得以“井喷式”爆发。文艺创作无论是观念、形式、语言、媒介，都鲜明地反映出一种集体的现代意识和西方现代主义的影响；紧接着，在全球化浪潮的侵蚀和整合中，本土文化的独特性正逐步丧失；与此同时，社会各种文化层次丛生，各种不确定的因素相互作用，使中国成为一个光怪陆离的现象滋生地，成为一个最丰富的、最适合当代艺术生长的土壤。传统文化如何在当代传承、融合与转型，当代文化如何体现原创特色，国家的文化自信心如何形成新的民族凝聚力，这些问题都迫在眉睫。为此，艺术博物馆的学术建设就成为社会文化建设的一个方面得到凸显。艺术博物馆明确的学术定位，亦即明确的文化立场和态度，可以积极、灵活地与本土社会互动；在一个复杂的文化空间中，建设当代中国人的审美概念；还要把中国的艺术品进行有效的组织，通过学术层面对国际产生影响，在全球艺术框架中展示中国当代的文化特质，为多元化的当代国际艺术提供各种价值。只有这样，艺术博物馆才能在本土文化建设和国际交流语境中形成独有的、不可替代的学术个性和学术地位，以历史的眼光打造一个真正有中国特色的国际文化平台；也只有这样，中国的艺术、中国的文化才能真正屹立于世界民族之林。

当然，正如我们在第一章“什么是艺术博物馆”的“独立性与中立性”及“智识生产的权威性”中注意到的，任何主观上将艺术博物馆工具化的定性都将从根本上摧毁艺术博物馆的智识生产——学术建设。即使是从利用的有效性来说，对艺术博物馆“智识生产”的运用原则应该建立在艺术博物馆独立、民主、中立的基本属性上。同时我们关注到对于艺术尤其是当代艺术的奇观方式（无论是学术奇观，还是视觉奇观）感兴趣的观众，正“因为大众媒体和广告的反政治化以及文化扁平化而减少”，相反，“作为一种盲目崇拜的价值观”，这种“艺术奇观”从经济价值层面被强化了。正因为如此，“艺术中的独立性更应该与社会生活的直接影响脱离开来”[3]［道格拉斯·克里普（Douglas Crimp），美国罗切斯特大学美术史教授］，并同真实保持联系。艺术博物馆的公信力，正是因为艺术博物馆的活动都是基于平等、文明、公正的学术研究的结果。这是艺术博物馆的学术建设需要遵循的原则。

在今天这个资讯化的时代，有太多的话题可以研讨，有足够的主题可以策划，有充分的资源可供选择。艺术博物馆自身的学术定位与学术形象是否鲜明，就在于它选择是否具备独到的思想深度、独特的文化洞察力、独立的学术理念。在此基础上，一套规范化、专业化和个性化并重的学术机制是确保艺术博物馆学术地位的关键。

所谓艺术博物馆的学术机制，是为了保证艺术博物馆学术定位与学术立场而制定的、指导艺术博物馆学术架构建设与运行的管理决策系统。学术委员会是其最高机构。艺术博物馆的学术架构分为典藏、教育、展览、学术研究四个部分，这也是艺术博物馆的四个传统功能。

民主的学术机制是要在艺术博物馆学术定位的基础上，在典藏、教育、展览、学术研究四个层面，从项目的计划、论证、确立到项目实施、成效评估的每个环节，形成一套学术通过程序，将学术委员会的意见作为必要条件之一。民主的学术机制还要求艺术博物馆根据自身的定位与研究方向选择学术委员会的专家，充分体现艺术博物馆的民主性、权威性、专业性与广泛性。今天的艺术博物馆大都具备学术委员会，这在形式上表明大家都认识到了学术尖端作为艺术博物馆“门面”的重要性。有趣的是，几乎所有中国艺术博物馆的学术委员会名单大都基本相同。这个现象也告诉我们，真正的学术机制在中国的艺术博物馆中远未实施。如果说典藏是艺术博物馆的心脏，教育是艺术博物馆的灵魂，展览是艺术博物馆的肢体，那么学术研究则是艺术博物馆的血脉。维持健康的艺术博物馆肌体，缺一不可。而学术机制相当于是艺术博物馆的神经系统。学术委员会则是脑中枢神经，指挥着整个艺术博物馆学术架构的运转。学术机制或学术委员会不健全、作用发挥不充分的艺术博物馆，即便典藏、教育、展览、学术研究四项功能齐备，也不过是徒有其表，无异行尸走肉。

总之，艺术博物馆要坚持学术鉴别，经过学术的过滤，把真正优秀的作品变成自己的典藏；以各种意义深远的主题组织优秀作品的展览、教育与研究；补充、影响、提升艺术专业系统的研究能力与研究质量；把艺术放到公共的系统中了解其价值，将艺术系统地带到大众身边，造福最广大的公众。这是艺术博物馆的学术性、公共性，也是艺术博物馆的优势与存在意义。

接下来的四个章节，我们将从学术研究、展览、典藏、教育四个方面来看看艺术博物馆如何进行自己的学术建设，看看学术机制——学术委员会如何在这四个关键部分的关键环节发挥作用。

苏州博物馆

维也纳当代艺术博物馆的研究展陈

第四章　艺术博物馆的学术研究

一、学术研究的范围与定位

学术研究是艺术博物馆的造血系统，是艺术博物馆的立馆之本，是贯彻艺术博物馆各项工作的中心思想。艺术博物馆的学术研究不仅能呈现一个艺术博物馆的品质与方向，其明确的学术指导性、权威性、公信力也是全社会的艺术标杆，其目的在于承前启后，推动当代审美意识的发展。同时学术研究有益于引导、推动艺术家、画廊业、艺术传播媒体、收藏家以及艺术博览会的发展，对营造更加良好的艺术生态有着积极的影响。

艺术博物馆的学术研究工作主要包括艺术理论、艺术史、艺术思潮三大范畴，也包括对艺术博物馆学、艺术博物馆教育学等相关研究。

经历了 20 世纪 80 年代的国有艺术博物馆成立风潮，国内的艺术博物馆一直到 20 世纪 90 年代中后期才开始陆续推出自己的策划项目，改变了展览由上级分派和坐等上门的被动局面。这是艺术博物馆学术意识的发端，使艺术博物馆与传统的展览馆、文化宫等陈旧模式逐步脱离。也正是这种学术意识的苏醒，逐步明确了艺术博物馆的身份。经过十来年的发展，一些国有艺术博物馆逐步在学术定位和典藏特色方面形成了自己的想法，有的建立了“大美术”的观念，有的旨在发扬地方特色，也有的更为关注中外艺术的交流。但对于2000年后成立的一拨民营艺术博物馆而言，看似以当代艺术作为招牌，可是在“当代艺术”这个范畴内，却无法形成明确的学术特色和具体的学术定位。批评不自由，则赞美无意义。在缺乏批评精神与自我省思的环境下，良好的艺术评论制度难以建立，整个当代中国的艺术学术研究在过于燥热的市场环境中显得混沌不清。

当然，我们不能否认对当代创作的关注是全球艺术博物馆系统的一个发展趋势。以往的国际艺术博物馆更多地倾向于回顾和总结式的研究角度。这种态度更多地把艺术博物馆定位在殿堂与神庙的地位上，对进入艺术博物馆的艺术家和艺术作品要求异常苛刻。从20世纪40年代中期以后，综合材料、装置、录像等新艺术类型在众多另类空间里的兴起改变了艺术博物馆唯我独尊的地位（以20世纪90年代以来越来越声势浩大的双年展、艺博会为代表），艺术博物馆的关注目光也开始越来越多地投注到当代人的创作思潮上来。艺术博物馆不仅仅只是回顾者与总结者，部分的实验性与前瞻功能也成为艺术博物馆的使命之一。

对于很多中国的艺术博物馆同仁尤其是民营艺术博物馆同仁而言，关注当代是无选之选。首先，赤手空拳、毫无家底的民营艺术博物馆极少具备丰厚的古典艺术，甚至是中国现代艺术的收藏，这一课要补起来所耗巨大，非一时之功；其次，中国当代艺术在国际当代艺术迅速发展演变的格局中，正扮演着日益重要的角色，其学术地位、商业价值已得到一些认可，国家对当代艺术的态度也日趋明朗，艺术博物馆与当代艺术之间更容易形成一个互相扶持、共同成长的关系。

不过，即使是当代艺术的范畴，定位也可以细分，可以是某种艺术媒材、某类突出的艺术思潮、某种艺术风格、某段时期、某位大师，也可以是某种自我文化架构与历史分析的方法（如我们多次提到的泰特现代艺术博物馆展示方法），都可能成为定位的方向。结合历史背景、年代学、训诂学、图像学、人类学，对艺术的研究也可以采用不同学科的研究方法。艺术作品不是物理上的藏品意义的叠加，“要想在一个民主社会中享有权威，博物馆必须有创造性地保持展示专业性和质疑假设之间的关系”[4]。总之，艺术博物馆定位的确立，不仅要结合自身的艺术资源、所处的艺术环境、地理位置和所在区域的人群结构，还要研究相近的艺术博物馆的特点，从而找到自己的优势，确定自己的方向。定位确定之后，艺术博物馆即可确定自己不同的研究范围与研究方向，并实施具体的研究活动。

目前，混沌不清的艺术现象也许正是当代艺术博物馆学术建树的一个好机会。艺术博物馆非营利机构的学术研究取向，可培养公正、公平的国内艺术评论家，促使艺术工作者的省思，发挥更大的潜能。组织专业的美术学术专家，整理、归纳、分析中国艺术诸多的丰富面貌，把专业的知识分析给公众，建立公众的审美品质和审美享受，使美术生态环境趋于健全，是艺术界同仁应该并且值得努力的目标。

二、艺术博物馆的学术活动

艺术博物馆属于文化艺术学术研究的专业机构。艺术博物馆的学术研究活动内容广泛，包括理念研究、文献史料整理、图书出版、期刊出版、展览专辑、典藏目录、展览、演讲、论坛、研讨会、比赛、纪录片、多媒体实验、人才交换等。艺术博物馆的研究成果既为本馆所用，亦可为学术界专业人士所应用，也可为社会大众所用，是完全开放的。

以自身的学术研究范围为中心，艺术博物馆学术研究需要把握以下重点：

1. 回顾并整理相关的艺术史、艺术文献、艺术作品、艺术家个案。文献工作是艺术博物馆学术研究的重中之重。卢浮宫的 8 个部门都有自己的文献，文献和研究处保存着 12000 件作品，约 80 万份相关档案，大部分都与作品有关；每一件作品都有相对完整的档案（来源、获取方式、以前和当前照片、X 光照片、提要、沿革、复制品、草图、卢浮宫内与之相似的作品），并可供专家和大众查询。还有一种文献按国家分类，包括杂志、拍卖信息等，主要是为了全面研习相关艺术家而留下的资料。[5]

无论是从横向的时间层面，还是纵向的艺术门类层面，对艺术资料的整理都未形成气候。真正重视艺术文献的整理和收集这些基础工作的艺术博物馆很难找到，具备典藏资料管理系统、艺术家资料管理系统、作品底片管理系统、图书管理系统、展览资料管理系统、专业论文资料库等这些比较全面的学术研究工具的艺术博物馆更为少见。至于资料的时效性与正确性、资料对公众开放的程度就更为不足了。早先广东省美术馆对民国时期现代美术运动的研究形成了若干重要的民国艺术展，比如“谭华牧·失踪者的踪迹”、“遗失的路程：梁锡鸿回顾展”、“广东与 20 世纪中国美术——冯钢百、谭华牧、赵兽艺术专题展”、“浮游的前卫·中华独立美术协会与 20 世纪 30 年代广州、上海、东京的现代美术展”，等等；湖北省美术馆陈列展对湖北地方现当代美术的资料收集和梳理，既有珍贵的原作出场，又有相关的文献资料。这些可谓是目前中国的艺术博物馆中基础研究工作非常扎实的两个侧面。

2. 时刻保持前瞻性和敏感性，积极碰撞新理念、新文化、新创作，发现新的艺术风潮。我们在第五章“艺术博物馆的展览”中讲到征集展，无论是展览主题策划，还是实验作品，关注年轻人，关注前卫的、创新的观念能使艺术博物馆把握住时代的脉搏，有利于艺术博物馆研究功能的年轻化、敏锐化，容易找到学术研究的新立论与新突破，有助于艺术博物馆学术地位的确立与提升。而且对于艺术发展来说，鼓励青年艺术家进行实验创作，符合现代美术发展的精神真谛。

3. 具备国际化的研究眼光，不仅关注国内，还要关注全世界范围的艺术发展。只有把世界美术放在自己的研究体系之中，才能为自己的艺术在世界上找到合适的位置，使艺术博物馆的学术研究获得国际地位。在这个信息化、全球化的时代，每件当代艺术作品的内容甚至样式均与世界美术史有极紧密的关系，具备全球的艺术视野，熟悉各国美术发展的状况，有助于启发国内的艺术创作，也有助于我们更深入地了解国内艺术的发展。

另外，关于艺术博物馆学的研究，欧美毕竟是传统的博物馆强国，博物馆学早已在那里打下了深厚的基础，积极与欧美大学及艺术博物馆商讨，促成学术交换，可增进馆员的专业素养，增加在职人员的进修机会，提升在职人员的学术水准，使本馆早日踏入世界著名艺术博物馆之林。

4. 建立并提升自己的学术平台，将中国艺术与中国文化推向国际。肯定自身文化的内涵，才能区别于其他国家的文化，才能建立真正的国际性格。学术研究是建设自身的必由之路，只有建立完整的美学理念及作品呈现方式，才能立足本土，展望国际。我们不仅要进行自我研究，还要通过定期召开国际学术研讨会，促进国内外学者对我国美术学术发展的研究，借此提升我国国际艺术地位。

5. 将出版作为交流、发声的重要手段。无论是在艺术档案整理研究基础上，将部分重要内容出版发行，为美术的长远研究提供珍贵的参考文献，还是将年轻鲜活的艺术观点和艺术创作推到前台，引起更多业内外人士的关注；无论是对引进国际艺术图书的版权、推介国内的艺术的版权，还是将国际国内艺术交流与学术论坛及研究的成果结集出版；无论是杂志还是论文集、画册的出版，都可以有效地达到交流和传播的目的。

三、学术研究的资源与结构（以 MoMA 为例[6]）

MoMA 的研究资源（Research Resources）包括：

1. 图书馆（Museum Library）

图书馆致力于全面收藏当代和现代艺术的相关资料，这个非流通性的收藏包括从 1880 年至今的文件，藏品涉及油画、雕塑、素描、印刷品、影像图片、建筑、设计、表演、视频、电影胶片等门类和新兴艺术图书馆全部馆藏大约 30 万本图书和展览目录，300 份期刊，超过 4 万份艺术家的档案的公布。

2. 档案馆（Museum Archives）

基于艺术博物馆在 20 世纪和 21 世纪的艺术历史性和文化性角色，档案馆建立于 1989 年，目的是收集资料、组织资料、保存资料和文件查阅。档案馆收藏了数以百万计的历史的研究性档案，比如展览文件、学术论文和艺术博物馆前馆长、董事、职员及委托人的信件、剪报，超过 3000 件艺术博物馆事件的声音和影像资料。在图片档案馆，存有数以万计的艺术博物馆过去的展览图片、特殊事件图片、艺术博物馆建筑以及临时展览的艺术作品的图片，还包括影像材料的描述和艺术家、其他人士的资料图片。档案馆有自己特殊的使命，对于每一项档案的收集有自己的标准和政策。

3. 学术中心（Study Center）

MoMA 的几个不同的研究中心提供给公众一个研究艺术博物馆收藏和研究材料的通道，每个不同的中心有自己不同的聚焦和政策，一般来说，相关人士可以通过填表预约的方式在开放时间进入。

4. 建筑和设计研究中心（Architecture and Design Study Center）

5. 素描和版画研究中心（Drawings and Prints Study Center）

6. 油画和雕塑研究中心（Painting and Sculpture Study Center）

7. 摄影研究中心（Photography Study Center）

8. 电影研究中心（Film Study Center）

9. 流动电影及视频（Circulating Film and Video）

10. 电影资料馆（Film Stills Archive）

11. 流动电影及视频图书馆（Circulating Film and Video Library）

流动电影及视频图书馆创建于 1935 年，致力于收藏反映历史和艺术发展的移动影像，并将此媒介树立为一个主流艺术形式。馆藏最初包括为院校、博物馆和其他教育机构提供合理比例的流动馆藏。馆藏数量在加入地方的和国际性电影节、个人收藏家以及其他电影组织的收藏后得到了扩展。此馆同时亦提供独一无二的服务：帮助获取一些重要的独立电影人的作品、一些在其他地方难以获得的作品等。尽管此馆一直拥有广泛多样的收藏，包括早期默片、重要纪录片、先锋和独立作品、动画和视频艺术，近年来还着力强化一些特殊领域，并使一些在广泛的电影意义下的影片获得流通展示。目前，此馆已经发展为收藏超过 1200 部影片，覆盖了自 19 世纪 90 年代至今的电影历史。

12. 塞莱斯特·巴托斯电影保护中心（The Celeste Bartos Film Preservation Center）

MoMA 的电影部门拥有国际上最强大的移动图像收藏，永久馆藏和研究收藏共计超过 25000 部影片。20 世纪 80 年代中叶，影片的收藏体量和特殊会谈的需求显而易见已使其无法在位于曼哈顿中城的艺术博物馆中保管。于是，当时新任的电影部门主管带着创造一个场外设施来贮存这些收藏的想法，找到了信托委员会的主席塞莱斯特·巴托斯（Celeste Bartos）。10 年后，1996 年 6 月 20 日，MoMA 开启了塞莱斯特·巴托斯电影保护中心造价 1120 万美元的最先进的电影贮存设施，位于宾夕法尼亚州的哈姆林。中心由两座建在 38 英亩的木制基座上的建筑构成，一个面积达 7900 平方英尺的设施用来保管博物馆 5000 份易损的硝酸盐胶片，这些影片的时间自 1894 年到 1951 年；另一个更大的 28000 平方英尺的主楼贮藏了 2 万部醋酸盐基底的“安全库存”。

注释

1 [法] 侯瀚如：《第 8 封：公共艺术的未来》，载 [法] 侯瀚如、[瑞士] 奥布里斯特（Hanru, H. & Obrist, H. U.）《策展的挑战》（*Curatorial Challenges*），顾灵译，北京：金城出版社，2013 年版，第 67 页。

2 [韩]Yuha Jung：《美术馆生态系统：一种新的替换模式》，载刘鹏《缪斯之约：欧美艺术博物馆的智识体验》，刘鹏译，上海：同济大学出版社，2016 年版，第 19 页。

3 [古巴] 赫拉尔多·莫斯克拉：《艺术与文化的历史》，载 [古巴] 赫拉尔多·莫斯克拉（Mosquera, G.）《无界之岛：艺术、文化与全球化》（*Infinite Islands: Art, Culuture, and Globalization*），孙越译，北京：金城出版社，2014 年版，第 181 页。

4 [美] 詹姆斯·伍德：《美国美术馆的学术权威》，载 [美] 詹姆斯·库诺（Cuno, J.）《谁的缪斯？——美术馆与公信力》（*Whose Muse? Art Museums And The Public Trust*），桑塔兰泰拉、张婷译，北京：中国青年出版社，2013 年版，第 103 页。

5 [法] 皮埃尔·罗森伯格（Pierre Rosenberg）：《卢浮宫私人词典》（*Dictionnaire Amoureux du Louvre*），杨洁等译，上海：华东师范大学出版社，2015 年版，第 228 页。

6 本段资料在 2009 年《美术馆》中由作者翻译，2017 年更新版是兰佩阳在原文基础上译自 MoMA 官方网站 http://www.moma.org/learn/resources/。

伦敦维多利亚与阿尔伯特博物馆

第五章　艺术博物馆的展览

一、策展的历史与策展理念

1. 策展的历史

从整体来看，艺术博物馆展览的意义在于提炼出一条线索，引导人们进入一个由艺术作品构成的过去、现在、未来或者想象世界；从艺术专业范畴来看，“展览是艺术的政治经济价值的首要交易所，意义在这里得以建构、维系乃至解构。展览（特别是当代艺术展）既是景观，又是社会历史事件和建构手段，它创建和支配了艺术的文化意蕴”[1]。对艺术博物馆而言，展览不仅仅是呈现作品，也不仅仅局限于艺术批判，还扩展到对社会、文化、政治乃至大众的情感态度与富有启发性的思考等方面。推动这一切核心活动的是一只有形无形的手——策展。“策展是一项体现艺术和艺术家价值的文化产品”[2]，是策展方在艺术生产、介入和推广中所具备的主动性、创造性和政治性推动，是一项集合了学术性、艺术性和各种技能及运作方式等因素在内的系统工程，进一步说，是艺术博物馆智识生产与文化建构的本体。

“18 世纪以前布置展品时，不是沿着装饰线（讲究对称、大小相近等），就是依照美学标准（根据作品色彩、反映的情感等分类）。到了 18

世纪，布展方式兼具了教化功能，或者按照作品的时间、画家的派别，或者以表达的主题或功能分类。到了 18 世纪晚期，维也纳历史博物馆等展馆首开先河，由艺术史学家负责规划展品。”[3] 早期的策展活动在艺术博物馆中并非是独立、专业化的存在。前面介绍的卢浮宫的策展模式，主要是视艺术博物馆为一个历史的艺术容器，以编年、地理，后来增加了风格、流派、媒介、主题等来排列布置藏品。到 20 世纪早期，很多有影响的艺术博物馆馆长积极地、创造性地展示“艺术品”，不仅开拓了“艺术的边界”，在一个将设计、建筑、电影等包含进艺术博物馆的展示范围的过程中，艺术博物馆转化为一个展示当时代艺术的空间，一个当时代的侧影。职业化的策展工作开始渐渐从艺术博物馆的日常工作（如收藏、布展或行政）中分离出来。从策展界的先驱、1929 年纽约现代艺术博物馆（MoMA）首任馆长阿尔弗雷德·巴尔（Alfred Barr）开始，到 20 世纪 60 年代晚期，尽管在内容和形式上有诸多不同，在观念和展示空间推动的美学生产过程中，展览、作品和策展框架在最终面向公众的展览实现过程中成为最基本的且互相依赖的元素。按照 O’Neil P.（2012）的观点，“策展历经了三个历史性的发展阶段：20 世纪 60 年代晚期，策展角色的启蒙性发展；20 世纪 80 年代晚期，策展人首先作为展览作者的模式；20 世纪 90 年代，策展人中心论的巩固，这正是策展实践历史的开端”。“到了 20 世纪 90 年代晚期，主要的展览感谢词里基本都增加了策展人对展览贡献的重要性方面的意识。”[4]

新世纪以来，环境叙事和叙事环境被特别强调，主题性展览被特别重视，尤其体现在大型艺术博物馆的长期陈列展上，目的是寻找一种普遍性与整体性的叙述，包容多元化的艺术风格与艺术观点。特别值得一提的是泰特现代艺术博物馆（Tate Modern，简称泰特现代）的展览理念。泰特现代开馆之初以新的分类方式来处理20世纪艺术的企图心是显而易见的。馆方打破了现代主义的框架，不再采取年代、风格或主义的分类方式陈列，而是以四个“主题”为重点展出自己的馆藏，分别是“历史、记忆与社会”、“裸像、行动与人体”、“风景、事件与环境”、“静物、物件与真实”，大胆地按照不同主题选件，打破固定的思维，让不同时代的艺术家因为策展人的观点而呈现出不同的意义与诠释。比如把莫奈的《睡莲》和英国雕塑家理查德·隆（Richard Long）的石雕作品归类在“风景、事件与环境”的主题下，作品之间所产生的微妙互动与戏剧性张力，对观赏者而言是前所未有的。

2. 策展人的工作

在策展工作中，策展人承担了核心和主要的角色。“我充满热情地相信，在信息充分的年代，没什么能与策展人的创造相比，展品只有被编织在故事体验中，才能使人们专程到艺术博物馆，穿越时空与展品面对面交流。这样的过程让我们了解自己，也帮助我们决定要去向哪里。”[5]

在汉斯·乌尔里希·奥布里斯特（Hans Uorich Obrist）的《策展简史》中，不同的艺术博物馆馆长和世界著名策展人回答了对于策展人角色的理解：

汉斯：您如何界定策展人的角色？约翰·凯奇（John Cage）说策展应该是“公用物”（ufility）。我后来采访霍普斯时，他总是借用杜尚的话——策展人不应该挡道。费利克斯·费内翁（Felix Feneon）说策展人应该是过街天桥。您如何定义策展人？

哈农库特（Harnoncourt）：我认为，策展人应该是艺术和公众之间的联络员。

策展人就是帮助公众走近艺术，体验艺术的乐趣，感受艺术的力量、艺术的颠覆以及其他的事。[6]

约翰内斯·克拉德斯（Johannes Cladders）："我总是把自己当做艺术的联合制作人。别误会，我并不是说要对艺术家们发号指令：'嘿，听着，把左上角涂成红色。'我只是参与其中——作为协调者，协助他们将作品转化为艺术品。"[7]

塞斯·西格尔劳博（Seth Siegelaub）说："工作就是选出伟大的艺术家，确立有品质的标准艺术价值观。如何展现这些隐藏着的个体，如何使公共艺术展览和遴选程序背后的维度更加透明。"[8]

"我们甚至对那些没有获得成功的艺术家更感兴趣。"[9]

3. 策展理念[10]

策展行为是与艺术实践相关的。艺术博物馆的展览必须有学术策划，不仅要体现艺术博物馆的学术理念和学术观点，同时要呈现艺术博物馆的文化态度和文化立场。没有足够的藏品，没有主动的策划，艺术博物馆就无法发出自己的声音。不同艺术博物馆有不同的使命、不同的定位，决定了他们各自独特的策展方式和理念。

无论是艺术博物馆的整体策展理念，还是单个展览的策展理念，都必须以长远的文化战略眼光和学术理论建设作为标杆。对于艺术博物馆策展理念的评估并没有统一的标准，不过，不同的策展方向可能偏重于强调某些不同展示的反馈。有些策展理念被一个鲜明主题所概括，面对一定的学术课题，具有鲜明的文化针对性、社会批判性和现实关照性。这样的展览，关键在于展览主题能得到艺术家的回应，并激发出艺术家创作、参展、参与讨论的热情，而且最终拿出合乎展览主题的作品。也有些展览根据既有的艺术作品组合不同的主题，主题产生在后。对于艺术博物馆常设展而言，这是经常需要面对的问题。这样的策展理念是否站得住脚，关键是看主题与艺术品的创作理念结合得是否紧凑，主题的提出是否扎实、有力。有些展览并无确切的思想观念，只以艺术形式表达媒介的特点，比如当代水墨展、新媒体艺术展、建筑方案展、设计艺术展、声音展、录像艺术节、独立电影短片节之类。这类展览在今天的展览中占有很大的比重，这种团拜会似的聚会，让观众对某一类艺术特点有所了解，但很难发出文化、学术的声音。只有一种情况例外，若这类专题展能集中体现一种视觉新潮、一种文化趋势、一段历史截面、一类社会话题，其理念便会突显出来。有些展览没有任何主题、专题、媒材的限制，其策展理念的闪光点表现在入选作品的质量上与实验性上（如占很大比重的个展），若非如此，则属于联谊活动，谈不上策展理念了。另外，能够引起反思、讨论、争议的展览，往往对艺术的发展起到推动作用。一个好的展览不是好作品的相加，好作品也有可能做成差的展览。而具备试验性、前瞻性的展览，也许会因单件展品不符合既有的艺术理论体系，在展出之时备受批评。然而真正好的作品与展览，经过时间的沉淀能显露出自己的意义，对旧有思维与体系的突破，会使之成为时代文化与精神的引导者与反思者。1989 年，法国蓬皮杜艺术中心举办了一个题为“大地的魔术师”的当代艺术展览，策展人是人类文化学家马丁（Jean Hubert Martin），当时这个展览引来了很多的批评。这是在西方第一次引进相对主义文化理论的边缘艺术展，参展的艺术家都来自非中心国家，参展的艺术作品也是反对西方中心主义的文化概念的。在当时既有的主流体系西方中心主义的视野中，这个展览当然很糟糕。如果用西方当代艺术标准来评判的话，其中的很多参展作品都一无是处。但就是这样一个展览，却在 20 世纪 90 年代以来的展览史上显得越来越重要，因为正是此次展览作品中的“不足”成就了它的意义，以后大量边缘文化的艺术展览就是从这个“大地的魔术师”开始的。正是这种边缘概念在展览中的引入，使得弱势种族与强势种族的文化得以在国际上形成一种交流而不是相互排斥。但这并不完全意味着艺术博物馆只是一个“新观念的包装者”，也并不意味着作品只是与展览观念相连的一个代码。选择什么样的艺术作品展出是考验艺术博物馆学术高度、历史眼光、文化水平的一个非常重要的方面。艺术作品必须被放在历史和艺术史的框架之中进行评估，必须具备独特性和超越性。

中国的艺术博物馆投资策划展览的行为近年来已经从以前的凤毛麟角发展到形成共识并被艺术博物馆自身体系所推崇。但不得不说，出于历史遗留习惯和民营艺术博物馆普遍存在的资金状况，仍有很多场馆处在等待展览上门的被动局面或出租场地撑起资金投入。从某种程度上说，艺术博物馆与展览馆、文化宫的时代无异，这是需要艺术博物馆界反思的地方。

二、策展机制

1. 什么是策展机制

作为艺术博物馆学术机制的一部分，艺术博物馆的策展机制是指为保证艺术博物馆学术立场与实施策展理念而制定的艺术博物馆展览的决策与管理系统，包括策展方式、展览通过程序、各类型展览的比例权衡、不同展览的不同应对机制与解决方案等。学术委员会是各个环节的最高决策机构。策展机制在艺术博物馆制度建设与学术架构中十分重要，对于精简策展流程、提高效率、最终节省艺术博物馆运营成本也是不可或缺的。策展机制是新展览的制造者和展览质量的保证者，使展览在学术架构中逐步提升，而且以其自由的活力影响着艺术与艺术博物馆的发展走向。合理的策展机制是艺术博物馆脱颖而出的不二法门。

艺术博物馆的策展方式分为总策展、客座策展人联席策展、独立策展人策展、引进展、征集展、巡回展；根据展览规格分为大、中、小型展；根据是否具备策展理念可分为主题展、专题展、无主题展；根据展览功能特性的不同可分为典藏展、教育展、文献展；根据艺术家构成不同又分为个展和群展；根据展览形态分为常设展、常规展、特展；根据展览作品的艺术门类分为版画展、油画展、国画展、多媒体展、摄影展等。每种分类之间互有交叉，根据艺术博物馆自身定位、能力及特点，在全年展览规划时应注重不同展览比重的制衡以及同类展览的错落安排。

2. 策展方式

我们重点来看看策展方式的类别：

（1）总策展，即艺术博物馆独立策展。聘请总策展人，组建自己的策展团队，根据艺术博物馆的策展理念和学术建构，自己发起、组织、策划展览。强调文化的针对性、展览内容与形式的原创性。大部分的原创展览对展览主题的唯一性、参展作品的首展性或不可替代性有较硬性的要求。实施总策展制是艺术博物馆确立自身学术个性的关键，也是树立学术形象的必由之路。

（2）客座策展人联席策展。邀请不同艺术领域、单位的客座策展人加盟策展团队联合策展，在条件有限的情况下（经费、自身学术和展览机能），既保证了艺术博物馆的发言权、主导立场与独立的文化形象，又整合了学术资源，开放多元视野，交换不同经验。

（3）独立策展人策展。艺术博物馆展览团队仅履行行政配合和服务之职，以前这往往是一些弱势的中小艺术博物馆的做法。致力于自身学术建构的艺术博物馆往往会慎用独立策展人制，甚至是由独立策展人策划展览。不过，近些年也有观点认为这是突破艺术博物馆自身稳固的人员结构导致的思想僵化的一个方法。开放性的对外策展交流有益于开阔学术视野。

（4）引进展。由于艺术博物馆自身策展资源不足，引进其他艺术博物馆的优秀展览和独立策展人策划的展览，仍不失为艺术博物馆拓展并借力外部资源、学习并借鉴他人经验的一种方式。引进展分两种：被动引进和主动引进。

被动引进是指主动上门的展览项目，在展览的质量、时段、策划与运作方式上都深受展览提供方的制约。在这种情况下，艺术博物馆若能把握住学术标准，选择符合自己策展理念的展览进行合作亦无不可，若仅以场租多少而论，则完全丧失了艺术博物馆的品格和精神，从此将陷入恶性循环中而不能自拔。主动引进展览是艺术博物馆在自身策展能力不足的情况下，变被动为主动的一个方式。艺术博物馆锁定国际高端艺术博物馆、基金会、双年展、文献展、博览会上的展览项目，选择学术资源、社会效益、经济效益俱优的展览加以引进。

（5）征集展。它既可以是总策展制下具备实验性和鲜明艺术博物馆特色的原创展，也可能沦落为按件收费、胡拼乱凑的展览。艺术博物馆的策展理念体现在征集主题（也可以针对主题进行征集，最后由艺术博物馆来定）与作品评审和挑选上。尤其是当代艺术博物馆，应该重视征集展，将其作为艺术博物馆与年轻策展人、艺术家互动的一个窗口，为艺术新星提供被发现与茁壮成长的舞台。

（6）巡回展。可以联合策划联合展览，可以将重要展览引进巡回，也可以自主策展到其他展馆巡回。大型展览涉及的工作内容广，并涵盖不同的专业，如行政、展品保存维护、学术研究、策展诠释、展示设计、执行与布展、媒体宣传、教育推广活动、画册及相关出版品、成果评估、文献记录、公共事务与安全防御，等等。如果由数个博物馆针对某一特定的主题，分别提供相应的藏品并以各馆的专业特长分工合作，可能会获得一个比独立策展更加宏观、周全、丰富的展览。总之，艺术博物馆可以通过巡回的方式进行业内联合，尽量与其他机构分享策展专业、借展人脉等资源，实施一套策略联盟、资源分享的模式。可以分摊经费与人事上的开支成本，无形中降低预算压力，增加馆务的经费运用。同时，这样的合作方式更具有人才交流与培育、经验分享与成长的效用。因展示地点较多，在宣传、推广、教育的层面上也会有倍增的效果，从而服务更多的观众。当然，选择什么样的艺术博物馆作为巡回和共同策展的伙伴，选择什么样的展览加以引进，选择什么样的原创展览进行展览输出，都要充分体现艺术博物馆的学术主张，这事关艺术博物馆的学术形象和学术地位。巡展尤其需要注意的是“在地化”。虽然目前原封不动地转移一个展览是很多巡展的操作方法，甚至是展览相关方面的要求（可能来自于输出方，也可能来自于接受方，也可能来自于策划者），不过笔者更加推崇的是“开放性输出”，将展览核心结合“在地化”特点进行开放式研究，从而使展览得到更丰富的内涵，主动地与当地观众、艺术家以及文化生态进行更紧密的链接。

总策展制下的运行机制（展览开展的程序）为：策展团队提案（所有展览的提案须统一归口策展团队，根据展览不同提交提案，再早容易失去新意，太急则展览准备不够充分）—策展团队与研究部门共同定案—学术委员会调研评估—学术委员会审核通过，并提出完善意见—策展团队提请预算—理事会评估通过预算—项目安排进全年展览计划，正式发布、启动—争取基金会、赞助商、政府支持—布展呈现—根据展览大小完成展览流程（媒体宣传、学术研讨、学术出版）—撤展—展览评估及归档。其他的运行机制在整体流程上都与之大体相同。不同的是，客座策展人联合策展会根据策展团队的能量，适时加入“邀请客座策展人”；引进展在提请预算时要注明“费用支付方”；征集展在主题、作品上要分别经过学术委员会的审定；巡回展在展览引进方面遵循同一流程，涉及展览输出时，在预算中还涉及输出成本与收入的问题。无论是以何类方式开展的展览，根据展览的规模与重要性，以大、中、小型三种规格进行策展管理，针对不同规格，形成不同级别的预案，在展厅面积、宣传规格、营销方式、拓展手段方面进行不同程度投入。

3. 中国的策展机制中存在的问题

为了保证学术上的独立性，由艺术博物馆总策展的展览是艺术博物馆的立馆之本，是艺术博物馆的学术标杆和研究龙头。一个优秀的展览项目启动前，艺术博物馆已有足够的资金保证，足以分配给需要展览资金的环节和个人，策展人和艺术家能全身心投入展览的学术建构。然而在中国，只有极少的艺术博物馆可以保证所有的展览都出自原创。受政策体制、资金状况、艺术政策、学术资源、专业人才、社会环境等因素的制约，中国的策展机制还存在以下 4 个问题。

（1）政策、体制。由于艺术机制不健全、社会对艺术博物馆的认识不全面以及国内美术事业发展过程中自身的缺陷，我国的艺术博物馆，尤其是国家艺术博物馆，承担了群众艺术馆的大量的服务功能。常常是不管哪个部门、哪个系统，节日搞庆典活动，搞书画联谊活动，搞群众文化活动，只要揣着钱或是主管部门一声令下，都要去占用艺术博物馆的时间、空间、精力，这给艺术博物馆的运作带来了相当大的压力。

（2）策展人自身素质。策展人需要真正具备艺术专业的素养，能敏锐地感知身边正在发生的艺术现象和活跃的艺术家，需要对社会进行深刻理解，将艺术作品放在更大的社会背景下进行把握、总结和呈现；策展人还必须有活动、宣传、组织资金的高超能力以及对现状有所干预的良知和责任感……但遗憾的是，这个新兴群体良莠不齐。中国的许多艺术博物馆的展览都是以引进独立策展人制为主体的。策展人的专业素养、个人倾向和行事作风往往决定着展览的成败。中国的策展人大都从美术理论界与批评界人士转变而来，艺术博物馆聘请的艺术总监和学术顾问通常只是挂名的，馆内专职策展人的物质待遇极为一般，这使策展人滥用艺术博物馆资源以维系社会关系和私人利益蔚然成风。策展机制充斥着一股帮派化、小圈子化的江湖气息，不具备开放性和透明度，达不到学术前瞻性。

（3）艺术政策导致资金紧张。政府对艺术的支持虽然这几年有所加强，但主要集中在创意产业，对于非营利艺术博物馆的支持尤其是民办非企业艺术博物馆的支持仍然有限。我国政府现有的艺术政策中也没有适合艺术基金会、非营利艺术博物馆蓬勃生长的土壤，导致在展览组织、运作方面缺乏社会经济实体的支持。因为没有足够的资金，一些优秀的展览无法举办；艺术博物馆为了票房，使策展方放弃主张，为了所谓“效果”媚俗；或是为了钱举办一些披着学术外衣的商业展览，成为艺术市场的一个包装环节。这些都使真正有利于学术发展的展览很难出现。

（4）由于缺少独立批评、监督机制和相关法规，艺术博物馆行业协会于 2008 年年底成立，没有办法有效防止艺术与商业同谋、艺术与权力同谋的现象。为此，除了艺术博物馆自身加强自律外，要求非营利艺术博物馆的运作更加透明化，还应该加强法制监督、媒体监督、行业监督和公众舆论监督。

三、常设展

1. 常设展及其意义

常设展是艺术博物馆最基础性的展览要求，是指艺术博物馆把收藏的艺术品有计划、有步骤地向公众做长期的相对固定的展示，传播一个地区、一个民族、一个国家美术发展的最高水平，传承和发扬人类优秀文化，使公众得到美的感染与教育。

博物馆的常设展正式起点可追溯到卢浮宫，这条可以简单总结为以国家流派分类勾勒艺术史全貌的“古训”，至今还在不同的展览中被应用。伦敦肖像美术馆前馆长、国家美术馆馆长、国际博物馆协会主席史密斯（Charles Robert Saumarez Smith）在《伦敦国家美术馆艺术展览的陈述方式》一文中分析了自20世纪30年代以来英国国家美术馆的常设陈列史，分为“以审美眼光陈列作品”（重个人直觉）、“单独陈列艺术杰作”（重展示效果与时代精神结合）、“艺术史经典”（重“陈设古训”）、“审美最小化”（重作品本身——展示环境的最小化及展签应用）、“文化背景观”（重当下思想潮流）、“传统式陈列”（重历史复古的展示方式）、“教堂般外观”（内外兼具的绘画原始场景）、“多样性的优点”（以上各种方式灵活并行）8个方向，勾勒出英国国家美术馆陈列背后更迭不断的思想观念和精神内涵。[11]

艺术博物馆需要具有轰动效应的大展、特展，更需要常设展。常设展象征着一个艺术博物馆的整体馆藏水平和学术水平，是维系一个艺术博物馆长久生存和发展的基石所在。常设展使优秀的美术作品不再被藏之高阁，使之有机会、有场所呈现于公众面前。常设展的学术性与稳定性可以与艺术博物馆的教育服务紧密结合，使之成为公众美术教育和少年儿童美术启蒙的第二课堂，充分展现艺术博物馆的公益性。

对于如此重要的常设展，国外重量级的艺术博物馆、博物馆，如卢浮宫、大都会艺术博物馆、英国国家美术馆等，都是通过它来吸引全世界的观众，并以此提升和保持自己的口碑。当然，常设展中展品更替的周期也很重要，可以保证库房中的许多艺术品得以与观众见面，也使一些脆弱媒介的艺术品有足够的休眠时间。值得称道的是1988年TATE新任馆长尼古拉斯·塞洛塔（Nicholas Serota）实施的“新展览”计划，每个年度都对其固定展陈进行“洗牌”（重新布展）。[12]

2. 中国常设展的处境和对策

在中国，常设展却面临着奇怪而尴尬的境地，尤其是艺术博物馆的常设展。中国极少有艺术博物馆按照国际惯例进行的真正意义的常设展（目前大多数博物馆有了自己的常设展展厅）。中国的艺术博物馆常统以“××艺术博物馆收藏展”，在走马灯一样频繁撤换的日常展览的间隙、淡季悄无声息地摆摆埋首于仓库的藏品，展览组织、策划工作相对简单，更谈不上试图深入艺术和学术层面进行探讨，对媒体和观众无法构成吸引力。

中国的艺术博物馆常设展缺位主要有以下几个原因：

（1）典藏的缺乏。典藏乃是艺术博物馆立身和发展的基础。中国的艺术博物馆大多起步很晚，基础薄弱，典藏积累达不到要求。尤其是近几年发展起来的新型民营艺术博物馆，收藏更为有限。没有精彩丰富的作品，很难撑起一个具有知识性、观赏性的展览。

（2）艺术博物馆的收藏经费缺乏。艺术博物馆为了生存，常常不得不为其他机构和个人举办短期的展览来增加收入，忽视了基本展陈。补充馆藏资源就更无从谈起，从而形成恶性循环。

（3）安全与陈设条件不足。中国的艺术博物馆的硬件设施是普遍存在的问题。因陈列设施或考虑到作品的安全因素，很多历代名家的作品真迹无法被长期陈列，最多也只是在重要的时候拿出来展示一下。

（4）没有鼓励捐赠的社会政策。社会对艺术品的捐赠没有良好的政策作为支撑，整个社会的公共意识也不强烈，这些都是艺术博物馆在典藏道路上面临的现实问题。

（5）空间不足。中国的许多艺术博物馆，尤其是地方小馆，展示面积十分有限，如果拿出一部分展厅做基本陈列，那么可供流动性展览的面积必然要减少。再加上这几年艺术的活跃，使得一些美术机构和画家急需办展场所和空间，客观上挤压了长期展览的时间和空间。

（6）艺术体系。中国缺乏国外的画廊展示制度。在欧美国家，进入艺术博物馆的画家和作品要经过严格筛选，个人举办展览，尤其是青年艺术家，需经历几个阶段，逐步提高展览规格，一个是不同类型的专业画廊，另一个是各地的文化中心展览馆。而真正能进入专业艺术博物馆举办展览的，除了定期的陈列展和大师级作品展外，应该是真正有水平的艺术展、个人回顾展或者学术界公认的有重要价值的艺术家的成果展示。而在中国，学术标准并不是最关键的准绳，经济好的时候，很多个展拿钱排队等候，使得艺术博物馆的展厅变得愈加紧张。

常设展如此重要，我们如何办好呢？鉴于时间、场地的限制，艺术博物馆能够在挤出空间、在自身馆藏允许的条件下规划常设展，必须以“特色”为“主打牌”。“特色”的根本在于高精收藏品，依托在于精准的学术研究与定位。

与常规展览相比，对于中国大多数艺术博物馆而言，规划常设展时，首先应该确定陈列内容、陈列主题，考虑它与艺术博物馆的使命、区域社会、区域文化、区域群体之间的关系。为了丰富常设展展品，有必要确立一个收集计划，不断丰富常设展的内容，加强常设展的主题建设。在进行展览设计时，将可能增加的展品考虑。确保场所的展示条件、安全条件。针对常设展的主题、展品、艺术家的介绍、出版和相关艺术衍生品进行开发，保证展示效果。

如果艺术博物馆自身能够对常设展提供资金、硬件、场所方面的倾斜，将常设展的内容委托于艺术博物馆的学术委员会；如果艺术博物馆展品过多而空间有限，可以半年或一年为期，分不同主题展示，如台北故宫博物院，那么中国的艺术博物馆常设展将出现令人欣喜的变化。

四、特展

1. 特展及其意义

如果艺术博物馆的展示常年不变，便无法吸引观众经常前来参观。几乎所有的艺术博物馆都会推出临时性展览。“临时展览强调叙事性的体验——艺术家的职业生涯如何发展，某一流派的作品有何特征，是在某时某地受哪位亲王或教皇资助而作”[13]，不一而足。当然，对于实力雄厚的艺术博物馆来说，临时展大多是以特展的方式呈现的。“特展”是20世纪中期诞生在博物馆领域的新词汇，也是博物馆行业发展过程中的一个有益尝试。特展或超级大展，是指艺术博物馆（博物馆）用稀有、珍贵、传说中尽人皆知的展品或有足够吸引力的主题内容来制造文化事件，从而吸引媒体，提升知名度，引发观众竞相亲往观赏，通常可以创造庞大的门票收益。

各国艺术博物馆都非常重视大型高知名度的特展或巡回展览。举办特展能对艺术博物馆产生巨大的附加值，主要体现在以下4个方面：

（1）艺术博物馆都需要宣传，我们可以把特展看作艺术博物馆的一种特殊营销方式，特展的主题通常较具吸引力和多样性，容易形成文化事件，得到媒体密集的报道，有利于艺术博物馆的公众形象与品牌塑造。

（2）特展因其重大的宣传力度，有重要的推广服务功能。特展会吸引艺术博物馆潜在的观众到馆参观，同时使大家看到艺术博物馆的"节目"变化，鼓动既有的观众经常前往，增加艺术在公众生活中的比重，扩大艺术博物馆在公众中的影响力。比起艺术博物馆通常收藏展示的前卫作品或仓库里的实验性作品，特展展出的艺术品更容易为大多数人所了解和欣赏，其特殊的亲和力，使之成为开发新观众、服务观众的有效工具，可以培养、吸引忠实、稳定的观众。自 20 世纪 60 年代以来，世界上不少艺术博物馆就开始组织专题性的大型展览来吸引更多的当代观众。1980 年，MoMA 所举办的毕加索大展，聚集了来自世界各地 723 件毕加索各时期的代表作品，近 5 个月的展期，吸引了超过 100 万人次的观众，募集了 14000 位"美术馆之友"。美国大都会博物馆举办的"中国：五千年的文明"、"帝国的想象"和中国山东青州佛教雕塑展，均带来了前所未有的参观盛况，使艺术博物馆成为重要的文化事件的发生地。中国美术馆自 2004 年举办"法国印象派绘画展"之后，又陆续举办"美国艺术三百年"、"从提香到戈雅——普拉多博物馆藏艺术珍品展"、"盛世和光——敦煌艺术大展"等特展，均获得了巨大的成功。

（3）由于特展的观众影响力与报道力度，特展有助于吸引赞助商，有助于艺术博物馆经费的筹集。同时门票和纪念品的收入也为艺术博物馆带来巨大的经济收益。

（4）特展有助于艺术博物馆刺激思考以及开阔新视野。特展所带来的新观众，使艺术博物馆的工作人员丰富了对观众看法的了解；特展所产生的文化效应与影响，也为艺术博物馆的学术研究人员把握社会潮流提供了第一手资料。

2. 特展的陷阱

由于特展具备以上重要的附加值，特展已成为艺术博物馆运营的一个重点。不过，特展的比例需要合理把握。无论是原创特展，还是引入特展，都需要强大的艺术博物馆实力支持，前者更是需要精密的规划才可能成功。特展的策展过程旷日费时，常需要投入大量的人力和时间，才能形成一个结构完整、内容精彩、既有学术价值又具票房吸引力的好展览。这样的展览，展品多来自全球各地的博物馆或私人收藏，联络、借展、协调等事务细密烦琐。这些稀有、珍贵、具有高度历史或文化价值的文物，需要花费的借展费、保险费、运输费用皆相当可观，再加上策展所需的研究人力、行政预支等费用，特展一旦启动，花费非常巨大。

艺术博物馆不能由于特展难以抵御的诱惑而放弃其他工作，也不能因为特展而影响甚至撤掉常设展。好的艺术博物馆应该带给观众持续学习的机会，应该是一种终身学习的场所。一次展览无法带给观众“持续的影响”。艺术欣赏是一种互动的行为，一种随时间不断改善的经验。在拥挤的参观人潮中，观众与作品之间很容易流于概念式的理解而忽略知识性的层面。这些都是特展不能形成良好学习效果的原因，也是其无法取代常设展的原因。

特展的另一个陷阱在于商业化和“伪学术”。由于特展的策展理念要求易被大众接受和理解，如何把握雅与俗、纯艺术与市井文化之间的度，对艺术博物馆的学术团队而言是强大的挑战。虽然在日益多元化、包容性渐强的艺术语境之下，设计、游戏、影视提供给艺术创作诸多养分，出现了许多边缘性的、交叉性的艺术形态，但学术与商业之间、纯艺术与设计之间还是有明确的分野的。流行元素或商业符号是艺术创作的工具，还是艺术为流行元素和商业符号所绑架，这中间有很大一块灰色地带。古根海姆的“摩托车大展”遭人诟病，而日本东京都现代美术馆2000年举办的“三宅一生：造物”（Issey Miyake：Making Things）展览，将大家最耳熟能详的日本设计师三宅一生的“服装与艺术”、“观念和设计理念”作为主题，展览的形式和表现方式与装置艺术无异，突出了有代表性的日本文化与性格。从巴黎一路到东京，这个展览受到民众的普遍喜爱与热烈欢迎。

特展对艺术博物馆的观众而言，也可能成为一个超级陷阱。一旦观众的胃口被艺术博物馆吊坏了，导致只要没有超级特展，观众就不来了。但越搞特展，观众就越没有动机在其他时间光临艺术博物馆，艺术博物馆的常规展览就陷入了冷清寂寞的恶性循环。研究艺术博物馆不同类型的展览周期与观众参观行为之间的关系，并合理安排好不同展览类型的频度，是艺术博物馆必须引起高度重视的问题。

五、展览工作的流程

在展览成形之前，需要一套展览通过程序。作为策展机制中非常关键的开始，不同的艺术博物馆根据自身的实际情况可以制定相应的通过程序（主要的决策条件、决策者可能会有差异）。一般而言，一个比较完整的展览的流程包括：展览方向和观念探讨；书面确立展览概念和方向，并形成简要的建议书，建议书的基本信息包括标题、目的、内容、估计的参观人数、时间、地点、潜在的可能性和资源（比如资金设想、展品来源等）；在一个相对公开的范围对建议书进行讨论；展览建议书经展览委员会通过，有馆长的正式回应；如果建议书获得支持，要有被确认的可行性研究支持展览深度开拓；最后是对可行性研究被接受的简要确认文件。到这一步，一个展览才正式开始筹备工作。

一个好的展览是一个系统工程。展览的团队通常包括馆长、策展人、展示设计、平面设计、修复师、安全负责、教育负责人、编辑、产品相关施工、市场、顾问。对于馆内重大的展览计划，应成立专门的展览指导小组（相宜的学术委员会成员），负责召集和组织如下工作（可根据展务具体情况增加或减少）：

1. 展览筹备会。准备展览提案与学术论述；展览立项与审议意见；确定展览性质、规模和应对方式；收藏对象研究；艺术教育推广对象研究。配合方为艺术博物馆的学术研究部、典藏部、教育部。

2. 筹备期工作。安排预算；制作艺术家、策展团队、行政人员和其他相关人员的通讯录、时间表及相应的责任清单；提出展品的保护和安全需求，展览展开所需要的服务与力量，准备布展工程方案与程序、设备清单并讨论其中的细节；组织安排工程施工团队；签订展览相关合同，组织、安排作品运输、过海关、保险、仓储的流程；组织新闻发布会和组织媒体报道工作；画册、请柬、海报的设计制作；艺术教育推广计划安排；酒店预订及机票、车票预订安排。配合方为艺术博物馆的学术研究部、展览工程部、行政服务部、教育部。

3. 展览前动员会。布展前召开全体策展、布展人员与艺术博物馆相关人员动员会，通报展览工作要点和工作规则、注意事项、安全条例；发布布展工作现场管理条例和流程；策展团队与艺术家现场对话、衔接，沟通作品展览方案以及修改意见；讨论并决定请柬、海报与网上资讯宣传、教育推广、义工召集和媒体动员方案；来宾接待问题的审议。配合方为艺术博物馆的学术研究部、展览工程部、行政服务部、教育部。

4. 展览简介。展览简介是展览的第一步，也是展览策展人和展示设计师讨论、对话等相关沟通达成一致的结果。[14]展览简介包括项目标题、展览目的、观众、政策和背景、设计、时间和巡展时间（如有）、地点、相关规定、安全事宜、修复事宜、施工和服务、教育、项目、管理程序、主题和概念、展览内容、相关事项等。

5. 展览设计。展览设计包括展览的平面设计和展示的空间设计。成功的展示设计应该首先表达展览意图，帮助观众清楚地了解参观意图；其次是清楚地展示策展和展示设计意图，策展人需要事前全盘设想好展览的全部目的、内容和载体，并且能使设计师有视觉化的表现空间。[15]展览的平面设计要做到：（1）吸引目标观众注意；（2）与接收者视觉经验有关联性；（3）引起个人的触动；（4）使用观众能够理解的语言和符号。对于空间展示设计师来说，需要了解设施的以下信息帮助设计：（1）设施管理规定；（2）电；（3）外在的工作（展览标志和图像）；（4）火；（5）楼层荷载；（6）健康和安全；（7）暖气空调；（8）计划允许范围；（9）安全；（10）机电工程（结构、安装等）；（11）特殊材料使用。

6. 展览布置。展览部连同展览工程部全体投入布展工作，展览人员重在指导、协调，现场解决问题；作品运输入现场的维护与拆箱、摄影；工程质量与设备配置的检查、验收；义工培训和分配、监督；酒会安排；开幕程序的安排和预演。展览宣传推广方案检查；展览标签、说明的制作与布置；画册、请柬与海报设计、制作质量的监督。外地、外国艺术家、策展与布展人员的接待、酒店入住。回程机票、车票预订。展览报道光盘的制作和报道工作检查。配合方为艺术博物馆的学术研究部、编辑中心、展览工程部、行政服务部。

7. 开幕式。展览现场秩序和作品的维护；贵宾接待；媒体接待；现场摄影与录像记录；画册发放；酒会与开幕式的维护。外地、外国艺术家、策展与布展人员的继续接待及回程安排。配合方为行政服务部、公关部。

8. 研讨会。配合方为学术研究部。

9. 展览期间。艺术教育项目的实施；展览现场和作品维护的审查与抽查；展品照片的拍摄与光盘制作；开幕式报道工作追踪；网站与杂志报道资料的准备与实现；费用报销及核查；撤展组织与工作流程制订。配合方为艺术博物馆的行政服务部、教育部。

10. 撤展。撤展工作协调会；撤展的现场指导、维护、协调；作品装箱摄影与运输出场的维护；退件工作的联络与安排；收藏安排及证书发放；工程质量检查；设备配置的验收；宣传报道（复印）资料对艺术家、策展人的发放工作。配合方为艺术博物馆的行政服务部、展览部。

11. 展览总结与归档。展览总结与归档一般由展览部牵头，配合方为艺术博物馆的学术研究部、行政服务部、展览工程部、教育部、资料中心（或图书或档案管理部门）。大型展览相关人员和部门都应该有相应的总结。一个完整的大型展览归档范围应包括：展览的设计施工图；展览的论证会、展览策划方案；展览的解说词；展览出版的文字资料；展览的宣传与推广策划；展览的相关合同协议；展览的开幕式及酒会简报；展览媒体简报；展览的教育活动与学术活动资料；展览的企业赞助等资料；展览的观众意见及接待效果反馈等；与展览所发生的系列相关活动材料等。[16] 鉴于国内艺术博物馆活动的频繁程度，建议对于资料的归档，除分类外，更需要编辑与选择，这样才能使归档内容便于使用、有意义。

12. 展览评估。展览评估过程分为四个阶段：首先，展览的身份特性是否被研究以及展览的学术批评立意是否建立；设计技术上可行的评估项目和标准；收集信息；对相关信息进行评估和阐释。

六、如何让展览更有吸引力

“作为公共机构，博物馆致力于服务最广大的观众。”[17] 艺术品是观众与艺术博物馆之间最重要的媒介，展览则是呈现艺术品最直观的关键因素。至少有三种独立的且清晰的形式构成了一个展览的概念，制造者（在艺术博物馆一般是艺术家）制造了展品；展方制造了展品（一般是艺术博物馆自己）；展览观众制造了展品。观众看完展览后，脑海中形成了展览作品组成的文化话题或艺术历史、艺术故事，展览的目的与意义便得到了实现。任何一项展示绝非作品无意义、无目的组合而已，而是用适当的陈列方式，配合研究、讲解人员的严谨而亲切的引导，使观众在视觉上、知识上、思考上得到启发。一个好的展览往往可以让观众获得享受作品与体验艺术的能力，增加观众对了解更多艺术表现形式的信心，使观众渴望去看更多的作品。“展览即是这样的空间：我们可以意识到，甚而彰显奇观中的生活与日常的生活——这两股力量之间的角逐。”[18]

为了使展览更具吸引力，博物馆的工作人员可以从展览阐述、展示设计、展览周边活动来加强。下面我们分别从三个方面来看看具体的操作。

如今，一个没有展览结构或者说没有展示阐释的展览是不可想象的，无论阐释的方式使用何种语言，是否使用文字。观众参观展览的方式一般都是在作品和展签间移动，展品是参观者的第一直观印象，展签也许并不是对展品的描述，但会是一种相关联的解释关系。展签会呈现作品的名称并指出或者建立其文化角色——这个功能有时候也在展览序言中完成；使用材料、尺寸、作品的年代，有序的传承一般也会在展签中作简单介绍。

英国泰特艺术博物馆开创了一套自己的常设展叙述模式（以自身收藏为主），被后来者广泛使用：每个展厅都拥有了自己的编号和名字；墙上有一份约200字的本展厅展览介绍，重要展品都配上了约100字的文字说明。一般来说，展签要特别注意：（1）展品特性，简单易懂；（2）放到提供信息的背景中，尤其注意不同文化背景可能产生的文化误读；（3）对需特别注意的部分要提示出来；（4）以经验刺激观众兴趣并引起进一步回应。

我们在前面的章节中强调了观众体验作为新时代艺术博物馆关键词的重要性。优秀的展览更关注如何体验，而非思考或被教导地去观看。讲故事的方式是艺术博物馆摆脱说教形象的通用方法。虽然一般观众仍视艺术博物馆为一个可以提供学术的、教育的、历史的、社会的、文化的知识讯息的严肃、权威的机构，但在沟通方式上，朋友式的交谈注定要打破仪式化的参拜。故事线索围绕着参观动线展开，参观动线又服从展览的结构。情结的编造可以随时间顺序、地理顺序、心理次序展开，关键是有助于观众思考与理解。一个成功的案例是2008年“香奈儿移动艺术展”。当你戴上耳机，一个女人的声音便会响起，她以展览建筑设计师扎哈（Zaha Haidi）的口气，用调侃的方式，向人们介绍她对放置其中的每一个艺术家作品的感受，不时发出几句人生的感叹，整个展览下来，你通过与一个女人的交谈，从她的生活中了解到那些你本来短时无法了解的当代艺术。

展示环境的设计品质决定了展览整体的视觉效果，是展览成败的重要因素。好的展示设计会使观众在展场独特的氛围中感受到视觉上被鼓励、刺激和感动。我们常看到的传统灯光、展示橱窗、统一订制的展示柜、展墙，这些一成不变的展示设计使艺术博物馆像一座“开放的仓库”，远不能满足现今观众的需求。运用活泼、变化、互动的设计，引发观众的好奇心及探索的潜能，成为展示设计的重要趋势。相比一般作品展，文献展

（Documental）面临更大的挑战，它不像艺术品本身就会吸引观众的注意力，散发美学魅力，文献展更多考虑的是“主题”取向，选择很多的辅助展品，例如图片、照片复制品、模型等，可以邀请专业美术人才重新设计制作，选择其他媒材，放大绘制成适当的尺寸比例，或利用互动的多媒体、电脑影像输出等技术，打造展览环境，创造新的视觉焦点和最佳的美术效果。当然，过分的展示设计或者在展览呈现中过于贴近大众口味的指导路线会消解展览和作品的意义，这里存在一个深度和亲和力之间的度量衡。“只有公众是展览的设计最后的呈现标准。展览设计是内容的组成部分，而不是表皮。观众有美学的期待和智识期待，两个同样重要。”[19]

有关展览的周边活动，通常有配套的教育活动、衍生产品、网络互动、延伸到服务型公共空间的展示互动等，我们会在随后的不同章节中详细介绍。

虽然展览叙事、展示设计与展览周边活动都能加强展览的吸引力，但任何过度的参与都将对展览进行干扰。常见的干扰情况，如：视觉和听觉的干扰；信息过剩的干扰常来自他人；作品过密（策展人要呈现尽可能多的内容）；未知干扰（比如策展人讲述的内容是观众不熟悉也无从感知的）；环境干扰（比如缺乏舒适的座椅和合适的灯光，硬木地板、塑料墙面等糟糕的传声系统又常常把噪音放大）。

总之，艺术博物馆在展览与活动的时间安排上必须留有足够的实践空间，使研究人员对展览及活动进行精密的规划。同时，观众在同质的展览与展览之间会获得适当的休息机会，并有足够的时空“浸沐于同一行动的不同维度”[20]。以量取胜，频繁展出，无助于展览水准的保持和提高，而且艺术博物馆团队疲劳应战，艺术博物馆资源过度开采和使用，无助于自身的充电、调养、整顿、提高。运筹帷幄、有张有弛才是艺术博物馆展览科学规划、规范管理的要义。

注释

1 [瑞士]汉斯·乌尔里希·奥布里斯特（Obrist, H.U.）：《策展简史》（*A Brief History of Curating*），任西娜、尹晟译，北京：金城出版社，2012年版，第4—5页。

2 Pierre Bourdieu (1993) *The Field of Cultural Production* New York: Columbia University Press, p.87.

3 [美]菲利普·德·蒙特贝罗（Philippe de Montebello）、[英]马丁·盖福特（Marttin Gayford）：《艺术的对话》（*Rendez-Vous with Art*），马洁译，上海：上海人民出版社，2016年版，第174页。

4 O'Neil P.(2012) *Culture Curating* Cambridge: MIT Press.

5 Thomas P. Campbell（2012），director of The Metropolitan Museum of Art, "Aims to Make the Venerable Museum's Offerings both Narrative-Driven and Accessible" TED TALKS.http: // www.ted.com/talks/thom as_p_campbell_weaving_narratives_in_museum_galleries#t-470424）.

6 [瑞士]汉斯·乌尔里希·奥布里斯特（Obrist, H.U.）：《策展简史》（*A Brief History of Curating*），任西娜、尹晟译，北京：金城出版社，2012年版，第277页。

7 [德]约翰内斯·克拉德斯（Cladders, J.）：门兴格拉德巴赫阿布泰贝格市立博物馆（the Stad tisches Museum Abteiberg in Monchengladbach）馆长，载[瑞士]汉斯·乌尔里希·奥布里斯特（Obrist, H.U.）《策展简史》（*A Brief History of Curating*），任西娜、尹晟译，北京：金城出版社，2012年版，第85页。

8 [美]塞斯·西格尔劳博（Siegelaub, S.）：独立策展人，载[瑞士]汉斯·乌尔里希·奥布里斯特（Obrist, H.U.）《策展简史》（*A Brief History of Curating*），任西娜、尹晟译，北京：金城出版社，2012年版，第201页。

9 同上，第183页。

10 本节关于展览评估的部分内容参考了王南溟先生的文章《什么是重要的展览和收藏》。

11 史密斯（Charles Robert Saumarez Smith）：《伦敦国家美术馆艺术展览的陈述方式》，刘鹏译，载刘鹏《缪斯之约——欧美艺术博物馆的智识体验》，上海：同济大学出版社，2016年版，第99—111页。括号内为本书作者根据原文大意所加。

12　陈真：《试论美术馆藏品陈列的“叙述”与传播》，载《2015 中国美术馆年鉴》，北京：中国美术馆，2015 年，第 101 页。

13　[美] 詹姆斯·库诺（Cuno, J.）：《谁的缪斯？——美术馆与公信力》（*Whose Muse? Art Museums And The Public Trust*），桑塔兰泰拉、张婷译，北京：中国青年出版社，2013 年版，第 51 页。

14　Margaret Hall (1987), *On Display, A Design Grammar for Museum Exhibitions* London: Lund Humphries.

15　Max Hebditch (1970) “Briefing the Designer,Museums Society of Industrial Artist and Designers”, in *The Study of Professional Practice in Graphic and Industrial Design*, London: SIAD.

16　陈真：《完善档案管理制度　提升档案工作水平》，载《2008 中国美术馆年鉴》，北京：中国美术馆，2008 年，第 548 页。

17　Kevin Moore (2000) *Museum and Popular Culture* UK：Leicester University Press.

18　[法] 侯瀚如、[瑞士] 奥布里斯特（Hanru, H. & Obrist, H.U.）：《策展的挑战》（*Curatorial Challenges*），顾灵译，北京：金城出版社，2013 年版，第 115 页。

19　Sven Lidman, “Travelling Exhibits：the Swidish Experience” in *Towards the Museum of the Future* London:Routledge.

20　[法] 侯瀚如、[瑞士] 奥布里斯特（Hanru, H. & Obrist, H.U.）：《策展的挑战》（*Curatorial Challenges*），顾灵译，北京：金城出版社，2013 年版，第 54 页。

（上）巴黎装饰艺术博物馆陈列展
（下）澳大利亚国家美术馆陈列展（Lumo 摄）

（上）苏黎世现代艺术博物馆
（下）泰特现代艺术博物馆新的陈列展

罗马博格盖斯美术馆

上海龙美术馆特展

第六章　艺术博物馆的典藏

典藏工作是一项全面的、多层次的工作。根据工作内容、程序的不同，艺术博物馆的典藏工作可分为以下 6 个部分：

1. 典藏使命。

2. 收藏程序：关于藏品取得、运用及处置的相关规定。

3. 登录程序：分级、建档、记录及资料库。

4. 存贮条件：光线、湿度、温度控制系统。

5. 修复、保险。

6. 盘点、监督。

其中，1 和 2 主要涉及艺术博物馆学术定位的层面，3、4、5、6 主要涉及具体保管工作的层面。艺术博物馆可以依据不同的媒介、运营、特点、规模、设施条件、地理环境、财政状况、人力资源，采用不同的方式确立各自的典藏管理政策、步骤及具体操作，合法、合理、负有社会责任、合乎学术标准地开展与典藏相关的上述工作。下面我们将具体谈一谈艺术博物馆的典藏工作。

一、艺术博物馆典藏的意义与使命

典藏是艺术博物馆存在的基础。典藏工作是艺术博物馆的重要工作之一。当今世界的科技发展已经使网络展览、网络参观蔚为风行，甚至诞生了以展览或教育推动活动为主体的“无典藏”博物馆（艺术博物馆），但对于艺术博物馆来说，其整体发展仍未偏离其经营“物件”的根本角色。博物馆设置的出发点——“对人类和人类环境的物质见证进行搜集、保护、研究、传播与展览”，亦点明了博物馆不仅要拥有丰富的“物件”，而且还要求“物件”的品质。当然，艺术博物馆典藏是艺术博物馆使命及发展的重要方面之一，艺术博物馆典藏与艺术博物馆的宗旨、使命与目标紧密相连。艺术博物馆在其使命指导下，制定自己的典藏政策。无论是取得、展览，还是使用典藏品，都必须符合艺术博物馆的使命与宗旨。

典藏之于艺术博物馆，就像心脏之于人类。作为研究、展示、教育的重要资源，典藏是艺术博物馆各项工作开展的基石。艺术博物馆不同于其他机构，要体现学术上的积累，反映艺术博物馆的学术传统与优势，必须要有丰厚的典藏。典藏品作为艺术博物馆的重要资产，也是国际文化交流的重要工具。艺术博物馆的典藏不仅对于艺术博物馆自身发展意义至关重要，对于整个艺术生态的影响也是举足轻重的。一个展示精彩典藏的展览，不但可以建立艺术博物馆的专业形象，更是艺术博物馆发展观光、获取收益的重要因素，能够吸引国内外的参观人潮及各类型的赞助或捐款。

典藏品的方向与体系取决于艺术博物馆的定位与方向，同时直接反映艺术博物馆的特点与风格。一个艺术博物馆能否健全发展，常常取决于典藏品的收集方向与准确程度。换言之，每个艺术博物馆必然有其特色的藏品来展现不同使命、性质与任务。比如，“洛杉矶 MoCA 重视 1940 年

'后'（after）创作的所有艺术品，伦敦泰特现代美术馆里的当代作品全是 1965 年后创作的"[1]。艺术博物馆的声誉建立在典藏品是否在其自身定位与方向上具备完整性。完整而有系统的艺术博物馆藏品能显出它的地域性、独特性与国际性，进而激发人们的历史意识与文化认知。艺术博物馆正是以典藏品来书写艺术历史与人类历史的。一个艺术博物馆如果不能积极建立自己的收藏体系，并以此为基础，发展出常设性的展示空间，举办教育活动，就会缺乏永续经营的条件。有再多的特展，再热闹的场面，终究是镜花水月。

艺术博物馆的典藏品对艺术市场具有规范与引导作用。艺术品收藏不可避免是一种投资行为，只是艺术博物馆收藏带有公益性与学术性，其藏品具有社会公产性质。正是这种基于公众利益的公正性与学术价值的权威性，使艺术博物馆的收藏成为艺术品市场价格的风向标。随着我国社会经济的持续快速发展，人们开始追求高品位的精神文化消费。中国新兴的产业阶层与白领阶层在资金能力、文化水准、审美结构上都已有所准备，艺术品具有艺术消费和投资理财的双重功能，因而受到他们的极大关注。可惜中国各地的艺术博物馆还不具备这种引导收藏的力量，这不仅是因为缺少收藏经费，更主要的是缺少应有的收藏理念。中国艺术市场的乱象与缺少艺术博物馆学术引领的市场结构不无关系。当然，重要的私人收藏越来越多地影响甚至参与到艺术博物馆的学术引领过程中。"收藏家的决定和行为是正在发生的文化进程的一部分，他们对文化体系的发展和当代视觉艺术的争论都做出了决定性的贡献。"[2]

艺术博物馆的典藏发展是"一个缓慢演变的复杂系统"[3]。伦敦国家美术馆（National Gallery）是以生于俄罗斯的实业家约翰·朱利亚斯坦的 38 件收藏品为基础而设立的。后来由于民间收藏家的不断捐赠，藏品渐渐增多，馆舍逐步扩大，在创建30年时已成为欧洲艺术精品的宝库，现已是欧洲每年接待四五百万人的大型博物馆。纽约近现代美术馆（MoMA）是当今拥有藏品超过10万件的首屈一指的近现代美术殿堂，也是以三位创馆女士之一布利斯遗赠的116件收藏品为基础，逐渐接受众人捐赠的艺术品而发展起来的。[4]并不存在开脱辩解的意味，笔者认为，虽然没有任何典藏即开始进行建设的无奈之举在新一轮的艺术博物馆建设浪潮中比比皆是，“空房子”艺术博物馆的问题遭到很多诟病，但以无典藏开始并非可怕的事情，不知道如何从零开始才可怕。目前，中国的艺术博物馆普遍存在典藏品不足的问题，这与中国的艺术博物馆薄弱的基础有关，也是国内艺术博物馆缺乏常规陈列展并走马灯似的更新展览的一个重要原因。有许多新规划的艺术博物馆，尤其是民营艺术博物馆，往往未能通盘考虑与学术定位相关的藏品数量和质量便开门迎宾，这是中国的艺术博物馆在发展初期的特殊现象。这样的状况并不是什么“中国特色”，相反，这正是中国的艺术博物馆需要直接面对并力图摆脱的现实困境。

二、典藏的取得、运用与处置

1. 典藏的取得原则

典藏品的数量与质量直接决定着艺术博物馆的规模与水准。典藏是艺术博物馆竞争力的一个重要标准。藏品的数量不足或学术性不高，无疑说明艺术博物馆的投资不具价值，直接影响到艺术博物馆其他功能的开展与营运，以及艺术博物馆品牌树立与学术地位的提升。

“艺术博物馆的收藏原则毕竟不同于自然博物馆和技术博物馆的收藏原则，它以选择和被我们称作艺术的东西的有效性原则为基础。”[5]艺术博物馆典藏的深度在于，所有的藏品能环环相扣，能传达出历史与艺术的变化和发展；艺术博物馆典藏的广度在于，在环境与人文的互动中，是否完整涵盖了与艺术博物馆使命和宗旨相关的重要艺术家及重要作品。艺术博物馆的典藏就是在兼及深度和广度，注重品相与品质，结合学术的高度和专业的高度，最终所呈现出来的面貌。

艺术博物馆的典藏需慎重选择，即便价钱便宜或来源于捐赠，都不可随意收购或接受。艺术博物馆如何决定某一件藏品值得入藏呢？哪些藏品属于艺术博物馆的典藏范围？为了充实典藏品，艺术博物馆应该制定并经理事会（董事会）、执委会、管辖机关、学术委员会通过的、适于当下的、能被广泛理解的典藏宗旨与典藏计划，这将有助于艺术博物馆阐明其经营目标，并作为开发藏品的基础。

（1）只有符合该艺术博物馆的定位与风格的艺术作品，才能成为艺术博物馆的永久收藏品。艺术博物馆的学术定位决定了艺术博物馆的典藏理念，正如学术研究是艺术博物馆运行的灵魂，典藏使命也是典藏的灵魂与基本前提。艺术博物馆的学术定位与学术风格建立健全之后，它的典藏便朝着确立的方向前进。典藏使命指导着艺术博物馆典藏政策的制定，完整而详细地说明了艺术博物馆的典藏范畴。美国博物馆协会考证一个艺术博物馆的典藏行为是否符合学术标准，主要是看艺术博物馆对于收藏意图的阐释是否与其定位相符合，并通过对该典藏品的使用和使用规划，检验该典藏品的收纳是否实践了艺术博物馆的公共角色与公共职责。

在考虑一件作品是否符合典藏使命的时候，学术委员会的专家会从以下方面重点考量、检验，或者说根据典藏使命从以下这些方面来确定典藏：

作品的分类（风格、材质、技法及内容）；

美术发展史的构架（从美学、美术史的角度出发，对美学观念和人类审美的发展有所推动，是这一时期艺术中最典型、突破性、代表性的作品）；

创作的艺术家；

作品的重要程度（作品相关的评论、研究与诠释）；

艺术现象梳理（从观念到表现手法，是否与艺术博物馆的使命、目标有密切关系）；

时代及历史、文化、族群背景（从艺术社会学的角度出发，是否构筑与记录正在发生的历史叙述，体现艺术家与历史发生碰撞的结果，或是提示了这个时代的重要文化命题，或是唤起公众新的文化认知，或是代表了一类族群的文化发声）；

所属地理区域；

相关人物；

作品的规模。[6]

由于基础薄弱、资源有限，现在大多数中国的艺术博物馆，尤其是民营艺术博物馆，都把目光聚焦当代，造成许多定位雷同、某类资源紧缺、某类资源又无人问津的现象，归根究底还是艺术博物馆自身的学术理念不够强健。对于这些新兴的当代艺术博物馆而言，尤其是民营艺术博物馆，最重要的使命和奠定其地位最好的方式莫过于推新人。一窝蜂地把眼睛盯在几个名家身上，是无助于艺术的发展的。对于国家艺术博物馆而言，“对藏品收藏标准的确立应尊重人类历史发展的客观规律，尊重艺术创作规律，尊重艺术创作自由，避免受当时社会主流意识的干扰，特别是不受某些特殊历史时期舆论倾向和某些权势人物个人好恶的影响，否则艺术博物馆的收藏对历史对后人都会留下缺憾”[7]。

（2）艺术博物馆的典藏受限于艺术博物馆的资金状况与财务预算。在艺术博物馆每年的财务预算中都应该有专项的典藏资金。一般而言，要看锅下米，按照自身财力来制订典藏计划。在符合艺术博物馆典藏定位的前提下，无论是购买藏品之前，还是接受捐赠之前，都要充分考量“性价比”，考量收藏的成本与潜在利益孰轻孰重，如：购买此项藏品是否在预算与计划编列之内；有没有可以议价的空间；如果不在预算与计划之内，是否可以为此另行筹集款项；艺术博物馆是否已有同样类型的藏品；取得典藏品（即使是免费捐赠的藏品）后的成本包括空间、馆员处理并管理作品的时间、日常费用（公共设施、收藏设备，清洁与其他行政管理的成本等）、修复、保险到底几何。要知道现在一些大型的特殊材质的装置作品的保存是非常消耗人力财力的，如果不在能力范围内，便不能接受。

（3）艺术博物馆入藏要遵守法律规范，遵守艺术博物馆的伦理。“负责任地获取文物是公众委托博物馆完成的使命之一，也是公众信任博物馆的理由之一。公众希望知道我们在获取一件文物之前，既已经考虑过所有相关的道德和法律问题，同时也希望感受到我们建立馆藏是出于责任心和公众利益的考虑。”[8] 在决定入藏之前，必须先弄清捐赠人或出售人在法律上是否具备清楚合法、可以转移的所有权，是否提出了超越艺术博物馆工作伦理的、无法接受的附加条件。当来源不明时，有可能是来自非法盗取或违反国内外法令的不正当交易，也有可能侵犯了艺术家的权利或著作权利。这些都需要经过谨慎的调查。有些捐赠人可能会提出商业配合的要求，艺术博物馆要保持警惕，斟酌应对。在一般情况下，艺术博物馆只能接受没有任何连带条件的捐赠物。当然，艺术博物馆也需要有评估连带条件的程序。当一件藏品入藏时，馆方要了解将获得什么权利，并获得相关权利的法律证明文件。若涉及相关捐赠的免税问题，则需请第三方机构对作品价值进行估价。

（4）入藏要考虑艺术博物馆的实际管理条件。艺术博物馆本身是否有足够资源给予该作品应有的照料，是否有足够的储备空间确保其安全，是否需要馆外专家进行保养，有无修复能力，是否有足够的人手处理典藏管理工作，这些艺术博物馆的软硬件条件是其能否典藏的重要依据。

不用说中国的艺术博物馆，即使是世界级的艺术博物馆，过去所关注的典藏对象也是比较单一的，这显然很难反映现在这个非常多元、多样的创作生态。大型的装置作品、行为作品、照片的收藏对艺术博物馆的收藏条件提出了新的要求。对于行为装置作品的收藏，最新的办法是收藏设计稿和图片，在展出时进行施工恢复，但对于艺术家亲手制作的装置雕塑收藏，则需要足够的空间。

（5）艺术博物馆需要在典藏使命的指导之下，制定藏品管理政策，作为管理当局以及馆方制订工作目标及决策时的依据，也作为日常典藏工作行为规律的一般向导与典藏工作成效的考核标准。具体的艺术博物馆典藏管理政策说明资料三至五年应修订一次。关于典藏品管理在本章第三小节还会具体讲到。

2. 典藏的取得程序

对于艺术博物馆来说，无论是典藏的取得、运用，还是处置，都要合法、合理，并且具备战略眼光。

艺术博物馆的典藏不仅仅是经费的问题。艺术博物馆的典藏可以在三种情况下进行："在专业人员帮助下收藏；由自己决定征集所有东西；由其他鉴赏家协助构建收藏。"[9] 通过捐赠、购置及借展的方式，艺术博物馆可以系统地获取典藏。

艺术博物馆获得典藏通常有以下 6 个步骤：

（1）制定符合典藏宗旨的典藏范畴（上节已具体谈到）；

（2）确定一个典藏政策制定与作品入藏的决策班子，建议由理事会代表、在学术委员会中根据不同的艺术类型选择不同的专家比例、艺术博物馆馆长、典藏部门负责人、研究部门负责人、财务部门负责人组成，如可能有必要邀请主管机关进行监督（有些艺术博物馆有专门的收藏委员会）；

（3）由决策班子制定一个由管理各方通过的典藏政策及入藏的决议程序。藏品管理政策包括收藏目标、收购和出售原则、程序和流程，以及保管、保存和藏品维护方面的政策；

（4）根据典藏计划对欲入藏作品进行资料收集、研究与藏品来源、所有权、近期情况和处所等方面的考察，制定可能获藏的方式；典藏计划的作用是明确典藏方向，指导典藏内容，并使典藏品的价值随着时间的流逝朝预设的方向得到提升。典藏计划的内容包括典藏目标（要有时间限制）、入藏的基本理由、关于实现入藏的详细说明（执行人、执行步骤）、入藏典藏品的价值，同时还需要一定的评估和计划，一旦典藏品有所需要（发展、维护、安全管理等），艺术博物馆会有足够资金和人力资源提供保障；

（5）与藏品持有人进行接触，访察、比较藏品；

（6）依综合结果进行入藏决议，实施入藏。

这 6 个步骤，除了有些根据主动入藏与被动入藏有前后的调整外，适用于捐赠、购置、交换及借展的任何一种方式。

3. 典藏的取得方式

（1）捐赠。2012 年，中国当代艺术重要的收藏家乌里·希克（Uli Sigg）决定将自己收藏中的 1463 件捐赠给正在建设中的香港 M+ 博物馆，同时 M+ 以 2200 万瑞士法郎（折合港币约 1.77 亿元）收购了另外 47 件作品，被认为是中国境内最轰动的捐赠事件。

在国外，艺术博物馆收藏的重要渠道是艺术家及其家属、收藏家、观众的捐赠。有些捐赠可能凭空而来，馆方没有任何预示；有些捐赠可能经过正式而繁琐的手续或通过遗赠取得；有些捐赠则是典藏部门的工作人员根据典藏计划进行周密的说服与动员工作争取而来的；有些捐赠正如希克的捐赠一样，有不同的附加条件（从市场角度而言，希克先生藏品的价值远远超过 1.77 亿港元）。

捐赠者的动机来自 4 个方面：①从展示、保存、研究的长远考量出发，艺术博物馆是一个最佳场所；②作品、艺术家、捐赠人可随典藏英名长留；③最关键的一点是有相关的抵税及优惠奖励政策支持；④捐赠人会对艺术博物馆的管理、陈列与研究的能力进行综合判断，再决定是否捐赠作品。

中国相关免税政策和基金会制度的滞后，严重制约了捐赠的健康发展。在中国，公益捐赠未能形成风气。不仅数量不多，而且很多需要相应的回报。个别艺术家的家属将作品视为纯粹的个人财产，不愿意公开展览或者开出无法满足的出借及收藏价格，致使大量作品流往海外。

不过，即便如此，中国的艺术博物馆仍存在一些因上述前两条动机而取得的捐赠。无论价值高低，对每一位捐赠者适当表达谢意是非常重要的。一旦取得捐赠，艺术博物馆应该视捐赠仪式为公关利器。艺术博物馆可以通过举办专题展、发布新闻、向捐赠人颁发证书，或用表格注明捐赠项目等举动，记载与感谢捐赠者的美意，提高社会大众捐赠藏品的兴趣，鼓励更多的捐赠行为，培养社会公共意识，而且还能提升艺术博物馆的知名度。需要注意的是，艺术博物馆作为公共平台，不得接受捐赠人有关干扰学术建设的要求，“如限制或干涉艺术博物馆采用最可靠的学术和科学信息解决物品作者、年代测定、图解、出处、保管的问题及相关事宜”[10]。

当然，不排除许多的捐赠品并不符合艺术博物馆的典藏宗旨，此时艺术博物馆必须耐心而审慎地答复捐赠请求，用亲切的沟通方式解释原因，才不至于有损艺术博物馆的形象，对其他捐赠者产生不良影响。

（2）购买。对国有艺术博物馆，国家每年都会有一定的典藏专项资金的拨款，虽然并不丰厚，艺术博物馆在争取更多政府拨款的同时，更应该有效利用有限的资金实施入藏计划；对于民营艺术博物馆而言，如果有条件，每年应该视母基金的多少，拿出部分甚至全部的利息总额专门用于典藏购置，同时积极开展寻求对典藏基金专项赞助的资金。总之，专项的典藏资金使艺术博物馆有能力从公开市场、画廊或私人处取得藏品。

保障艺术博物馆有一定的从公开市场、画廊或私人处取得藏品的能力，钱并不是解决问题的唯一因素，能得到艺术家和社会各界的帮助更为重要。而要想得到艺术家和社会各界的支持，关键在于艺术博物馆的学术水平与策展能力，以及艺术博物馆的公关能力与沟通技巧。通常艺术博物馆可以通过一些优异的策展，在取得国内外的艺术家对艺术博物馆认同感的同时，得到艺术家或收藏家更有利的入藏条件，艺术博物馆在入藏时也需要确认相应价格不能高于市场价格。

典藏受制于经费，但却不仅仅是经费问题，也有典藏策略和经费分配的问题。购买某件藏品的时机并不是很固定的，尤其是在现有的市场环境中，因此艺术博物馆的典藏计划应该允许在典藏宗旨的框架内适当调整。不同的作品有不同的收藏时机。如果只盯着拍卖榜，你会觉得很沮丧，也许对小馆而言砸锅卖铁也买不起那里的一件作品。可是不同的作品都存在最适当的收藏时机，如果你是始作俑者，那么你当然可以在价格极低时购藏甚至得到捐赠，这其中的关键是要考验艺术博物馆的开发能力。开发能力包括学术专业的权威，以及对艺术博物馆的认知程度与运营能力。艺术博物馆的高层管理者要通过自己的眼光、经验与艺术博物馆的使命、理想相结合，用长远的观点来考量艺术作品的价值，从而充实藏品，引导收藏。

基于馆际合作和策略联盟，关于购藏作品，还有一个大胆的想法，就是由艺术博物馆群共购作品，公摊购买费用，公摊所有权、展示权，这样的方法减轻了独资的经费压力，同时在维持、保存、修复、安全、保险的费用分摊，人力、技术与专业相互支持上，使典藏发挥了多元化的效能。我们不排除这种情况的出现，不过这样的合作不会成为艺术博物馆典藏的主流，因为不同的艺术博物馆的典藏应该有自己的特色。

艺术博物馆的购藏款项来自于公共基金，因此艺术博物馆的购藏行为和市场上的商业购藏行为是有严格区别的。对市场相关的情况有所了解，将有助于购藏行动，但是艺术博物馆的购藏行为需要在清晰的法律指引和道德条款的约束下进行，以确保其道德性和专业性。目前，中国的艺术博物馆对于购藏的道德规定并不完善。

为了以相对低（合适）的价格（条件）获得收藏，我们参考了由英国博物馆协会道德委员会主办，与国际艺术收藏基金会、国际遗产纪念基金会、遗产彩票基金会、地区博物馆委员会联合出版的博物馆购藏清单，同时我们参考了英国博物馆协会出版的道德条款（1999）以及认购道德指南（1996），还包含美国馆长协会的道德建议，综合总结出一份博物馆处理入藏的基本注意事项：

准备。以私人身份调查物件；其他相关公共平台（如其他博物馆）的意见；通过协调，不出现公共机构竞价的状况；直接交易；多方价值评估。

检查。检查是否传承有序，本身是否有道德污点（如被盗品或者涉及战争非法取得的，或者偷渡物品等）和法律疑点［合理的进口证明、买方的合法拥有和转售（卖）权等］，版权归属符合购藏政策。

确认。实物全部；专家建议；修护的可能（如需）；真假检测；理事会通过的议价范围（尤其在拍卖会上需要把握时机）。

注意。鉴于艺术博物馆的风向标作用，对于高价值物品，馆方不适合现场公开参标。同样的道理，购藏前的任何阶段，馆方不宜公开兴趣意向，因此前期工作应该在可靠、专业、小范围环境内展开。

（3）交换。以作品充抵场租的收藏方式，目前在中国艺术博物馆典藏中具有相当的普遍性，堪称中国特色。虽然不专业，也不符合艺术博物馆的发展规范，也容易造成一些藏品质量不高等不良影响，但在目前中国艺术博物馆的发展条件下，这种互惠互利的方式并非很快就可以结束。艺术家不费资金实现了进入艺术博物馆办展的愿望，艺术博物馆无需耗资扩充了藏品规模，其间不乏高水准的作品。在人们对目前的公益捐赠政策感到无助的时刻，我们不能否认这对中国的艺术博物馆收藏起到了一定作用，也不得不允许（事实也无法阻止）艺术博物馆以此为条件去开展策展工作。不过有一个前提，即艺术博物馆要保证展览符合艺术博物馆的展览策略，入藏藏品也要符合艺术博物馆的典藏标准。为了避免对艺术博物馆学术品位的干扰，规范的操作程序、科学的评审机制是减少决策风险、使艺术博物馆收藏符合其宗旨的有效保障。在这种“交换”关系的范畴中，不得不提到馆长和艺术博物馆职员的私人收藏和接受艺术赠品的职业道德。艺术博物馆职员自身进行收藏对于开展艺术博物馆的工作是有益的，但前提是馆长和其他博物馆职员的私人收藏不能与博物馆的收藏利益产生任何冲突，且艺术博物馆收藏作品的条件应该与员工取得同类作品的条件相同或者更低，同时涉及赠予方对公共平台的使用时，要把握交换的原则和标准，并制定相应的要求。

（4）虚拟典藏。由于中国当代艺术博物馆的发展以及中国的当代艺术收藏都滞后于中国当代艺术的发展，许多优秀的、具有学术价值与文化意义的中国当代艺术品都已被国际的机构或个人收藏。中国的艺术博物馆缺乏这部分中国当代艺术作品的来源，即使有作品在国际拍卖会上露头，也都拍成天价。但是没有收藏这些作品的原件，并不意味着不对这些作品进行研究，更不意味着视这些作品的重要地位而不见。尤其是以当代艺术为定位的艺术博物馆，可以建立虚拟典藏系统，尤其是利用网络虚拟在线馆藏，为观众和艺术爱好者提供当代艺术发展的全面展示和整体脉络。这个思路与文献展有异曲同工之妙，即在原作缺乏的状况下，通过主题和复制、数字、照片、网络等条件手段，让观众认识更多优秀的作品，激发对原作的兴趣与好奇心。

（5）借展。短期借展的展品谈不上与本馆收藏品有何关系，但是长期或永久出借的展品应该纳入馆藏系统。尽管对长期出借并无标准可言，3年、5年、10年的出借期限都可以归入。而永久出借则意味着艺术博物馆可以无限期地使用和保存作品，但作品的所有人并未出让所有权，无论长期出借还是永久出借，借用条件必须由双方事先订明，期限需双方达成共识，所有人收回条件也需双方达成一致意见。

长期出借使艺术博物馆可以拥有独特的或原本无法取得的展示品。不过，西方博物馆大多会避免此类形式。因为一旦接收借用，就必须承担起照料作品的责任。馆方实际上替他人作嫁，不但要花钱保管所有权属于他人的作品，还要安排随之而来的繁重的记录、保存工作。可是对于典藏十分缺乏的国内艺术博物馆而言，长期出借也许是解决艺术博物馆典藏缺陷的一个好办法。浙江美术馆常务副馆长胡小罕在一次会议上介绍了他们让人印象深刻的借展策略：“拥有资源和整合资源是不一样的。拥有就是我买进来的，所有权是我的。我们目前达不到这点，就通过其他的办法，租赁啊，贷款啊，或者其他办法，所有权是人家的，但是为我馆所用。一方面可以补足我们美术藏品薄弱的缺憾，同时也可以发挥社会美术资源的作用。浙江美术馆设有‘美术藏品代管寄存专库’服务，大家可以把家里难以保存的藏品送到浙江美术馆。所有权是你的，展览与使用权归艺术博物馆，由我们来替你保管。”当然，艺术博物馆接收长期出借展品所遵循的原则与接受捐赠的原则是一致的。

4. 典藏品的运用

艺术博物馆典藏品是艺术博物馆发展其使命的重要方面，是艺术博物馆的重要资源与财富。基于艺术博物馆的公共性和使命，典藏品运用的关键在于恪守公信，确保艺术博物馆典藏、典藏信息和资料在处于安全监管的情形下，通过一定的程序和条件打通艺术博物馆典藏和公众之间的通道，尽最大可能让公众亲近典藏品。这里有两个层次的含义，一是从学术出发调动典藏品的活力，一是在“物理”运用时有一套保证典藏品安全的程序和细则。

首先，典藏的安全与保存是第一位的。“在文物导向的文化财产政策中，重点在于三个概念上相互区隔，而在实践中却相互依存的考量，即保存、真理和获得，三者的重要性依次序递减。最基本的一点是保存、保护文物及其语境免受损害。”[11] 而通过典藏品进行的有关历史、科学、文化和审美的真理的追索以及使其能够被学者（用于研究）和公众（用于教育和娱乐）最大限度地获得被排在相对次要的位置，但作为典藏存在的意义则被重点强调。

馆方必须十分谨慎，首先就是针对不同情形设立典藏品移动的标准与通过程序。是否允许使用馆藏与相关记录，应视使用者是否能提出充分的理由，同时也能证明自身有能力以正确的方式进行相关的操作而定。要严格制定作品出入库制度，在作品外出展览时做好以下工作：（1）每幅作品都应仔细检验、照相和文字记录备案，做好作品清尘，提前 24 小时喷射雾体保护层；（2）作品出库后，要进行规范的作品包装程序，同时做好绘画作品入箱准备，等待接受方或海关检验；（3）作品外展回库时，对作品要仔细检收比对，再对作品进行彻底的清尘处理，然后把作品放进缺氧封闭箱进行 12 小时杀菌处理，防止微生物带入画库。之后做好作品进库登记，方可入库。[12]

其次，要在学术框架和公共使命之下，加大对典藏品的研究和运用。典藏品是艺术博物馆可以灵活运用的重要资产，艺术博物馆要有计划地使用和发展藏品。收集艺术品的目的并非是要把它们封存在库房中，“古物储藏所”角色正有待运用研究、展示、教育等各种方式，让典藏品的有形及无形价值都得到彰显。近代艺术博物馆在场馆面积上的扩张，除了要为藏品创造更多展示的空间，另一部分的目的即在解决库房需求的问题。但随着展示空间、库存空间无法与藏品规模同步成长、典藏相关衍生费用高昂，以及民众对藏品知识需求的提升，如何提高典藏品的教育价值及利用率，使藏品发挥更大的效用（包括创造经济收益），是全球艺术博物馆都在积极思考的问题。

典藏品可用于展览的交换、艺术博物馆经验的交流。藏品收取借展费用，已成为艺术博物馆创造利润的一种方式。以馆际巡回长期租借的方式提供给其他分馆使用，不但有了化零为整的巨大利润，亦疏解了储存空间不足、藏品利用率过低的压力。除了可以提供不同地区民众亲赏这些珍贵艺术品的机会，同时也增加借展地的门票及观光收益。古根海姆艺术博物馆全球分馆的布局，即是以典藏品及国际巡回展为基础资源所开展的网络。除此之外，还有许多典藏开发的方式。纽约现代美术馆（MoMA）以典藏的远见和气魄，多年来，馆方不断地广邀学者、专家，或与有互补资源的大馆结成联盟，以其典藏为蓝图，共同研究并大量出版与展览相关的艺术读物，凝聚艺术人才和资源的效应，这亦是将典藏最广泛地介绍给公众的一个有效途径。自身资源丰厚的国际著名场馆已走在了艺术博物馆发展新时代的前列。

5. 典藏品的处置

艺术博物馆是为大众利益以信托方式保存藏品的，妥善保存藏品是艺术博物馆的基本功能和基本责任。如果艺术博物馆不善待藏品，类似的信息一旦传开，将使艺术博物馆的信用和形象遭到毁灭性的打击。

不过，任何艺术博物馆都有可能面对需要注销的藏品，也就是将作品从典藏中永久移除。“淘汰多余藏品，公开、私下出售，或与其他博物馆交换藏品并非什么新观念。1885 年，大都会艺术博物馆首任馆长卢吉·帕尔玛·德·塞斯诺拉（Luigi Palma di Cesnola）从他带来的大批混装塞浦路斯文物中，挑选出 5000 件‘重复品’，以惊动一时的 9200 美元的价格倾销给斯坦福大学的创立者莱兰德·斯坦福（Leland Stanford），将另外数百件塞浦路斯次等文物出售给普林斯顿大学，用其收入征集埃及一家博物馆淘汰的一批埃及文物。自 1885 年至 1970 年，大都会博物馆处理了大约 3 万件艺术品。此举的政治负面影响微不足道，只有一次孤立个案例外：1929 年，大都会博物馆对 50 年以来收藏的低劣品进行了一场大甩卖。”[13] 淘汰藏品并非“违法”，但很容易“触法”。为了避免艺术博物馆在藏品淘汰过程中可能犯下的错误，任何艺术博物馆的组织章程中都应该包括艺术博物馆解散后对馆内典藏处置的相关条款。

典藏品注销的决策与入藏决策一样，需要经过慎重的学术讨论与学术研究，与入藏一样，需要有一套步骤才能实施：

（1）确定注销的宗旨。某件藏品需要注销，一定是背离了艺术博物馆的典藏宗旨，必须有正当的理由才能执行注销步骤。对于以当代作品为主要典藏对象的艺术博物馆而言，并不能保证所有典藏的作品都具有足够的文化与学术价值，由于典藏的质量关乎艺术博物馆的质量，需要每10年或15年对藏品进行一些调整梳理，这对艺术博物馆的发展也是非常重要的。

以下内容是美国内布拉斯加大学林肯分校（University of Nebraska Lincoln）雪顿美术馆（Sheldon Museum of Art）典藏注销的政策方向，供大家参考。①处置的基本原则；②处置理由；③主管机关对处置的授权；④对于购置、赠送及遗赠藏品的处置；⑤处置程序；⑥以销毁方式处置；⑦处置后的程序。

（2）确定藏品注销宗旨，成立藏品注销的决策班子，制定决议程序。建议由理事会代表、学术委员会3名以上专家、艺术博物馆馆长、典藏部门负责人、财务部门负责人组成，如可能有必要邀请主管部门相关负责人监督。

（3）明确藏品的所有权及是否有与注销相关的连带条款。中国目前还没有明文规定，但是艺术博物馆为示公正，应该主动提出被监督的申请，请主管机关对处置授权。

（4）讨论可能处置的方式。艺术博物馆可以将被注销的作品在对方事先同意并符合对方典藏宗旨的情形之下，转移给其他艺术博物馆或教育机构，或者与之进行交换，将作品销售、销毁或丢弃，也可以捐出作品，以信托方式暂时保管，直到有相关机构接管为止。总之，随意弃置藏品是背信的行为，藏品处置应尽量听取专家的意见。

（5）对赠送及遗赠藏品进行注销，需要与赠予者就处置方式进行沟通。

（6）执行处置程序，进行善后工作。不论使用何种方式，馆方都应该将藏品的信息向社会公告，尤其是被注销后需要处置的藏品。

（7）一切行为必须符合艺术博物馆典藏的道德标准。事实上，有关博物馆藏品的交换、出售等行为及所得到的资金的执行模式和限制是非常不容易界定的。美国博物馆馆长协会关于这一点给出的指导是："出售艺术作品获得的资金不能用于博物馆的运营和资本支出。这些资金，包括这些资金的收益和增值所得，只能按照博物馆有关使用受限制收购资金的政策，用于收购艺术作品。为了保证这些资金按规定使用，包括这些资金的收益和增值所得按规定使用，博物馆应单独为之建立账目，与其他收购资金分开。"（艺术博物馆馆长协会会员于 2009 年 6 月通过《艺术博物馆专业规范》）美国博物馆协会也有关于藏品淘汰的指导。

下面是大都会艺术博物馆在托马斯·霍文（Hoving,T.）担任馆长期间的藏品处置程序：

由拟淘汰藏品的确定班子提交拟淘汰清单，先在艺术博物馆馆长级别会议上共同讨论，拟淘汰藏品的确定班子和淘汰藏品的实施班子要分开；

对拟淘汰藏品做两次鉴定，分别由交易商和拍卖公司实施；

律师核实是否有法律限制；

提交全体研究员大会审核通过；

馆长和藏品主管馆长签字后，由研究员将藏品提交征集委员会讨论；

由馆长和藏品主管馆长向董事会提出建议；

研究员、行政管理人员和在 3 个专业委员会任职的董事投票做出是否淘汰的决策；

拟淘汰藏品进入冷却期，如果拟淘汰藏品的估价低于 2.5 万美元，征集委员会可最终决定同意淘汰藏品；如果超过这个价格，此事必须提交下一次董事会执委会或董事会大会审议通过；

拟淘汰藏品再次进入冷却期，冷却期体现出对于藏品处置的慎重，淘汰藏品时不可抢时间，应三思而行，随时改变已做出的任何决定；

考虑如何处置拟淘汰藏品。[14]

三、典藏品的保管

1. 登录管理程序：分级、建档、记录及资料库

我国《博物馆管理办法》第二十条明确规定：博物馆应建立藏品总账、分类账及每件藏品的档案，并依法办理备案手续。博物馆通过依法征集、购买、交换、接受捐赠和调拨等方式取得的藏品，应在30日内登记入藏总账。[15]艺术博物馆无论是否拥有典藏，都必须具备一套审核通过的，完整、清楚、明晰的关于典藏品（展品）档案、管理、使用的通过程序和辨识系统，登录工作是艺术博物馆最重要的工作之一。艺术博物馆的典藏登录要求数据清晰、编目详明、查用方便。虽然登录程序既繁琐，又耗时，但我们不可低估登录工作对典藏品长期安全保管、鉴别和利用的重要性。如果没有有效的登录，艺术博物馆的藏品将变得没有意义。登录若不完备，藏品的法律归属将可能发生争议；目录若不完整，将无法有效从事展示或研究工作；记录若不恰当，将无法保障藏品安全。如果有条件将登录的内容扩充至“藏品档案”的级别，即将藏品从收藏入馆以来的所有信息，如相关的画册、书籍、杂志、报刊文章、摄影作品、录像和光盘等相关资料信息，甚至包括部分未发表的文献、文件、信件等资料进行分类编辑，则会为艺术博物馆的典藏价值与典藏研究带来重要的提升和促进。对此，中华人民共和国文化部办公厅编《艺术档案管理读本》（文化艺术出版社，

2008 年版）可以作为进一步的参考。文化部印发的《关于发布全国美术馆藏品普查工作标准工作规程的通知》（文艺发〔2014〕31 号），正式发布的《全国美术馆藏品普查工作标准》和《全国美术馆藏品普查工作规程》，其中可以参考到非常详尽的藏品登记著录、藏品分类定名计件、藏品编码、藏品影像拍摄、藏品数据采集、藏品数据审核、藏品数据存储管理等各方面的国家规范。

艺术博物馆的典藏品登录系统，在完整的基础上，尽量要做到快速、简洁、持续。英国的博物馆登录委员会（Museum Documentation Association）开发了一套广泛的登录系统供博物馆使用，内容包括人工记录制度及使用电脑分类、编号方式。需要强调的是，为了避免错误备查，人工记录和电脑记录是艺术博物馆必需的两种登录方式，而且分类要完全一致。基于安全考量，人工记录和电脑记录都应存有备份，所有的登录记录都应该被妥善保存在馆内。目前，全世界有许多艺术博物馆藏品系统的软件开放管理公司提供相应的配套服务以及个性化服务，在安装、培训使用、售后服务、藏品线上开放等方面服务于艺术博物馆的藏品需求，而且严格的程序不仅能够帮助艺术博物馆的典藏品登录，严格实施的过程也能帮助艺术博物馆规范藏品管理。

特别需要强调一下美国博物馆协会对登录典藏品的要求，即无论一个艺术博物馆的典藏活动是否活跃，登录备案的典藏品至少有 80% 是已经到位的，也就是确实属于艺术博物馆所有。

下面我们简单地介绍一下艺术博物馆登录的步骤：

（1）物件取得方式的登录：馆藏（捐赠、遗赠、购买）、借用（期限）、托管。与取得方式相关的法律文书均应留三份，一份给来源处，一份自行保管，一份存查。

（2）物件入馆之登录：所有新取得及长期借用之物件，需在专用登录簿中记载，登录簿为所有新藏品入藏的主要记录。我们可以以《全国美术馆藏品普查工作标准》中的登录项目作为艺术博物馆藏品登录依据："藏品文字信息设定为 31 个信息项，其中有关藏品本体的信息项 22 个，即：藏品编码、藏品登记号、藏品名称、原名、收藏单位、入藏日期、来源、创作年代、质地、形态形制、主题、题识和印鉴、实际数量、尺寸、完残程度、完残状况、保存状态和藏品著作权归属；有关藏品影像的信息项 4 个，即：藏品影像文件名、拍摄角度、规格和制作人；有关数据管理的信息项 4 个，即：录入人、录入日期、审核人、审核日期；另有藏品信息附注类项目 1 个，即：备注。对于每一个指标项的概念和著录方法，工作标准中均有详细的说明。"[16] 备注的内容一般包括价值、鉴定描述、使用情况和使用说明（永久性、教育性、研究性、档案性），以及物件归集及处置经过等。《全国美术馆藏品普查工作标准》中还规范了全国美术馆藏品普查中馆藏美术作品的登记著录规则、藏品分类、定名、计件方法，藏品编码的原则、结构以及馆藏美术作品影像信息采集的方式和技术要求等，主要体现在《标准》的四个组成部分：《全国美术馆藏品普查工作标准第 1 部分：藏品登记著录规范》、《全国美术馆藏品普查工作标准第 2 部分：藏品分类、定名、计件规范》、《全国美术馆藏品普查工作标准第 3 部分：藏品编码规范》、《全国美术馆藏品普查工作标准第 4 部分：藏品影像信息采集规范》。[17]

（3）编制藏品目录。一般而言，藏品目录卡包括名称、分类、捐赠人、最近的状态、存放地点、入库出库的情况及经手人等资讯，部分内容可用做印刷藏品目录的基本资料。

（4）藏品移出之登录：保证典藏品的任何状态，无论是正展出或者被借出，都被有效记录。藏品自艺术博物馆移出如借展或修复，都应该有相关的转移工作单，并有相关记录。有些还需要登录储存物件位置和移动过程。

2. 存贮条件：光线、湿度、温度控制系统

典藏品库房的基本结构在本书第三章中已经简单介绍了。典藏品的存贮条件是典藏品安全的决定因素。无论是典藏品或展品，无论是在仓库中贮藏还是在展厅中陈列，对艺术品的存放及其相关的科学保存涉及存放环境、建筑空间、画库设备、温湿度控制、安全设施（防盗、防火、电子监控、电子门锁等）、光照数值要求、药物杀虫散放设备、循环通风设备，等等，都是关系到一个美术博物馆艺术典藏品能否永久保存的关键要素。一般而言，除了确保存放空间的空气质量（是否有烟尘或有害气体分子）和环境卫生（防虫防鼠）这两个基本要求，对于典藏品所处的物理环境——主要是指光线、湿度、温度，不同材质的作品也有不同的要求。光线、湿度、温度的任何环节若有不当，都有可能对艺术作品造成无可补救的损害。因此，艺术博物馆应该定期监督环境状况，将可能的损害降到最低。遗憾的是，中国的绝大多数艺术博物馆都无法达到国际标准的展示和储存条件。著名当代艺术收藏家希克（Uli Sigg）在采访中谈到他的藏品时曾经表示最希望将自己的藏品捐献给中国，但是由于目前中国的公共艺术机构还没准备好，“没有展出大规模收藏的能力……在艺术品保存技术和储藏等方面都还达不到要求。现在将收藏品带到中国，从各个方面看都存在巨大的风险”[18]。最终，希克选择了正在建设中的香港 M+，无任何中国大陆机构有缘这批藏品。早在 1967 年，美联社曾报道，艾弗利 · 布伦藏奇（Avery Brundage) 威胁并声称要收回他捐赠给旧金山价值 3000 万美元的东方艺术收藏品[19]。由此可见，如果对藏品缺乏恰当的照管，捐赠者会认为艺术博物馆没有能力保管和维护他们的珍贵物件。艺术博物馆的贮存条件对其接

受外部捐赠具有决定性影响。

艺术博物馆对环境监控的指标，或者说国际先进博物馆行业的典藏存贮标准已发展得相当专业。美国博物馆协会就有相关的专业书籍，可以供博物馆参考。根据中华人民共和国建设部“建标〔1991〕329号”文件，由华东建筑设计院主编，中国历史博物馆、上海博物馆等单位参加共同编制的《博物馆建筑设计规范》，是国家性博物馆行业的标准规范性文档。书中除了对博物馆的基建设计、建造、建筑设备的标准均有明确的规定外，对于典藏的温湿度、防潮、防水、光照、防烟尘和防有害气体、防虫和防鼠、防盗、防火也有明确的规定，各类型的博物馆都可将之作为库房建设与管理的最基本参照，艺术博物馆亦然。

不过，由于我国的这个行业标准制定于1991年，且制定时主要是针对自然和历史性博物馆，20多年过去了，中国的艺术博物馆的发展日新月异，艺术博物馆的典藏品的种类、材质、体量早已超过此书中所提及的状况，呈现出异常复杂多样的状态。对此我们可以参考美国博物馆协会和英国博物馆协会出版的博物馆馆藏条件标准的专业指南，在此我们不一一赘述。值得一提的是，美国的博物馆必须提交一份关于典藏库房条件的详细报告，只有达到关于典藏品存贮条件的相关标准，才能成为美国博物馆协会的会员。我国目前并没有关于此方面的硬性条文，不同的艺术博物馆可以根据自己的藏品特点，在财力允许的范围内，安排专业的艺术博物馆典藏管理人员最大程度地执行国际先进的典藏环境标准。由中国国家博物馆张晋平研究员撰写的《博物馆环境监测控制技术》一书，比较全面地梳理了藏品环境的国际和国内标准，从光线、空气污染、温湿度、展柜微环境、建筑空间智能化、藏品密闭保存技术方面进行了详细介绍，很值得专业人士参考。[20]

艺术博物馆典藏标准不止专业负责艺术博物馆典藏的管理人员需要了解，为了使其重要性深入每一位艺术博物馆同仁的内心深处，本书在细节规范之外，特别提请艺术博物馆同仁和管理者注意的有：

（1）光是灵性之眼，在展厅中既可为艺术作品带来良好的展示效果，也有可能是毁灭之火，在不知不觉之中，致使艺术博物馆的典藏偏色、变色、褪色，甚至使作品的制造材料（尤其是一些光敏感材料）发生损伤。无论是自然光源，还是人工光源，从基本的照明到作品和空间的造型与表现、展览的气氛营造、主题突出、次序排列，光线对于艺术品展示的作用是毋庸置疑的。然而光中的紫外线是艺术品的一大杀手，无论强弱，都会对展品造成损害。一次强光在一年中所导致的损害和强度与只有其十分之一的弱光在 10 年间累计导致的损害是等同的。

艺术博物馆的照明系统方案应该以节能、合理、高效为原则，包括不同区域技术标准的确定（展厅、公共空间、库房、办公区和其他功能区域）、照明方案（方式）的设计、控制方式设计、灯具的选用与安装。

与艺术品密切相关的、对光有严格要求的区域是展厅和典藏库。在展厅中应以正确的角度系统安装专业性艺术博物馆照明用具，根据色温和显色性要求还原艺术品的色彩，过滤紫外线、红外光、可见光，防止眩光，还要考虑避免投影、重影和因灯光导致的变形；在典藏库中应尽量减少照明用光，尽量采用可过滤紫外线的光源，安装监测光线的报警器或是自备光度表并经常测量。画库环境照明紫外线含量不得超过 75 微瓦 / 流明。拒绝采用自然光。专业的光线强度有 LUX（照明度）为单位衡量，不同材料的 LUX 限度请参考专业指南，如《博物馆照明设计规范》。常见的艺术馆、博物馆材质的光标准请参见表 6-1。

表 6-1 博物馆各类材质的光标准[21]

展品类别	照明推荐值（LUX）	光源色温推荐值（k）	备注
对光不敏感：金属、石材、玻璃、陶瓷、珠宝、搪瓷、珐琅等	≤ 300	≤ 6500	
对光比较敏感：竹器、木器、藤器、漆器、骨器、油画、壁画、角制品、天然皮革、动物标本等	≤ 180	≤ 4000	特别防止紫外线和红外线的侵害
对光特别敏感：纸质书画、纺织品、印刷品、染色皮革、植物标本等	≤ 50	≤ 2900	特别防止紫外线和红外线的侵害
其他推荐参数	显色指数	Ra ＞ 90	
大面积展品照度均匀度	大面积展品照度均匀度	Emin/ Emax ＞ 0.3	
立体展品展面和射灯峰值光强的夹角	立体展品展面和射灯峰值光强的夹角	40 度—60 度	
展品照度 / 环境照度	展品照度 / 环境照度	5—10	

一般展厅的照明方式分为 5 种：①反光灯槽，一般沿墙安置，可以为展厅提供非常柔和的仿天光照明。②洗墙灯：设置在靠近反光灯槽的位置，主要的目的就是要得到一个由上至下的非常均匀的墙面照明。③发光顶棚：设置在展厅的中央位置，主要是为展厅提供整体可调节性的环境光照明。④轨道射灯：设置在展厅沿墙以及中央位置，其目的主要是为展品提供局部重点照明，由于它的位置可在轨道上任意移动，灯具的形式也可根据展

品的要求进行调换，因此使用起来非常灵活。⑤自然光。引进自然光的部分需要对玻璃以及窗户进行过滤紫外线处理。自然光和室内光可以通过闭环控制系统（楼宇控制系统）来自动调节照明需求：通过在展厅安装照度传感器捕捉自然光线的变化，并据此自动调节百叶窗开度或者展厅其他室内光的亮度来进行光补偿，保障无论室外光线如何变化，展厅的灯光效果和灯光安全都处于稳定的设计中。通过反光灯槽、洗墙灯、射灯，发光顶棚的不同组合、开闭和调光的控制，可设置不同的照明场景，以满足各类展览对照明的要求。[22] 为确保照明效果的实施，合理选择灯具是尤为重要的。灯具价格差异非常大，可以根据不同的艺术品的展示效果和光照要求进行调配，合理选择，保证选购的性价比和使用功能满足要求。目前，中国的艺术博物馆面临的最大照明方面的问题是缺乏细化的专业人才，缺乏对材料、电器、光学、空间美学有全面把握的人才。

（2）湿度与温度的高低变化不仅会改变作品的大小，也有可能引发作品受到菌类的侵袭，对纺织、纸、木、皮革材质的作品影响尤其大，金属、矿物等也会有所影响。艺术博物馆须备有温湿度测量的仪器，定期记录测量数据，监控艺术博物馆典藏品的温湿度环境。尽可能对有特殊要求的材料提供单独的温湿度条件。一般而言，艺术博物馆典藏库的相对湿度（RH）应该常年持续不变，不宜高过 60% 或低于 40%。温度与湿度密切相关。在展厅中，温度条件应该常年保持在 20℃（±2℃）。在典藏库中，如果相对湿度能严格控制，则温度在 15℃上下即属适当。一般认为日温差不得高于 2℃—5℃，相对温度波动不应大于 5%。空调设计可采用全空气变风量（VAV）的空调系统，以最大限度地降低设备能耗。空调系统具备控制温度、湿度、洁净度的功能，并根据各层各展区的划分而配置，根据各展区的使用情况和冷热负荷的变化规律进行合理的单独控制，或者有楼宇自控系统和空调变频装置来灵活地控制，在保证新风的同时，最大可能地节约能效。如果预算充足，最理想的是装置永久性且具清洁功能的恒温恒湿系统。事实上世界上可能绝大多数，即便像MoMA、大英博物馆这样的展馆，也无法保证全系统的恒温恒湿。尤其对于很多当代艺术作品和非敏感媒介作品，对于环境的要求并非严苛，对于处于发展阶段的中国的大多数艺术博物馆而言，笔者建议在保证相当比例的高标准展示环境的前提下，部分展厅可根据自身条件进行调节。

（3）典藏品放置的位置更需要特别留意，是否处在热辐射之下，如强烈阳光、聚光灯或放热器等，艺术品的移动方式和存放方式也有可能带给艺术品致命损伤。画库灰尘与油污也是损伤作品的重要因素，尤其是作品

表 6-2　艺术品材质与存放

主要存放媒介	存放方式	存放禁忌	注意事项
油画	垂直悬挂在金属不锈钢架活动网栅两面，网栅之间要留有空隙	不能平放，更不可互相挤压堆叠	封闭式存放易导致油画作品表面、背面起霉变点
纸本	平放在封闭空间，用蜡纸、玻璃纸或者无酸纸巾隔离，用纸袋分装	避免光线，尤其是直射光和散射人造光	在抽屉间放置防虫剂和防潮剂
雕塑	视作品大小在钢架上排列或就地排列，视作品进行包装或装箱	空间局促，运送不便	机械搬运设备要齐全
摄影	封闭条件高于纸本，其他类同	防光、防霉、防火	保存条件参考中华人民共和国国家标准《照片档案管理规范》

在进出画库时，灰尘和油污易粘在画面上，产生质变机理。所以，保存环境应隔绝灰尘和油烟，严把出入库关。有机物藏品需要采用无酸保存的方式。如果新入藏含有机物成分的藏品，博物馆应该对其进行氮气（24 小时缺氧）或低温除虫处理后再入库，用不同的化学和物理方法对虫害采取针对性的预防措施。[23]

不同媒介的作品的存放方式也不同，可参考表 6-2。

3. 典藏的修复、保险及安全

博物馆是依赖“物”而存在的，任何“物”历经岁月洗礼都不可避免地会出现老化的现象，影响寿命、价值、功能和展示效果。大师达·芬奇的名作《蒙娜丽莎》已被修复了 70 多次。[24] 在纪录片《我在故宫修文物》[25] 中可以发现文物（艺术品）修复在我国悠久的历史和传承。可以说修复工作是博物馆（艺术博物馆）的基础工作之一，修复师就是藏品的“医生”。

世界上重要的博物馆都有悠久的艺术修复部门发展的历史，并对于修复工作有严格的细分。如大英博物馆，修复纸类藏品的部门就分为两个部分，一个是负责欧洲的纸张，另一个负责中国、日本等国家的纸张。另在纺织品、金属、玻璃和陶瓷的部门也有专门的研究员和修复人员，负责研究和保护藏品的专业人员大概有 80 人，还有一些兼职的专业人员，其规模可想而知。[26] 艺术博物馆的修复工作是指博物馆修复人员按期检查馆藏作品的存放和养护情况，并在第一时间用恰当的方法对损伤的作品进行全面的养护和护理工作。对艺术品的“保护”和修复也分为若干等级，从保守到激进，从谨慎清洁到重大甚至是彻底的修复。尽管这其中包含许多科技手段，但是这些手段切入的程度最终还是个品位问题。[27] 修复工作包括了馆藏作品的保护和修复、作品的检测与分析、展示环境的调查、展览的布撤、日常展出作品状态调查记录、出借作品的评估、作品的包装与运输、作品保存环境的检测等与作品相关的所有方面。修复人员的工作职责也涉及与作品相关的方方面面。典藏修复室的设立对于博物馆而言非常必要。先进的设备能够对艺术品的物质成分进行分析，可以使修复工作在科学严谨的状态中进行，常见的设备有：光学摄影（X射线、红外光线、紫外光线）、光学显微镜、红外光谱仪、X射线衍射仪等。作品一旦进入修复程序，需要对每一步修复程序进行记录，并且有相应的周期、预算和保险。我们把国家文物局博物馆与社会文物司主持编写的一套“博物馆藏品保护丛书”[28]推荐给各博物馆（艺术博物馆）的修复部门，该丛书对于金属、纸质、纺织品、竹木漆器、石质典藏的保护思路、技术、工艺、材料、环境等方方面面都有涉及，对于提高典藏保护水平有很大帮助，可以作为典藏修复的规范化、标准化参考。

藏品安全还涉及防火、防盗、防人为损伤等。一般而言，重要的作品无论是否展出，都应该加护玻璃橱柜保存或将感应探头隐藏在作品的背后，如有超越安全距离的情况发生，警报会随时响起。重要展厅的监测摄像头应该保证无死角。消防报警及联动控制系统，遍布各处的探测器可在火灾初期发出警报。所有相关设备也能够及时启动，疏散人流、扑灭火灾、阻断火路、排烟送压，最大程度地减少火灾带来的损失。[29]艺术博物馆要做好观众参观礼仪的教育。最常见的是一些室外公共开放环境中的装置作品，常有可能被涂鸦者破坏，甚至被蓄意损毁，艺术博物馆一旦发现，要立即展开修复行动，不然此类的破坏行为会被认为是理所当然，造成蔓延之势。良好的清洁和整理工作展现出博物馆人员对博物馆的关怀程度，而且能有效地阻止偷盗和故意破坏的问题。[30]

另外，典藏品的保险也显得尤其重要。一般而言，藏品在运输中最容易出现危险，因此特别要加强藏品在运输过程中的防撬防盗的安全性保护，并由修复室主导对藏品进行最可靠的包装，尽最大努力减少藏品在运输过程中的破损。[31]

不过，针对艺术品保险的问题向来是非常复杂的，尤其是对于中国当代艺术品来说，其价格在动荡的经济环境中有更多的不确定因素。中国的保险业也极少有为艺术品提供保险的项目。由于艺术品价格的难以衡量，国际上成熟的为艺术品提供保险的业务，一般是按照补偿或约定价值进行保险。艺术博物馆要注意典藏品无论是借入、借出，还是运输中、存贮中，都要确认其已投保及投保的补偿金额足够。艺术博物馆也需要有合适的评估方式，确定哪些藏品要优先或得到更多金额的保险。

也许藏品众多，不可能一一清查、盘存，但艺术博物馆至少要做到按照各项登录记录，对典藏的各方面情况进行抽查，并应有相关结果的历次记录。艺术博物馆的管理当局应该建立一个监督典藏品安全和考核典藏品保管工作的程序。事实上，随着人们对典藏品价值的认识日益增加，典藏安全的问题将会变得越来越突出。电影《偷天陷阱》中盗取名画的手段令人唏嘘不止。由于艺术博物馆的各项设施、各类典藏都是完全展示，甚至向公众进行详细说明的，因此对于现实生活中的犯罪分子而言，也许没有电影中汪洋大盗的本事，但盗取某些艺术博物馆的典藏应该会比电影中更为轻巧。因为现实中艺术博物馆的大部分典藏很难像电影中有那样严密的监控设施。俗话说“明盗好抓，家贼难防”，艺术博物馆的每一个员工都负有典藏品安全的职责，选择正确的员工，注意加强艺术博物馆馆内职工的道德修养和职业操守教育，与安装先进的监控设施同样重要。

总之，艺术博物馆应该以文物保护意识将典藏品（艺术展品）的保护渗透到艺术博物馆的整体工作中。

注释

1　[美]e-flux Journal 编:《什么是当代艺术？》(*What is Contemporary Art?*)，陈佩华、苏伟等译，北京：金城出版社，2012 年版。

2　[意]安德里亚·贝利尼（Bellini, A.）、[美]塞西莉亚·阿雷曼尼（Alemani, C.）、莉莲·戴维斯（Davies, L.）：《收藏当代艺术》（*Collecting Contemporary Art*），王萍译，北京：金城出版社，2012 年版，《前言》第 4 页。

3　[瑞士]汉斯·乌尔里希·奥布里斯特（Obrist, H.U.）：《策展简史》（*A Brief History of Curating*），任西娜、尹晟译，北京：金城出版社，2012 年版，第 176 页。

4　马书林：《从刘迅的捐赠谈馆藏品的建设》，载《2005 中国美术馆年鉴》，北京：中国美术馆，2005 年，第 102 页。

5　[德]汉斯·贝尔廷（Belting, H.）：《现代主义之后的艺术史》（*Art History After Modernism*），洪天富译，南京：南京大学出版社，2014 年版，第 201 页。

6　本处的问题直指艺术品价值，为此徐冰先生在 SOHU 文化的访问中有一个观点，值得艺术博物馆界借鉴，笔者整理如下：中国当代艺术在国际上受到关注，实际上是西方知识分子对中国的历史形态、社会环境、社会景观、社会现象、社会意识的敏感部分有很大的兴趣。中国当代艺术体现了这个特征，至于在艺术语言上的贡献和创造的成分有多少，或者它的深入性有多少，还要再讨论。事实上，由于这个国家就是一个很大的实验场，实验艺术因此获得很多的资源和直接的利益。目前中国艺术作品的很多意思和内容是中国有意思的现实所提供的。我觉得对很多的艺术家来说，这是有意义的，有必要的。但是对于很多艺术家来说，重要的是什么呢？不要误认为自己的艺术是成功的，或者是成熟的。实际上真正的艺术上的价值，其实是通过艺术和社会之间的关系所获得的一种深度，而最后导致了在艺术的方法论上有新的提示和改造获得的。现在，中国的艺术不像过去八九十年代，哪个艺术家有一种超前卫的姿态，超过西方能够承受的所谓的艺术动作，就能够获得效果。艺术作品需要从各种文化关系里面，找到自己的文化命题，提出问题。这样才能够证明他在这个格局里面产生了自己的作用。

7　何琳:《浅议国家美术馆未来发展的十个问题》，载《2003 中国美术馆年鉴》，北京: 中国美术馆，2003 年，第 120 页。

8　[美]詹姆斯·库诺(Cuno, J.)编:《谁的文化？——博物馆的承诺以及关于文物的论争》(*Whose Culture? The Promise Of Museums And The Debate Over Antiquities*)，巢巍等译，北京：中国青年出版社，2014 年版，第 18 页。

9　[美]托马斯·霍文（Hoving, T.）：《让木乃伊跳舞：大都会艺术博物馆变革记》（*Making the Mummies Dance: Inside the Metropolitan Museum of Art*），张建新译，南京：译林出版社，2012 年版，第 75 页。

10 美国博物馆馆长协会美术馆专业规范。

11 [美]詹姆斯·库诺(Cuno, J.)编:《谁的文化?——博物馆的承诺以及关于文物的论争》(*Whose Culture? The Promise Of Museums And The Debate Over Antiquities*),巢巍等译,北京:中国青年出版社,2014年版,第171页。

12 丁宗江:《对美术博物馆油画藏品保管与修复的认识》,载《2006中国美术馆年鉴》,北京:中国美术馆,2006年,第269页。

13 [美]托马斯·霍文(Hoving, T.):《让木乃伊跳舞:大都会美术馆变革记》(*Making The Mummies Dance: Inside the Metropolitan Museum of Art*),张建新译,南京:译林出版社,2012年版,第273页。

14 同上,第274页。

15 游庆桥:《关于美术馆藏品登记著录与普查工作的思考》,载《2012中国美术馆年鉴》,北京:中国美术馆,2012年,第90页。

16 游庆桥:《关于美术馆藏品登记著录与普查工作的思考》,载《2015中国美术馆年鉴》,北京:中国美术馆,2015年,第52页。

17 同上,第51页。

18 [意]安德里亚·贝利尼(Bellini, A.)、[美]塞西莉亚·阿雷曼尼(Alemani, C.)、莉莲·戴维斯(Davies, L.):《收藏当代艺术》(*Collecting Contemporary Art*),王萍译,北京:金城出版社,2012年版,第115页。

19 [美]乔治·埃里斯·博寇(Burcaw, G.E.):《新博物馆学手册》(*Introduction to Museum Work*),张云、曹志建译,重庆:重庆大学出版社,2011年版,第114页。

20 张晋平:《博物馆环境监测控制技术》,北京:中国环境出版社,2013年版。

21 兰海:《中国美术馆室内照明系统的设计与实施》,载《2003中国美术馆年鉴》,北京:中国美术馆,2003年,第142—144页。

22 同上。

23 周晓路、杜志东:《德国博物馆的修复与保护》,载《2015中国美术馆年鉴》,北京:中国美术馆,2015年,第70页。

24 丁宗江:《对美术博物馆油画藏品保管与修复的认识》,载《2006中国美术馆年鉴》,北京:中国美术馆,2006年,第272页。

25 http://www.iqiyi.com/a_19rrhabiex.html?vfm=2008_aldbd，2016.

26 邓锋：《纸质艺术品修复保护工作室建构的初步设想》，载《2006 中国美术馆年鉴》，北京：中国美术馆，2006 年，第 276 页。

27 [美] 菲利普·德·蒙特贝罗（Philippe de Montebello）、[英] 马丁·盖福特（Marttin Gayford）:《艺术的对话》（*Rendez-Vous with Art*），马洁译，上海：上海人民出版社，2016 年版，第 27 页。

28 国家文物局博物馆与社会文物司编:《博物馆藏品保护丛书·博物馆纺织品文物技术手册》、《博物馆藏品保护丛书·博物馆铁质文物技术手册》等，北京：文物出版社，2009 年版、2011 年版。

29 杨力舟：《历史性的飞跃——中国美术馆改造装修工程巡礼》，载《2005 中国美术馆年鉴》，北京：中国美术馆，2005 年，第 15 页。

30 [美] 乔治·埃里斯·博寇（Burcaw, G.E.）：《新博物馆学手册》（*Introduction to Museum Work*），张云、曹志建译，重庆：重庆大学出版社，2011 年版，第 121 页。

31 张文辉:《美术作品在运输及使用中的保护》，载《2006 中国美术馆年鉴》，北京：中国美术馆，2006 年，第 130 页。

博物馆的公开收藏系统展示

博物馆的修复室

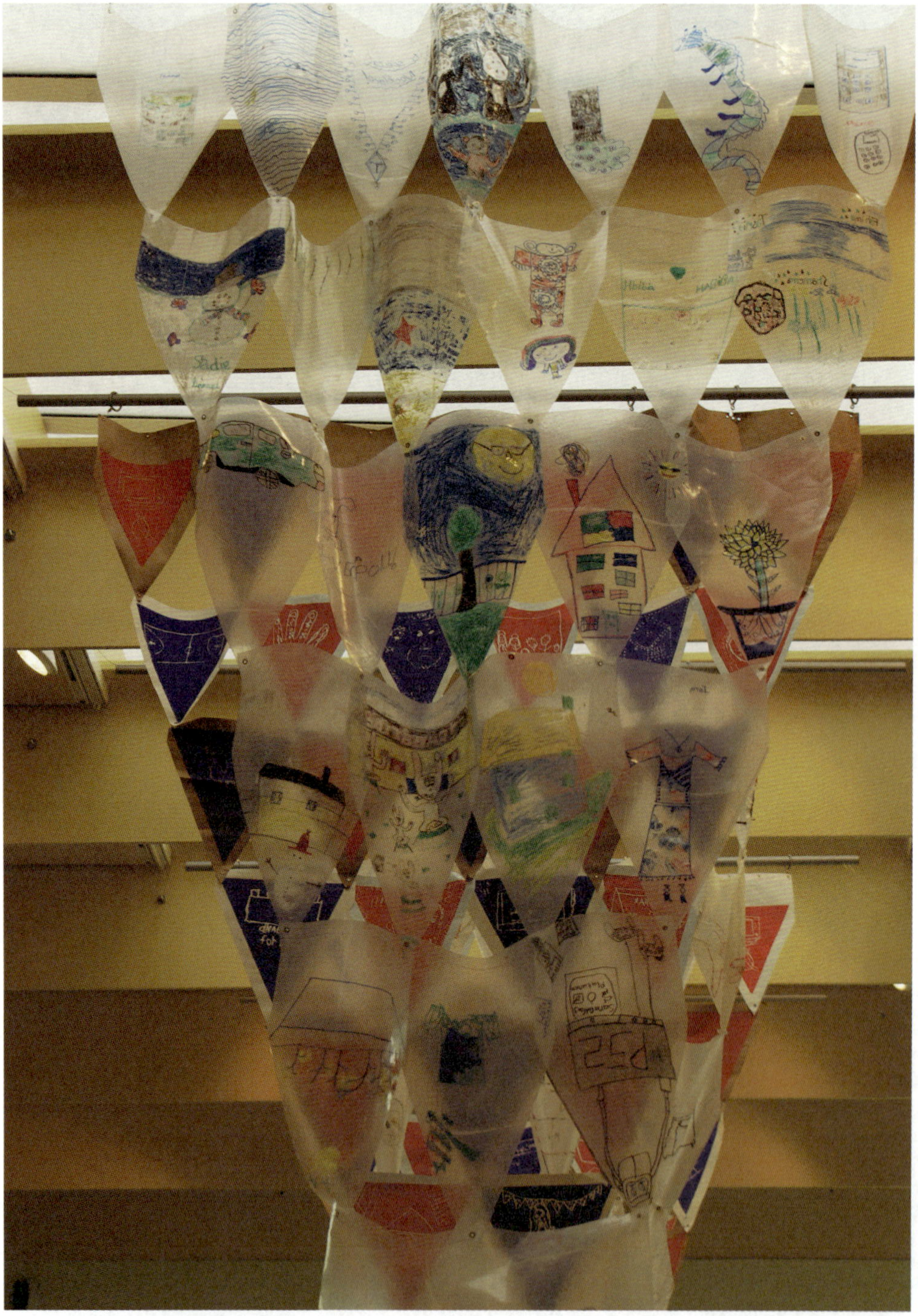

博物馆里的儿童教育活动

第七章　艺术博物馆的教育

一、艺术博物馆的教育发展

1. 艺术博物馆教育发展史

公共教育是博物馆自娘胎——资产阶级大革命带来的基因。“教育既包括艺术教育（‘天才的儿子’），也包括科学教育（‘理性的女儿’）。新的公共博物馆应运而生，目的就是教育。观众是所有市民，而不是信徒，也不是臣民。‘人民所有’和‘以教育为目的’这两股力量直接形成一种百科全书式的理想，那就是最伟大的作品将走出教堂，走出皇宫，构成这座全新的公共艺术博物馆。”[1] 艺术博物馆在公共文化生活中的教育功能和知识传播功能是艺术博物馆公共性的重要体现。1880 年，美国学者詹金斯（Jenkins）在其《博物馆之功能》一书中明确指出，博物馆应成为普通人的教育场所。1906 年，美国博物馆协会成立时就宣称“博物馆应成为民众的大学”。1990 年，美国博物馆协会在解释博物馆的定义时将“教育”与“为公众服务”并列视为博物馆的核心要素。美国博物馆协会的首席执行官小爱德华·埃博（Edward H.Able Jr）认为：“博物馆第一重要的是教育，事实上教育已经成为博物馆服务的基石。”美国博物馆被视为“儿童最重要的教育资源之一和最值得信赖的器物信息资源之一”。著名的史密森尼博物馆群在互联网上是统一以“edu”（教育）为后缀的。[2]

2. 艺术博物馆教育方式的转变

教育并非在最开始就扮演核心的角色。最开始博物馆主要是被收藏驱动的，博物馆的专业人员主要被指定去关注、保存、整理不同系列的藏品。大英博物馆在1853年最初成立时仅供学者做研究，每天最多放5个人进去查阅资料，必须提前很久预约，还要由工作人员陪同。[3]后来，为了集合展示藏品，展览地位迅速上升。当艺术品开始根据国家流派以年代顺序进行展示时，艺术博物馆为大众营造了一个“看得见的艺术史”，出版也主要被用于宣传和研究展品。在那个阶段，人们对于教育在艺术博物馆活动中的功能如何发挥还不太了解。随着人们对博物馆的教育目的日渐浓厚，除了展览的组织形式以外，配合作品的教学资讯（如展厅导览和说明文字）一步步出现。到19世纪晚期，博物馆和学校已经开始紧密合作了，这种在博物馆进行实物教学的方式很快被发明出来，并在维多利亚时期迅速发展。但这种方式很快变成了一种死记硬背的学习方法。与此同时，博物馆也被看成是对最广泛公众，尤其是对社会上的成年人提供新的学习机会的地方，被介绍和接受为一种义务教育外最适当的学习环境。

到20世纪早期，博物馆已经开发出一些新项目（如讲解员导览，波士顿美术博物馆是世界上第一家设立讲解员的博物馆），为观众提供信息和讲解，这是博物馆最早期的“教育岗位”。博物馆作为教育机构的角色，通过20世纪60年代的税制改革、民权运动等方式得以强化，博物馆教育业由此开始兴盛（Hein，1995；Munley，1996），其行业身份逐渐显现。到20世纪80年代，博物馆开始发展一种观众意识，吸引更多更广泛的观众变成一件非常重要的事情。博物馆变得更为观众驱动了，教育的角色也逐步放大到一种不断尝试的与观众沟通或者合作的新方式中。[4]

在第二章“体验型艺术博物馆：艺术博物馆与观众”中，我们提到这种博物馆与观众之间沟通方式的改变，即现代博物馆权威的、教谕的和制式的沟通风格，转变成为商量式的、建构的、非制式的后现代博物馆沟通风格；观众从客观知识的被动接受者，转变为带着自己的需要和期望来的主动学习者。博物馆教育者越来越倾向于引导和激发观众对博物馆或展览的兴趣，而非向观众灌输既有的知识。这种转变决定了艺术博物馆教育方式的改变。

曾经板着严肃面孔的艺术博物馆教育主要是在研究观点或策展理念的架构下，对展品的美学意义、社会思潮或文化背景进行专业化、术语化的阐述。但事实上这些高屋建瓴的知识过于深刻，指导意味过于浓厚，展示设计过于单调枯燥，理解起来过于艰辛，观众在挫折、窘迫、拘束的感觉中会立即放弃接近的欲望。这种教育从一开始就显示出“艺术很深奥（枯燥）”、“我比你更高明”的架势，不仅达不到教育的目的，还硬生生地将艺术博物馆与观众隔离，剥夺了观众从自由的探索中获得自我启发的机会。因此，改变艺术博物馆“说话”的态度、语气，结合艺术作品、空间氛围、背景资料，使艺术博物馆的语言表达更为生动，使艺术博物馆成为一个“会讲故事的人”是其教育方式改变的一个关键。当然，艺术博物馆展示技术及观念上的革命，为艺术博物馆展示创造了一个感官式的学习环境，也成为艺术博物馆改头换面的另一个关键。

当艺术博物馆的专业人士发现艺术博物馆体验的丰富性可以使其教育的角色显得更加重要，便开始将教育理念和目标与艺术的展览、典藏、研究这些日常工作全方位地做更深入的结合。他们设计了各种寓教于乐的活动，如电影、音乐会、舞蹈及戏剧表演等，也把触角延伸到艺术博物馆以外为观众提供信息，去开发新的观众。帮助观众在欣赏完后能将艺术理念带出展场，深植入自己的生活之中，从而使艺术博物馆真正成为一座属于全民的艺术乐园。

二、艺术博物馆的教育功能

1. 什么是艺术博物馆的教育功能

艺术的发展是人类社会发展的一个重要截面。早在约 32000 年以前，原始人类便开始了绘画，德国施泰山德（Stadel）洞穴发现的“狮人”雕像，大概是最早能认定为艺术品的物品之一。[5]

人类文明的审美发端先于语言、文字、伦理。在一个民族的文明传承中，艺术是至关重要的部分。“艺术对教育的影响力可以源自并足以超越艺术本身。”[6]

艺术博物馆是以全民为对象，以终身教育为范畴，兼具多种功能的公共艺术文化教育机构。1992 年，美国博物馆协会（The American Association of Museums）发布的一份题为《卓越与公平：博物馆教育及其公共影响力》（*Excellence and Equity: Education and the Public Dimension of Museums*）的报告，旗帜鲜明地将教育作为博物馆公共服务的核心，指出教育必须明确体现在博物馆的使命中，成为博物馆活动的重中之重。教育是艺术博物馆最有价值的工作，其意义不仅在今天，更在未来。

中国美术馆教育部主任杨应时在谈到艺术博物馆教育理念时引用了美国学者泽拉（Zeller, 1989）的观点，将艺术博物馆的教育功能归纳为 4 个方面，笔者融汇其观点，进一步解释、归纳、增加如下 6 个方面：

（1）艺术欣赏教育。博物馆让公众通过接触艺术品提升自身的审美敏感和良好趣味，从而提升智识和生活的水准，这是一种潜移默化的审美观念的建立过程，引导人们自发地接近艺术、了解艺术、享受艺术以及被艺术所生动阐明的思想和历史。

（2）艺术史教育。通过博物馆展示的艺术品实物来传达艺术历史知识，一般著名的艺术博物馆自身的馆藏可以呈现一个时期或一位艺术人物，或一个流派，再或者整体的艺术知识，这种艺术史的呈现既针对专业观众，同时也针对普通观众。

（3）美学专业课程教育。艺术博物馆针对专业观众（学生）开设的教育课程和项目。如伦敦 V&A 艺术博物馆以自身的藏品、研究力量以及公共资源与英国皇家艺术学院（RA）共同开设的设计史研究学位课程。

（4）人文教育。人们从艺术博物馆中得到的教育不是艺术技能，也不仅仅是艺术信息、艺术知识与文化经验，更重要的是人文精神与价值理念。艺术博物馆不仅成为人类文明的象征与图腾，更以其强大的社会教育功能成为新的孕育人类文明的子宫。

（5）跨学科教育。艺术博物馆的教育活动侧重各类艺术形式（如音乐、文学、电影）与视觉艺术的交叉整合，或艺术、历史、语言、社会科学、自然科学等的交叉整合。

（6）社会教育。艺术博物馆的教育活动关注社会（社区），针对广大观众的不同需求，强调以人为中心的互动。[7]

在中国，长期以来，国家的艺术博物馆是作为国家文化宣传阵地而存在的，而且所有艺术博物馆的涉外展览需要接受文化主管机构的审查报批。因此，原本作为艺术博物馆教育之一的爱国主义教育和道德情怀教育功能在中国的艺术博物馆发展现实中不断被强调。基于这一价值观念与西方的艺术博物馆并不完全一致，而且这样的现实在短时间内改变不大，艺术博物馆在把握对外交流和教育功能时，既不出离国际专业背景，同时也能适宜国内的管理环境。

当然，除了专业教育，针对大众的艺术博物馆公众教育更多是“润物细无声”的状态。事实上，在艺术博物馆中，观众的学习心理与正式的学习场所完全不同。艺术博物馆的学习氛围轻松自由，不像强迫似学习有取得成绩的压力；人们普遍会怀着提升的愿望走进艺术博物馆，因此没有潜在的排斥心理；而且学不学、学什么、什么时候学，全凭所愿，观众有绝对的主导性。因此，在教育内容与观众之间只要通过合适的方式找到交集，无论这个趋向浅显或艰深，都容易达到教育效果。正因为艺术博物馆教育建立起的这座桥梁，使其教育活动受到赞助者青睐，教育活动往往成为艺术博物馆非常有利的筹资工具。

2. 艺术博物馆教育功能的意义

公共艺术教育与社会发展息息相关。当今国际社会，公共艺术教育越完善的国家，社会文明程度就越高。公共艺术教育不仅激活人性价值的内聚力量，对社会的文化创造力也具有不可低估的作用，而且能促进自由民主社会的健全成长。一个世纪以来，将艺术引入国民教育中，“尤其面向中小学和大学的教育使命，以及向敏感街区和弱势群体进行普及”[8]，是欧美强国的举国共识，其目的在于提高整个民族的文化素质，丰富人民的精神生活。蔡元培先生在 1917 年 1 月 1 日发表的著名演说《我之欧洲观》中，把欧洲诸国强盛的原因归结为“科学”与“美术”的发达。他一方面认为这是一个“科学万能的时代”，另一方面指出科学的局限性必须由“美术”补足。他倡导“美育代宗教”，实际是寄希望于艺术，视艺术为文化建设和道德拯救的使者，可以帮助中国扭转贫穷积弱的境况。

艺术博物馆教育以其不可替代的文化价值、丰富的教育文化信息、个性独特的教育方式，在世界各国的社会文化和教育生活中占据着越来越重要的地位。2001 年 5 月，美国博物馆协会公布了一份全国性问卷调查，结果显示美国人认为（各种类型的）博物馆是子女教育的重要资源之一，也是获取客观信息的最可靠渠道之一。陈丹青先生 2007 年在今日美术馆“今日艺术讲坛”中这样谈及艺术博物馆的教育功能:“西方的文化优势和强势，西方的文化重镇和重点是美术馆，以及美术馆连带承担并高度发挥的社会教育功能。要而言之，就庞大而丰富的固定收藏与策划展而言，美术馆是储存完整记忆、实行人文教育的最高文化场所。西方艺术之所以持续保存创造力和影响力，不是艺术学院和艺术教育，因为西方当代艺术教育充满问题，而是美术馆。”“长期接受、很少接受或没有接受美术馆洗礼和教育的国民是截然不同的国民，一个现代国家的国民可以没有艺术学院，但不能没有美术馆。”

三、艺术博物馆教育的过程管理

教育是艺术博物馆的基本功能和使命之一。成功的教育活动来自于切实的教育政策，详尽而缜密的教育方案，扎实有效的执行力度，以及及时的追踪与反馈。

艺术博物馆教育政策的拟定主要依据六个方面：艺术博物馆的目标、定位与使命，艺术博物馆的典藏方向，观众（实际观众、潜在观众），教育架构，可用资源，会员组成。当然，不同大小、特点、性质、收藏、资源、观众的艺术博物馆的教育政策各不相同。

往细节里说，就是在制定艺术博物馆教育活动方案之前需要深入细节

表 7-1　博物馆教育活动企划与管理的思考议题[9]

- 多久
- 学校上课天数
- 学校上课年数
- 博物馆上课天数
- 博物馆上课年数

教学工具

对象是谁

- 年龄
- 机构
- 教学大纲
- 兴趣
- 目标
- 需求

- 文章
- 录音带
- 幻灯片
- 录影带
- 教师手册
- 展览

何时进行

主题为何

- 多少件
- 对象是谁
- 主标题
- 副标题
- 连结和关系

博物馆教育活动

- 人
- 时间
- 经费
- 赞助者
- 材料
- 设备
- 空间

具备条件

如何进行

- 讨论
- 演讲
- 简报
- 游戏
- 绘图
- 戏剧
- 示范表演
- 作业单
- 操作
- 制作
- 文件记录

考虑：我们有哪些观众？我们还能开发哪些观众？他们的年龄、兴趣、需要和想法、背景是什么？不同类型的观众有何教育需求和行为？什么样的活动目标和主题能与什么类型的观众需求产生交集？艺术博物馆有哪些资源（藏品、艺术人脉、资金）可以为学习提供方便？艺术博物馆周边的社区、学校是否会有需求？艺术博物馆处于什么样的交通环境、社区环境之中，是否有利于学习？哪些团体机构可以配合或联合进行教育项目（艺术博物馆的教育资源为哪些团体或机构所用）？对方（如学校）可以在艺术博物馆教育之前、过程中、之后起什么样的作用？艺术博物馆需要做哪些工作加强教育效果？

概而言之，即为项目目标、项目主题、实施对象、具备条件、时间范围、进行方式、活动评估、需要训练、市场营销、其他配合事务等。[10]

表 7-1 除“教学工具”和“如何进行”略显陈旧，其他内容至今仍有一定的参考借鉴意义。

艺术博物馆教育的规划、方案的制定与执行，需要通过评估来检验实施进展与取得的成效。一个给不出结果的方案是没有意义的方案。没有教育结果评估，意味着艺术博物馆没有尽到教育的基本责任。评估所带来的客观、系统的信息和分析，有助于艺术博物馆教育专员了解观众的艺术博物馆参观经验，得到各方面的参考指标与修正建议，设计出更完善的教育内容，带给观众更好的学习体验。不同于学校教育、艺术培训以及成人教育，可以通过强制性的考试打分方式获得教育结果，艺术博物馆教育评估的难度在于其学习的自主性、自助性与开放性，任何一位观众都可在艺术博物馆中根据自己的教育背景、个人的意愿从展览中获得所需要的知识，但这并不意味着艺术博物馆教育的无的放矢。艺术博物馆的教育评估，可以通过观众研究来实现。有关观众调查、分析的具体方法在第二章“体验型艺术博物馆：艺术博物馆与观众”的“艺术博物馆的观众研究”一节中有具体的讲解。

掌握了整个教育活动的流程，我们需要对不同的教育项目进行规范的管理。MoMA 的经验值得借鉴，他们的教育部门是根据不同的教育对象而划分的，包括成人和学术项目组、家庭项目组、高校项目组、教师项目组、实习项目组。不同的项目组根据整体教育政策策划、实施不同的教育活动，并加以跟踪评估，进而完善下年度教育政策与活动内容。

艺术博物馆的教育活动管理过程中需要把握两个基本原则，其一是任何教育活动都需要正确理解和把握展览的学术内涵，并且在活动设计时不能偏离这一内涵，可以说这是任何艺术博物馆活动的中心。教育活动的设计者有时就是策展人，如果是艺术博物馆教育部门牵头，则需要与策展人保持充分有效的交流，对展览的策展理念、学术定位、作品选择、展示设计都需要有详细的了解，并在整个教育活动设计和实施过程中保持与策展人之间的良好沟通。其二是"落地"原则，也就是说，针对不同层面的观众进行不同的切实可行的设计，将展览的学术内涵转换成丰富的、多层次的"知识面"，甚至多层次的语言和形式。尤其在针对大众的层面上，这些"知识"所使用的必须是大众能够听懂的语言，必须使用的专业术语，需要对其进行解释。当然，这并不意味着艺术博物馆所传达的内容要刻意地迎合大众口味，也不意味着越是大众化趋向的内容，观众的接受程度就越高。

四、教育活动的形式、途径和内容

艺术博物馆可以通过多种多样的形式与途径进行教育活动。教育内容包括策展的理念、作品鉴赏、艺术形式与风格、时代背景、展品学术内涵等方面。

艺术博物馆的教育活动通常有：

展览、说明书、导览手册、展览画册、录影带/影片放映、网络、幻灯专题；

出国艺术考察团、演讲 / 说明会、艺术资料与档案服务、艺术教育基金；

学术研讨、论文征选、国际论坛、专题研究小组、艺术新人选拔、学术图书、杂志出版；

在地方性展览或节庆日设置艺术博物馆宣传摊位、艺术家工作坊、儿童艺术工作坊、志愿者组织、家庭讲座、艺术节、艺术衍生产品开发、大众出版（图书、杂志）、互动性游戏性的活动设计、通过网络设计的教育活动。

与学校互动的有针对性的教育活动，如针对不同年龄的学生和不同程度的老师。

下面重点介绍三类教育活动方式：对艺术博物馆教育而言最基本的导览，艺术博物馆最容易启动、最需要重视的网络，以及在国内非常少见的艺术教育基金。我们还将看到美国加州盖蒂博物馆（The J. Paul Getty Museum，简称盖蒂）和“盖蒂基金会”（Getty Foundation）的经验。

导览是指任何引导参观者进入学习和休闲状态的辅助文字资料、标示说明、视听媒体、电脑显示屏幕或由专业人员引导的参观讲解，等等。它延伸了观众对作品的认知，拓展了观众的知识领域和内容深度。就教育功能而言，实际上艺术博物馆的导览是观众最直接、最容易参与的，几乎是一定会参与的部分。其中，好的导览解说对于推广教育最富成效。导览员既有艺术博物馆编制内的专业导览，也有义务导览。他们针对不同的人群和对象，运用不同的阐释作品及解说方法，综合各种专业知识，协助观众学习，更重要的是通过他们热情的态度和有效的表达，鼓励观众主动和独立学习。

信息技术革命改变了一个时代，同时对艺术博物馆运作产生了巨大的影响。网络技术强化了藏品知识及资讯的搜索、分类、关联、交换及传播。强化艺术博物馆的教育与娱乐功能，成为新时代艺术博物馆公共教育与沟通的优良渠道。艺术博物馆数字化（虚拟艺术博物馆）的发展提高了典藏品的教育价值及利用率。艺术博物馆只需要完成摄影、扫描、数码影像处理、作品基本资料登录及上传、取得影像之网路使用权等工作程序，观众就可以在任何时间，通过任何一台电脑，在没有展示柜、围栏、防盗红外线警示器的干扰下，进一步观察艺术作品的细节、肌理、形象、色彩。除了可以得到比展示说明牌更深入的资讯，对作品的文化、社会、历史、传记等背景资料进行更深入的钻研与探讨，也能依个别需要进行咨询或图像的选择、分类、比较，或简要，或详尽，悉听尊便。除了虚拟实境的网络艺术博物馆，网络还提供给社会大众更多元化的学习方式：网络艺术资讯快速更新、主题网页制作、网络虚拟展、网络艺术导览（欣赏）系统、网络教材、远程教育、网络典藏系统、简易资料库，等等。对于经费有限的小型艺术博物馆或是地处偏远的艺术博物馆而言，网络艺术博物馆的建立亦可弥补许多作品资料、宣传等方面的缺失。

在国内，专门的艺术教育基金会鲜少能见。“吴作人国际美术基金会”等一些私人艺术基金会也曾做过针对艺术专业领域的扶持，但是赞助门类极少，受惠对象的局限性也很大。“国家艺术基金”设立以后，大大改变了中国艺术赞助的现状，也有专门针对艺术博物馆或艺术人才方面的培训，但针对观众的教育项目的专项资助仍然不多，影响力辐射全球的更为少见。而位于美国加州的“盖蒂基金会”，针对美国的教育机构，提供师资深入民间改革教育模范课程，为具创意和教育理念的美术课程进行评选并设立奖金。同时还为艺术史的研究、艺术博物馆营运的研究、艺术品维修培训等艺术博物馆专业领域的人员培训、研究提供机会和资金。根据资料显示，这个基金会自成立以来，已经提供了150个国家、1800个研究机构，总共7600万美元的经费，可以说影响力遍布全球。

盖蒂艺术博物馆的馆内教育普及也值得我们学习。它并没有以传统“艺术殿堂”的姿态展示盖蒂基金会的收藏，反而以独特的建筑空间和展览理念，巧妙地融合加州“游戏”与“娱乐”取向的文化生态，以“艺术教育”为圆心，创造了一个新的主题乐园。最精彩的应该是艺术博物馆所提供的“生活艺术教育”。馆内每个楼层的转角处都特别设立教育资讯站，针对不同材质的收藏品设计学习材料，无论是雕塑、绘画、摄影，还是装置艺术，针对不同的门类，使之成为包含了实物触感、创作技巧和观念启发的活教材，并在现场安排专人指导，也可以随时上网浏览成套的教学资料。馆方尽量提供友善亲切的“现场学习”环境，帮助不同年龄层的观众找到适合自己的艺术体验。

同样值得称道的是台中的台湾美术馆。2004年整修后重新面向公众开放以来，精心设计推出供儿童阅读的独立空间——儿童绘本区。每两小时轮换一批观众，每天可接待1000余人。另外，还包括依托藏品开发设计的供儿童参与、互动体验的独立空间——儿童游戏室，展示儿童艺术创作的空间——儿童艺廊，多媒体互动体验空间——数字艺术方舟，可以进行艺术体验课程的专用教室——艺术工坊。五处儿童专属空间，总面积约1000平方米。[11] 在中国“二胎”政策和中国“望子成龙”传统心态的影响下，博物馆尤其是艺术博物馆的儿童教育应该在艺术博物馆内提到新的认识与执行高度。

总之，如何建构艺术博物馆中的教育方案及课程？如何针对不同的人群形成教育策略？如何使艺术博物馆与学校、社区携手，拓展其教育意涵？等等，这些都是艺术博物馆未来改革中需要考虑的问题。

五、艺术博物馆教育与学校教育的互动

在全世界范围内，学生参观博物馆的人次都在迅猛的增长，博物馆参观逐渐被许多学校纳入正式的教学活动。在美国，“博物馆学校”（Museum School）甚至形成一种新的教育体制，并有取代传统学校教育体制之势。学校成为博物馆越来越重要的观众来源与活动合作伙伴之一。博物馆和学校的相互合作已是推动博物馆教育的趋势之一。作为博物馆类型之一的艺术博物馆，也同样面对着与学校合作的新契机。在中国，艺术教育怎样摆脱高考模式长期以来的影响，获得一种新的教育方式，适应于现在文化的时代，成为中国的艺术界、艺术教育和艺术博物馆教育的专家们近年开始关注的问题。

艺术的学校教育（中小学普及艺术教育、专业美术院校及培训机构）是有计划、持续性的教育工作。根据不同年龄层、背景的学员，制定不同的课程标准，采用不同的、复杂的强制性学习形式，这是艺术博物馆教育不能完全取代的。不过，学校教育无论是课程设计或理念应用，大致上较偏重于技巧训练，以“技术”纯熟为规范，忽略了艺术学习的批评与文化两大领域，也缺乏美感教育的丰富性和人性化的启发，使美育活动陷入有规律而定型的模式，其受众范围、学习时间、学习形式等均具有极强的针对性和局限性，因此无法满足全社会的美育需求，对社会大众的影响力也有限。而艺术博物馆教育正可补充学校教育的不足。

博物馆教育的出发点在于建立一个区别于正式、专业学习的教育系统。“不同于学校教育、校外教育，也不同于针对成人的社会教育，它对到博物馆来享受教育者而言是自主的、自助的。”[12] 它不受课程标准限制，强调在潜移默化间引导观者自发性参与的同时得到观念提升。“它的研究、

教学模式也很特殊，小学到大学的学习是基于课本和图片的，而美术馆则是基于‘实物’的：由物而生，围绕它展开，而具体方式则由物在空间中的存在方式决定，比如由什么尺寸的何种材质做成、以何种方式使用以及在哪些场合呈现（展厅或工作室等）。”[13] 丰富的收藏，真实的艺术珍品，让人在艺术博物馆中能直接感受到艺术的慑人力量，亲身经历美感体验。所以艺术博物馆可以培养学生敏锐的观察能力，是刺激学生直观的审美兴趣和进行感官训练的最佳学习场所。除了感知层面的启发，来自世界各国的研究人员、艺术史学者、艺术家亦借美术展览及学术交流之便，以艺术博物馆作为活动核心，与当地的艺术人士及青年学子进行面对面的直接对话，其宽广的国际视野、精深的专业知识，可成为学校美术教育的有益补充。

艺术博物馆对于艺术院校来说，是非常重要的教学资源和展示平台。而学校拥有固定的、有着高学历的教育及艺术史论背景的师资力量，他们是美术界创作与研究的主力军。他们若能走进艺术博物馆，无论是成为志愿者还是在合作中加强交流，都可以弥补艺术博物馆教育专业人员不足的问题。艺术博物馆的教育专员和学校的艺术教师拥有“育人”的共同目标，只是实施的环境和条件有所不同。建立加强艺术博物馆与美术附小、附中、学院以及艺术相关培训之间的交流与合作伙伴关系，联合开发、共同设计更符合教育目的的活动；与学术机构合作，运用科学的设备与方法，对艺术博物馆专题做精确的学理研讨，促发专业人员的进修，并提升专业能力，让实务与理论充分结合、相互促进，无论是对艺术博物馆、对学校还是对全社会来说，都是一件功德无量的好事情。更重要的是，不仅局限在美术教师，如果艺术博物馆能汇聚专业的历史学者、艺术创作者、社会学家等不同学科领域开展交流，将会产生巨大的社会能量，足够引导新生代观众的投入。

博物馆和学校之间的教育合作自20世纪初期便开始被博物馆界和教育界所重视，美国博物馆学者本杰明·艾夫斯·吉尔曼（Benjamin Ives Gilman）当时便力主博物馆的教育功能，安排一系列教育活动，并倡导专家进行了最早的观众研究；也有一些博物馆如儿童博物馆等，根据学校教学活动来建立和发展；进步主义教育学者如杜威（Dewey）也开始体认到博物馆对于教育的重要性，进而促进博物馆与学校教育之间的合作。台湾学者刘婉珍在对北美博物馆与学校合作情况调查的基础上，总结出博物馆与学校合作的六大模式。

模式一："提供者"与"接受者"模式

以博物馆为主导，博物馆单方面规划、设计活动，中小学师生可选取博物馆所提供的活动，学校教师没有参与活动规划过程，扮演"消费者"角色。

模式二："博物馆主导的互动模式"

博物馆主动邀请学校的教师共同参与制定活动规划，博物馆通过系列研讨训练，培养种子教师，帮助参与的学校教师成为活动规划的主导者之一，与馆方人员是真正的合作伙伴。

模式三："学校主导的互动模式"

学校教师主动向博物馆提出学期活动构想，博物馆则与教师沟通配合，以达成共同设定的教学目标。

模式四："小区博物馆学校"

在小区中成立以各类小区博物馆为主要运用资源的学校，让学生在博物馆各陈列室中进行学习，从实务与经验中提高批判及解决问题的能力，学校老师在此模式中扮演主导角色，让学生充分利用博物馆资源以促进学习。

模式五："博物馆附属学校"

整个博物馆即是学校，博物馆附设学校与当地中学采用同样的学制，但授课方式不同，主要是通过艺术来教授各类课程。

模式六："中介者互动模式"

此模式则是由博物馆与学校之外的第三方机构扮演主导角色，美国北德州艺术教育中心的艺术博物馆之学校合作推展中心及史密森尼学会（Smithsonian）的中小学部门和盖蒂艺术教育中心所推动的馆校合作模式，皆属此类。

在美国，馆校合作已经是非常普遍的现象。在纽约大都会艺术博物馆和古根海姆艺术博物馆，馆方专门为不同年龄段的学生提供了与之相应的美术教育课程；学校的部分课程也可直接在艺术博物馆中进行，馆员与教师之间互通有无，形成了非常紧密、和谐的关系，共同为学生的成长和发展搭建了良好的平台。我国国内鲜少有馆校合作的方式，尤其是进行课程开发的案例。但是以上模式，尤其是前四种模式，只要用心经营，都是不难做到的。在馆校合作中，沟通与了解是彼此合作的基础。对于艺术博物馆而言，以下内容是要尽量去了解的：

· 学校成员的背景如何：不同年龄层的学生、不同专业科目的教师、学校行政人员等的了解。

· 需要何种教育内容：不同的学生和老师需要什么样的教育内容？学生学习发展阶段和理论知识学习等都应该加以考虑。

· 何时实施：学校的学年、学生假期或教师课程进度等。

· 如何吸引学校团体：如何让学生有兴趣？让教师乐于安排参观活动？

· 教育活动的效果如何：学生参观前的先备知识有多少？学生进场后

的学习行为和学习成效如何？学生参观后的反应？教师的事前准备和了解有多少？教师的引导方式如何？等等。

·馆方人员的准备：若以学生和教师为对象，馆方人员应该具备哪些能力？

在馆校合作中，最关键的人物是学校的教师。教师不仅要每天直接面对学生，指导学生学习，而且在学校的艺术博物馆参观活动中，教师是唯一的全程参与人。从安排学生时间、学生的事前准备、带领队伍、讲解（虽然有时会请博物馆导览员，但通常教师仍会随时在侧）、回去后的延续活动、学生学习评估等，都是教师工作的一部分。教师对艺术博物馆参观的认知与态度会直接影响到学生的艺术博物馆学习成效，也会影响艺术博物馆教育方案的推展与成败。如何使教师意识到参观艺术博物馆的教学效果？如何将艺术博物馆参观整合到课程之中，将艺术博物馆的参观经验发展成学习的机会而不只是课外娱乐活动？教师对参观活动若没有清楚的教学目标，学生就容易对参观目的和功能感到困扰。学生在艺术博物馆的学习经验不只是发生在参观时，还包括参观前的准备与参观后的后续活动。这几个阶段主要是由教师在主导，因此艺术博物馆规划教育方案时，应该将学校观众参观前、参观中、参观后三个阶段都纳入考虑范围，并在各阶段与教师沟通或提供必要的帮助，尤其是参观前为教师提供充分的课程准备资源，或者与艺术博物馆成员充分讨论沟通，以帮助教师更清楚展览内容并设计适当的艺术博物馆参观课程（Hooper-Greenhill，1991），如此才能总结出完整而有效的艺术博物馆教育经验，并真正达成艺术博物馆教育的目标。

六、中国的艺术博物馆教育所面临的问题

根据李万的研究，民国初年，政府设立社会教育司，博物馆和美术馆（艺术博物馆）则直接由社会教育司来管理。1915 年，教育部公布了《博物馆规程》，在博物馆的设置、管辖及运行等方面，明确了教育部对博物馆的行政职能。在民国政府的多项工作计划、考察、规程、法案中，“艺术博物馆事项”和“博物馆事项”的重要性一直被凸显着。“博物馆”和“美术馆”在民国政府是以“社会教育”而定位，已经完全成为一种社会教育的事业，在行政、管理及运行等方面均属于社会教育的范围。[14]不过在经历了比较长的博物馆、艺术博物馆事业的停滞发展后，教育作为艺术博物馆的功能更加在风雨飘摇中被弱化了。

中国艺术博物馆业发展到今天，即便是在专业领域，对艺术博物馆教育在国民教育中到底能起到多大的作用，估计还有将信将疑者，若说认识真正能达到蔡元培先生 1917 年所提出的“以美育代宗教”的高度，就更有限了。在嗷嗷待哺、漏洞百出的艺术博物馆生存现实面前，教育看上去是一桩昂贵且收益遥遥无期的投资，不会被放在首要的位置。因此能够在实际的艺术博物馆工作中给予教育足够重视，给予足够人力、物力、财力、活动空间的领导人与管理者就更是少之又少了。

专业领域尚且如此，社会对博物馆（艺术博物馆）教育就更为漠然了。纵然今天艺术创作如此活络，艺术市场火爆到沸点，艺术博物馆的“门面”作用也终于被空前发现，但毫无疑问，在这样的洪流之中，艺术博物馆的“家底”（既有收藏）、艺术博物馆的粮草弹药（人力、财物）、艺术博物馆的阵地条件（政策等外部环境）都不容乐观。这种全方位积贫积弱的现状，使我们的艺术博物馆在国家的人文教育中长期严重缺席。

本书第一版写作于2007—2008年，今天，对于艺术博物馆教育的深度担心和焦虑，在以“艺术博物馆儿童教育活动”为先锋的丰富的艺术博物馆教育活动中被冲淡了。然而在这股以儿童教育带动观众，甚至在“博物馆艺术教育体验”产业化的冲动中的中国艺术博物馆教育，还存在许多认识与实践中的问题有待提升。

首要的问题来自于中国的博物馆的参观文化。学校教会我们“读”，博物馆教会我们如何“看”。观看对人的创造力的作用不言而喻，中国收藏与欣赏艺术品的历史由来已久，但去博物馆、艺术博物馆等公共场所参观学习的传统还没有得到充分发展。我们的博物馆（艺术博物馆）文化还没有成形，博物馆在文化发展中处于弱势地位。在这种情况下，博物馆无法承担社会与历史期待于艺术博物馆的教育功能，相应地，人们对博物馆教育功能的认识就会更为冷淡，总之，这是一个可怕的恶性循环。“中国国民的整体素质、中国中小学生和大学生的整体素质弄成今天这个模样，是美术馆文化和美术馆教育的长期缺席，被长期忽略、长期搁置的问题。它比国学的衰微更严重、更致命。”在许多人看来，陈丹青先生或许言过其实，不过反思我国的国民艺术教育，不能不让人担忧。这担忧之中最骇人的部分不是我们哪些地方还没有做到、做好，而是意识远未澄清。

其次的问题来自于博物馆从业人员自身的认识。博物馆更为深远的教育功能在长时间范围内被意识形态宣传的功能左右和遮掩住了。即使今天，教育基本上只是被视为博物馆的最次要的功能，教育与博物馆其他活动全方位结合的意识还没有在专业的艺术博物馆工作体系中形成要求、习惯和规范。

再次，博物馆基于自身实力或者意识的原因，比如直到今天中国国家第一大艺术博物馆——中国美术馆还没有固定的陈列展。艺术博物馆在艺术史上的缺席，也使得中国的艺术博物馆无法对学校教育进行有效的补充。中国的艺术博物馆教育还远远未达到像国际先进的艺术博物馆文化地区那样作为学校教育的有机组成部分的状态。艺术的博物馆教育和学校教育都陷入了一个僵死的怪圈。“中国的艺术教育是全世界最庞大的，但这样的教育是不奏效的、是残废的、是从文本到文本。画作教给我们的东西不如艺术博物馆教给我们的东西多。半个世纪以来，艺术教育的深刻误区使政府和全社会相信艺术学院能够包揽、承受、发挥所有的艺术教育的功能，实际上除了美术学院，我们的民众、我们的社会几乎没有接触并受惠于美术教育的资源和空间。民间美术早就消亡了。而一个没有皇家、没有贵族、没有绅士阶级的国家，在一个像样的资产阶级尚未成形的国家，在一个具有高度自由和前瞻性的知识集团和收藏群体雏形未具的国家，既不需要也无法消化今天艺术院校批量生产的这种不伦不类的美术；而曾经有国家扶持、极度重视的图像宣传，但这类宣传功能已经被现代媒体影像所全面取代的意识形态国家，也不需要今天美术学院所提供的过时的美术。既不能为社会和时代贡献什么，社会和时代也不需要它，这是我们艺术学院居然得以膨胀壮大的悖论。和艺术学院一样，中国很多大大小小的美术馆无非是官僚机构和行政单位，中国的国立美术馆、博物馆的馆藏容易成为单位部门的‘私产’和‘禁地’，很少为社会公众服务。西方绝大部分美术馆是私立的，却为公众提供最高品质的服务，真正属于社会和人民。”[15] 当然，要解决这个问题并非一朝一夕。对于大多数艺术博物馆而言，藏品是否足够，是否可以拿出藏品长期陈列，藏品陈列是否能形成具备说服力的学术系统就是首先要面对的问题。不过，这并非意味着我们不作为。即使是临时展览频繁的艺术博物馆，也可以从两个方面加强与院校的合作。首先从思想和行动上要认识到针对学生教育的研究的重要性，对不同年龄段和特殊教育课程学习提供需要的辅导和服务；其次是主动与学校老师（美术、历史科）建立联系，了解学校的相关美术教育信息，为教师提前准备艺术博物馆活动的资料袋，使艺术博物馆成为教学资源的提供地。具体的做法在上一节“艺术博物馆教育与学校教育的互动”中有详尽的介绍。

还有就是博物馆与社区的结合不够。在将博物馆教育推向社会，推广到社区，扩大博物馆教育的影响力等方面，我们还大有拓展的空间。比如中国美术馆免费开放以后，吸引了很多周边胡同里的退休人员。但他们进入艺术博物馆的主要目的是吹冷气，甚至用艺术博物馆的热水洗菜，针对这样的情形，笔者建议艺术博物馆不是要放弃这些观众，而是要拿出对策——无论是有针对性的策展，还是“接地气”的对话，要积极对周边社区的观众进行良性的影响，比如增加亲子项目；加强针对社区的教育讲座的规划与宣传，形成规模和系列；增加教育服务设施，包括艺术博物馆参观礼仪的相关教育等，使他们主动意识到在艺术博物馆中洗菜是多么不应该和不体面的行为，同时也是对公众环境的一种破坏行为。

目前国内的艺术博物馆教育还只是针对国内观众，在日趋全球化的今天，教育人员还要有将教育受众扩展到国际观众的思想准备和心理准备，以迎接新的挑战。展览教育活动关照到外国参观者，展览就能更好地传播中国文化，加深不同文化人群之间的理解与沟通，扩大中国文化的影响力。[16]

最后是博物馆教育的专业人才——事实上，中国艺术博物馆、博物馆界的专业人才目前面临着非常严峻的情势。国外的博物馆教育从20世纪60年代末开始，已经逐步发展成一个独立的专业领域，在实际工作、理论研究、人才培养方面均开始形成系统。而在中国才刚刚起步，目前基本上还处于实践经验积累阶段，在理论研究和人才培养方面还远远没有发展起来，缺少艺术博物馆教育方面的专门人才，更未形成全国性的艺术博物馆教育专业工作者网络或团体。博物馆教育最迫切需要艺术史、博物馆学、教育学等综合背景的专业人才。目前来说，积极开展和深化在艺术博物馆教育理论研究、人员培训、项目规划等方面的国际交流与合作显得尤其重要。英国文化协会、V&A 艺术博物馆、MoMA 等都有相关的关于艺术博物馆专业从业者的培训，值得关注。将来中国是否会出现像卢浮宫学院一样，从博物馆里长出来的高级别专才研究院，也非常值得类似故宫、中国国家博物馆、中国美术馆或者相关的博物馆管理机构进行思考。[17]

总之，博物馆（艺术博物馆）教育是一个全方位的概念，应当尽快建立和完善相关合作机制。博物馆（艺术博物馆）相关职能部门应当为实现共同的公共教育使命而通力合作，馆内公共教育部门作为教育活动的专业协调部门也应当对内对外都发挥更为积极、重要的作用。

注释

1　[美]詹姆斯·伍德：《美国美术馆的学术权威》，载[美]詹姆斯·库诺（Cuno, J.）《谁的缪斯？——美术馆与公信力》（*Whose Muse?Art Museums And The Public Trust*），桑塔兰泰拉、张婷译，北京：中国青年出版社，2013 年版，第 99 页。

2　部分参考郑勤砚《爱上博物馆，是一种生活方式：美国博物馆公共教育的启示》，“艺术联盟”2014 年 4 月 11 日。

3　王婧思：《当代博物馆教育的三个转向》，2016 年 3 月 3 日由“空白诗社”原创发布。

4　Ritchie,I.（1994）“Museum education: past,Present and future”, in Greenhill,H. *Towards the Museum of he Future* London:Routledge, p.79.

5　[以色列]尤瓦尔·赫拉利（Harari, Y.N.）：《人类简史》（*Brief History of Humankind*），北京：中信出版社，2015 年版，第 22 页。

6　[美]詹姆斯·库诺（Cuno, J.）：《谁的缪斯？——美术馆与公信力》（*Whose Muse?Art Museums And The Public Trust*），桑塔兰泰拉、张婷译，北京：中国青年出版社，2013 年版，

第 16 页。

7 杨应时：《中美美术馆教育比较研究》，载《2008 中国美术馆年鉴》，北京：中国美术馆，2008 年，第 312 页。

8 [法] 弗雷德里克・马特尔（Martel, F.）：《论美国的文化——在本土与全球之间双向运行的文化体制》（*De la culture en Amerique*），周莽译，北京：商务印书馆，2013 年版，第 302 页。

9 Hooper-Greenhill, E. (1991) *Museum and Gallery Education* p.117.

10 Hooper-Greenhill, E. (1980) "The National Portrait Gallery: A Case -Study", in *Cultural Reproduction,A thesis, Institute of education*, University of London，pp.135-148.

11 庞桂馨：《台湾地区美术馆教育的启示》，载《2011 中国美术馆年鉴》，北京：中国美术馆，2011 年，第 331 页。吴琼：《台湾美术馆儿童美术教育一瞥》，载《2006 中国美术馆年鉴》，北京：中国美术馆，2006 年，第 300 页。

12 何琳：《由美术馆公共教育实践引发的思考》，载《2008 中国美术馆年鉴》，北京：中国美术馆，2008 年，第 308 页。

13 [美] 詹姆斯・库诺（Cuno, J.）：《谁的缪斯？——美术馆与公信力》（*Whose Muse?Art Museums And The Public Trust*），桑塔兰泰拉、张婷译，北京：中国青年出版社，2013 年版，第 49 页。

14 李万：《中国近代社会转型与美术馆的发展》，载《2005 中国美术馆年鉴》，北京：中国美术馆，2005 年，第 170 页。

15 2007 年 1 月 13 日，陈丹青在今日美术馆举办的《美术馆面面观》讲座。

16 葛颐：《浅谈展览教育项目的设计与实施》，载《2009 中国美术馆年鉴》，北京：中国美术馆，2009 年，第 255 页。

17 卢浮宫学院成立于 1882 年，最开始开设艺术史和考古学课程，1927 年开始增加广义的博物馆学，目前有 30 个艺术相关学科，并设置夏季、晚间课程，同时学术研讨、学术刊物、一流的档案室和藏书机构、频繁的国际交流，使其成为一个卓越的教育机构，在卢浮宫之外享受充分的自主权。引自 [法] 皮埃尔・罗森伯格（Pierre Rosenberg）《卢浮宫私人词典》（*Dictionnaire Amoureux du Louvre*），杨洁等译，上海：华东师范大学出版社，2015 年版。

巴黎罗丹美术馆

（上）东京 21 _ 21 设计馆
（下）大英博物馆

（上）伦敦博物馆的儿童角
（下）巴黎建筑博物馆内正在上课的孩子们

第三部分

艺术博物馆（美术馆）的资金链条

博物馆一旦开张，就面临着在收藏、保存、研究、展示、教育及行政管理等方面的庞大开销。艺术博物馆由于和当今的艺术生态的联系更为紧密，其行为对当今的艺术市场有深广的影响。相比其他类型的博物馆，资金链条问题显得更为牵一发而动全身。从某种程度来说，充足的资金是艺术纯粹性的保障。因此，本部分主要集中从艺术博物馆的资金角度进行叙述，涉及更广泛的问题，文中也会用博物馆来涵盖艺术博物馆的相关指涉。

全球艺术博物馆的资金都面临着非常严峻的情况，对于中国的公立艺术博物馆而言，政府的拨款虽然使大部分生计无虞，却明显不能满足新时期艺术博物馆的发展需要。中国第一大馆中国美术馆 2008 年用于收藏的拨款平均为 500 万元，上海美术馆 2007 年的收藏经费为 350 万元，[1] 这样的金额在当时甚至无法在市场上买到一幅著名的当代艺术家画作。省级艺术博物馆的经费就更少，黑龙江省美术馆 2006 年的总财政拨款是 240 万元，其中人力资源费 180 万元，收藏费 50 万元，办公费 10 万元，根本无余钱策划展览，因此不得不出租场地求生，一般展交 5 万元，标准展交 10 万元。[2] 而场租问题也成为横在各级艺术博物馆和政府拨款数额之间的一道普遍难题：一方面，“历史存在”的场租缓解了艺术博物馆的资金缺口，是馆内突发项目和职工加班补助的主要来源；另一方面，由于其惯例性的存在，国家拨款时（指对公立艺术博物馆）会将这部分“缺口”作为艺术博物馆自身可运营出来的收入而不考虑这部分资金的必要性；再加上对于艺术博物馆“资金缺口”的预算决算的体系和审核不健全，种种原因导致出租场地问题成为国家的艺术博物馆无以化解的恶性循环，从很大程度上影响了展览决策，损害了艺术博物馆的学术形象和公信力。近些年受惠于国家政策对文化创意产业的大力推动，各大公立艺术博物馆的费用虽然大大增加，但与艺术市场的水涨船高相比，依然没能摆脱窘境。公立艺术博物馆尚且如此，对于那些身份不明的民营艺术博物馆而言，资金状况就更为严重——当开办人的热情随着艺术博物馆日渐攀升的财务赤字逐渐消失时，艺术博物馆就离关门不远了。

资金对于艺术博物馆的发展来说，无论中西，不分国有民营，直接关系着艺术博物馆的生存与生存质量，是艺术博物馆运行中的关键环节。资金链是艺术博物馆的发动机。目前大部分中国的艺术博物馆在收藏、研究、主动策展、人才引进、教育推广及争取优势资源等方面存在很多不足与缺陷，其中资金问题是最关键的部分之一，其他问题在某种程度上都与资金或多或少有所关联。投入极大人力与时间，健全强化自身机构的生存与营利能力，同时向大量分散的渠道争取直接或间接的资助，已经成为摆在当今艺术博物馆馆长们案头最重要的一件事情。

那么钱从哪里来？赚钱对艺术博物馆而言与企业有何区别？什么样

的艺术博物馆更能够赚钱？什么钱艺术博物馆可以赚？什么钱艺术博物馆不能？什么样的艺术博物馆更容易得到资金的青睐？艺术博物馆凭什么赚钱？艺术博物馆采用什么方式来获取资金？又用什么样的方式来保证本馆的财务状况处于健康有序可持续的水平呢？艺术博物馆与赞助人之间应该建立什么样的关系？在第九章“艺术博物馆的资金来源”中，我们将重点了解与上述艺术博物馆收入相关的问题；作为艺术博物馆收入中重要且具备潜力的部分，我们将分节对艺术博物馆商店为核心的附属产业进行探讨；我们还会集中说明与艺术博物馆的品牌相关的定位、市场、营销、公关作为当代艺术博物馆经营最重要的辅助管理工具。

纽约古根海姆艺术博物馆

第八章　艺术博物馆营利和非营利的关系

一、艺术博物馆的商业界限

1. 艺术博物馆的商业活动

公益性的艺术博物馆，无论是国内，还是国外，常常有很多显性和隐性的商业活动（最常见的比如出租场地，无论承租人是举办与艺术相关还是无关的活动）。同样，艺术博物馆的学术建设相关活动也具有无法忽视的商业价值。

首先，作为权威的学术机构，艺术博物馆的智识权威可以产生商业价值。艺术博物馆的判断对艺术市场的风向有很强的指导意义。由艺术博物馆认可并展览的艺术作品，其价格都会得到提升。每年在“威尼斯双年展”、“卡塞尔文献展”上备受关注的艺术家和作品都会在巴塞尔艺术博览会上卖个好价钱，这是行业中不争的事实。艺术博物馆通过严格的学术审核过程而收藏的艺术品也会升值，这几乎是定律。除了为成功的前辈艺术家举办完整而翔实的回顾展并典藏其精品，艺术博物馆的非营利性更表现在保证了一些卖不掉，但更有价值的艺术品成为艺术博物馆收藏的藏品，这使一些寂寂无名、深具潜力的年轻艺术家得到培养、提拔的机会，所以艺术博物馆是现代艺术与前卫艺术的最大支持者。最终那些因实验性过强而被画廊、拍卖行等商业机构拒之门外的作品价格会远远超出不具有实验性的艺术作品。艺术博物馆经过研究策划而推出的展览，往往对社会大众具有比画廊展示更深远的影响力。从这个意义上说，艺术博物馆成为艺术收藏的学术环节，直接推动了艺术品商业价值的提升。事实上，无论政府或财团，从长期扶持艺术博物馆艺术品收藏中获得的甜头实在是太大了，不仅在公共文化事业建设上尽到了职责，收藏品折算成本的回报率也是丰厚的。

其次，艺术博物馆内有一些观众服务设施，如艺术品商店、咖啡店、餐厅等，从设立而言是对大众艺术体验的延伸与拓展，但从形式、经营方式而言就是卖场，盈利是其开设的目的之一。艺术博物馆可以收取展览门票、会员费用，艺术博物馆所提供的教育服务也具有一定的含金量，有时也会收取一些费用。

再次，艺术博物馆的公益性功能，无论是免费开放或设立免费开放日，举办针对特殊团体的免费专场展出，免费开放的公共教育讲座，免费的资料阅览等活动都为艺术教育提供了土壤。这些公益行为无疑带动了社会收藏风气的发展，促使收藏家的活动空间大为增广，从客观上为画廊培养了更多收藏家和潜在收藏家，营造了更好的艺术生态，也包括艺术的商业生态。艺术博物馆学术判断所产生的直接商业价值或间接商业价值的大小（对艺术市场的指导作用）由时间和市场行为来共同完成，是艺术博物馆对社会的贡献。

2. 商业机构的公益活动

“我们早就不再可能把博物馆仅仅归属于文化，也不再可能把艺术博览会仅仅归属于市场。”[3]德国学者贝尔廷的观察道出了如今艺术生态中艺术博物馆与商业艺术机构的亲密关系，以及我们文化中的矛盾。即便在2002年的一次云集了世界重要艺术博物馆馆长的圆桌讨论中，美国大都会艺术博物馆馆长菲力普·德·蒙特贝罗（Philippe de Montebello）也从艺术博物馆内部发问："以商业方式运作艺术博物馆和把艺术博物馆当做商业机构运营有所不同，你觉得如今的董事会和创始人都能理解这样的不同了吗？"[4]可见即使是在博物馆文化中沉淀了几百年的欧美国家，关于艺术与市场、艺术与商业的界限，仍旧是其文化体系中的重要问题之一。

我们可以先通过2016年的"香港巴塞尔艺术博览会"（Art Basel HK）来看看商业性的艺术机构的非商业作为。一项名为"艺术巴塞尔与城市"（Art Basel Cities）的全新艺术拓展方案在2016年被宣布，官方的新闻说："除了筹办艺术展会外，更致力于与不同城市合作举办精彩的内容丰富的特别活动，为全球艺坛带来全新机会，去发掘并投身在全球不同角落的文化潮流中。"[5]艺术博览会的公益触角（Art Basel、Frieze等艺博会都有"公益性艺术项目"空间或丰富的教育项目，且其策展人几乎都是来自艺术博物馆的策展人）已经从更聚焦精英群体的卖场深入到城市大众中了。由于展会的营利特点，可以将它归类为市场扩张，但同时公众也切实从中获得福利。在带动整个城市乃至整个珠三角的艺术氛围上，"香港巴塞尔艺术博览会"显然比很多艺术博物馆更加强了中国艺术相关群体的联系，无论是画廊、藏家、媒体，还是公益性艺术机构及"巴塞尔艺术博览会"所带来的国际艺术圈。对于艺术生态的成长来说，无论从专业层面，还是从大众培育层面，都大有裨益。事实是，不要说像"巴塞尔艺术博览会"这样的全球顶级艺博会，就是小型艺博会，也早就身体力行着非商业活动的推广，甚至谋求在原艺术博物馆建立的智识体系内进行革命性突破。从画廊的角度，目前有理念的画廊经营者往往能为艺术家规划创作生涯，从艺术家生活费的赞助到展览策划，再到进军国际艺坛，皆有一套循序渐进的完整作业。在一切讲求分工合作的社会中，画家专心创作，作品则交与专业的画廊做推广运作，因此艺术家与画廊之间的关系日益密切。艺术博物馆有时也须委请画廊协助，提供艺术家的作品或其他相关资料作为展出或研究之用。再看拍卖行，由于学术背书对于艺术作品的价值根本性、决定性的影响，顶级拍卖行的销售主管一般都以专业的身份和学养对即将拍卖的艺术作品的历史和专业价值进行分析，虽然局限于征集拍品的数量与质量，但往往也能推出独具学术眼光的展览。

3. 艺术博物馆的商业界限

商业的艺术机构无论是否出于利益所需，都如火如荼地进行学术建设和艺术公众利益分享方面的投入，非营利的艺术博物馆也不可避免地进行着一些商业活动或者持续产生着商业价值。既然艺术博物馆的学术建设具有商业价值，艺术博物馆也可以通过商业活动获得收益，那么到底以什么标准来判断一个组织是否为公益性的组织？什么样的商业活动不损害艺术博物馆的公益性甚至有益于公众服务功能的发挥？什么样的商业活动是艺术博物馆必须要避免的，也就是艺术博物馆与其他艺术商业机构尤其是画廊的界限在哪里？相互之间又有什么关系？正如MoMA馆长格伦·劳瑞（Glenn Lowry）在文章中所说："艺术博物馆是否可以找到能够接纳商业文化的方法，在于它们是否能证明在艺术和商业之间应当保留一条清晰可辨的分界线。艺术博物馆有责任解决这个问题，把自身同商业世界的活动更明确地区分开来。"[6]

最清晰的第一道界限是利润分配。在美国，公益性组织申请条件和所受限制的相关法律及法律所规定的相关组织由美国国税局国内税收代码

501（c）（3）（第501条，c款，第3段）来认定。所有的501（c）组织可以免除联邦税收，部分501（c）组织还可以免除州税收。我们先来看这项法律认定的具体内容。

这些组织的目的为：宗教、慈善、科学、公众安全实验、文学、教育目的而成立运营的团体，鼓励国家或国际业余体育比赛（但不包括那些借机供应器械及设备者），或为防止虐待儿童及动物。

可以是以下任意结构：公司法人、社区福利基金、基金、基金会。

必须服从以下约束：个人没有成为501（c）（3）的权利；组织的收益不能为私人股东或个人分红，必须投入不动产或本金；董事会成员不获取报酬，也不可拥有超出合理范围的其他利益。

不以营利为目的，运营过程以社会福利为目的，净收益必须用于慈善、教育或休闲目的；组织不能参与或干预（包括出版相关印刷物及分发）任何政治竞选活动；组织的游说范围受到限制（即对立法机构等进行游说以特定群体谋得某项权利等）；对于有些项目，规定收益不为生活、疾病、事故或其他提供保障。

成为501（c）（3）成员的好处：首先，他们本身可以免税。另外，为501（c）（3）成员捐赠，大多数可以同额免除税收。

以上资料清楚地说明，501（c）（3）的相关成员需要秉持不以营利为目标、禁止股东分红、必须用于机构成立之公共目的之上、不得为宗教政治党派或相关利益集团提供服务等显著“戒律”。因此作为非营利组织一分子的艺术博物馆，必须将其利润全部投入到艺术博物馆公益性功能的建设、健全上来。 我们能够发现，博物馆“在财富与服务的生产阶段和报酬方面实际上结合了某些商业经济的元素，但在所涉及组织的社会产权和利润分配方面却不受市场规律左右”，“处在一个半公（因为其公益目的）、半私（因为其本金、方式和运营）的领域”。[7]

其次是关于典藏品的处置方式。我们在第六章“艺术博物馆的典藏”中已经专门强调了艺术博物馆典藏的归属和处置的基本原则。简单地说，完全不同于画廊等商业机构，展览即是为了销售，所有的投入都是投资人为了赚取投资回报。艺术博物馆购藏作品被明确规定为只能收藏而不能交易。艺术博物馆不进行艺术品销售，其商店只出售艺术衍生品或纪念品。如果出于整体考虑需要淘汰售出藏品，则需要通过非常严格的程序（比如入藏作品至少要典藏20年以上的时间等），且交易的过程需要受到严格监督，交易所得也只限定于公益用途上，并受到比其他资金更严格的监管。以藏品牟利在艺术博物馆的行为中被视为不合法，尤其要杜绝以艺术博物馆典藏、公益的名义和市场达成任何形式的交易。所有501（c）（3）组织成员的相关商业利益分配，都会受到联邦税务部门和各种法院的严格监控，且与基金会和非营利机构的管理有关的信息透明度很高。[8]

我们需要特别强调一下艺术博物馆不对任何的私人利益负责这一点。艺术博物馆不能因为接受捐赠而承担对于艺术博物馆学术原则和标准进行干扰的条款。关于典藏捐赠附带条款问题，我们在第六章“艺术博物馆的典藏”中特别强调过。另外，接受展览赞助把策展人的控制权拱手让给捐助人或藏家，或直接为创收目的出租与艺术博物馆核心业务相关的主体设施空间并导致与使命相违背等，也属于不符合艺术博物馆职业操守的商业行为。

以上决定了艺术博物馆与商业画廊等艺术机构有着本质的不同。不过这并不能将艺术博物馆所有行为中的商业与学术的分界线囊括。无论是市场推广、资金募集、展览策划，还是战略制定，都存在着许多艺术博物馆的工作内容与商业之间的灰色地带。学术或公益，丧失博物馆伦理或坚守博物馆道德，有时候辨别起来真是有些困难，否则就不会出现本节开篇全球重要艺术博物馆馆长会上的讨论了。于此，最无法解决的矛盾，在美国主要体现在博物馆的董事会中。“博物馆董事会是一个双行道，它会事先通知董事会中的收藏家哪位艺术家的作品将被博物馆‘购买和展出’，这定然会抬高那些艺术家作品的价值。用惠特尼美术馆（Whitney Museum）董事会主席的话说：‘董事会里满是购买当代艺术品的收藏家。惠特尼美术馆面临的问题是，我们一举办展览或购买一件作品，艺术家的交易商就会把他的身价抬高 30%，对此我们又有什么办法呢？’”[9]

在这个问题上，全球艺术博物馆界争议最大的人物是原古根海姆艺术博物馆的馆长托马斯·克伦斯（Thomas Krens）。托马斯·克伦斯是以种种“出格”的行为遭“围攻”的馆长，他本人也因为种种“冒进”决策在艺术博物馆内部的处境险象环生，最后荣休。这一系列的行为有两个代表方向，一是类似于像“摩托车展”[MoMA 馆长格伦·劳瑞（Glenn Lowry）认为这是一种自暴自弃的行为]、“阿玛尼展”（获得 1500 万美元的助捐）这样与商业品牌的展示联系紧密的展览。一是他主导的古梅海姆全球分馆及策略联盟战略，纽约大都会博物馆馆长菲力普·德·蒙特贝罗（Philippe de Montebello）坚持认为古根海姆此举就是为了赚钱，而非真正按自己的目标和愿景经营博物馆。当时的环境是，古根海姆艺术博物馆的年度总预算是 4700 万美元，不如纽约现代美术馆 3.15 亿美元的经费充裕，更不用说与美国博物馆界的老大哥“大都会博物馆”每年经费预算相比。抛开现实需求不谈，事实是，在当今世界，相比当年的骂声遍野，对于与奢侈品牌合作，已经是非常普遍的事情——大多数发生在冠名或者非公共开放时间的空间出租上，占用公共展厅的公共展示时间进行品牌商业内容的宣传还未被接受，但如果展示内容导向是“学术化”的，艺术博物馆行业内部的反对声音就不会太强烈。比如三宅一生（Issey Miyake）近年在V&A、日本新美术馆举办的个人回顾展，亚历山大·麦昆（Alexander McQueen）在大都会艺术博物馆和V&A举办的个人回顾展，都取得了较好的大众口碑和业内口碑。至于连锁政策，现在更多的看法认为这是最大限度发挥自身影响力、最大限度推广艺术珍品，同时应对艺术博物馆财务危机的良策，国际大馆都开始身体力行。除了早早闻名的毕尔包的古根海姆，即将开幕的阿布扎比岛上的卢浮宫、古根海姆，中国蛇口的V&A与招商地产合作的设计博物馆[10]等，都属于世界瞩目的项目。有些策略本身既有商业利益产生，同时也符合本馆宗旨；有些时候，金钱和市场又会冒充公共性，打着公益的旗号干扰学术，趁机中饱私囊。虽然美国博物馆协会有一系列有关展览融资和避免利益冲突的章程，但事实上也可以说不存在一个对艺术博物馆合适行为底线的明确规定。

总之，对于艺术博物馆来说，在学术建设与商业经营之间取得平衡是一件很困难的事情。如何一方面保持非营利机构的使命和面貌，另一方面采取企业经营和行销的理念，积极创收以救亡图存，实施作为社会公益机构的使命；在肩负保存和传承文化、发展教育、推动学术研究的同时，扮演着提供休闲、配合观光、供给娱乐服务的角色；如何一方面要求专业人员持续地进行深度的研究，另一方面又要能浅显平易地与观众沟通。这些问题是全世界的艺术博物馆、博物馆都正在面对、实践与积极探讨的问题。无论如何，艺术博物馆经营者应该把商业上追求利润的概念转换成对艺术博物馆的使命、目标的追求与服务社会、发展社会的理想。艺术博物馆须时时警惕，坚持自身的学术立场和公共职能，反思市场的、资本的力量，避免沦入商业化、政治化或形式化的泥沼，使艺术博物馆的学术定位发生偏离，丧失其公信力，也失去艺术博物馆原有存在的意义和价值。国外艺术博物馆发展史表明，恰恰是非营利性、公益性才使艺术博物馆机构充满了生命力，才能严格地实践使命、建立纯正的学术体系，不受商业干扰。也只有非营利性、公益性的机构，以服务全人类为目标，具有高度的公共信赖度的机构，才能更好地争取到商业赞助，保证艺术博物馆的正常运转，创造巨大的社会财富。

二、艺术博物馆商业运营需要遵循的基本原则

1. 如何处理艺术博物馆中的商业活动和商业价值

为什么公益性的艺术博物馆会有商业性的活动？艺术博物馆应该如何对待其学术建设所产生的商业价值？艺术博物馆如何协调学术建设与商业经营的比例关系？如何并由谁来监督艺术博物馆公益性的发挥？

首先，我们需要认识到非营利性的机构也可以通过从事盈利的商业行为来完成自身使命。艺术博物馆不是被“供养”的“神位”，也不是躺在印钞机上不思忧患的世外方物，谈论盈利收益不应该是艺术博物馆的禁忌，甚至应该成为衡量其营运绩效的判断之一。更何况艺术博物馆的投资是长期性、持续性的，因此只有多方位的资金来源才能保障艺术博物馆的安全运行。近年来，在欧美国家艺术博物馆运营资金持续走低的形势下，艺术博物馆最大的挑战就是“寻找如何吸收商业文化的方法——如何让自己蓬勃发展、财政稳定、服务社会，又不至于损失道德威信，而在过去，捍卫道德威信基本是基于彻底拒绝商业文化的”[11]。在中国，艺术博物馆中的商业活动（行为）也非常重要。对国有艺术博物馆来说，现行的体制并不鼓励艺术博物馆的商业行为，所以收入需要上交财政。从现行情况来看，国家对大多数国有艺术博物馆进行全额拨款，艺术博物馆的“商业性运作”，除了“场租费”理所当然补贴“家用”，衍生品商店近年比较受重

视外，其他的则有诸多忌讳。对于第二类国家差额拨款的艺术博物馆，从现状看，除展场出租，似乎很少有更好的资金解决办法。而绝大多数民营艺术博物馆是自负盈亏、自筹生路的状态。无论全额还是差额，如前所述，国家拨款相对于艺术博物馆发展所需要的资金而言并不足够，多数艺术博物馆的商业盈利补贴了员工微薄的收入和低标准的展览预算；民营艺术博物馆由于基本上没有拨款，在捐助鼓励政策缺席（不够支持捐赠行为）的情况下，指望几股民间资本进行无限期、无止境的投入是完全不现实的。因此，我们认为艺术博物馆，尤其是民营艺术博物馆，最好能作为一类社会企业，或者带有社会企业的思维，具备一定的赚钱模式、途径、能力，来解决至少是部分自身发展所需要的资金问题。有了稳定的经济来源，艺术博物馆才能恰如其分地发挥其作为一个社会公共文化服务机构的公益性功能。艺术博物馆应该积极地把市场需求作为考量专业化的组织架构及营运管理方式的一个角度，着力争取社会资源；借用企业营销、企业管理的方法，锁定目标社群与观众，把握宣传及推广机会，策划相关教育、展览活动；增加环境设施、餐饮服务，启动艺术商品开发；既丰富、加深、延展了观众的艺术博物馆体验，同时也为艺术博物馆带来更多的观众与收入。

2. 艺术博物馆的道德标准

在艺术博物馆的经营活动中需要秉承什么样的道德标准来进行工作呢？

资助人可能怀有各自的期许对博物馆进行捐助，但他们无疑都希望通过自己的资助，促进艺术、科学、历史的发展，创造一个更有说服力和更加文明的社会。

资助人是严禁从对博物馆的捐助中分享到商业利益的。由于资助人与博物馆的关系越来越混淆，关于此方面的博物馆职业道德，美国博物馆界和美国博物馆协会进行了众多讨论，并成立了专门的道德委员会和专家组，制定了一个专门针对资助人与博物馆关系的指南。在美国，每个博物馆都会在这份指南的指导下拟定一个能被博物馆管理当局通过、能被员工及广大公众所共同理解的博物馆与资助人之间关系的说明和互动政策，它既可以是一个分开的文件，也可以作为博物馆政策的一个独立部分。博物馆接受资助的行为必须与这个书面政策、使命职责及战略方针相符，必要时还要有规律地回顾和更新政策。

这个政策应该包括以下 8 个方面的内容[12]：

（1）为了保证资助，严禁一些人为了个人所得或在博物馆的费用上利用职权牟利。一个发展和管理资助的方法，包括选择资助人、接受资助的类型、博物馆员工在受资助的相关工作中的职责和义务等，应该被博物馆的职责政策和程序所固定下来。

（2）使博物馆的各项资助更加透明是博物馆的一项公共义务。如果博物馆的资助与资助的使用不透明，则可能有一些潜在的利益冲突、利息争执等不必要的牵连出现，从而导致博物馆的信誉危机，因此博物馆应该采取适当的步骤让自己的活动更加开放，并且让人更容易理解和接受。首先，由于资助人对博物馆的资助涉及现金、财产或是某个人或家族的基金计划中的分红，也可能是一些红利暗含的税收，博物馆要做到的是所有资助记录、相关程序、资助款的使用应被清楚地记录，并且在法律规定的隐私保密的范围之外向全社会公开记录报表。其次，博物馆应该回应所有的公众媒体关于资助情况的调查，以迅速、坦率的问题讨论方式阐述个人的行为和理由。

（3）有明确的人力资源和财力资源规划，不断拓展资助人的数量与金额。

（4）依照资助的数额大小不同，规定好博物馆可能提供给资助人的酬劳范围，如场馆使用、安置、大小、名字和图像等。需要强调的是，在场馆使用方面，美国博物馆协会在指南中特别指出，允许博物馆为资助人所进行的与慈善有关的活动提供场所。

（5）对于资助人提供资助的相关文件的签署和管理。文件中需要明确资助的内容、期限、酬劳、可能会使用资助的活动、突发状况发生后资助的情形（如相关法律和修改、资助人死亡等）。

（6）遵循相关法律、税收和会计的规定和标准。法律是道德的最低底线。艺术博物馆与资助人之间的资助合同应该与相应的法律、税收和会计法规及政策保持一致。

（7）对中国的资助现状而言，下面两种情况基本上绝少出现，不过艺术博物馆仍需有所预防。一是资助信息的私密性的问题，艺术博物馆最好确定哪些类型的信息属于机密，从而平衡公共责任和保护资助人私有信息之间的关系。二是在一份分阶段的长期资助合同中，一旦资助人不能履行资助合同，艺术博物馆需要在平衡整体利益的基础上做出应对和调整。

（8）事实上，全世界范围内对整个非营利组织的财务情况监督、评估都严重滞后于非营利组织自身的发展。众多缺乏自律的慈善组织近年来频遭信誉危机，甚至包括英国 BBC、美国难民署、美国最大 NGO“联合之路”及一些政府部门。就艺术博物馆界而言，虽然不同国家的行业协会都出台了相关的道德要求，但并没有形成统一的、标准化的量化指标和法律约束，很大程度上全凭从业人士的自觉。2001 年，美国慈善导航网（Charity Navigator）成立，这是全球第一家针对慈善组织进行评价的网站，他们将财务状况分为七大类来评价慈善组织的运行效能，包括项目支出、行政支出、筹款支出、筹款效率、筹款增长、项目支出增长和营运资金比例。目前，他们正在针对不同类别的非营利事业制定有关项目执行和实践效果的评估标准。他们的经验值得我们借鉴学习，也值得国内艺术博物馆行业的从业者从这七类财务数据反思自己的工作。

注释

1　在 2007 年的一次采访中，上海美术馆执行馆长李磊介绍说：“我们并非国家全额拨款单位，每年用于藏品征集的费用仅为 350 万元。”

2　今日艺术网，引自黑龙江美术馆馆长徐焕昌语。

3　[德] 汉斯·贝尔廷（Belting, H.）：《现代主义之后的艺术史》（*Art History after Modernism*），洪天富译，南京：南京大学出版社，2014 年版，第 190—191 页。

4　[美] 菲力普·德·蒙特贝罗在“圆桌讨论”中的发言，载 [美] 詹姆斯·库诺（Cuno, J.）《谁的缪斯？——艺术博物馆与公信力》（*Whose Muse?Art Museums And The Public Trust*），桑塔兰泰拉、张婷译，北京：中国青年出版社，2013 年版，第 163 页。

5　https://www.artbasel.com/about/projects/detail/1751?blLocaleCode=zh_CN.

6　[美] 格伦·劳瑞：《美术馆和公信力的道义论方法》，载 [美] 詹姆斯·库诺（Cuno,J.）《谁的缪斯？——美术馆与公信力》（*Whose Muse?Art Museums And The Public Trust*），桑塔兰泰拉、张婷译，北京：中国青年出版社，2013 年版，第 135 页。

7　[法] 弗雷德里克·马特尔（Martel, F.）：《论美国的文化——在本土与全球之间双向运行的文化体制》（*De la culture en Amérique : politique publique, philanthropie privée et intérêt général dans le système culturel américain*），周莽译，北京：商务印书馆，2013 年版，第 281—283 页。

8　美国博物馆协会的专业守则指出，对于馆藏作品注销后售出所得只能用来增购其他馆藏，或是用作馆藏的保存或修复。为了避免任何疑似的利益冲突，政策上规定董事会、馆员、义工与他们的亲属不得购买有待出售的馆藏，而且注销后销售的作品必须以绝对公开的方式进行，如拍卖会。有关艺术博物馆商业的伦理道德，我们在本书第三部分中还会多次提到，并引用美国博物馆协会的相关规定。

9 [美] 玛乔丽·嘉伯（Garber, M.）：《赞助艺术》（*Patronizing the Art*），吕澎译，北京：中国青年出版社，2013 年版，第 116 页。

10 注：本项目最终由中国总理李克强与英国首相卡梅伦在伦敦签署了合作合同，笔者参与了本项目的整体顾问工作。

11 [美] 格伦·劳瑞：《美术馆和公信力的道义论方法》，载 [美] 詹姆斯·库诺（Cuno, J.）《谁的缪斯？——美术馆与公信力》(*Whose Muse?Art Museums And The Public Trust*)，桑塔兰泰拉、张婷译，北京：中国青年出版社，2013 年版，第 134 页。

12 结合中国实际，参考了美国博物馆协会的资助道德规定及《外滩画报》对美国慈善导航网总裁肯·博格的访问。

艺术博物馆的餐厅

泰特现代艺术博物馆为培养儿童公益意识而设立的趣味互动捐款箱

第九章　艺术博物馆的资金来源

一、多层次的艺术博物馆资金结构

一项美国博物馆学会在 1999 年的统计显示，向政府申请拨款的博物馆每年的费用中政府拨款平均占 27.9%（主要是通过国家或地方政府的基金会拨款），个人或组织捐款平均占 32.3%，博物馆的商店、参观门票和出版物收入平均占 28.6%，其余来自博物馆自己的母基金［大都会博物馆的母基金为年度运营经费的 11 倍，MoMA 的母基金则为年度运营经费的 8 倍，而古根海姆的母基金仅与年营运费保持在 1:1 的水平左右］。英国泰特现代（Tate Modern）2016 年新任馆长莫里斯（Frances Morris）认为，保持艺术博物馆（博物馆）学术上的独立性的最好方法是保障其资金来源的多样性。[1] 要想让多元性得到保障，让创作者的自由得以保留，艺术最好能够得到六种不同的资金来源：首先是观众通过门票的方式，这是“资金支持的主要来源和民主制文化的母体”，另外的五种为传统的慈善机构、商业企业应当发展自身的文化政策，工会，各州和各城市，联邦政府。[2]

接下来我们将分析 MoMA 和古根海姆的年度财务报表（表 9-1 至表 9-4），从中看看艺术博物馆的资金结构给我们带来的启示。

表 9-1　MoMA 2006 年运营收入及其他资助（千美元）

成员及发展	9,595	6.6%
策展及相关资助服务	21,251	14.7%
展览	11,769	8%
其他博物馆项目	5,782	4%
公共服务	3,725	2.6%
公共信息	3,685	2%
设备、安全设施及其他	26,456	18.3%
销售支出 / 附属产业	43,988	30%
行政及其他	15,763	10.9%
折旧	2,335	1.6%
总计	144,349	

表 9-2　MoMA 2006 年运营开支（千美元）

会员	13,746	10.3%
门票	20,594	15.5%
巡回展费用	1,602	1.2%
理事会追加	1,546	
年度基金捐赠	7,097	19.9%
让渡及捐赠	17,798	
政府资助	241	0.2%
投资收益	17,456	13.1%
附属产业收入	47,175	35%
其他	5,755	4.3%
总计	133,010	

表 9-3　古根海姆 2006 年运营开支（美元）

会员	2,806,304	4.1%
门票	14,689,605	21.8%
巡回展、特权使用费等	15,952,463	23.7%
实物捐赠	3,638,666	5.4%
捐赠、受让	15,122,585	22.4%
特殊活动收入	3,283,058	4.9%
投资收益	2,082,551	
短期投资收益	137,485	3.3%
副业收入	9,553,618	14.2%
运营赞助及收入总计	67,266,335	

表 9-4　古根海姆 2006 年运营收入及其他资助（美元）

参观者服务	4,658,066	7.8%
展览及项目	15,934,626	26.8%
巡回展	3,210,196	5.4%
策展及收藏维护费	7,962,517	13.3%
经营及常规	13,190,201	22.2%
筹款	3,624,713	6%
教育	2,705,821	4.54%
副业支出	8,197,813	13.8%
运营开支总计	59,483,953	

（1）艺术博物馆应该保持自己的收支平衡，以良好的运营能力得到赞助者更大的支持。

MoMA 运营收入及赞助超过运营开支的部分 11,339,000 美元，古根海姆运营收入及赞助超过运营开支的部分 7,782,382 美元。

（2）虽然两个艺术博物馆对业务数据的分类方法不同，但我们仍能找到几组相近的数据，看是不是能在成功的艺术博物馆中找到一些共性：

以“观众 — 展览”为中心的门票和会员收入占两个艺术博物馆各自总收入的 25% 左右。

以捐赠资助为中心的收入，MoMA 占总收入的 20.2%，古根海姆占总收入的近 28%，均在总收入的 20% 以上。

在副业经营上，MoMA 和古根海姆的投入分别占总开支的 30%、13.8%；收益分别占总收入的 35%、14.2%；投入与产出比，MoMA 约为 93%，古根海姆约为 86%。这表明副业在两个艺术博物馆都得到了足够的重视，并得到了与投入相应的收益。尤其是 MoMA，从投入和收入来看，都分别占了总投入和收入的三分之一强。

展览作为艺术博物馆当然的工作重心，与展览（不包括巡回展）相关的费用开支，MoMA 是总开支的 45% 左右（设备、安全设施加入其中），古根海姆是 40% 左右。

发展会员的支出分别占 MoMA 和古根海姆总支出的 6.6%、7.8%。

行政常规费用，MoMA 和古根海姆分别为 17% 左右和 22% 左右，20% 左右的行政费用支出应属合理。

（3）从两个艺术博物馆不同的经营侧重，我们还能得到新的启示：

特展巡回和国际加盟作为古根海姆的特色，用占总支出 5.4% 的投入获得了占总收入 21.8% 的回报，当然，这是基于古根海姆丰富的馆藏。

MoMA 的经营特色是它的副业，以 MoMA 商店为主要内容的事业经营给 MoMA 带来了占总收入 35% 的回报，当然，这一块的投入也不小，占总支出的 30%。

总的来说，古根海姆敏捷的身手与 MoMA 切实可行的以预算来综合评估项目的审慎财务作风是值得我们借鉴的。因为各国艺术制度、各馆发展基础的不同，国内艺术博物馆在借鉴的时候应该区别注意的有：美国是鼓励私人、社会对艺术进行捐赠的国家，政府并不直接对艺术机构提供资金支持，对艺术的捐助主要通过国家艺术基金会等来实现，因此，政府资助并没有在收入结构中重点体现。这一点与中国有所区别，在中国政府对创意产业高度关注并不断扩大支持范围和对象的状况下，作为对创意产业发展有重大意义的艺术博物馆，积极争取政府资助是艺术博物馆应该特别重视的部分。私人捐助因为在中国还没有很优厚的政策，普遍比较困难。按照我国与美国的收入、物价水平，人事行政费用的开支比例（尤其是新兴私营艺术博物馆没有退休人员压力），在我国应该有一定程度的降低。

事实上，按照非营利博物馆（无论国有还是民营）的行为标准，其财务报表都应该对社会公开，以接受社会监督。目前国内能够实现这一标准的寥寥无几，今日美术馆可以说是其中的表率。今日美术馆早期以理事长张宝全先生投入为主。自 2004 年开始，出版业务给美术馆带来主要的收入。2006 年新馆建设开发后，资金结构越来越丰富。以今日美术馆 2015 年对外公布的年度报告为例，共举办包括学术个展、群展、主题活动、青年艺术家扶持项目、使馆合作展览等 83 个项目。现金总收入达 2228.42 万元，资金比例为：常规的赞助收入占 40%、展览收入占 33%、门票收入占 6%，政府支持占 7%，此外，新建理事部门占到总比例的 4%。[3] 尤伦斯基金会美术馆的情况又有不同，成立初期的 2010 年，75% 的运营资金由尤伦斯先生提供，赞助资金占 15%，租赁、票务、活动、其他共占 10%。到 2015 年，31% 的运营资金由尤伦斯先生提供，69% 由运营团队筹措。新开拓的收入渠道包括：年度慈善晚宴、赞助、场地活动销售、赞助理事会、特别项目、商店、场地租赁、票务、其他，资金渠道越来越丰富，运作越来越良性。

下面我们将今日美术馆和尤伦斯基金会美术馆（简称“北京两馆”）的资金来源结构与 MoMA 和古根海姆（简称“纽约两馆”）的资金来源结构相对比。当然，如前所述，鉴于两国的制度、方式、背景、条件等各方面的巨大差异，有些问题不能做简单类比或者简单下结论，我们的目的是通过关注各方面发展都相对完善的环境中的艺术博物馆资金结构，找出中国的艺术博物馆可以发展的空间。

（1）鉴于中国的艺术博物馆的文化环境，虽然中国大多数私人艺术博物馆的门票收入都经历了从无到有的过程，但与纽约两馆的平均收入 25% 相比，门票和会员相关的收入还有巨大的提升空间。对于国家的艺术博物馆来说，虽然绝大部分常设展实行免票，但部分收费的特展的门票经营也值得重视。

从这个角度上来说，艺术博物馆从自己馆体出发，携手打造更加良性的艺术生态环境尤其重要。

（2）北京两馆的商业因素过强，虽然有资金掣肘和政策无奈，但与展览空间（也就是将公共的艺术空间用于商业目的）直接相关的指数过高，分别为 73% 和 21%。而在纽约两馆的收入比例中较高的副业收入，北京两馆则相对较低（4%），甚至几乎没有体现（今日美术馆的副业由公司管理），这是比较遗憾的。当然，也能说明艺术相关副业的潜力广泛存在于中国的艺术博物馆运营系统中，值得我们高度重视。

（3）纽约两馆收入占比很高的捐助和投资收益（母基金）部分在北京两馆中是缺席的。当然，如前所说，这是由很多客观因素直接导致的，但是我们也不妨设想这里的空间和推动的可能性。尤其中国陆续出现的一些BOT的艺术博物馆，开始拥有越来越丰厚的母基金，这些母基金的管理由于涉及层面众多，需要更符合中国国情的运营规律的安排，政策的导向也越来越指向对慈善捐助的鼓励。

我们通过以上的数字分析，结合考虑中美的制度差异、艺术博物馆基础差异以及目前中国的艺术博物馆生存状况——无论国有民营（尤其是国有）的资金来源相对单一，我们将理想模式的中国的艺术博物馆资金来源分为两大类，一类是运营收入，包括门票收入、会员收入、其他副业收入和投资收入，这部分基于艺术博物馆自身的运营；另一类是基金发展，指所有的各级拨款（国有艺术博物馆大多是全额政府拨款，也包括政府差额拨款和政府零拨款、靠创始人或财团支持拨款的艺术博物馆）、外部捐款与捐赠，这部分则来自于机构外的支持。下面我们将仔细分析这两大类的收入情况。

二、艺术博物馆的运营收入

艺术博物馆资金的运营收入主要包括门票收入、会员收入、其他副业收入和投资收入。这部分收入主要是建立在艺术博物馆自身空间、财力（母基金）和机构本来资源的基础上，通过一系列盈利性的运营活动产生的收入。

1. 艺术博物馆的门票收入

门票收入的多少直接取决于艺术博物馆的观众数量。下面的表格显示了中国的艺术博物馆 2008 年的门票价格与人流量（表 9–5）和世界博物馆在 2011 年展览参观人数排名（表 9–6）。

艺术博物馆要不要收门票呢？收多少钱合适？艺术博物馆到底应该采取什么样的门票政策才能充分体现艺术博物馆的公共服务性？这些曾经是中国众多的博物馆采取免费开放政策之前，业界争论不休的议题。自 2008

表 9-5　2008 年部分博物馆的门票价格与人流量

机构	门票价格（元）	人流量
中国美术馆	成人：20 学生：10	约 37.7 万人次
上海美术馆	成人：20 学生：5	
广东美术馆	成人： 15 学生： 7	19 万人次
今日美术馆	成人：10 学生：5	15 万人次
炎黄艺术馆	成人：10 学生：5	
故宫	旺季：60（4 月 1 日—10 月 1 日） 淡季：40　学生：20 （珍宝馆和钟表馆另外购票）	800 多万人次

★ 所有数字来源于各艺术博物馆的官方网站及雅昌艺术网。
★ 为了统一年份，国外艺术博物馆的人流以 2006 年的约数为准。

表 9-6　2011 年世界博物馆展览参观人数排名

排名	日参观人次	总参观人次	展览主题	展览机构	所在城市	起止时间
1	9,677	573,691	埃舍尔的魔幻世界	巴西银行文化中心	里约热内卢	1 月 18 日— 3 月 27 日
2	9,108	550,399	空海的世界：密宗的艺术	东京国立博物馆	东京	7 月 20 日— 9 月 25 日
3	8,828	847,509	山水合璧	台北故宫博物院	台北	6 月 2 日— 9 月 5 日
4	8,025	661,509	亚历山大·麦奎因：野性之美	大都会艺术博物馆	纽约	5 月 4 日— 8 月 7 日
5	7,609	913,064	克洛德·莫奈	大皇宫	巴黎	2010 年 9 月 22 日—2011 年 1 月 24 日
6	7,304	438,225	凯·布朗利摄影展	凯·布朗利博物馆	巴黎	9 月 13 日— 11 月 11 日
7	6,991	538,328	马里科·莫里：同一性	巴西银行文化中心	里约热内卢	4 月 17 日— 7 月 17 日
8	6,967	277,687	纪念碑：阿尼什·卡普尔	大皇宫	巴黎	5 月 11 日— 6 月 23 日
9	6,934	535,929	洛里·安德森	巴西银行文化中心	里约热内卢	3 月 29 日— 6 月 26 日
10	6,649	530,000	遗产博物馆的普拉多	国家遗产博物馆	圣彼得堡	2 月 25 日— 5 月 29 日
11	5,847	212,150	法然与亲鸾：与镰仓时代佛教大师相关的珍宝	东京国立博物馆	东京	10 月 25 日— 12 月 4 日
12	5,757	440,000	安妮·莱博维茨：摄影家生涯	国家遗产博物馆	圣彼得堡	6 月 22 日— 9 月 18 日
13	5,660	611,287	毛利人的世界——新西兰奥塔哥博物馆珍藏文物展	上海博物馆	上海	7 月 21 日— 11 月 6 日
14	5,655	1,159,229	纽约的抽象表现主义	纽约现代艺术博物馆	纽约	2010 年 10 月 3 日—2011 年 4 月 25 日
15	5,615	454,800	世卡利托·卡瓦略萨	纽约现代艺术博物馆	纽约	8 月 24 日— 11 月 14 日
16	5,601	229,625	写乐	写乐	东京	5 月 1 日— 6 月 12 日
17	5,476	405,976	来自国立毕加索博物馆的杰作	国立毕加索博物馆	巴黎	2010 年 10 月 8 日—2011 年 1 月 17 日
18	5,327	470,268	马奈：现代性的开创者	奥赛博物馆	巴黎	4 月 5 日— 7 月 17 日
19	5,210	349,061	亚历山大·佩里耶风景画展	上海博物馆	上海	9 月 21 日— 11 月 27 日
20	4,942	518,934	与我交谈	现代艺术博物馆	纽约	7 月 24 日— 11 月 7 日

年开始，除遗址类、古建类博物馆外，中国大多数国立艺术博物馆、博物馆已经实施了免费开放政策，“是迄今为止世界上规模最大的博物馆免费开放行动”[4]。现在关于门票收入的问题似乎只与国立机构的特展门票以及民营艺术博物馆相关了，未来免费政策是否会有变化还未可知。无论如何，笔者认为，艺术博物馆门票不仅是个收入的问题，“无论多少，收取意味着提醒观众美术馆的存在价值”[5]，也为美术馆（艺术博物馆）观众服务等提供数据依据，同时还是激发（启蒙）公众对公益事业参与、培养城市公共意识的一个重要窗口。比如在门票上印上“感谢您购票参观，支持公益事业”，使公众既享受到艺术滋养，同时又产生一种参与公益事业的荣誉感。所以，即使采取免票的机构，也不应该无的放矢大门敞开，让人们形成“不用购票”和“自由广场”的观念。进出的凭据和进入流水号会让艺术博物馆了解到这位观众的客观存在。如果采用先进的票务技术系统，可以轻易跟踪统计观众出入艺术博物馆的时间和相关行为。经过出入口的程序，非购买进场的观众，也确实会产生“我正享受公共福利”、“由于 ××的慷慨捐献，我看到了珍贵的艺术品”的感觉。美国大都会博物馆所采取的建议票价制值得我们借鉴。观众无论是否付足或超过 20 美元，门票购买（捐赠）处都将留下每位观众进场的时间与花费，观众每人领取一张大都会艺术博物馆的门票及一个入场扣，这也可以看作是艺术博物馆与观众进行互动的一个环节。更为重要的是，这给艺术博物馆了解自己的观众、进行观众调查和观众研究提供了最直接的依据。另外，世界上大多数艺术博物馆对某类特殊人士免费开放（如儿童、老人、残疾人），在特殊时间对某类人群免费开放（如“三八妇女节”对女性免费开放），另外每月或每周固定对大众开放免费观看日，这些举措不仅使观众与艺术博物馆之间有“无障碍”的感觉，同时也使观众感受到参观经验的珍贵性和艺术博物馆的公众服务性。现在我们有许多博物馆都免费开放，这有利于提高场馆的利用效率。各地纷纷出现的专程奔赴厕所洗菜的观众，一方面是由于社会整体素质问题，另一方面也值得我们反思在艺术博物馆（博物馆）门票问题上，我们需要注意观众公共意识的参与与培养，尤其是针对艺术博物馆（博物馆）所处周边社区观众的培养。

发达国家的许多艺术博物馆基本上成为该城市第一旅游目的地，每天吸引着众多观众。像纽约现代美术馆、古根海姆、卢浮宫这样收费主导型的博物馆（艺术博物馆），其门票收入对艺术博物馆的整体收入有着重要的贡献。不过由于坚持艺术机构的公共服务与平等享有精神，大多数的欧美艺术博物馆，如纽约大都会博物馆等的门票是“建议价格”，对于观众而言可交可不交；华盛顿史密斯博物馆群、大英、泰特等艺术博物馆的长期陈列展是完全免费的，但特展一般都收取费用。对于博物馆的门票价格如何定位比较合适，知名的博物馆研究者马克·沃黑墨（Mark Walhimer）认为可以参考该城市的电影院票价，如果太高则有“逐利”之嫌。[6]

在中国，除了故宫博物院这样有特殊意义的历史景点，中国的很多艺术博物馆机构，由于策展水平、公众的休闲习惯、在公众中的宣传力度、对公众服务水平、艺术博物馆的整体参观质量等原因，在旅游者的心中也远远没有达到类似国外美术机构在人们心中的地位。而当代艺术博物馆，其展示品都在推广阶段，还没有达到人民群众喜闻乐见，尤其是对《蒙娜丽莎》这类名画的朝圣心态，因此，无论是相比国外的当代艺术机构而言，还是其他综合性艺术博物馆而言，参观人数更显稀少。近年来，各大艺术博物馆、博物馆免费开放后，人数激增，不过也不排除有一些观众到访的目的并不在于艺术。

表 9-7　博物馆（艺术博物馆）门票一览表

机构	门票价格	人流量（约）
MoMA+PS1	成人：20 美元 老人：16 美元 学生：12 美元	250 万人次 / 年
大都会（建议门票价）	成人：20 美元 老人：15 美元 学生：10 美元	500 万人次 / 年
古根海姆	成人：18 美元 学生和老人：15 美元	全球的古根海姆 300 万人次 / 年
卢浮宫	永久展：9 欧元，星期三和星期五晚上（18:00—21:45）6 欧元 联票：13 欧元，星期三和星期五晚上（18:00—21:45）11 欧元	830 万人次 / 年
大英	免费（特展收费）	500 万人次 / 年
泰特	免费（特展收费）	650 万人次 / 年

对于国外成熟的以收票制为主的艺术博物馆而言（参考表 9-7），取得门票收入上的突破，似乎是一件不容易的事。但是由于中国的艺术博物馆这样一种零起步的状况，门票收入上取得突破，却是目前最可为的部分。关键是看展览本身的内容和展览宣传。比如 2008 年中国美术馆仅敦煌大展人数就超过 68 万人，占全馆全年参展人数的一半强。[7] 最近几年，随着文化创意产业的升温，艺术博物馆的整体水平（策展、推广）不断提高，艺术博物馆参观文化也逐渐成熟，社会对艺术的渴望被逐渐点燃。近年上海的若干展览都引发了参观狂潮。从上海当代艺术馆（MoCA）的日本当代艺术家草间弥

生个展到上海零售百货店 K11 引进印象派画家莫奈的展览，从上海博物馆的吴湖帆书画鉴藏特展到余德耀美术馆的当代装置体验作品《雨屋》……即便是“80 元 +”的门票，不乏展览可以超出千万票房。因此，我们基本可以判断促成艺术博物馆参观人数迅速增长的环境已经非常充分了。

2. 艺术博物馆的会员收入

这部分收入在欧美各国已很具规模，通过会员制来吸纳分散的社会资金，是非常普遍的方式之一，也正是会员制发展的表现，为艺术博物馆建立了一个广泛健全和坚定的社会支持基础。在中国，很多艺术博物馆都有“艺术博物馆之友”的入会说明，不过多数不见得开展了实际的工作，而且能为艺术博物馆带来的收入非常有限。这不仅是政策方面的问题、公共意识的培养问题、艺术博物馆自身的吸引力问题，与艺术博物馆在入会条款上所下的功夫和针对入会所做的推广营销（也就是针对会员的运营水平）也有极大的关系。首先是很少有国有艺术博物馆会将会员收入（甚至收入）问题放在桌上讨论；其次，几乎所有的民营美术馆把募款活动的焦点集中在场租和品牌合作上，很少有中国的艺术博物馆机构从行动上意识到对艺术博物馆的支持和援助可以成为一件引起全社会关注和支持的事情。中国的艺术博物馆机构很少有像北美的艺术博物馆一样，形成有效的分级会员制度和会员推广战略。

（1）会员类别

下面我们借鉴一下美国纽约现代艺术博物馆（MoMA）的个人会员制度。除了会员类别细致繁多，所针对的层面也非常广泛，同时清晰明了地向观众表明参加不同级别的会员所享受到的 MoMA 优待，除一般常规性打折免票，MoMA 还专门为会员设计不同的服务，他们在入会说明中写道：“美国纽约现代艺术博物馆（MoMA）提供通向世界最杰出的当代和现代艺术展览的特别途径。会员可以享受到1年内免费入场参观，独家展览预览，特别入场优惠和宝贵的艺术品商店折扣。”并且借助所有能利用的MoMA和PS1平台，如问询处、礼品店、售票处、咖啡厅、书店等不遗余力地进行宣传。

MoMA会员类别：

为了回报广大会员的慷慨支持，纽约现代艺术博物馆的会员在博物馆展览、项目和设施各个方面能享受到一系列的优惠。

个人会员，75美元，100%免税

双人会员，120美元，100%免税

家庭会员，150美元，120美元免税

伙伴会员，300美元，220美元免税

支持会员，500美元，395美元免税

固定赞助会员，1000美元，801美元免税

客户会员，1500美元，1136美元免税

捐赠者会员，2500美元，2021美元免税

固定捐赠者，5000美元，4472美元免税

主要捐赠者，10000美元，9436美元免税

国家/国际会员，60美元，100%免税

学生会员，50美元，100%免税

礼品会员（Gift Memberships），在会员购物日，会员享受包括家居和打折礼品在内的所有商品20%的零售价格折扣，会员购物享有MoMA免费的礼品袋。

会员预展（Members Previews）

会员画廊会谈（Member Gallery Talks）

仅限会员家庭画廊旅游（Members-Only Family Gallery Tours）

企业会员（Corporate Membership）

MoMA 的公司会员享受相关优惠。公司赞助对于 MoMA 的展览和公开活动有重要的作用。作为回报，MoMA 的企业项目将为您的公司和雇员提供独享的优惠，例如娱乐特权，行政礼仪卡，特别展览通道，独家购物新闻和企业礼品服务折扣。

公司娱乐（Corporate Entertaining）

MoMA 向公司会员提供承办庆典晚宴，客户接待和展览预览的服务，以及优质的展览讲解导游。公司会员能在 MoMA 找到接待公司客户的理想场所和活动。

行政礼仪卡的好处（MoMA Executive Courtesy Cardholder Benefits）

凭借此卡，允许持卡者和 4 名陪同者免费入场和优先进场。

免票入场，凭借此卡只需在博物馆休息室的画廊门口接受扫描即可。

在 MoMA 商店 9 折优惠购物（不包括电话和网上购物）。

提前获得电影门票。

会员公司雇员福利（MoMA Corporate Member Employee Benefits）

免费进场（Free Employee Admission）

电影门票（MoMA Film Tickets）

公司购物新闻信息（Corporate Shopping Events）

公司会员购物日（Corporate Member Shopping Day）

在每年的特定时段，公司会员的员工在 MoMA 商店和网上商店享受 20% 的购物折扣。每年举行大约 4 次特价活动，并会在至少两周前通过电子邮件的方式告知每个会员公司有关此活动的信息。

我们再来看看大都会艺术博物馆的会员类别。

纽约大都会艺术博物馆是一个完全依靠私立资金运营的非营利性机构。它必须依靠公司、朋友和支持者的慷慨解囊来支付所开展的活动和为国内外参观者提供服务的巨大开支。除了成为董事成员的“金主”资助，他们还面向公众，绞尽脑汁，根据不同年组、不同兴趣，建立了14种会员团体，开展丰富多彩的活动，使博物馆成为一个学习和娱乐场所。会员在博物馆内可享受免费参观，获得馆内出版物，使用馆内的董事会餐厅，参加讲座、音乐会，优惠租借幻灯片，在馆内商店购物价格优惠，享受法律规定的减免所得税额度等不同待遇。会费在3000美元以上的会员可作为年度会员列入大都会艺术博物馆的年度报告内，并作为贵宾参加博物馆的重要节庆活动。

大都会艺术博物馆的会员包括：

学生会员费40美元

网络会员费45美元

交往会员费45美元

朋友会员费225美元

个人会员费80美元

双人会员费160美元

捐赠会员费1200美元

发起人会员费3000美元

赞助人会员费6000美元

庇护人会员费8000美元

阿波罗青年社团会员费 1000 美元

家庭社团会员费 3500 美元

我们可以看到，普通会员的会费与中高档餐厅的一次人均消费相当，相当于一张普通电影票价的 5—8 倍。最普通会员所享受到的优惠主要体现在免费参观付费特展，一般而言，相当于 5—8 场展览的门票。如果是频繁的参观者，就已经值回票价。对于学生会员而言，所享受到的福利更是远远超过会员卡的价格，这是因为对于艺术博物馆而言，感染年轻人和培养新受众高度符合其使命。为此，克利夫兰当代艺术博物馆甚至专门组织了一个“社交网络派对”，以该市最著名的律所的暑期实习律师为对象；纽约的暑期艺术圈（Summer Art Circle）也是如此，它会邀请顶级律所的暑期实习律师，组成“一个准赞助人的小团体，按照他们的期望，这些人将成长为未来的初级委员会领导、节庆捐资人、捐赠人、董事会成员和艺术品买家”。这些艺术机构模仿大学培养年轻校友的办法，让他们养成捐赠的习惯，然后邀请新赞助人与博物馆的买家一起参加艺术博览会和私人展览。[8]

（2）会员推广策略

通过与社团建立联系的方式推广，更广泛准确地连接社会资源。通过与各地艺术博物馆、社教机构、画廊、民间展场、学校艺术文化中心的联系，与社团成员建立关系，形成一套标的明确的“直销”系统，极具成效。口碑一旦建立，传达到广大的学生群，对文化教育与推广更会有很大的效益。比如：

在艺术博物馆的各类柜台、网络；

在适宜的公共场合，通过发宣传单、张贴海报等方式进行推广；

在周围的社区通过社区服务发函或与社区居民共同办理艺术博物馆的活动，定期邀请社区邻里、学校教师、社团负责人或弱势团体到馆内参观，可以促进社区参与艺术博物馆活动的兴趣；

在各类艺术网站与网络类媒体发布信息；

通过购买直接的会员信息。

3. 其他副业收入

艺术博物馆的其他副业主要分为不与艺术博物馆的学术建设内容直接相关的商业活动收入，包括艺术博物馆商店的收入（名作的宣传品、纪念品、复制品）、咖啡厅、餐厅、场租等；也包括一部分可以产生商业价值的（一般无法产生盈利，即使有也非常微小）学术建设收入，如部分展览画册和学术研究相关的出版收入等。

基于艺术博物馆公益性的考量，在中国，甚至许多艺术博物馆的馆长对于艺术博物馆商店的开与不开仍然心存疑问。这个问题在本部分中有专门的解答。我们不能忽视这种观念上的封闭和片面，导致了无论是商品的种类、商店的面积，还是管理，中国的艺术博物馆商店还远不成气候，极个别艺术博物馆商店这一两年才初现端倪。因此，艺术博物馆商店的收入至今也没能引起足够的重视，当然也就更不足以填补艺术博物馆的运营所需要的资金。

下面的表格显示了西方著名的博物馆（艺术博物馆）机构 2006 年的商店收入（所有数字来源于各艺术博物馆年度财报）（表 9-8）。

表 9-8　2006 年博物馆（艺术博物馆）商店收入调查

MoMA+PS1	大都会	古根海姆	卢浮宫
47175000 美元	超过 1 亿美元	9553618 美元	300 万—400 万欧元（由国营的 RMN 经营）

中国的艺术博物馆的人流量与国外一流艺术博物馆还有很大的差距，以上数字只具备一部分的参考性。中国的艺术博物馆商店还有很大的盈利空间，但是这个利润不但需要在商店的货品和管理上下功夫，还需要艺术博物馆的人流、其他配套设施、社会整体氛围等都跟上的情况下才可能产生。咖啡厅、餐厅收入的多少主要取决于艺术博物馆的人流量和投资项目的专业程度、选择的人才以及管理水平。目前，中国的艺术博物馆在这方面取得了优异成绩，并为艺术博物馆的现金流增加做出较大贡献的几乎没有，这主要与艺术博物馆的经营观念有关。由于咖啡厅、餐厅所具有的独立性，如果艺术博物馆处于城市中心区域，这一部分是最容易投入并且迅速产生回报的。而且对餐饮服务行业并不擅长的艺术博物馆而言，更适合扮演的角色是在对餐厅的风格和氛围控制的前提下，将此部分委外（或对外租赁）经营。我们将在第十章“艺术博物馆商店”中专门进行讲解。

艺术博物馆画册与学术刊物的编辑出版发行的运转更为专业。在中国现有的新闻出版体制和出版市场的流通形势之下，出版机构所涉及的合作层面非常多，如果规模不够，投入与产出很难成正比。收入与支出能取得持平的水准，即属运营良好。出现资金缺口是很普遍的现象。艺术博物馆的出版需求，如果通过业务外包和与专业机构合作来达到，可以节省在这一块的投入。如果艺术博物馆已经具备良好的编辑、出版、发行的基础，不仅仅能够使艺术博物馆的学术建设更加完善，往往也能成为艺术博物馆收入的重要组成部分，但这一点的实现程度是很难的。今日美术馆运营的前 10 年，最初是依靠出版收入来支持馆体运行的（其主要是与本馆学术建设内容非直接关联的项目），其后六七年中，出版收入始终占据整体收入的三分之一到四分之一强，但是这样的案例不具备普遍参照性。

4. 投资收入

对于母基金丰厚的艺术博物馆而言，母基金的利息收入是机构一笔稳定的资金收益。在美国，符合 501（c）（3）的艺术博物馆基金及其利息收入都是不征税的。

在财务风险的控制范围内，母基金丰厚的艺术博物馆运用部分资金进行投资（通常是委托金融机构或者本馆的财务委员会进行稳定的长期投资），是北美艺术博物馆收入的一个重要来源。例如，90 年代以来，哈佛大学艺术博物馆基金从 9000 万美元涨到了 3.6 亿美元。另有资料显示纽约大都会艺术博物馆有 17 亿美元的基金，休斯敦博物馆有约 10 亿美元。当然，并非所有文化机构都有实力和运气拥有这样的本金。但是多数机构渴望建立一份基金，这是它们劝募的目的之一。艺术博物馆筹集资金的部门通常称作“发展部”或“发展办公室”，被视作各文化机构中最具威信的岗位之一，通常是执行总裁的副手。纽约现代艺术博物馆有几十个人为“筹款”全职工作。必须具有对金融市场很好的了解才能更好地让基金的本金体现价值，更好地从金融市场的活力中获益，同时确保最大的安全性。[9]

相反，母基金丰厚的艺术博物馆，尤其在缺乏严密监管的情况下，一栋头脑发热的新建筑，一次没有考虑可持续发展实施的超过艺术博物馆能力的收藏，甚至平时财务安排中资源浪费的状况积少成多等，都有可能因为没有审慎的资金安排导致母基金缩水，甚至使整个机构陷入困境。为此，美国著名慈善家塞奇夫人在其捐款信函中对资金运作的建议（当然，她强调自己对董事会运作不予干涉和限制）被认为非常具有远见：授权董事会将不超过 1/4 的资产本金进行年收入不低于 3% 的投资。[10]

不过，投资收入对中国的艺术博物馆而言还是绝对少数，甚至可以说还没有起步。政府拨款一般覆盖一个财务年度，虽然也有些用于特殊用途的长期稳定的单项资金投入（比如故宫的某个宫的修缮资金），但是否用国际上母基金这样的管理方式去运作还不是定论，且一个适合母基金良性存在运作的制度环境在中国也还没有完全成型。随着艺术博物馆发展的正规化，尤其是随着BOT类型的艺术博物馆越来越多，将一笔固定的本金放入政府监管账户中支持艺术博物馆的方式势必逐渐被运用，对于母基金的投资方式也会引起越来越强烈的重视。

三、艺术博物馆的基金发展

1. 基金发展的内容

放眼全球艺术博物馆的支出费用和收入来源组成，艺术博物馆加快发展的资金和藏品，更多需要依靠社会资源的运用，即社会各界对艺术博物馆的赞助和捐赠。我们把艺术博物馆中致力于获得拨款、捐助与捐赠等一切从外界募集资金、财物、艺术品等的相关活动，称之为“基金发展”。博物馆资金筹集是一个“综合的销售”，一部分是个人的关系，一部分是信任，一部分是希望。[11]艺术博物馆的基金发展的主要支持者有政府部门、国内外基金等社会非营利机构、企业捐助（赞助）、个人捐助。欧美博物馆之所以从它存在时起便定性为非营利、慈善、教育、科学、服务公众的机构，绝大部分依赖于从资助人的慷慨中获得的支持。“美国的慈善捐赠来源的分布是比较稳定的：74.5%的钱大多来自个人捐赠，然后是基金会（10.9%），接着是个人遗赠（9%），最后是企业（5.6%）。”[12]（根据美国施惠基金会的一份报告显示，2009年到2013年期间，全美面向艺术、文化和人文等非营利机构的捐款点额增加了22%，达到166亿美元。[13]）用美国国家艺术基金会主席迈克尔·斯特雷特的话来说，合格的赞助人要提供

“眼光”、“资源”和“约束”，即选出优秀的艺术家，为优秀的作品提供充分的空间、机会和资金，拒绝干预过程和结果。[14]

基金发展不仅仅只是通过筹集获得捐助的过程，基金发展还涉及传播非营利组织使命的过程，创建支持组织活动的过程，组建会员关系网络的过程，是一项教育活动，其目的是为了机构能致力于自己的使命。“基金发展的实质是人的发展。我们是在构建一个团体、一种理解和支持，构建满意度，一种人类发展的满意度。”[15]把基金发展作为一项教育活动，这个中心思想足以引发我们对中国的艺术博物馆各类募款活动的反思。尤其在艺术博物馆基础薄弱，艺术博物馆的群众基础更薄弱的中国，艺术博物馆一定要与它的支持者共同成长。我们需要反思，是否把自己的每一个行动，乃至于每一个在我们看来以“筹钱”为目标的行动，除了“收钱”之外，更灌注了我们传播理想、使命、知识的热情，让做这项工作的员工和重要的或潜在的捐助人提高了对艺术博物馆使命的认识，了解到自己的行为将对艺术博物馆乃至全社会、全人类所做出的杰出贡献。

博物馆的捐赠传统在西方，尤其是在美国的形成是一个综合因素，全社会从资助人到政策到博物馆以及公众，都经历了一个渐渐认识的过程。与博物馆诞生、发展的几乎同一时期，与欧洲贵族阶级衰败相对应的是美国白人新教徒的精英阶级的崛起，“他们不但掌握了美国重要的政治和社会权力，也知道暴发户的行径会令人感觉粗俗，所以崇尚合宜的礼节和自我约束，并对社会具有使命感，认为自己有义务改善艺术与文学的环境和条件，相信文化教育有利于社会的秩序和发展，因此大力捐款和出任博物馆的董事，是名门闺秀表现‘公共服务’精神的最佳途径”[16]。从捐赠的社会意识的勃发到正式立法也经历了一个过程。美国慈善捐赠免税的规定始于 1917 年税法，当时个人所得税很低，影响不大，捐赠的资产大多为股票形式。捐赠款从所得税中同额扣除（对个人免税的限额是收入的30%，对公司是5%），捐赠款的投资所得享受免税。之后1969年通过的税法对基金会的投资所得也要交税（最初是6%，后降至4%，1978年后降至2%，如果能满足某些捐赠条件，可减至1%），另外，每年用于符合其宗旨的捐赠款项不得低于其当年资产的5%。[17]符合501（c）（3）的非营利组织绝大多数是同额免税的。

在中国，一个对艺术博物馆全方位支持的环境正在形成。中国经济已经持续高速增长超过30年，进入21世纪，中国更是进入了一个前所未有的经济飞速发展时期。2015年，中国GDP（经济总量）在全球连续排名第二。瑞士信贷银行2014年10月14日发布的《2014全球财富报告》显示，中国内地平均净资产2000年以来迅速增加，从5670美元达到2014年的约2.13万美元，资产为1万至10万美元的中产阶层比2000年翻了一番，占全球的三分之一，中国家庭财富总额在全球排名第三，且118万人的资产超过100万美元，12.82万人净资产超过5000万美元，其中4.52万人的净资产超过1亿美元，4300位超过5亿美元。这一系列数字表明，一个类似于20世纪初出现在美国的精英阶级已经在中国形成，成为艺术博物馆基金发展的基础。中国迅猛增长的财富人口和财富企业是否能够成为艺术博物馆机构的坚强后盾，在于艺术博物馆机构是否能为支持者达成更多的公益慈善理念和目的。企业或者个人对艺术博物馆的捐助，除了节税及回馈社会的考量外，其主要的目的是借艺术博物馆的机构特征及文化活动的属性来建立公益的形象，并作为其在市场开拓或公共行销上的利器。

下面介绍2006年笔者经手撰写的今日美术馆的捐资手册，概括了企业或者个人对艺术博物馆捐助的理念。

成为当代艺术的重要推动者。当代艺术的发展与繁荣需要热心公益事业的人士积极投身与参与，当代艺术承担着记载时代的历史使命，今日中国的艺术理论研究与文献的收集、整理，将是人类艺术史中不可或缺的一部分。资助今日美术馆，使中国当代艺术作品在国内得到最完备的保护与收藏，使中国的当代艺术研究得以突破与传承，您功高至伟，将得到世人的尊敬与爱戴。

分享当代艺术所带来的视觉盛宴与精神财富。作为当代艺术的参与者，资助今日美术馆，您将有机会与您感兴趣的学者、策展人及艺术家进行充分的交流，接触到最生动的社会群落。您的员工和家人，将在今日美术馆得到最专业的参展引导和服务。

为投资收藏寻找到最专业的学术指导与智力支持。作为社会中最尊贵的族群，资助今日美术馆，将使您获得指导艺术市场的宝贵资讯，这里将是您最理想的收藏指导平台。

实现与艺术嫁接，提升公司与个人的美誉度。艺术无价的无穷魅力，是引领人类上升的动力，吸引着公众的崇拜与媒体的追捧。资助今日美术馆，将使您个人或公司的声望、影响、公众认知度得到极大的提升。

根据不同资助，获得相关回报。今日美术馆作为公益性艺术博物馆，您的资助通过不同的方式，将使您享受到国家相关优厚政策。根据不同的资助金额，在永久性资助人名牌展示、场馆使用、活动参与、艺术品商店折扣等方面享受不同回馈。更重要的是，通过今日美术馆在全国性媒体进行杠杆营销，带动您的产品促销和公关活动。

对艺术捐赠氛围的培养，需要时间的积蕴，更需要艺术工作者，尤其是艺术博物馆、博物馆工作人员的努力。不仅在于富有的高额的捐赠，同时“在自己的博物馆页面上设立‘现在就捐助’的提示通道，哪怕是从十美元的起捐额开始，很多组织在考虑给予博物馆资金的时候，会考虑博物馆的观众人数和捐款人数”[18]。

艺术博物馆机构对社会新贵在精神领域的需求进行有效的引导，包含着国家政策、艺术博物馆学术、教育、典藏、营销在内的全方位的艺术博物馆体系的建立与健全，是一个长期而系统的教育工程。中国政府目前的文化政策所辐射的范围和所产生的刺激效力还不能完全满足艺术博物馆基金发展的需要，不过我们相信这是艺术博物馆成长中需要经历的过程。积极地探索建立和完善专业的捐助体系和找到适合自己艺术博物馆发展的基金发展之路，是每一个艺术博物馆的重要工作。[19]

博物馆是否能够吸引捐赠，主要取决于以下 4 个方面：

（1）艺术博物馆是否具备良好的公益形象，即艺术博物馆的公信力是取得资金支持的关键因素。艺术博物馆是否具备较高的学术水平、艺术博物馆对专业理念的坚持、在学术领域的地位和引导作用，是艺术博物馆的使命所在，也是艺术博物馆公信力的最重要的组成部分。作为非营利性机构，馆长及艺术博物馆的形象必须是正派的、无私的、优良的、有信度的，而且在任何时候，艺术博物馆都不能失去其公益责任、社会使命、学术风格与立场。

（2）艺术博物馆是否能够坚守自己的性质，从而为人类、为公众、为专业界提供有价值的智识营养。

（3）艺术博物馆是否能够吸引大众拜访。观众作为艺术博物馆的终极价值，不仅是时代大势所趋与公共服务机构的终极目标，也是艺术博物馆学术建设的内在要求，是艺术博物馆资金链条上最关键的金主。要想吸引大众，艺术博物馆除了需具备将学术与大众进行良好结合的策展能力，同时也要为观众提供较好的服务。无论赞助人喜欢对自己的赞助行为高调亮相或者不具姓名保持低调，他们无一例外都希望自己所赞助的艺术博物馆、展览能吸引到更多不同群体、文化背景、鉴赏兴趣与知识需求的民众，这同时也是政府、基金会等捐助机构共同的期望。一个门可罗雀的艺术博物馆，其传播能力与范围都有限，是不可能得到赞助者的青睐的。

（4）艺术博物馆对资金链条的规划与管理是否流畅。虽然捐赠方一般不过问艺术博物馆的财务状况，但由于支持艺术博物馆的资金来源于许多不同的地方，艺术博物馆对资金的使用与安排也是千头万绪，没有一个可靠的财务预算、决算制度以及清晰合理的年度财务报表，无法鼓励捐赠方的捐赠意愿，通俗来说就是“把钱交给你，我放不放心”。同时，作为艺术博物馆最重要的观众，对于赞助人的意见与看法，艺术博物馆应该定期关注。

当然，博物馆也不是什么钱都要，美国博物馆联合会对于博物馆接受捐赠制定了以下的基本原则[20]：

①忠于使命；

②公信与责任；

③透明；

④捐赠意图忠诚；

⑤道德与利益冲突；

⑥法律原则下的信息保密。

接下来我们将讨论基金发展的具体问题。

2. 来自政府部门的资助

资助文化艺术是政府的社会公共事业中最重要的一部分。政府主要通过财政支持和政策支持两种手段来实施资助。政策支持虽然并不完全直接带来资金，却是基金发展的决定性因素。不同的国家，政府的文化资助方式各有特点和偏重。

美国政府对文化机构在行政上不予干涉，政府（通过国家艺术基金会）有选择地对非营利机构给予有限的财政支持，但资助比例不高，一般只占这些机构全部收入的10%左右，政府更多的是通过优惠的慈善捐赠政策来刺激私人对机构的支持。日本的国家文化政策大多以美国为师，继1965年美国成立国家艺术基金会之后，日本政府于1968年在文部省下设立了一个类似的组织：文化事务处（ACA），并在1978年成立了日本基金会（Japan Foundation）。这个独立的非营利集团相当于德国的歌德学院（Goethe Institut）或法国的法语联盟（Alliance Francaise），负责传播日本的正面形象，促进海外文化交流。与“美国模式”中私人慈善捐赠的举足轻重相反，法国政府对文化资助主要是通过政府直接拨款的方式进行，更强调国家扶持的作用，而不太信赖市场。法国的重要文化机构如图书馆、博物馆等经费几乎由政府完全负担，政府（中央，也包括地方政府）对一些重要文艺团体、机构的资助比例也很高，也会有资金支持向主管艺术的部委提出申请并通过各领域（音乐、戏剧、舞蹈、电影和摄像）专家评审的独立艺术家。国家文化事务主管官员的作为基本决定了艺术资助质量，这一点，德国与法国的政策方针有很大的相似性。在法国，除了准全额拨款外，以画抵债的法律因国宝购买经费的实际困难应运而生，也就是说，若某私营企业为卢浮宫认购一件国家级珍宝，该企业可以据此获得其应纳税额90%的减免，剩余的10%的税额基本可以由广告效应的回报抵消。[21]英国则主要依据本国实际，建立了不同于美国和法国的政府文化资助模式：一方面借助中介组织对文化机构分配拨款，避免过多政府行政干预；另一方面政府对文化机构又不能不管，政府的资助比例也明显高于美国。荷兰教育、文化和科学部的预算是荷兰所有政府机构中最多的，著名的阿姆斯特丹市立博物馆（Stedelijk Museum）预算的95%都来自该市。荷兰政府对艺术的支持不仅体现在艺术家生活的细枝末节，同时还体现在鼓励荷兰艺术被收藏等各方面。近几年来，寻求私人资助的兴趣越来越高涨，但仍未出现能与美国模式相当的私人慈善体制——长效的体制有赖于国家和城市的支持。[22]下面我们看看中国的政府资助情况。

从政策的角度，首先政府在民营非企业艺术博物馆的政策方面从无到有，给民间办馆开拓了渠道，提供了指引。同时，2004年颁布的《基金会管理条例》承认了纯民间公益基金会的地位，并首次把境外基金会包括在内，对基金会的组织、运行、监督和透明度等作了详细的规定，接近国际通行的标准。明确规定允许基金会进行合法、安全、有效的投资增值，使基金会的持续性有所保证。2008年1月实行的《企业所得税法》把企业的公益性捐赠支出的免税额度提高到不超过年度利润总额的12%（原来是3%）。[23]在这个规定下，中国政府目前对全部的国有艺术博物馆、得到民政部批准的民办非企艺术博物馆和有限的基金会实行部分捐赠免税的政策。简而言之便是“企业捐赠额的12%可以享受免税”，“个人捐赠额的30%可以享受免税”。比如，某企业向艺术博物馆捐助100万元，这个企业营业所得的12万元本需向国家交纳营业税，凭捐赠收据可以免除这12万元所需交纳的税金；某个人向艺术博物馆捐助100万元，此人个人所得的30万元本需向国家交纳个人所得税，凭捐赠收据可以免除30万元所需交纳的个人所得税税金。不过这并非“自动免税”，还需要艺术博物馆与有关组织和税务等其他行政部门之间通过一定程序才能得到解决。

从财政的角度，虽然近年来国家通过各种形式在加强对文化艺术项目的支持投入，但就艺术博物馆而言，中国政府目前的文化资助在 GDP 中的比例较之发达国家还处于较低的水平。正如前面所提到的，中国政府资助艺术博物馆的方式分全额资助（大多数国有艺术博物馆属于此类，基本能维持艺术博物馆的日常运转）、差额资助（许多自身营运收入高的艺术博物馆，如故宫等属于此类）、自收自支（在国有艺术博物馆中属于绝对少数，绝大多数民营艺术博物馆属于此类），且资助的方式以直接拨款为主。

不过被直接拨款的艺术博物馆在使用款项上往往存在一些专业特性与现有机制的不匹配。比如国家的拨款往往是根据上年的使用状况对下年进行拨款，预算和考核的财年是一年度，对于很多战略性的、耗时长的大项目没有办法照顾到位。当然，在变化的中国，全面实施 3—5 年的财务预算规划又没有太多实际操作的意义，这个矛盾怎样调和是目前国有的艺术博物馆（也包括博物馆）正待解决的问题。再如，对于国有艺术博物馆来说，对于一些项目，在现有体制下往往“花钱”反倒是个大问题，有时候是因为在某些项目上当年的需求与政府的拨款或多或少会出现不对应，有时候是因为在经费管理的体系中如何高效、理性、没有漏洞地准确花钱存在人事方面的争议导致消极的处理……不过针对艺术博物馆馆藏，可能大多数艺术博物馆的感觉是靠国家拨款仍是杯水车薪。民营艺术博物馆的问题更严峻，基本上得不到政府的任何拨款，经费完全靠自己筹集。成立于 2013 年年底的中国国家艺术基金部分改变了这个现象。中国国家艺术基金的成立和运行，借鉴了国内外基金制管理的有益经验，是中国政府深化文化体制改革、转变政府职能，推动文化治理体系与治理能力现代化的新举措和新成果。[24] 中国国家艺术基金 2014 年资助 394 个项目，总额超 4 亿元。[25] 2015 年，728 个立项资助项目，资助总金额约为 7.5 亿元。[26]

在弗雷德里克·马特尔的《论美国的文化：在本土与全球之间双向运

行的文化体制》一书中，关于美国政府对文化艺术（包含博物馆、艺术博物馆）的资助方式，列举了非常多经典的案例，我们在此结合中国的情况稍作归纳，供有关部门参考：（1）关于政府公共基金的发放，首要避免基金本身（即政府）的直接介入，由专业评委会决策；资助对象明确为非营利组织、艺术家。1995 年因资助艺术家的反宗教作品安德里斯·塞拉诺（Andres Serrano）的《向基督撒尿》（*Piss Christ*）和同性恋题材作品罗伯特·梅普尔索普（Robert Mapplethorpe）的《X 级组照》（*X Potfolio*）受到批判，之后越来越少[27]，地方文化事务处，且只针对具体项目；用“配合公共捐款按比例认捐”（matching fund）的方法来激活机构本身的动力，即授予公共补贴给某个文化机构的同时，必须要求该机构通过其他资金来源找到同等数目的资金。（2）政府出面向富有的捐赠者或私人企业筹集资金或者借私人藏家的作品进行世界展出。如 1946 年国务院资助的“美国实业界艺术赞助计划”（American Industry Sponsors Art）和“推进美国艺术计划”（Advancing American Art）。（3）各州设立不同的税种用于文化资助。首当其冲的是遗产税。同时“基金”、“预算项”、车牌（汽车印花税或特殊车牌税）、六合彩、减税、旅游相关行业抽文化税、手工业品销售与场馆出租，各城市利用地方税、市属建筑（一般建筑的 1% 用于公共艺术，1959 年费城开创），营业税 0.1%……可以说五花八门，尤其擅长利用债券来资助文化。这些税费常常借助一些专门的预算项目或者市长的专项基金直接从市政预算中拨款给这些机构。（4）除全国性的 501（c）（3）非营利免税条款外，针对于存款利息、退休金、人寿保险金收益人的捐赠免税条款等非常丰富。[28] 对于中国的艺术博物馆来说，近两年受文化创意产业发展布局的带动，文化部和各级政府对文化产业、非营利艺术事业的支持力度也有所加强。对于国有艺术博物馆来说，因为财政方面的拨款是体制内的，因此可能面对的政府公关问题是外交层面的。对于民营的艺术博物馆来说，争取政府支持，在具体操作的层面，我们有如下建议：

（1）国家艺术博物馆的“政府公关”体现在对上级主管单位的汇报、沟通上。对于民营艺术博物馆而言，由艺术博物馆高级管理者（副馆长以上或馆长本人）亲自负责“政府公关”工作，每个月有专人（可作为馆秘的工作之一）收集相关部门对艺术项目的资助信息并向负责人报告。一旦发现有对文化艺术的赞助金额，即考察目前项目，哪些项目的主办方或者协办方符合申请条件，及时向政府提出申请。除了中央政府，各地方政府近年来对艺术文化业态的投入都有逐年增进的趋势，值得注意。

（2）一定要确保在被许可的申请时间内提交申请。比如2008年文化部文化市场司关于开展中国现当代艺术推广重点展览评选活动。文化部7月2日发通文，参评项目的展览时间为2008年7月1日—12月31日，7月底要求省市级上报评定结果，8月20日全部评定结束。这种状况会导致信息无法传递到大多数的艺术博物馆。

（3）慎重选择一家可提供作业程序及实务参考资讯的咨询机构。虽然咨询公司会按募得款项金额抽取一定比例的服务费，但一般这样的公司与政府部门有良好的关系，成功率较高。在决定是否选择某一公司的服务时，最好先向曾经服务过的客户了解其工作品质以及募集成果。一旦决定雇佣，要向该顾问公司详细说明艺术博物馆工作目标、开发计划内容，以及款项使用目的。

（4）绝对遵照要求准备书面申请资料，并应包括所有项目细节和资金使用细节，最好尽早创造亲自与相关部门讨论的机会，了解可能得到何种援助。

（5）申请不见得被批复或者完全被批复，不过一旦得到援助，必须按要求做出资金使用的报表和细节实施报告。

（6）无论如何，争取政府资金最关键的事情是做好政府公关。无论是消息的获取、申请的提交，还是最终被通过，和谐的政府关系绝对是重中之重。

3. 来自国内外基金会等社会非营利组织的资助

非营利组织（NPO，即 Non-Profit-Organization），尤其是其中的各类捐助型基金会，是为艺术博物馆提供资助的主力之一（关于捐助型基金会和运作型基金会的区别请参考本书第三章“艺术博物馆的骨架”相关内容）。对于捐助型基金会而言，主要工作就是向不同的非营利机构投资，我们将根据资中筠先生整理的捐助型基金会类型，结合具体案例，来看看我们应该如何争取不同类型的基金会的捐赠。

（1）独立的私人基金会。其资金来源大多数是个人或家庭捐赠，运作方式是给各种机构的项目捐款。根据其捐赠范围，又可分为“一般目的”和“特殊目的”两种。此类基金会在美国占绝大多数，但在中国比较少，即便有，也主要以资助自身策划项目为主（比较偏向运作型基金会），资助额度都比较有限。比如吴作人基金会。这类基金会不时有些评奖活动，目前不建议为博物馆（艺术博物馆）筹款部门的主要工作对象。国际上的一些私人基金会虽然不大可能主动向其他机构捐赠，但他们经常会开发有意义的艺术项目（如评奖、教育、互派访问学者等），在网站上公开招募候选人，是很值得国内的艺术博物馆（博物馆）密切关注的，比如洛克菲勒基金会等。

（2）社区基金会。公益目标、运作方式与私人基金会一样，资金来源是多渠道的，也可能包括地方政府的拨款，可谓公私合营。在美国税法中，作为公共慈善组织适用的管理条例与私人基金会不同。中国有类似于北京当代艺术基金会等，但有不同的投资规律，变化也非常频繁，比较多的是针对艺术家个人，而非机构，因此艺术家个展申请的可能性比较大。国际上的此类艺术类基金会，有些政府色彩比较浓，有些则私人色彩更浓，不能一概论之。比较好的办法是根据艺术项目中艺术家的国籍与驻华大使馆取得联系，各国使馆的文化新闻处一般有专项在华的文化艺术推广赞助资金用来资助本国艺术家的在华展览。或者由大使馆文化艺术处推荐、建议基金会、协会去申请，更容易对展览进行支持。当然，要敲开他们的大门，需要举办方、举办地点、重要支持者都是有资信的机构。

（3）政府文化基金。中国的国家艺术基金会以及各级政府文化部门、工信部门等相关部门管理的文化创意产业基金是纯政府拨款性质，目前雨露神州，很多文化艺术项目和艺术家从中受益，非常值得博物馆（艺术博物馆）关注，具体内容我们已经在本章“来自政府部门的资助”一节中具体介绍了。国际上著名的政府文化基金有德国的“歌德学院”、西班牙“塞万提斯学院”及法国文化协会、英国文化协会等，一般在中国都设有分支机构。

（4）公司基金会。资金来源是营利的企业捐赠，但是作为独立机构独立运作，主要还是通过捐款运行，多数为一般目的，但也不排除与公司业务利益相关的考虑。公司基金会的业务与公司从其自身资金中所作的直接捐赠在法律上是严格区分的。比如国际各大奢侈品牌都有自己的艺术基金会，如LV、卡地亚、Prada等。金融机构也是成立艺术基金会的高频行业，一般他们的艺术收藏质量非常高，对艺术相关的高端人群和艺术馆相关活动也有比较大的兴趣，从这个角度合作是比较现实的方向。

正如洛克菲勒慈善咨询机构总裁兼首席执行官梅丽莎·波曼（Melissa

A. Berman）所说："基金会和 NGO 越透明，信任就越多。启发和信任的结合可以大大地帮助慈善发展。"[29] 为了更好地申请到国内外基金会的资助，首先艺术博物馆应该具备以下基本申请条件：①确立申报单位的资质和项目符合基金会的赞助要求和赞助方向。②一般的基金会都会对项目申请的内容提出具体要求，一定要事先了解清楚。这一点要求艺术博物馆事先已经完成了对与之相关的基金会的宗旨、目的、战略方向的研究工作。一般而言，一个完整的项目申请至少包括项目宗旨（艺术理念）、项目申请理由、项目内容介绍、项目申请者和执行者的说明、项目支出预算和申请金额、项目将产生的影响几项。③严格按照不同基金会所要求的程序、时间限制进行申请。同时艺术博物馆应该从以下几个方面加强对国内外基金会申请的工作：建立与主要国家驻华大使馆文化处的日常联系，规模小的艺术博物馆不见得由专人负责，可以将政府公关与对基金会公关并为一处，归于公共关系部门、展览部门或者发展部门辖下；了解各国的主要艺术基金会，他们的赞助方向、赞助特点、以往的资助项目，尤其是在中国的资助项目；制定合适的工作流程，不同的基金会需要的回复时间和款项下拨时间都有所不同，一般需要半年甚至以上的提前量，准备好合适的申请发出。

如果希望对欧美的艺术基金会做更进一步了解，有相关的书籍供参考：

《英国公司资助指南》（*The Guide to UK Company Giving*，2002 年版）包含 500 多家私有资助机构信息，列有公司的资助范围、获得资助的组织实例、申请者建议和具体联系方式。

《欧共体资助指南》（*A Guide to European Union Funding*）列有 140 多种获取欧洲资助的不同方式，包括历史资助实例、额度大小、获取资格和具体联系方式。

《艺术资助指南》(*The Arts Funding Guide*)是艺术类资金需求者寻求英国资助必备的综合性指南，涵括全部艺术形式、艺术机构和艺术活动。

4. 企业赞助

企业赞助是由企业提供经费及人力赞助的行为。虽然赞助对企业来说相当的耗费成本，但有越来越多的企业选择用此方式引导文化再生产的观念，使文化与产业互为因果，从而打造自身的品牌形象，促进与顾客的关系，达到行销与促销的目的。企业对艺术博物馆的赞助常常会出现双赢的良好局面。关于企业赞助，美国20世纪90年代的情况是，在所有公司中，有47%的捐过款，19%会捐给艺术事业。“美国企业赞助艺术协会[即BCA(Business Council for the Arts)]将艺术对企业的贡献归纳如下：1. 推进策略标的，2. 开发新顾客及市场，3. 增强员工与顾客的向心力，4. 提升企业知名度与形象，5. 丰富企业所在社区的生活品质。”[30]

有意识赞助艺术的企业往往是那种在成长的基因中就有对文化艺术的热爱。例如很多的奢侈品企业之所以愿意赞助艺术、愿意和艺术家合作，就是这种基因根植于他们的企业文化、企业理念当中，更因为奢侈品行业就是一个创造美的行业。艺术博物馆可以策划有影响力的活动，设立富有学术性、教育性的单独项目，争取企业援助。来自企业家的捐款虽然给艺术博物馆比较大的使用自由，但大多数企业还是倾向于挑选自己喜欢的项目、活动或者收藏。伴随着具体事项的展开，获得与自己身份和捐助相匹配的名誉，而不是把捐助的钱放在艺术博物馆的人员工资、行政费用上。通过举办隆重的黑领结晚会，邀请公司出席捐款仪式是争取资助的最普遍的方式。比如纽约大都会艺术博物馆设计出繁多的筹集资金办法吸引支持者为博物馆做贡献，并保证博物馆的运营。为免费邀请20万纽约在校儿童参观展览，大都会艺术博物馆于 2001 年 11 月 8 日晚举行豪华的黑领结晚会，邀请公司出席，但要他们购买圆桌餐票，每 10 人一桌，每桌票价为 5 万、2.5 万、1 万和 1000 美元，成为馆里一笔可观的收入。目前在国内，尤伦斯艺术中心的年度答谢晚宴（Gala Party）的收入在总收入中的占比从 2010 年的几乎忽略不计到 2015 年的 20%，可见即便政策免税方面没有优势，但是中国人的慈善意愿对于中国的艺术博物馆来说还是大有可为的。

纽约现代艺术博物馆（MoMA）单列出来的教育项目提高了公共影响力，达成使命，同时也为赞助商提供了更多资助的可能：

教育支持（Education Support）。

一般支持（General Support）。

特殊计划和赞助（Special Project Support/Sponsorship）。

季度的教育手册分送给超过 9 万所学校、家庭、社区团体和个人。

项目手册分送给超过 4 万所学校、家庭、社区团体和个人。

每年 MoMA 的教育部门网站点击率超过 100 万次，而 MoMA 官方网站点击率超过 700 万次。

有关展览和教育项目的请柬、海报和明信片分送给 4 万所学校、家庭、社区团体和个人。

获得通过主要媒体的广告宣传机会。

其他通过赞助商决定的特权。

在中国，艺术博物馆时常面对是否以展览场地的方式回报赞助商的状况，从某种意义上说，我们可以直接把这部分看作是艺术博物馆的场租收入。这部分的收入似乎是博物馆（艺术博物馆）机构避讳谈及的一部分，因为展览场地的时间分配与使用安排，在保证本馆学术的独立性上是非常重要的。用展览的时间与场地达到商业上的目的，每举办一次，都会在博物馆（艺术博物馆）界引起巨大的争议。

前面已经详细介绍过，在中国政府目前的赞助政策背景下，靠税收优惠所取得的赞助支持是比较有限的。中国的艺术博物馆都处于大力发展的时期，对资金的需要非常紧迫。在全球品牌对中国市场的强烈渴望与争夺中，艺术博物馆（尤其是建筑结构空间具有特色的艺术博物馆）作为进行品牌宣传的高雅场所得到了许多奢侈品牌的青睐。目前，中国的艺术博物馆和艺术机构都不可避免地出现出租场地的状况。允许这种状况的存在，是目前中国艺术博物馆现实政策环境与生存环境的考量，但艺术博物馆绝不能靠当出借场地的二房东来维持生存。对此，笔者的态度和建议是，不全然排斥，也不贸然接受，以宽容的心态来理解这个时代艺术博物馆的无奈与困境，以审慎的态度选择合作单位与合作内容，将艺术与商业完全划开界线，限制商业活动的时间和空间，以一个艺术博物馆决策者所必须具备的自律来看待场租这个部分的运营。

具体到我们运营艺术博物馆的经验，我们建议首先严格把关，对于纯商业活动（有些是品牌进行艺术包装的商业活动）与品牌赞助的纯艺术活动清晰地区分开来，商业活动就是商业活动，坚定地不去混淆商业与艺术的界限，坚持艺术博物馆的艺术与学术理念，不允许“挂羊头卖狗肉”的事情发生。对于每年的商业活动与展览的数量、时间都有严格的限制，一般加上装修和撤离的时间都是以 5 天为上限，每年这样的活动控制在 10 个以内，每次活动都限制在一个展厅，使艺术博物馆商业活动的使用时间与使用面积成为全年展览的绝对少数。同时，提高展场的租价门槛，将租借方的行为视为一种对双方有利的商务关系，绝不廉价出售艺术博物馆对支持者所提供的利益，自然就淘汰了一批低层次的合作者。

近两年，中国政府的艺术政策越来越宽松，2007 年将捐赠艺术机构的免税比例从捐赠额的 10% 提高到 12%。我们可以预见优惠的力度还会加大，优惠的对象还会拓宽。以场租换资金（许多艺术博物馆是以此作为全年赞助回报的方式提出的）的方式，在欧美艺术体系健全的社会是让人诟病的行为。在中国，相信会随着中国艺术机构尴尬局面的慢慢消失并最终退出历史舞台。

同时，在艺术赞助制度越来越利好的情形之下，艺术博物馆要积极面对企业宣传产业文化化、创新化，宣传赞助公益艺术事业会为企业带来的利益与提升。艺术博物馆要积极搭建产业端与创意端沟通的桥梁，并居中协调为企业与艺术家（艺术团体）牵红线，将创意观点注入企业，使艺术家的创作得到更多财力支撑与其他资源。

5. 个人捐助——以董事会和理事会为核心

对博物馆（艺术博物馆）进行捐助，如果这对于政府来说是公共职能的一部分，对企业来说关系到品牌美誉度的提升，对于非营利的基金会来说是资金必须划拨的渠道之一，那么对于个人来说，则多半是出于热爱、想象，甚至是某种虚幻：有关死后永生，有关永垂不朽，有关树碑立传……或许这也解释了为什么往往针对新建筑的募资比针对旧建筑改造或临时项目的募资对于艺术博物馆而言更加容易。

“艺术博物馆从来都依赖个人支持，但我感到如今依靠个人赞助的展览比重越来越大。”[31] 富有的私人捐赠是至关重要的，它不仅是最大比例的资金来源，同时也是最传统的文化赞助形式，发生于博物馆或者说艺术史诞生之前，也发生在不同的文化系统里。实物的捐赠也是非常普遍的形式。在艺术博物馆中，藏品经费的资金需求是非常庞大的。就支持者而言，对具体实物的捐款比对博物馆经营或业务费用的支援更具有吸引力。在美国，由于捐出的遗赠完全免收遗产税，与其将藏品留给无法确定是否会善待自己爱物的子孙，且要交上一笔高昂的税费，不如将它们捐给艺术博物馆，既可以使它们得到很好的保存并发挥更大的价值，同时还享有生前的社会威望和死后的荣光。有些艺术博物馆正是因为某个藏家捐赠的藏品而光芒四射（一般藏家的藏品部分捐赠后，剩余部分的价值会增大）。艺术博物馆因此更有机会拓宽藏品来源。

在现代慈善事业发达的美国，与中国人热爱“单挑”不同，他们更倾向于吸收有共同基本目标的一群人在一套制度下共同推动。一个爱好艺术的富有的私人捐赠者最后一般都会把加入一个代表公共利益的机构董事会作为目标，因此美国博物馆的个人捐助大部分是以董事会和理事会为核心的。

在本书第三章“艺术博物馆的骨架”中，我们就谈到了博物馆（艺术博物馆）董事会（理事会）的工作职责、道德标准以及与艺术博物馆基金（会）、学术委员会、馆长代表的执行团队、监事会之间的关系构架。在这一节中，我们具体看看博物馆（艺术博物馆）董事会（理事会）在筹款方面做出的巨大贡献，以及如何组建并激发董事会（理事会）在筹款方面的潜力。

艺术博物馆董事会是团结在艺术博物馆使命及宗旨之下的、由对艺术博物馆的发展有重要帮助的人员（主要是出资人）所组成的，是为艺术博物馆免费贡献时间和精力的义务性组织，一般只在差旅方面给予补助。有些艺术博物馆只有董事会，有些另外成立理事会作为董事会的执行派出机构。一个典型的理事会包括理事长、名誉秘书、名誉会计各一人，以及其他受邀参与的董事，名誉秘书可同时担任常务董事。董事会（理事会）成员依据章程通过提名任命产生，新增人员需以董事的判断力、专业经验作为基础。董事会（理事会）的人数不尽相同。为了保证对艺术博物馆的支持源源不断，董事（理事）成员宜轮流更替，并制定退休年限。根据美国富勒神学院的经验，每年召开三次工作会议，每位董事平均每年为组织工作8—10天是比较恰当的。

在美国，董事会是博物馆、艺术博物馆（也是所有非营利性组织）最大的资金来源和坚实的财政后盾。董事会（理事会）是组织使命的制定者与监管者，当他们围坐在会议桌旁就组织的任命、战略、资金使用、方案审计、绩效评估等各种重大问题投票表决时，便是他们行使管理职能之时；董事会（理事会）是组织最大度的赞助者，而且是积极的募款者；他们是亲善大使，代表着组织的形象，联结内外，到处去宣传组织的使命，在面临困境时保护组织；他们还担任顾问的角色，几乎每一名董事都具备一些专业技能，那些在外界收取昂贵咨询费用的有关法律、教育、金融、管理问题，都将免费为组织解答。由董事会（理事会）确保艺术博物馆资金用途的正当性，已经成为美国艺术博物馆经营战略的一个组成部分。在谈到董事会的作用时，富勒神学院院长David Hubbard说："若没有把构建伟大和高效的董事会看做是组织职能部门工作的一部分，那就无法完全组织发挥潜能。"运转良好的非营利组织都有一个主动的、强有力的董事会（理事会），密切介入组织的日常工作。目前纽约现代美术馆（MoMA）大部分的资金都来自董事会。董事会成员包括42名董事和15位终身董事，平均每位董事的捐赠都超过700万美元。由此可见，踏入博物馆（艺术博物馆）的董事会，实际上也踏入了一个高端的社交圈子，不可避免地成为彰显身份地位的名片，并可能因此带来其他利益和便利。

不同的艺术博物馆机构都以自身的不同特质吸引着与自己格调一致的富豪。与其他大型博物馆（如纽约现代艺术博物馆、大都会博物馆）的董事会成员大多为知名的大收藏家相比，古根海姆基金会是以专业财团的富豪为主，古根海姆董事成员史蒂芬·史卫德［Stephen Swid，国际知名家具品牌诺尔（Knoll）总裁］直率地说："追求社会名望的人会去加入大都会博物馆的董事会，想获取乐趣的则被古根海姆所吸引。"要想拥有一个强大的董事会，必须做大量艰辛的工作，需要不断努力，寻找合适的人并对其进行培养。这项工作主要落在艺术博物馆馆长的头上。要让潜在的董事了解艺术博物馆为他们所有，是他们不动产的一部分，但这并不是为了个人利益，而是为了实现艺术博物馆的崇高使命。艺术博物馆要让潜在的董事成员了解艺术博物馆对他们的期望，无论是时间、金钱、工作，还是责任。一旦董事会成立，馆长绝不能失信于董事，绝不能隐瞒任何运作实情，要做董事和职员之间的中间人，建立双向信息沟通渠道；做好对董事的服务，及时向他们汇报并使他们认可艺术博物馆的成果，也就是他们自己工作的成果，树立他们的主人翁责任感。

目前，中国的艺术博物馆可持续发展方式中已经从无到有地开始实验这种以理事会（董事会）为核心资金保障和运营支持的艺术博物馆结构（有些董事会与理事会是合二为一的）。包括国有的上海当代艺术馆（Power Station）、民营的今日美术馆等，都开始非常实际而不是当个摆设地推进艺术博物馆的理事会管理制度。这里既有大力吸纳社会资金的现实考量，同时也有体现艺术博物馆公共性的作用。对于中国的艺术博物馆来说，认识董事会（理事会）对公司资金链条上发生的重要作用，关注富有的艺术爱好者和亲近者，与之保持密切联系，一旦时机成熟，即可占有先机，吸引他们参加艺术博物馆的董事会（理事会）。在博物馆（艺术博物馆）募款界，"3D"——"Debt"（债务）、"Divorce"（离婚）、"Death"（死亡）是重要的机会，意思是当富有的艺术赞助人出现债务、离婚、死亡情况的时候，对于博物馆（艺术博物馆）而言是争取其藏品的时机。艺术博物馆机构应该保有并及时更新一份有可能提供藏品捐赠的艺术家、收藏家的名单，并对他们的生活状况有清晰的了解，第一时间探知到信息后，马上与捐赠方展开接洽。

从下面古根海姆 2006 年年度报表上，我们可以看到当年古根海姆博物馆的理事会的组成及成员，同时还有种类繁多的、以筹款为目的形成的委员会和临时委员会，古根海姆运转所需要的大部分资金就是由这个固定理事会和这些灵活的委员会所贡献的。

Solomon R. Guggenheim 基金会

理事会成员

（2006 年 1 月 1 日—12 月 31 日）

永久名誉理事 3 人

名誉主席 1 人

主席 1 人

总裁（president）1 人

副总裁 4 人

馆长 1 人

出纳 1 人（到 2006 年 6 月止）

1 人（从 2006 年 6 月起）

秘书 1 人

依职权的理事（TRUSTEES EX OFFICIO）5 人

名誉馆长 1 人

理事 28 人

名誉理事 1 人

古根海姆顾问部

总裁 1 人

成员 3 人

国际董事议会（INTERNATIONAL DIRECTOR'S COUNCIL）

总裁 1 人

执行委员会 19 人

成员 31 人

名誉会员 5 人

影像委员会

主席 1 人

联合主席 1 人

成员 32 人

赞助人

Solomon R. Guggenheim 赞助人 3

Frank Lloyd Wright 赞助人 3

Hilla Rebay 赞助人 35

Thannhauser 赞助人 29

赞助人 151

青年收藏者委员会

主席 1 人

收藏组 5 人

联名收藏委员会（Dual Acquisition Committee） 8 组

个人收藏委员会 98 人

联名成员 8 人

个人成员 130 人

支持联合会 242

领导层委员会

展览项目:“没有限制，只有边缘”（No Limit，Just Edges）

Jackson Pollock 纸本绘画

名誉主席 1 人

成员 15 人

Zaha Hadid

成员 2 人

其他领导委员会

展览：古根海姆意大利艺术展

名誉联合主席 5 人

成员 6 人

艺术品捐赠人及为购买艺术品而捐赠超过 500 美元者 38

教育委员会

主席 2 人

成员 18 人

年度基金捐赠者 56

2006 年古根海姆国际盛会（INTERNATIONAL GALA）

艺术家领奖者 7 人

社团领奖者 1 人

联合主席 3 人

赞助者 6 人

社团及基金捐赠者 16 人

购买入场券者及捐赠者 54 人

艺术教育之夜："通过艺术认知"接待会

主办委员会 6 人

领导委员会及购买门票者（500 美元以上）32 人

2006 年艺术家舞会

主办 1 人

协办 1

荣誉（Honoring）1 人

主席 6 人

主办委员会 30 人

门票购买者及捐赠超过 500 美元者 33 人

NUTCRACKER SWEET

联合主席 4 人

祖父母捐赠者（Grandparent Benefactors）1 人

利益委员会 10 人

购买门票者及捐赠超过 500 美元者 13 人

赞助者 3 人

2006 年法人成员

全球合伙人 2

国际法人领导 6

国际法人捐赠者 14

法人赞助者 27

法人合伙人 19

法人联合会 14

法人伙伴 5

2006 年法人赞助者

展览赞助者

“David Smith：百年”赞助者 1

“没有限制，只有边缘”Jackson Pollock 纸本绘画赞助者 2

“Zaha Hadid”赞助者 2

“Lucio Fontana：威尼斯 / 纽约”赞助者 4

“从埃尔·格列柯到毕加索的西班牙绘画：时间、真相、历史”赞助者 2

项目及活动赞助者 2

体制赞助（INSTITUTIONAL SUPPORT）

教育项目

普通赞助——Sackler 艺术教育中心 7

“通过艺术认知”17

师生项目 4

实习 1

公共项目 3

工作及进度（Works & process）6

一般运营支持 8

特殊项目 5

展览支持

“David Smith：百年”赞助者 4

“没有限制，只有边缘”Jackson Pollock 纸本绘画赞助者 1

“和孩子在一起的 2006 年：通过艺术认知作品选”赞助者 2

“Lucio Fontana：威尼斯 / 纽约”赞助者 5

“从埃尔·格列柯到毕加索的西班牙绘画：时间、真相、历史”赞助者 1

其他展览 3

（注：捐赠者中包括个人、集团公司、基金会等）

注释

1 Buck, L.：《泰特现代首位女性馆长的全球构想》，经雷译，“艺术新闻”2015 年 5 月第 38 期。

2 [法] 弗雷德里克·马特尔（Martel, F.）：《论美国的文化——在本土与全球之间双向运行的文化体制》（*De la culture en Amérique : politique publique, philanthropie privée et intérêt général dans le système culturel américain*），周莽译，北京：商务印书馆，2013 年版，第 26 页。

3 徐磊：《私人美术馆：缺钱缺人缺政策》，北大艺术金融 2016 年 3 月 10 日。

4 段勇：《创新与发展：我国当代博物馆事业的主题词》，载中国博物馆协会博物馆专业委员会、上海博物馆编《智造展览——博物馆馆长讲博物馆 2》，北京：北京大学出版社，2014 年版，第 38 页。

5 Walhimer, M. (2015) *Museums 101* London:Rowman & Littlefield Publishing Group p.81.

6 同上，第 82 页。

7 综合参考韩小蕙《中国美术馆 2008 年创出新高》，光明日报 http://www.gmw.cn/01gmrb/2009-01/25/content_881989.htm。

8 [美] 玛乔丽·嘉伯（Garber, M.）：《赞助艺术》（*Patronizing the Art*），吕澎译，北京：中国青年出版社，2013 年版，第 129 页。

9 [法] 弗雷德里克·马特尔（Martel, F.）：《论美国的文化——在本土与全球之间双向运行的文化体制》（*De la culture en Amérique : politique publique, philanthropie privée et intérêt général dans le système culturel américain*），周莽译，北京：商务印书馆，2013 年版，第 300 页。

10 资中筠：《财富的责任与资本主义演变：美国百年公益发展的启示》，上海：上海三联书店，2015 年版，第 51 页。

11　Walhimer, M. (2015)*Museums 101* London:Rowman&Littlefield Publishing Group p.89.

12　[法] 弗雷德里克 · 马特尔（Martel, F.）：《论美国的文化——在本土与全球之间双向运行的文化体制》（*De la culture en Amérique : politique publique, philanthropie privée et intérêt général dans le système culturel américain*），周莽译，北京：商务印书馆，2013 年版，第 257—258 页。

13　TANC：《让新富们打开支票簿：美国博物馆如何募集“新钱”》，“艺术新闻”中文版 2015 年 3 月 3 日。

14　[美] 玛乔丽 · 嘉伯（Garber, M.）：《赞助艺术》（*Patronizing the Art*），吕澎译，北京：中国青年出版社，2013 年版，第 53—59 页。

15　[美] 彼得 · 德鲁克（Drucker, P.F.）：《非营利组织的管理》（*Managing the Non-profit Organization*），吴振洋译，北京：机械工业出版社，2009 年版。

16　[美] 史蒂芬 · 康恩（Conn, S.）：《博物馆与美国的智识生活，1876—1926》（*Museums and American Intellectual life, 1876-1926*），王宇田译，上海：上海三联书店，2012 年版，第 276 页。

17　资中筠：《财富的责任与资本主义演变：美国百年公益发展的启示》，上海：三联书店，2015 年版，第 37—42 页。

18　Walhimer, M. (2015)*Museums 101* London: Rowman & Littlefield Publishing Group p.176.

19　[美] 詹姆斯 · 库诺（Cuno, J.）：《谁的缪斯？——美术馆与公信力》（*Whose Muse? Art Museums And The Public Trust*），桑塔兰泰拉、张婷译，北京：中国青年出版社，2013 年版，第 161 页。

20　Merritt, E.E. (2008) *National Standards & Best Practices* Washington：The AAM Press p.64.

21　[法] 皮埃尔 · 罗森伯格（Pierre Rosenberg)：《卢浮宫私人词典》（*Dictionnaire amoureux du Louvre*)，杨洁等译，上海：华东师范大学出版社，2015 年版，第 23 页。

22　[美] 玛乔丽 · 嘉伯（Garber, M.）：《赞助艺术》（*Patronizing the Art*)，吕澎译，北京：中国青年出版社，2013 年版，第 53—59 页。同时参考卢娟《国外政府文化资助模式及对中国的启示》。

23　资中筠：《财富的责任与资本主义演变：美国百年公益发展的启示》，上海：上海三联书店，2015 年版，第 518 页。

24　国家艺术基金管理中心主任韩子勇在“艺术怎么样？来自中国的当代艺术”研讨会上的发言，《艺术头条》2016 年 3 月 17 日。

25 应妮：《中国国家艺术基金 2014 年资助 394 项目 总额超 4 亿》，中国新闻网 http://www.chinanews.com/cul/2014/11-19/6794405.shtml。

26 http://culture.people.com.cn/n1/2016/0408/c87423-28260096.html.

27 [美] 玛乔丽·嘉伯（Garber, M.）：《赞助艺术》（*Patronizing the Art*），吕澎译，北京：中国青年出版社，2013 年版，第 53—59 页。

28 [法] 弗雷德里克·马特尔（Martel, F.）：《论美国的文化——在本土与全球之间双向运行的文化体制》（*De la culture en Amérique : politique publique, philanthropie privée et intérêt général dans le système culturel américain*），周莽译，北京：商务印书馆，2013 年版，第 60、84、354—358、257—258、169—171 页。

29 洛克菲勒慈善咨询机构总裁兼首席执行官梅丽莎·波曼访谈录，载 2014 年 7 月 1 日《公益慈善周刊》。

30 《国内企业赞助艺术现状分析》，载 2014 年 5 月 28 日 AMRC 艺术市场研究中心。

31 [美] 詹姆斯·库诺（Cuno, J.）：《谁的缪斯？——美术馆与公信力》（*Whose Muse?Art Museums and the Public Trust*），桑塔兰泰拉、张婷译，北京：中国青年出版社，2013 年版，第 160 页。

艺术博物馆商店

鲁尔工业区博物馆的商店

第十章 艺术博物馆商店

一、博物馆商店的发展史

从1912年伦敦大英博物馆设置销售贺卡和出版物的柜台开始[1]，博物馆商店从在观众寄存处的小小角落临时围起的贩卖点发展为今天多元化经营的博物馆专业机构的一部分，甚至扩张成为颇具规模的艺术博物馆（博物馆）零售行业，拥有一个成立时间超过60年的国际博物馆商店协会等不同专业组织[2]；从应付观众的消极局面到今天成为全面的观众服务中心：既是延伸博物馆教育功能的重要载体与工具，又是吸引人潮和宣传博物馆最好的媒介与策略，还是维持博物馆运转资金的重要来源，博物馆商店的发展与博物馆观众不断增长的精神文化与物质文化需求密不可分，反映了博物馆学从“物”到“人”的转变，突显了二战后博物馆多元化服务的倾向，也反映了整个社会的民主程度、文明程度的不断增强以及博物馆在民众生活中的重要性的增强。博物馆商店的发展经历这样一个长期的过程是与博物馆的“中心”转移——从典藏到教育到观众分不开的。当20世纪80年代以前那种以“学生”角色作为观众对象的理念不再适应博物馆的发展，当大众传媒方式使博物馆参观成为一种文化橱窗消费（cultural window-shopping），[3]对博物馆综合功能的呼唤越发强烈。博物馆商店的重要性在博物馆的自身发展中得到凸显。法国蓬皮杜中心第一任馆长蓬皮杜·于尔丹接受蛇形画廊总监汉斯·乌尔里希·奥布里斯特（Obrist, H.U.）采访时曾谈到艺术和生活与博物馆的关系——这样一个综合的文化中心，融合餐馆、工作室、互动室和实验室，模糊了艺术和生活的界限，在他早期运作斯德哥尔摩文化中心时起到了关键作用。这一切都基于“反博物馆”（anti-museum）这个概念——其发展是为了复苏“博物馆”的概念。后来，他在运作蓬皮杜时，在此基础上又对跨领域的乌托邦形态进行了“功能分离”式的组合，也就是在一个已经形成的“生活化的艺术中心”的结构下，让博物馆的核心功能和其他不同部分的功能都分别得到最大的凸显。[4]

在这一演进过程中，在博物馆文化发达的国家，博物馆藏品的衍生品已经成为文化概念的生活消费类奢侈品，让艺术从小众层面走入并服务于大众群体，使艺术更加普及化和广泛化。艺术博物馆的艺术衍生品已融入发达国家的消费习惯中，常常被作为节令礼品。现在世界上许多的艺术博物馆（博物馆）都将其附属商店的运作作为检验艺术博物馆（博物馆）生活化、社会化、实践化的指标，也作为艺术博物馆（博物馆）新生的契机。在艺术博物馆（博物馆）功能与组织制度逐渐演变的潮流下，商店所能展现的功能显得越来越重要。艺术博物馆（博物馆）商店是文化活动与商业行为的一种巧妙衔接，在艺术博物馆（博物馆）的发展中越来越扮演着举足轻重的角色。

在中国，虽然人们还没有节假日到博物馆购物赠礼的习惯，但博物馆商店的销售，尤其是博物馆的衍生品开发和销售正在进入一个最好时期。具体到艺术博物馆而言，首先从政策角度，国家重点美术馆评比要求各艺术博物馆重视艺术商店的建设；其次，中国的文化艺术消费需求随着中国于2010年成为艺术市场交易全球第二大国而越发扩大；再次，随着中国艺术博物馆免费开放潮的到来，观众逐年呈几何递增，为艺术博物馆的参观消费习惯打下基础；同时中国作为全球第一的奢侈品消费大国，人们对品牌性和“炫耀性”消费非常热衷……种种迹象表明，中国的艺术博物馆商店的经营和开放还具有非常大的空间和可能性。除了在商业和经济层面引起重视，对于艺术博物馆商店在实现博物馆重要功能方面，我们还需要花大力气，下大功夫。本章探讨的是艺术博物馆商店的运营问题。

二、艺术博物馆商店的重要性

1. 延伸艺术博物馆教育功能的重要载体与工具

艺术博物馆从过去到未来，一直是全世界最有潜力、最富裕的影像银行。从这个意义上来说，艺术博物馆的艺术资源和艺术版权资源保障了产品的可持续性与增值潜力，是艺术博物馆商店经营的最大资源。艺术博物馆商店整合了艺术博物馆的资源，形成了一个贴近大众的学习场域。艺术博物馆商店内的商品不仅仅是一般商店的工艺品，而是艺术博物馆典藏、展品的形象化身或衍生形象，代表了艺术品的艺术观念、思想，反映了时代、环境的特质，可谓件件有身份，物物有用心。人们参观展览后购回家中的艺术复制品或衍生品也不只是仅供人回忆而已，其作用在于加长了观众对文化学习的时间，引发大众对文化本质的认同与尊重，也充实了大众的生活，提升了大众的生活品质，为艺术博物馆观众提供的一项文化服务。

美国很多艺术博物馆商店都设立在一楼大厅，纽约现代美术馆的艺术品商店甚至是相邻的独栋大楼，在大纽约设有三家相当规模的独立店，并在东京设有两家分店，这样人们不必购买艺术博物馆的门票就能到达商店。很多专门为购物而来的客人，因为商店中出售的与展览相关的商品，引发了进一步了解并观看展览的兴趣。

这些游客即使没有任何购物行为，通过艺术博物馆商店中的介绍卡、展示卡与受过教育训练的销售人员，亦可以大幅增长参访所获得的知识与兴趣。艺术博物馆商店寓教于乐，无形之中让人们的参观经验更多元丰富，从而承担起传递博物馆的教育功能，形成一个有趣的社会学习机制。从本质上说，艺术博物馆商店应该成为艺术博物馆教育的实体呈现，艺术博物馆教育功能的转化代表了艺术博物馆的教育理想。

艺术书店是艺术博物馆商店的一部分，同样承担着艺术的教育、推广、思想传播的重要功能。艺术图书因为专业性强，受众面窄，很难在主渠道的新华书店系统销售，也很少有充分理解艺术图书价值的专业售书人员。艺术博物馆作为艺术爱好者的集散地，通过艺术书店担负起这个职责，除了售卖相关展览的画册，还汇聚齐全的艺术图书品种，不光是做生意，更是要推动、启发、孕育新的艺术思潮。

2. 宣传艺术博物馆、艺术资讯最好的媒介与策略

作为“可携带的艺术博物馆”，一个合格的艺术博物馆商店就像艺术博物馆的发言人，是一个具有极大能量的营销传达媒介。随着观众对艺术复制品和衍生品、展览画册、其他艺术图书的拥有，艺术博物馆商店成为人们加深对艺术博物馆展品认知的强有力媒介，成为艺术博物馆品牌形象的行销工具，同时也是传播艺术资讯的有效工具。不仅如此，艺术博物馆商店的商标商品、礼品包装纸和购物袋同样强烈地塑造着艺术博物馆的品牌形象。

3. 维持艺术博物馆运转资金的重要来源

提到运转资金，最有力的论点便是数据。我们以纽约现代美术馆（MoMA）的商店为例，自 2004 年 11 月重新开业到 2005 年 5 月，销售成绩相当惊人。MoMA 总店的经理凯西·松顿拜斯（Kathy Thornton-Bias）说："我们以超过百万美元的业绩击败了所有其他假日休憩点。" MoMA 2006 年的财务报表显示，其商店的销售业绩为 471.75 万美元，相当于两亿多人民币，超过了 MoMA 全年总收入的三分之一。

不仅如此，艺术博物馆商店亦是获得会员赞助的一个窗口。一般的艺术博物馆商店都提供加入会员的服务，或者稍加暗示顾客有关艺术博物馆的资金募集活动，就可以增加捐款数目或者让顾客选择升级会员身份。

在艺术博物馆的财务收入面对严峻考验的今天，人们越发认识到艺术博物馆商店只要处理好追求利润与教育功能的平衡关系，紧扣非营利的观念，严格地将艺术博物馆商店所得利润按比例投入艺术博物馆公益活动的发展与运行之中，将"艺术博物馆零售产业作为世界经济中的一个独特面向"，透过仔细选择的商品来教育大众，便可以使艺术博物馆商店在整个零售产业中占有崇高的地位，使产业获得无限发展，以支持艺术博物馆的运行，增强艺术博物馆的运营活力。

4. 更加全面的艺术博物馆服务功能吸引人潮

一个广泛意义上的观众群体是艺术博物馆生存发展的全部意义所在。艺术博物馆希望创造更多与观众沟通的机会，延长观众停留的时间。在参观艺术品之外，感受艺术在文化教育上的力量，同时兼顾其休闲性与娱乐性，是艺术博物馆商店应运而生的动力之一。在一个"体验经济"的时代，艺术博物馆商店加深、拓宽、丰富了一般社会大众的"艺术博物馆体验"，使观众产生回访欲望。

首先，从消费者心理分析的角度来看，人们普遍抱持一种“我购买所以我存在”的心理。从接近大众生活经验的角度，购物是整体参观的一个部分。在艺术博物馆商店购物，就像感情催化剂，更加黏合了观众与艺术博物馆之间的感情。如果在艺术博物馆商店中觉得没什么纪念品可以购买，那是因为艺术博物馆的参观没有提供值得观众记忆的体验或是与体验相关的衍生品。对于艺术衍生品而言，虽然比一般纪念品价格高出很多，但因为具有回忆价值和美好的体验，所以消费者还是愿意购买的。

其次，艺术博物馆商店的布置与展厅规划是同中求异的，完全是从观众的需要出发。展厅出于安全保护考量，艺术品与观众之间都存在距离，通常是“只准看，不准摸”。艺术博物馆商店则加入可触及的机会，既能自由选择，亦可研究、学习、品味及欣赏，是一个没有距离的场域，满足了观众的好奇心，为观众提供了一个能够继续驻足感受展览的私人空间，营造了亲切、安适的环境，使艺术博物馆更具有灵活性与现实性。

再次，艺术博物馆商店都会对会员提供折扣服务，亦是回报会员的一个窗口。

三、艺术博物馆商店的经营原则

艺术博物馆商店的运营与零售商店的运营方式存在许多相通之处。不过，作为非营利事业项下的公益事务，艺术博物馆商店有着自己必须遵守的原则。社会公益与责任是艺术博物馆商店营运的最重要特质，若失去公益的本质，也就失去了设立商店的意义，因此它所具有的社会责任是艺术博物馆责任的一部分，不亚于展厅与展品的分量。

遵循公益性原则必须注意以下 6 点：

1. 一切工作以艺术博物馆的宗旨、使命为最高宗旨、使命。

2. 无论是衍生品、复制品，还是展览画册、图书，所有商品的选择均与艺术博物馆的展览、收藏及学术方向相关，将使命作为选择商品的标准，不销售与馆格无关的产品，以寓教于艺为目的，使大众生活艺术化，使艺术生活化。同时要保证商品的品质水准，确保艺术博物馆在人们心目中的形象。

3. 选择适宜的陈售地点，避免喧宾夺主，妨碍艺术博物馆的正常运行；商店的环境布置风格要与艺术博物馆保持一致。

4. 艺术博物馆商店的工作人员必须具备专业知识才能担负起解说产品的职能，同时对商品的解说也要坚持寓教于艺的原则。

5. 艺术博物馆商店的账目必须由艺术博物馆委派专人管理，并定期提交账册供管理委员会、监事会和相关政府部门审查，公告营运状况。

6. 无论多大盈余，均不得违反艺术博物馆的伦理原则，必须按比例支持艺术博物馆的其他公益功能的发挥。

四、艺术博物馆商店的经营之道

1. 艺术博物馆商店运营的前提条件

是否拥有丰富的典藏是艺术博物馆商店运营的重要条件。丰富的典藏是艺术博物馆商店衍生品、复制品开发的基础与灵感来源。

艺术博物馆商店是艺术博物馆展场的外延，除了对空间大小有要求，同时场所装修布置陈设等都要与艺术博物馆展厅相协调、相适宜。

艺术博物馆是否具备扎实的研究水平与经验丰富的教育专家。在关于艺术博物馆商店的产品开发、摆放等问题上是否有一套互动机制，使学术与教育专家和艺术博物馆商店得到有效沟通，使开发出的产品不背离原有艺术品的中心内涵。同时艺术博物馆商店也会因为有学术平台带来的口碑、升值及特别购物体验与服务而产生推广的便利和效应。

艺术博物馆商店是否有专业的经营与开发人才，既能很好地把握教育功能，同时又使商品更有趣味性，发挥跨界整合的平台优势，利用媒介与艺术资源，丰富多元的文化艺术策划不断地吸引公众，使之成为最热络的艺术集散地，通过一些新颖的方式，如艺术礼品与定制、企业会员艺术增值服务、网络服务与合作，为顾客、会员、艺术爱好者、企业机构等提供文化品质及增值服务。

艺术博物馆商店导购是否有一套与艺术博物馆导览、教育专员一致的培训机制，使艺术博物馆商店的导购具备与本馆相关的专业素养，为观众提供积极的服务。

2. 艺术博物馆商店的经营之道

保证所有的经营合乎法律法规，尤其在选择、生产衍生品或复制品时，必须厘清版权问题。

分级制作，种类适宜。一类是便宜的大众化商品，取得广泛的宣传效果；另一类是独特性、单一性的限量商品，给人们“独此一家”的珍贵感受。在商品的价格、选择性与多样性、独特性上要多做文章。

定位明确，保证专业特色，提供相关方向最齐备的资讯与服务。比如今日美术馆的学术方向是当代艺术，那么就要使有关当代艺术的图书、展览目录和相关衍生商品、复制商品成为最齐全的。

具备文化品质与专业质量。精致的工艺是艺术博物馆商店的名片，文化品质体现在艺术博物馆商店的各个角落，无论是对商品专业性的文字解说，还是导购员的文化教养。

以服务观众为第一要义。在空间安排上，布置方便选购的陈设方式，为观众营造舒适的感觉；在信息服务上，除了开设网店，增加人气和销售渠道，同时兼顾短信、e-mail 通知会员客户新品信息，有条件的地方，店内的查询系统实行电子化；提供包装、快递、邮寄等附加的服务；最关键的仍是服务的人性化、人格化，这对店员的素质提出了较高要求。

国外艺术博物馆商店仍有可值得借鉴的尝试：（1）加入博物馆商店联盟，挑选适宜本馆的商品。（2）与国际上其他艺术博物馆实行某些项目的联合开发。（3）条件成熟时可选择适宜的地点开设分店。如大都会博物馆除了馆内设有多家礼品店，还在纽约的高级百货公司设专柜、纽约现代艺术博物馆（MoMA）的独立店等。（4）一段时间内保证比较固定的几个供应商，以节省时间及成本。（5）综合情况，开拓本馆产品的销售渠道（需要掌握好分寸，一定要保证部分商品的专卖权）。

清晰的分类有助于顾客对产品的挑选以及艺术博物馆商店的产品管理。艺术博物馆商店在大类上一般分为书籍和礼品。我们可以借鉴一下世界著名的艺术博物馆商店的分类方法。

泰特在线商店的商品分类：图书和卡片；礼品：适合儿童、男士和女士的礼品；日历和日记本；艺术家相关产品；艺术材料和珠宝首饰；印刷品和海报；展览相关产品；新品和畅销品。

MoMA 在线商店的分类：新品上架；畅销品；书籍；媒体；家具；照明；家用配件；厨房；桌上用品；海报；印刷品；文案用具；珠宝；手表；个人配件；游戏；儿童用品；特价货品；展览相关产品；MoMA 设计藏品；MoMA 独家商品。

MoMA地面店的区块：MoMA设计商店，展售美术专题图书、艺术复制品和设计类商店；MoMA书店则提供各类教学、学术的展览图录、书册和出版品；展览商店则贩售与馆内当期展览有关的商品。

关键是选对人才。艺术博物馆商店工作的专业分工和界限需要充分被尊重。艺术博物馆商店的经理人不仅要具备美术的专业知识，对艺术博物馆的媒介功能、教育功能有深刻认识，同时要具备捕捉资讯的敏感度与开发新品的兴趣，熟悉工艺设计与制作。更重要的是，还需要有零售管理的执行能力。

重要的一点是，艺术博物馆商店应该把握自己作为非营利机构的一部分这个基本原则，这个部分虽然非常重要，但并非艺术博物馆存在的理由，其工作内容也并非艺术博物馆工作的中心。我们应该避免“边缘功能成为主要功能”的窘境。[5]在商品选购和销售策略上以及经营原则方面，“我们应该通过把自己同所有形式的娱乐（商业）明确区分开以秉持我们的正直……我们必须强调是什么让我们与众不同，并利用这些差异，尤其是真实性与艺术的奇妙”[6]。

注释

1 Jonah Siegel(2008) *The Emergence of the Modern Museum* London:Oxford University Press.

2 博物馆商店协会总部设立于美国科罗拉多州丹佛市，目前有1600多个会员和800个分会。黄光男：《博物馆企业》，北京：文化艺术出版社，2011年版，第93页。

3 Ritchie,I.(1994) “Vistor studies in Germany:methods and examples” , Graf, B. in *Towards the Museum of the Future* London: Routledge, p.79.

4 [瑞士]汉斯·乌尔里希·奥布里斯特（Obrist,H.U.）：《策展简史》（*A Brief History* of *Curating*），任西娜、尹晟译，北京：金城出版社，2012年版，第87页。

5　同上，第 96 页。

6　[美] 菲力普 · 德 · 蒙特贝罗：《美术馆，激发公信力》，载 [美] 詹姆斯 · 库诺（Cuno, J.）《谁的缪斯？——美术馆与公信力》（*Whose Muse?Art Museums And The Public Trust*），桑塔兰泰拉、张婷译，北京：中国青年出版社，2013 年版，第 149 页。

艺术博物馆商店

艺术博物馆商店

威尼斯皮诺基金会美术馆

第十一章　艺术博物馆的品牌

一、品牌定位

“无论博物馆是否意识到，每个机构都有自己的品牌。一个博物馆的品牌就是人们提起这个博物馆的时候想到的样子。”[1] 这个“样子”是在实现博物馆的使命、愿景的过程中所描绘出来的。“博物馆的社会形象应该是：维护和利用丰富的艺术人文历史，拥有权威的学术团队和科学的管理理念……足以帮助我们从更新鲜和更具历史眼光的角度，理解什么是艺术的真正意涵。”[2] 这个描述可视作博物馆作为一个机构面对公众所呈现出的整体的品牌基调。博物馆品牌的另外一层含义是在学术层面，即专业圈子。对博物馆界来说，最重要的是来自专业同行的评价，而不是完全看你有多受欢迎（观众人数）。一些罔顾专业评价为了热闹和金钱考虑而进行的展览，会极大地影响博物馆的声誉。[3]

每座博物馆都有它特殊的优点、缺点、机会和威胁，也因此有自己独特的品牌。博物馆的品牌管理是围绕着博物馆的使命、愿景制定的学术定位，以及结合市场竞争情况而进行的有意识的机构形象建立（以博物馆的公益性为核心）、推广、营销、公关活动等。博物馆品牌管理的定位、战略、步骤与方式方法的确定，是建立在博物馆使命、价值观、长远运作的目标与风格确定的基础之上的，是对博物馆功能的大方向、大原则的进一步确认。品牌管理的第一步就是品牌定位。

这是一个信息泛滥、“娱乐至死”、消费过剩的世界。在人们注意力极度容易分散的状况下，在保证其核心任务——为观众提供卓越的精神价值的前提下，博物馆既要与电影院、图书馆、演艺业、游乐场、旅游景点、体育馆等其他的社会公共娱乐设施和大众传媒竞争观众有限的休闲时间以及争取观众的兴趣、精力、注意力，又要与同行业的艺术博物馆、博物馆、画廊等公共艺术机构竞争艺术资源、观众的兴趣点与支持度、经费来源与推广力度，还要与其他非营利组织在社会公益资金、传播宣传渠道方式上展开竞争，这些都需要博物馆借鉴现代企业的品牌与市场理念和方法来扩大自身的影响。1983 年，特拉华大学（University of Delaware）受经济商业大学（College of Business and Economics）的博物馆研究项目委托，为博物馆管理人员专门设计了一套增加品牌和市场影响的方案，主要内容包括：品牌战略、市场定位——你是谁，你在哪儿；品牌推广——你想说什么，如何说出来、在哪儿说、谁也在说；战略规划管理——战略是否有用。[4]我们简单地加以总结便是——你是谁？你爱谁？谁爱你？怎么样让他们永远爱你？发掘艺术博物馆的特性，并在目标“客户”的脑海中精确地予以定位，这是博物馆馆长、收藏研究人员、展示设计师和教育人员共同的责任。如同所有成功的营利事业一样，博物馆必须在市场上寻找自己的根基，建立独特的品牌形象。明确的品牌定位将帮助博物馆推广他们的价值，达成使命，加快、增长资源，以吸引更广泛的关注。

博物馆品牌定位乃至管理建立在博物馆自身的条件和特点之上。博物馆品牌定位有五个基本要素：博物馆本身的环境、典藏的物件与展示、诠释的物件、博物馆活动、博物馆所提供的服务（既包括博物馆向观众提供的服务如书店、咖啡厅、出版、网店，同时也包括承诺给相关客户、赞助商的相关营销服务）。博物馆品牌定位是否成功，主要是看这五个要项所推出的具体活动内容是否能让更多的人了解与满意。

博物馆的品牌定位需要经过一系列的调查、分析、综合、判断才能得出，并在实践中不断完善。对于一个新建博物馆而言，一旦品牌定位确认，则需要一份代表博物馆品牌形象介绍的手册。从某种程度上说，这是一个博物馆里仅次于使命陈述的文件。品牌手册的内容一般包括博物馆的使命陈述、愿景陈述、建筑描述、学术框架、运营框架、管理框架、重大活动、历史回顾、服务设施和交通路线，有些也会包括馆长寄语。

当然，说到博物馆的品牌，博物馆的视觉系统是最直观、最抽象的表达方式之一。从馆徽的设计到 CIS 的博物馆形象，不论是展览场、办公室、图书室、馆舍，还是出版品、活动表等，都要有共同统一的标志，使博物馆营运有一致性的指标，集中同仁智慧，全面实施博物馆有系统的运作。

同样，对外宣传的基本内容的撰写与制作也是博物馆品牌定位的一项基础工作，任何一个博物馆都少不了。在一些小博物馆，负责此项工作的人，同时还会担当对内新闻的发布，间接起到企业文化的渗透作用。博物馆对外的一般宣传品包括博物馆介绍、活动表、位置图、分区资料、导览牌、简单的折页资料、定期刊物、年报、展览目录、专辑出版、书店与咖啡店的空间及相关的公共空间媒介（如户外墙体广告）。每次展览和活动一般涉及的基本宣传品有海报、展览（活动）画册、导览手册、活动卡片、入场券等。重要展览可以考虑增加的宣传品有街道布旗、公共场所海报、密集场所的广告传单或海报。这些宣传品在内容上要简明清晰，将主题以有益于观众消化的资讯方式呈现，不可使观众感觉负担过重，同时要求设计美观。比如常见于博物馆介绍、展览邀请函上的博物馆地址，应该使参观者熟悉并清楚地知道自己位于何处以及如何前往，注明使用不同交通工具所需的往返时间。在制作上，大部分一次性使用的宣传品主要考虑到成本与时效；画册则讲究收藏性，需精工细作，不过画册和导览手册也是很容易延误却是媒体在意的部分，应提早安排，最好在展览或活动之前的一周前完成，这样也能使媒体宣传不至于滞后。最后也不要忘记对观众发出邀请。观众带着体验回家，能带来口口相传的效应，所有让观众带回家的材料（与博物馆有关）都要代表博物馆的品质（无论是册子、票证，还是包、盒子等）。使用营销手段鼓励回头客，保存博物馆资料。[5]

几乎博物馆的所有工作都需要有品牌思维。比如如何引导观众到博物馆参观，如何使观众更好地应用博物馆的各项设施，应该成为博物馆营销策略中精心设计的部分。大至国际间的交流或展示，小至一件一物的展示，无论是展览内容和教育内容的整体研究与策划，还是相关的印刷品、衍生品或目前流行的网络资讯，都属于品牌管理的范畴，都需要在品牌定位的框架中进行设计、安排。因此，对于博物馆的人力资源管理来说，最关键的任务是如何让博物馆的品牌深植每位博物馆馆员的心中，并从日常工作中体现出来，我们随后还会具体讲到。

二、市场营销

在博物馆中，“市场”的概念就是指有目标客户、有东西可“卖”，如果有商业性的事项可以做得更好。不同的博物馆根据自身品牌定位的不同，确定不同的市场营销战略，运用不同的市场推广方式。“每个运营良好的博物馆都有全面的市场规划，战略性的市场计划所达成的影响和结果，要比单个的市场计划更为重要。”[6]博物馆的市场工作是把外部世界的需求和愿望与组织的意图、资源和目标协调一致的一种方法。市场营销战略把博物馆的使命和博物馆的“客户”整合起来。如何客观地分析博物馆自身的定位、优势与劣势，本身特性与内外在环境的竞争和威胁，如何凝聚目标的共识以建立一个有效的未来愿景，都是博物馆市场战略所必须要思考的问题。在整体市场营销战略确定的框架下，为每个服务项目（比如展览、教育、出版、副业服务等各种博物馆所具备的服务项目）设计合适的市场营销战略是首要的基本任务，为此，每个博物馆都需要一个系统的、长期与短期目标都明确的、整体和单个项目都清晰的市场营销计划。[7]

市场营销作为企业经营管理中重要的一部分，其理念与实践经历了几十年的发展，主要脉胳是从 20 世纪 60 年代麦卡锡（McCarthy, E.J.）教授的 4P 理论：产品（Product）、价格（Price）、渠道（Place）和促销（Promotion），即以市场需求为中心；到 20 世纪 90 年代初苏特朋教授提出的 4C 理论：消费者（Consumer）、成本（Cost）、便利（Convenience）和沟通（Communication），即以顾客的满意为中心；再到 20 世纪 90 年代末艾略特·艾登伯格（Ettenberg, E.）教授提出的 4R：关联（Relativity）、反应（Reaction）、关系（Relation）和回报（Retribution），以顾客的忠诚为中心。进入 21 世纪，随着市场的进一步细分，营销理念越来越多元化，大多根基于传统理论。其中里特（Jilite, J.M.）和劳斯特（Gloucester）的定位与新定位、营销大师科特勒（Kotler, P.）的理论都自成一家，影响颇大，值得博物馆的馆长与职能部门细细参研。尤其是移动互联网飞速发展的这十年，面对“千禧一代”，市场的理念和方式又发生了巨大的变化。我们在这本书中并不打算涉及太多普遍意义上的理念和方法，而是在其基础上讲讲博物馆市场营销的特点和方法。

虽然博物馆营销与企业营销的许多原理是一样的，但博物馆营销不等同于企业营销，其最核心的区别在于，“博物馆‘产品’的市场不是为了经济上的利益而是为了教育和娱乐的价值，意味着适应性地将硬性‘销售’转化为软性，并重点强调更多无形的收获”[8]。具体到艺术博物馆而言，一是他们有不同的目标。企业以“顾客为中心”，是以从顾客处求取利润为终极目的；而艺术博物馆以“观众为中心”，是以保留人类的美、传播和提升全社会对美的认识为存在目的。二是他们推销的产品不同。艺术博物馆的“产品”是一些“无形的东西”，推销抽象的概念与企业推销具体的产品是不一样的。三是衡量营销效果的最终标准不一样。企业是以财务指标来判断营销效果，而艺术博物馆即便在众多领域都存在盈利行为，但并不是以利润的多少作为其成功与否的标准，而是以学术价值、公共价值来衡量；包括艺术博物馆商店这类副业的开展，都是以让观众感受到艺术博物馆整体的文化艺术氛围为切入点，以所得利润投入艺术博物馆学术建设为着眼点的。四是企业营销以售出产品为前提，而艺术博物馆营销是以服从使命为前提的。艺术博物馆不会完全为了迎合民众的需求而设计展览，比如一些通俗化、感官刺激的展览内容虽然吸引观众，若毫无学术价值和教育意义，就要绝对摒弃。艺术博物馆营销的重点在于，要使有学术价值和社会意义的艺术理念与展览内容，通过策划、包装、宣传、推广等综合的营销方法，吸引更多人的注意，教育、引导、影响大众。“博物馆的市场也可以说是‘销售’的工作。由于博物馆的使命核心是公共利益，因此，博物馆和观众都将从市场中受益。”[9]

根据营销大师科特勒（Kotler, P.）的观点，并参考马歇尔·贝奇尔（Michael Belcher）[10]提出的博物馆市场发展的9条规则之后，我们建议采取以下步骤开展艺术博物馆的市场营销工作：

1. 先做市场调查。我们要了解都有哪些艺术类的机构，他们是什么定位，与我们有何相似之处，大家各自在行业里是什么位置，他们开展哪些活动，哪些活动是富有成效的，我们与他们有何不同，我们有哪些专长和资源是别人所不具备的；社会上还有哪些非营利组织，他们的生存状况如何，他们的钱从哪里来，等等；社会上有哪些休闲事业、文化遗产？他们的消费者是什么情况？艺术博物馆与之相比有何优势和缺点，等等。举个简单的例子，日本足立美术馆的庭院连续 8 年（到 2016 年是 10 年）位居美国介绍日本庭院的专门杂志《JOJG》的榜首[11]。作为以日本艺术为展示中心的艺术博物馆，足立美术馆偏西南一隅，其画作的收藏相对单调，这样的条件很难蜚声世界，然而正是将日本艺术的重要截面——日本园林作为作品展出的方式，独辟蹊径，同时结合收藏，将艺术作为“人与人，人与远、近自然及人文环境之间密切互动关系的永续经营与调整的重要媒介”抽取出来，“使艺术成为不断改变形态的‘公共空间’的促成媒介”，[12] 升华艺术与空间关系的概念，成为足立美术馆的荣耀和立足点，并使之享誉世界，吸引全球大量专程前往的观众。

市场调查的另一方面是观众调查，对此，我们在第二章“体验型艺术博物馆：艺术博物馆与观众”中有详细的介绍。需要强调的是，我们除了要了解现在的观众，了解针对不同的艺术博物馆服务的需求和可能支付的价格，观察不同细分观众的反应，还要善于发现潜在观众，发展目标观众。针对比较重要的展览，应该分层营销、细分市场、弄清自身定位、深入了解准备与之互动的不同目标群体。对于艺术博物馆来说，主要有几类需要争取的对象：观众、捐助者、艺术家、媒体。我们要了解哪些群体会对我们艺术博物馆产生兴趣，什么是他们想从艺术博物馆这里得到的东西，我们是否可以提供这些服务满足他们的需求，如果没有或不够，我们可以做何改善？哪些群体是我们的筹资对象，哪些产业与艺术能产生有效的联结与合作，什么样的潮流（经济、社会、科技、地理等）可以影响未来，有可能对艺术博物馆的服务产生什么样的影响，比如是否涉及增加的休闲时间、精神追求潮流、教育的社会化、旅行环境和习惯等。总之，我们必须通过市场定位和细分找到对艺术博物馆而言最有利的品牌立足点、最有效的市场营销方案和最可靠的市场推广对象，不要把宝贵的资源浪费在不会有结果的方向上。有一份早期的调查显示“高等教育的观众一般对艺术相关知识有所了解，他们一般为了特定的作品前来，喜欢自己单独研究体会而不是跟随导览，滞留时间长，并喜欢安静的观展氛围；中等教育的观众比较喜欢跟随导览，有强烈的求知欲；低等教育的观众把艺术博物馆当作圣殿，而且不是轻易踏入——显然，如果有迪斯尼世界的圣殿，他们会更加愿意前往，他们一般不敢问问题，也很少能从艺术博物馆所提供的服务中受益，他们喜欢有朋友家人的陪伴，喜欢更为民间的作品”[13]。这个结论非常值得发展中的中国的艺术博物馆参考，然而更有针对性的定位来自于艺术博物馆自己的观众调查。

2. 锁定目标市场，制定市场计划、执行策略和服务方案，满足目标群体的需求。根据对近期市场、“客户”细分（观众细分，按收入、年纪、地址、教育、性别或其他）、项目的分析，确定市场目标，包括社会效益和经济效益的目标。营销计划不仅仅是传播营销信息，还要建立起所有项目与所对应的“客户”之间的网络与沟通渠道，并懂得如何运用这些渠道。如果希望营销战略能够取得我们所期望的回应，那么我们必须要了解我们的“客户”需求是什么，我们只有向对方做出贡献以获得我们期望的回应，这就是营销大师科特勒的营销思维的本质：互惠互利和公平交易。我们评估营销战略是否发挥作用的关键是设定明确的目标，然后看看营销是否帮助艺术博物馆实现了这些明确的目标。如果营销战略没有发挥作用，就要进行适当的调整，采取不同的方法，最终都是为了达成艺术博物馆的目标。

3. 实施项目营销的预算、执行、控制和评估，向目标群体（潜在“客户”）做广告宣传和推销。营销人员必须出现在所有重要的营销项目中，必须不断进行评估，并及时获得执行情况的反馈信息。有针对性地策划事件型活动，是最适合艺术博物馆的一种营销方式。

一类活动集中在专业领域。包括相关展览的研讨会、座谈会和评论，以及以艺术博物馆的定位为中心进行的主题策划，邀请国际国内知名学者参加的大规模论坛活动；同时积极参加类似的国际艺术博物馆年会，学习经验，营销国内艺术博物馆的业务，提高艺术博物馆的学术地位。这既是一种方式，更可以称为一种生存的策略。

一类活动面向大众，以多元化的内容满足不同年龄层观众的不同需求，以休闲化的学习吸引更多观众。比如针对学生、学童、退休人士，都可以有贴近他们生活经验与社会知识的不同活动策划。艺术博物馆营销也是一种沟通，若能成功地将艺术博物馆融入生活的情境，就是有效的传播教育。值得一提的是，以亲子为中心的活动设计，将促使艺术博物馆隐性观众群的及时浮现，是吸引观众的好方法。家庭共同出游是现代家庭紧密联系的纽带，有针对性地设计家庭的活动，使艺术博物馆参观成为家庭成员为休闲、为学习而共同外出的议事日程。以中国亲子教育的趋向来看，家长更注意有益于儿童的各项学习课程，并且会跟随自己的孩子前往参加，形成加倍的观众群。如果可以让家长对于参观经验可能达到的效果和内容有一定的预测，则会取得事半功倍的效果。艺术博物馆可以为家庭参观者特别准备套包，包括行动卡、墙表、照片、行动、地图、建议，利用艺术博物馆，指导做事情。通过类似活动的举办，艺术博物馆的形象结合温馨的家庭氛围和亲子经验，会牢牢印刻在大人和孩子的心中。

从整体趋势上来看，结合所在城市的休闲特点，推行资源整合性的营销企划与开发，尝试多层次的相关活动策划，是全球艺术博物馆的共同走向。在这一点上，古根海姆艺术博物馆前馆长克伦士 (Thomas Krens) 是该风潮的开拓者与引领者。

在很多人看来，克伦士对艺术品的艺术史价值丝毫不感兴趣，也没有什么美学上的信念与坚守，他们归纳了古根海姆营销手段的四大罪状：极尽夸张的建筑造型；模糊大众文化与纯艺术的界限；展览票房的意义大于学术性；重视展览的形式设计，但轻视艺术本质。有趣的是，这四宗罪基本上与布鲁诺·弗莱（Bruno S.Frey）所归纳的目前全世界超级巨型博物馆的 5 种共通特质相对应：

（1）极受青睐的特殊观光景点，享有高度的国际声名；

（2）拥有大量的观众；

（3）典藏品广为人知；

（4）建筑独特；

（5）商业化扮演重要角色，包括对地区经济的影响力。

争议中反映的是艺术博物馆的竞争理念正在我们身边发生着某种新的变革，包括政策及营运范畴的改变、展览策略的变革、典藏观念的改革，等等。没有一个人像克伦士馆长一样，以大胆的营销战略和变化多端的营销手法，获得了如此之多的“嘘声”和“掌声”。克伦士与董事会的关系亦是时冷时热。2002 年，因为不满于他的商业化操作、风险扩张政策，为古根海姆累积捐款 7700 万美元的资深董事彼得·李维斯（Peter Levis）愤然离去。2008 年，他自己荣休。虽然很多一流博物馆的馆长都不以为然，然而不可否认的是，他基于文化工业的理念（艺术品不应只库存在艺术博物馆中，应该当作可以产生经济价值的资源灵活运用）经营艺术博物馆，以商业化的手法将古根海姆的传统资产带向专业化的跨国连锁方向，已被社会大众认为是一项成功的艺术博物馆营销策略，并带动了艺术博物馆界的一系列变革，影响了 21 世纪博物馆产业发展趋势与博物馆的营销理念。

下面我们运用上一节所介绍的营销理论来分析古根海姆艺术博物馆在西班牙毕尔包分馆开设上所采取的营销策略，从中可以得到一些启示。

古根海姆的营销诉求：维持古根海姆作为西方现代及当代艺术典藏重镇的不落地位；满足古根海姆出品的大展策划及国际巡回展览、国际品牌的需求；建立其进一步进行国际扩张或策略联盟的强力后盾。

古根海姆的产品：①“古根海姆博物馆”的商标授权；②独家分享古根海姆的精品展览、著名典藏（作为流动性借贷资产）、策略联盟的相关资源；③专业性的策展及营运顾问服务；④销售以带动都市经济发展为核心包装的艺术博物馆价值。通过如古根海姆基金会这样的合作伙伴作为通往庞大全球化资源的枢纽，其客户——地方政府才能有机会打入国际精英世界——国际博物馆界、艺术界、华尔街的国际金融市场、知名的顶尖建筑师的网络系统，这些是亟欲改变国际形象的当地政府所需要的。

古根海姆的定价：2000 万美元的品牌加盟费、1 亿美元的博物馆建筑施工费、2000 万美元的周围区域整建费、5000 万美元的典藏品归购费、700 万美元（另一说是 700 万至 1400 万美元）的年度营运经费，以及相关的专业咨询、策展服务等费用。

古根海姆新馆的营销方式：全球视野下的品牌塑造；采用著名建筑师，开放夸张的建筑奇观作为艺术博物馆的“外包装”，不仅吸引全球的连续报道，同时满足了观众的形象消费需求，这种开创性是古根海姆的老传统；典藏资源及其附加的品牌优势作为另一个条件与筹码；从设计、施工一直到开馆，古根海姆与当地政府的合作案的每一个动向，都在学术、商业、文化独立、方案等层面处于争议的漩涡之中，吸引国内以至各式各样的国际媒体高度关注和持续不断地报道。制造争议且不畏于争议，不仅宣传新馆，古根海姆品牌的名字也在国际传播中声噪四方，这是古根海姆的另一个发展传统；设计为期 16 天的开幕活动，作为分馆璀璨的序幕。

三、公共关系

博物馆的市场和公共关系非常紧密地联系在一起。[14]

建立博物馆的公共关系的步骤建议为：明确博物馆的相关公众群体；衡量分众群体心目中的博物馆；为关键观众建立博物馆自己的态度和形象；制定有性价比的战略；针对公共危机做准备；选择特殊的公共关系工具；执行和评估。[15]

博物馆的公共关系网络主要分为几个不同层面的人脉与组织资源，包括公众层面、管制层面、专业领域、赞助层面、媒体层面。关于公众层面，我们在本书的第二章中有过重点介绍；关于管制层面，我们在本书的第三章中有过重点介绍；关于专业领域，我们在本书的第四章中有过重点介绍；关于赞助层面，我们在本书的第八章中进行了重点介绍，因此本节我们主要关注传播层面。

媒体是发布博物馆信息的重要载体。“大众媒体是市场的重要因素，尤其是对赞助商，大众媒体的影响力是成功的关键，同时也是观众的保证。”[16] 媒体传播工作是艺术博物馆品牌市场工作的重要内容。在信息化、全球化时代，媒体具备强大的传播力量，无论是平面媒体、网络媒体，还是电视媒体、移动互联网媒体。有了媒体的参与，研究、教育、展示等功能才能广泛地传达给观众，满足观众的需要。汇集传播媒体的力量，能将艺术博物馆文化导向更深远的社会影响，而艺术博物馆活动所提供的专业、精致的内容，也可刺激传播媒体的成长。不同的传播媒介有不同的特点，都有其中坚的消费群体（比如手机媒体的主要消费群体偏年轻化）。了解传媒，与传媒界建立密切的合作关系，不断扩大与稳定媒体联系的队伍，特别是专业媒体队伍，精通经常往来媒体的特点，对媒体进行合作分级与分类，依据不同的特点发布相关信息；思考在硬广、软文之外，如何以艺术博物馆的公益事件、专业程度、学术水平吸引传媒的更多报道；使传媒成为凝聚大众对艺术博物馆了解与支持的重要窗口。

当然，博物馆的传播载体并不限于外部的媒体，一方面，博物馆自身就具备很多的传播通道，比如自身的研究出版部门、自身的媒体和网站等，由博物馆出版的相关研究成果，尤其是针对大众的博物馆出版物，不但精致美观，可读性强，亦能增加民众阅读的信心。另一方面，传播的载体也不限于出版一个方向，年度报告、新闻简讯、招贴、网页、公共服务公告、打印广告、新闻发布、专题文章、信息编辑、文献和公共教育项目、电影、幻灯、演讲者的地台、公告板、海报传单、特殊的广告载体（T恤衫、气球、笔、日历等纪念品）、商业零售的空间、个人内容、汽车卡、账单、与专业人士会面、服务区、照片，等等，都可以成为博物馆对外发布信息、沟通内外关系的通道和载体。

博物馆对外发布的信息应该尽量遵循以下的原则：

准确精辟。不论是专题资讯，还是一个展览、一项活动的资讯，在内容上都要切中要点，去芜存精，准确客观，简明扼要，合乎逻辑，言之有据，言之有物，不论是人还是事、物都要求实事求是。信誉公正是艺术博物馆形象的关键，若传播的资讯任意加料，刻意夸大，不仅媒体不愿报道，读者亦将对艺术博物馆失去信赖。

公共立场。所有信息的提供都应考虑教育与公益的因素，提供有益于社会公众的消息。

专业。艺术博物馆对外宣传的内容来自专家的诠释、馆员的研究，必须在学术上、学理上有深切的言论；一般的新闻通稿也要经得起专业的推敲，甚至艺术博物馆各类公共区域的文字内容也要达到专业的水准。专业，不仅是为了在行业内取得口碑和关注，更是出于以教育为主要功能的公益机构对社会大众的责任。

有趣。人们希望通过有趣的方式来接受有价值的信息。艺术博物馆对外发布的信息，不仅要面对专业人群，更多的是面对社会公众。如何深入浅出地让非专业人员有兴趣了解、明白艺术博物馆的相关事件，需要艺术博物馆的工作人员撰写由浅入精、由简入繁的资讯，既有层次性分野，又有议题性、特殊性的提炼，同时还需要按各类媒体的口味，制作不同的资讯。一般的通稿发配往往石沉大海，记者不会重视，读者亦不可能看到。

制造新闻。资讯是随时要转化为新闻的要件。与记者保持理念的讨论，“争议性”本身就是一种绝佳的策略。它引起注意，激起正、反的论战，而最终的目标是获得在传媒上的高频率的曝光机会，提升知名度，以及在国际社会的重要性。

四、相关人员的职责和要求

20 世纪 50—70 年代，在博物馆领域陆续出现了策展人，聘用教育管理者和设计师也成为潮流。伴随着“目标观众”的概念在 80 年代浮现，市场经理、发展专员和筹资专员开始出现在艺术博物馆中。到 90 年代，观众主要通过广告和销售的增加，大众市场和大众创新开始改变了艺术博物馆的生存环境。[17] 2000年以来，移动互联网对艺术博物馆市场环境的改变更为剧烈，网络成为开拓艺术博物馆市场的主要媒介和手段。

管理学者曾列举出营销主管必须注意到几项原则："1. 组织之目的及政策应明确易行；2. 职权、职责两者之分量应保持平衡；3. 指挥要单一化，即每一部属应只有单一的直隶主管；4. 分层负责、分工专业及发挥团队力量之基本要素；5. 组织之圆滑作业依赖于组织内各部门间的和谐行事，一致向共同目标前进；6. 指挥权责与参谋权责应明确划定；7. 组织应具适切的伸缩性，以适应环境变化的动机需要。"

博物馆的市场相关人员不同于艺术博物馆其他部门的艺术专业人员，也不同于一般企业的营销人员。博物馆的整体营销策略规划及艺术博物馆的营销定位，是研究人员经过对各部门的情况进行研究，经过与理事会、学术委员会协商探讨之后，由馆长直接确定的。博物馆市场相关层面的执行，尤其是其中关键的传播环节，不仅涉及博物馆整体策略规划层面，而且涉及博物馆的每一个部门；不仅涉及和市场相关的宣传、公共关系、营销策划人员，就艺术博物馆营运而言，馆长及所有的馆员也都是媒体人，所有教育、展示、研究、典藏、技术、安全各方面的人才都是传播者和媒介，因为外界所获得信息或知识是否正确，来自馆内各专业人员是否提供了正确资讯。各相关的经营部门应该有宣传营销的意识，以更加积极的姿态，主动配合对外发布的工作。不同的博物馆根据馆务的特点，形成不同的信息收集机制，再由专业的市场人员做集中处理。比如博物馆及各部门的最新信息需第一时间通报相关宣传部门负责人，由宣传部门安排在相关媒体进行发布。对于自身拥有媒体（网站、杂志）的博物馆而言，市场相关部门应把自有媒体作为自己服务的对象，亦作为发布信息的平台客户。

根据博物馆的品牌定位、市场策略，针对博物馆不同的长线产品内容，市场相关人员的工作主要有制定不同的宣传推广计划；确定报道对象，把握不同内容的宣传范围与宣传力度；日常发布与联系沟通；不断稳定并扩大联系媒体队伍，开发新媒体，并与主要媒体的主要负责人建立稳定长期的关系；确定不同媒体的报道方式与方案；新闻的策划，文案的创意，推广方案、新闻稿件、对外文章的撰写；组织新闻发布会；联系采访、追稿、对刊载信息进行分类，按要求存档；馆内信息的联系；处理突发的公关、新闻事件。

值得一提的是，不同的博物馆因为不同的偏向或者发展阶段，将营销（或者推广、媒体关系、公关、品牌，叫法根据偏向不一而足）的工作放在不同的工作序列中。如今日美术馆，由于运营中的企业赞助大多有增加曝光度的需求，因此这部分工作一直由负责商务拓展的部门承担。“从 1993 年起，泰特艺术馆对馆内的教育部门和联络部门进行了调整，成立了解读部，主要负责所有面向大众的展览的文字或语音材料的起草或者编辑。解读部就如何与非美术专业的观众进行沟通的话题向藏品管理人员提出建议，以期以更加合理的方式向观众提供信息。从创意方面讲，解读部负责为博物馆的大型外展和泰特自己的展览编写‘展览指南’。解读部也负责监督和培训义务讲解员，同时还与公众和媒体接触，尤其是泰特艺术馆作为展现当代艺术的博物馆的性质，使得这方面的工作显得比较重要，特别是在与经常做出极端反应的英国媒体和公众打交道的时候。”[18]

当然，市场相关工作并不完全只是一个职能部门的事情，而是博物馆每一个人的事情。因为每一位博物馆的成员都应该拥有一个共同的目标，并理解这个共同目标的价值，那就是服务公众。每一位博物馆的成员都代表着博物馆的形象，宣传着博物馆的形象。因此，每一个部门的人都要理解市场类工作，即便是门卫、清洁工、保卫，都要理解他们所代表的博物馆的品牌对博物馆的重要性，理解每一个职位都对博物馆有着重要意义。

注释

1　Lord, D.G. & Lord, B. (2009) *Manual Museum Management* Plymouth UK: Alta Mira Press p.157.

2　[美] 詹姆斯·库诺（Cuno, J.）：《谁的缪斯？—— 美术馆与公信力》（*Whose Muse?Art Museums And The Public Trust*），桑塔兰泰拉、张婷译，北京：中国青年出版社，2013 年版，第 181 页。

3　Walhimer Mark (2015) *Museuem 101* Maryland: Rowman & littlefield p.176.

4　Burcaw, W.G. (1997)(third edition) *Introduction to Museum Work* Lanham MD: Altamira Press p.220.

5　Weaver, S.(2007) *Creating Great VIsitor Experiences* California:Left Coast Press p.15.

6　Genoways, H.H. & L.M.Ireland (2003) *Museum Administration* Oxford: AltaMira Press p.247.

7　[美] 菲利普·科特勒（Kotler, P.）：《非营利组织的营销》（*Strategic Marketing For Non-profit Organizations*），孟延春译，北京：中国人民大学出版社，2003 年版，第 42 页。

8　Greenhill, H.E. (2016)(sixth edition) *Museum and the Shaping of Knowledge*, NewYork: Routledge, p.214.

9　Genoways, H.H. & L.M.Ireland (2003) *Museum Administration* Oxford:Alta Mira Press p.247.

10　Michael Belcher (1991) *Exhibitions in Museums* Leicester:Leicester University Press.

11　苏静主编：《知日·Hi！美术馆》，沈阳：辽宁教育出版社，2011 年版，第 81 页。

12　[法] 卡特琳·古特（Grout, C.）：《艺术介入空间：都会里的艺术创作》（*Pour de I' art dans notre quotidien*），姚孟吟译，台北：远流出版事业股份有限公司，2002 年版，第 6—7 页。

13　Sherman J.D. & Rogoff, J.(1994) "An Elite Experience for Everyone: Art Museums, the Public and Cultural Literacy", Zolberg, V.*Museum Culture* Minneapolis:The University of Minnesota Press p.57.

14　Genoways, H.H.&L.M.Ireland (2003) *Museum Administration* Oxford:AltaMira Press p.247.

15　Ibid. p.247, pp.264-265.

16 [法]弗雷德里克·马特尔（Martel, F.）：《论美国的文化——在本土与全球之间双向运行的文化体制》（*De la culture en Amérique : politique publique, philanthropie privée et intérêt général dans le système culturel américain*），周莽译，北京：商务印书馆，2013年版，第26页。

17 Greenhill,H.E. (2016)(sixth edition) *Museum and the Shaping of Knowledge* NewYork: Routledge pp.201– 214.

18 陈真：《试论美术馆藏品陈列的“叙述”与传播》，载《2015中国美术馆年鉴》，北京：中国美术馆，2015年，第102页。

华盛顿国家博物馆

第四部分
艺术博物馆（美术馆）的运营管理

再丰满的理想和再雄厚的财力支持也还是不够的，博物馆需要健全健康的运行机制和专业的管理方式来保障。专业有序的管理是博物馆成功的关键。成立和管理一座新的博物馆和设立并管理一个企业在许多方面都是类似的，博物馆可以从企业中学到企业的运作方式、效率效能、策略规划、公关营销、财务管理，以及如何在竞争的市场机制中求得生存，等等。当下中国的艺术博物馆面临形形色色不同的问题，最严峻的问题还不是缺少调动这个行业发展的资金总量，缺乏学艺出身、专业过硬的学术研究人才，而是缺乏懂艺术的专业管理体系与具有管理意识、管理知识、管理经验的艺术业内人士。优秀的管理者可以将资金体系和学术体系建立完善，规范、指导、落实各个环节的执行，使整体运营形成一个良性循环。艺术博物馆自身需要进行“管理自救”，最好的办法便是“师法企业”。

在博物馆的工作中，即使是最小的项目，也会涉及工作计划、人力分配、预算规划、项目执行、效率评估的问题，这些都需要良好的管理规范来达成。博物馆的发展之路，其实是一条管理日益增强的道路。在非营利性质的规范下，视博物馆为一个企业，将一个合格的博物馆应当具有的特征与现代企业管理理念结合，运用企业的管理原则与管理方法，合理地安排博物馆的行政、人事、财务、安全、保险等问题，将博物馆的使命达成作为艺术博物馆生存的前提，确保每个人能够看见使命、听见使命并使之体现在战略规划和日常经营活动中；将成本观念、绩效收益作为艺术博物馆营运的基础，制定相应的方针、策略、计划，形成有效、透明、可信的流程及执行、评估管理机制，简化、便捷、深度地呈现博物馆各方面的功能。

一般来说，博物馆的内部管理需要一些基本的政策维持，比如收藏政策、藏品保护修复政策、藏品管理政策、存档政策、教育政策、展览相关政策、人力资源政策、公共进入政策（如残疾人）、公共关系政策、研究政策、知识产权保护、安全政策、参观政策（服务）、筹款捐赠相关政策、道德规范。

博物馆的管理者应该定期从以下15个方面检视管理程序[1]：

1. 员工结构及志愿者结构；2. 组织的公共地位 / 保持组织的合法合理；3. 管理当局成员 / 委员会结构；4. 外界支持人士 / 公共关系；5. 员工训练 / 发展；6. 博物馆安全；7. 沟通系统；8. 建筑物—空间使用；9. 建筑物—室内 / 室外状况；10. 建筑物—维护；11. 财务—资本（自身实力）；12. 财务—收入（经营资源）；13. 款项筹募 / 赞助者；14. 制度规划；15. 成绩评量。

也可以说，这些因素是博物馆管理的组成因素。下面是美国博物馆协会发布的关于优秀的博物馆管理的特征[2]：1. 管理层、员工、志愿者都能有效地构建和推动使命；2. 管理层、员工和志愿者都非常清楚并分享他们对自身责任和角色的理解；3. 管理层、员工和志愿者都于情于理于法有效地推动使命；4. 员工和志愿者使博物馆领导力的构架和资格可以实现博物馆的使命与目标；5. 在博物馆的决定层和任何其他支持博物馆的团体之间，关于责任有非常清楚和正式的分界线，无论这个团体是和博物馆或其母机构分开还是联合运营。

下面我们将博物馆的企业管理范畴纳入战略规划、行政总务管理、人力资源管理、财务运营管理、组织机构架构五个基本方面，并就此展开对博物馆管理的基本介绍。因为博物馆管理与艺术博物馆管理具备绝大多数相同的管理特征，因此在第四部分中，我们基本上都使用“博物馆”来涵盖包含有“艺术博物馆管理”的相关内容。与一般企业管理类同的部分将一笔带过，作为艺术博物馆特殊性的部分，我们会突出加以说明。

巴黎近郊的路易威登基金会

第十二章　战略规划

所谓“战略规划”，简单地说就是制定组织的长期目标并将其付诸实施。美国明尼苏达大学的约翰·贝尔松（John Bryson）教授认为，战略规划是一个规范的结果，去产生基础的行为与决定，指导和框架组织是谁、做什么、怎么做。每个博物馆的战略规划都应该包括一个长远计划和运营计划，可以是二者结合，也可以是意义上相应的部分。每个博物馆的战略规划文件都不会完全相同。制定博物馆规划不是什么高科技，也不需要投入很多预算，但是需要战略眼光和得到博物馆同事的认可。博物馆运营是一个完整的整体，方方面面的工作都指向博物馆的使命。制定战略规划首先要确定使命，从使命出发，在博物馆的发展方向及目标上达成共识。其次，形成工作计划。需要在充分考虑观众需求的前提下，运用正确的方式和管理工具，清楚地表明怎样获得相关的资源来完成预期的目标。再次，运用严格的程序，评估、通过战略规划文本。最后在实施战略规划的整个进程中，不断地审视使命，面对运营环境的改变进行调整和重新定位，保证员工及管理机构对文件及时持续的更新，舍弃那些不能产生效益却要耗费很多资源的项目，充分把握好时机。可以说所有博物馆的运营管理工作都离不开这个基本步骤，但制定战略规划是一切的开始。战略规划引导每一位博物馆的工作人员为了实现目标而努力工作，将崇高理想转变成为具体的实际行动，将努力工作转变为有效的成果。战略规划是博物馆的重要文件，它应该是书面文件并得到权威机构（比如理事会）的认可，一般规划期是3—5年，最后形成的文件可以被广泛发送到博物馆内部以及相关人员，包括潜在捐助人和感兴趣的人。

第一个阶段：确立使命，对博物馆的发展方向及整体目标达成共识。

17世纪伟大的诗人和宗教哲学家约翰·多恩有一句精辟的传教名言：永恒不是从明天开始的，永恒也不是小步所能达成的，我们必须建立长期目标，然后回过来问今天做什么。管理者的职责是将博物馆的使命陈述转化为明确具体的行动目标。整体目标必须服从使命并与环境相适应，然后考虑不同方面的情况，达到什么不同的目的，即分目标如何促成整体目标的达成。整体目标的重点是确定使命、调整定位、划分事业单位（等同于建立相应的组织机构）、确定关键单位（部门）的目标，放弃过时无效的措施、方案和项目，这是最高层次的战略。

在第十一章“艺术博物馆的品牌”中谈到博物馆定位的时候，我们谈到过市场调查、细分、锁定、推广问题。事实上，制定目标之前最好经过市场分析，与之前我们谈到的方法大致相同，中心围绕“我是谁”这个问题。在制定目标的时候有三点需要特别提醒：一是我们当然不需要遥不可及、不能完成的目标，但为了使博物馆机构运行始终保持冲劲、活力、远见，我们不能制定保守的目标，目标一定要远大，尤其在运行状态良好的状况下，我们的目标应该水涨船高，乘胜追击，同时目标必须有弹性，能确保当情况变化做出调整时不乱阵脚；二是我们的市场分析调查不能只关注本机构、本行业、本地区，而应该结合更广阔的国际国内经济、文化、社会、技术、政治等宏观环境，从外部寻找社会需求和发展机会，进行目标调整时，不仅关注内部变革，同时要关注外部变革；第三，无论是整体目标还是分目标，目标一定要有明确的时间限制。

第二个阶段：形成工作计划，即明确做些什么，何时做，哪里做，由谁来做，运用正确的手段、方法、措施、步骤达成目标。

制定艺术博物馆战略规划的步骤：

制定、量化分目标。在整体目标的基础上，确定各部门的任务数字指标，重点是以什么措施贯彻并细化目标。如：观众参观人数？会员发展人数？教育活动数量？展览数量与级别？媒体报道次数？各项成本控制水平？门票收入？捐赠的数量与质量？典藏增加的数量与质量？基金发展的数额？出版盈利？商店销售额及利润……

确定战略重点。制定战略应该在长期和短期、全局和局部之间取得平衡，在资源集中于单一目标和分散于充分的多元化发展之间取得平衡。但这并不意味着折中、左右逢源。人力资源、资金是艺术博物馆最宝贵的资源，不可浪费。如果没有战略重点或者说事事是重点，势必资源分散，导致一事无成；若仅仅将资源集中在一个错误目标，又可能暴露缺点，毫无回旋的余地。

分阶段制定行动计划。对每个阶段可能遇到的风险进行分析，对每个阶段可能出现的变数进行分析，制定应对风险和变数的措施。

制定实施战略的措施。制定具体的资金和其他资源的分配方案，我们将在第十四章“艺术博物馆的财务运营管理”和第十五章“艺术博物馆的人力资源管理”中详细介绍了财力与人力的合理配置问题。

形成战略规划的文本，以备审查、评估、通过。

第三个阶段：运用严格的程序（包括由下至上、再由上至下的顺序，最终决定权，决定规则等），评估、通过战略规划文本。如果审批未能通过的话，那可能还需要根据审批意见，再来一个轮回，考虑怎么修正。

评估战略规划的步骤。战略背景的评估对自身实力和行业状态是否进行了充分的调研，是否还需要补充更多的信息；宏观环境是否被充分地估计；机会是否得到充分挖掘……

战略方案的评估这一行动步骤会有助于达成我们的长期目标吗？是我们唯一的路径吗？其他方案与之相比有何优劣？方案中是否全面考虑到了目标观众的需求？会让我们误入歧途吗？会转移我们的注意力吗？会模糊我们的基本业务范围吗？营销战略与之配套吗？人员安排与之相适宜吗？领导者和执行人的能力是否客观充分地进行了评估……

财务情况的评估，如建议项目是否必要？是否提供合理的资金保证，财务资料是否清晰而连贯？特别是对于中短期的战略规划，更有必要把财务情况写得详细些。战略的可操作性评估执行标准和控制方法是否已经具备，是不是符合使命、目标与艺术博物馆的形象与文化氛围；是否取得了上下一致的认可，尤其是否与员工和志愿者的态度、兴趣与观念和谐共存；如果有所争议，是何原因，可以调和吗？方案本身有何潜在风险，一旦风险发生是否可以挽回，是否方案自身具备调节防御功能，博物馆是否可以承担潜在风险……特别要提醒博物馆管理当局一个美国政府的经验：自富兰克林·罗斯福以来，一流的决策者都遵循一条非常简单的规则，在制定决策时如果大家意见都一致，就不要做决定，先暂缓一段，让每个人都思考一下，重大的决策是有风险的，应该有争议才对，在一片喝彩中做出的决定一定是肤浅的，说明大家都没有做好准备工作。[3]

第四个阶段：战略执行。战略是以行动为中心的，就执行而言，如何执行比执行什么更为关键，理想不是空中楼阁，战略最后一定要落实到每一个人的头上，才能有成效。执行力的维持涉及战略层面，也涉及人力资源管理、制度、组织文化层面。许多一流的项目无法成功推行，原因是他们仅仅提供了方案，而管理者并没有设法让执行者明白应该做什么，没有通过培训让他们掌握推进行动的方法。因此，为了使博物馆战略规划得以实施，博物馆建立战略规划所要达成的阶段性目标应该切实可行，而且有判断规划成果的标尺，所有实现和执行战略方案的相关人员需要有效推行必须经过充分的交流和沟通（书面和口头），确保博物馆不断接近目标并使得财务以可持续发展的方式获得，在实施过程中给予执行人支持和帮助（尤其是对志愿者）。同时要选择执行过程的衡量、审查及控制方法，建立博物馆可靠的实施步骤接近目标。要不断收集适合的信息来指导其行动，包括利害关系人的投入及基准化分析法得出的数据，发展并分配资源、时间、责任，允许战略在执行过程中有迂回的方式，但是对执行的结果的评定标准不能迂回。[4]

注释

1　Lord, D.G. & Lord,B.(2009) *Manual Museum Management* Plymouth UK:Alta Mira Press pp.60–61.

2　Merritt,E.E. (2008) *National Standards & Best Practices* Washington：The AAM Press p.40.

3　Genoways,H.H. & L.M.Ireland(2003) *Museum Administration* Oxford:Alta Mira Press p.75.

4　Merritt,E.E.(2008) *National Standards & Best Practices* Washington：The AAM Press p.82.

荷兰阿姆斯特丹市立美术馆入口

第十三章　博物馆的行政管理与安全管理

一、行政服务

如同每一个家庭都会有家务事，每一个组织都会有行政工作。广义上的“行政管理”，是除博物馆主营业务之外的其他管理工作，人力资源、财务、法务、办公室、安全保卫、后勤保障……关系到博物馆内部上下左右里外的沟通和协调，涉及所有业务运作的过程服务，细到大量、琐碎、不起眼的事务，是推动和保证博物馆主营业务顺利进行的重要保障。我们这里主要讲的是行政服务，主要涉及博物馆的办公室工作与后勤保障工作。

行政管理部门通常包含或直接称为“办公室”、“馆长办公室”、“行政人事部”等，肩负着行政管理的组织实施、具体操作。行政管理有管理、协调和服务三大功能，是由一系列的制度保障的，如会议管理制度、文书管理制度、印章管理制度、合同管理制度、档案管理制度、出差管理制度、车辆管理制度、出入管理制度、提案管理制度、宿舍食堂管理制度、办公用品管理制度、办公室管理制度、安全保卫制度、采购制度……

行政管理工作的关键就在于结合自身情况，建立健全和认真执行这些管理制度、岗位责任制度以及遵循一系列规范化的工作流程行事等，从而建立起行政部门的“法定”秩序。再加上办公设施、生活设施、人员分工、管理层次的健全，虽说行政工作是最千头万绪、纷繁复杂的，但只要体制和基础健康，整个行政管理体系在很大程度上就会像一部自动机器一样运转，只在极少的地方才需要领导出面，辅以“人治”。我们通过网络可以得到许多与行政工作相关的条例、管理规定、经验教训以供参考。

美术馆根据对外业务量决定是否单独成立法务部门或者聘请专业的驻馆律师（可归属行政部门辖下）。一般来说，博物馆可聘请专业的法律顾问对于博物馆常规性、经常性的对外合作的合同条款进行法律咨询，制定制式的合同作为各类合作的基础文本，主要涉及展览展示（外借展与对外借展、购买展览、展览合作、展览工程等）、运输保险、作品进出关、著作权应用（尤其体现在衍生品的开发上和展览合作过程中）、真伪鉴定和价值评估、捐赠、购藏、作品保管、购买服务等；对于博物馆内部管理所涉及的相关法律问题进行细致的整理，对相关部门的员工和各部门中层以上的管理人员进行普法教育和培训，主要体现在组织架构建设、公众安全、员工权益（主要是人力资源管理方面，主要体现在劳动合同上，员工包括在编、临时和志愿者等不同类型）、财务、资产、突发事件等相关事务。在博物馆的相关工作中涉及的法律主要有《博物馆法》、《著作权法》、《商标法》、《专利法》、《合同法》、《保险法》、《捐赠法》、《劳动法》、《税法》，等等。

对于博物馆而言需要强调的有三点：1. 行政工作最易人浮于事，因此行政管理既要层次清晰，又切忌过多层级，把行政部门变成“门难进、脸难看、事难办”的“官府衙门”；2. 行政工作固然不可或缺，但并非中心业务，若投入的行政成本不当，并不能为博物馆直接带来效益，而且会影响行政服务的效率，在内部滋生怠工习惯，因此人员及成本应该严格控制在一定比例之内，按岗定人，保证高效率；3. 行政部门的人员选择很重要。

行政管理工作关键是一个“稳”字，行政工作的最高境界叫做“润物细无声”，不需要求新求快求变，行政部门的工作人员注定只能做幕后英雄，因此需要强调服务精神。

二、安全管理

博物馆集中了公众对公共资源托管的信任与责任，保障安全是博物馆的基本义务，是博物馆管理中至关重要的部分。我们在第六章“艺术博物馆的典藏”之“典藏品的保管”一节中详细讲到了典藏安全的问题。除了典藏安全，博物馆还要确保建筑、环境、设施、人（员工、观众、邻居）的安全。博物馆的安全管理是一整套包括了各种各样职责的体系。

博物馆的安全管理具体包括下述课题：建筑和设施安全（结构、材质、材料安全等）、参观者服务、办公环境、电梯安全、防盗和防火警报安全支援系统、有害物一体化管理、储存和特殊材料使用、良好的钥匙管理制度、妥善规划并经常检查的安全程序，如手提物检查、参观通行证、保全人员巡逻及监视以及保险，等等。

最严密的安全管理是预测了最多危险的管理，因此我们也可以说博物馆的安全管理是一种风险管理。管理风险的考虑步骤分 8 个不同级别：保存地、现场、楼宇、房间、盒子、标本、政策和程序。[1] 博物馆风险管理的程序包括：

（1）指出所有风险并评估可能的风险等级。

（2）指出防范和减少风险的战略，并测算相应的花费和价值。

（3）建立优先次序并实施战略计划，分阶段评估并检视或修正。

博物馆应自觉地对可能存在的，会威胁到建筑、设施、环境、典藏品、人的各种危险因素做前瞻性的、准确的预测与评估；合理分配资源，制定避免对人（员工和参观者）、建筑、收藏、档案材料的危害及将危害最小化的程序；一旦风险来临，有合适的措施避免、阻止、减轻、分担、承受或确保防范风险与损失，有如何保护、撤退员工、参观者、收藏者的方案，有灾害中保护、撤退、修复藏品的方案。检测博物馆安全管理最好的方法是安全管理的结果。

1. 建筑和设施安全

用美国国家博物馆（Smithsonian）总馆长威尔克斯（U.Vincent Wilcox）的话来说："一个好的博物馆设施管理应该满足博物馆中每个人的需要、博物馆中藏品保护需要以及参观者的需要。"[2]博物馆的设施管理是通过支持功能的基础设施（物理结构）、维护和保持功能的服务及服务设施、空间安全和健康使用设计以及安防措施、灾害管理来实现的。博物馆的日常设施管理涉及以下五个方面的工作：人（观众、员工和其他人）的健康和安全；藏品的保险和保护；观众的舒适和方便；建筑的维护；可持续性——环境和能源保护。简单地说，博物馆对建筑、设施、场地的管理要求就是干净、很好的维修与维护、安全、便于公众使用。但真正严格实施起来却是一项复杂、涉及多套程序的工作。

首先，建筑在确定其用途之后和施工之前，博物馆就应该向设计师提出使用功能、安装保全（监控）设施的要求。当然，结构的安全是最基本的要求。建筑师应与博物馆的使用者及安全防护的官员、专家密切合作，解决如展览的展示设备和作品进出通道、人员疏散通道、消防设施安装如何既不有碍观瞻又保证合规，保全与监控系统如何安装、运输车辆或装载用或货柜等这些必须实践的要求，以确保博物馆的设施、运营、管理遵守相关的法律法规和达到国家相关标准，并取得相关验收机构颁发的适于不同情况的设施和安全验收的合格证和许可证。尤其是对艺术博物馆而言，这些年改建项目特别多，像上海美术馆以前是上海租界的跑马场，今日美术馆以前是北京啤酒厂的锅炉房。历史建筑涉及在建筑遗产保护和将建筑物中的人、藏品所面临的危险最小化与使用最大化之间取得平衡，厂房式建筑改建则要在尊重原有建筑结构的基础上达到这种平衡。无论是新老艺术博物馆，恐怕都要面对公共场所消防栓安装规定与艺术博物馆整体空间设计的冲突，这都需要多方沟通，在保证安全的情况下协调解决。

其次，博物馆对内、外部空间及设施的分配要适合收藏、观众和员工的需要。观众服务方面主要关注预先参观信息、停车、残疾人、问询、商店、休息室、食物、教育等是否安排方便、有效、舒适。

再次，有建筑、各项公共设施的详细说明书，内容包括基本介绍、安全状态的标准、预警的状态、维护使用方法等。同时将高频度的定时定点的安全检测、安全巡查、各类设施（尤其是保全设施）保养，作为固定的程序写入博物馆的政策制度之中，这是预防各类潜在风险和损失的最好方法，将使人、物件、典藏、自有和使用设施远离犯罪、天灾的侵扰。

最后，博物馆的清洁问题看起来是件最基本的小事，实则关乎形象，尤其重要。比如中国美术馆在免费开放后，卫生间提供的卫生纸量以及水费比以前要翻一番，相应的艺术博物馆卫生间的打扫频率也要有所增加。博物馆是精神文明的贮藏室，对于清洁问题，相比其他公共场合应该有更高的标准和更苛刻的要求，以符合参观者的需要。制定清洁标准、对保洁员进行工作培训、分区域责任制、定时巡逻检查是管理的好办法。当然，许多博物馆的保洁工作是外包给物业管理公司的，但标准一定要博物馆自己定，检查一定要亲自抓。

2. 盗窃防范

对藏品的盗窃防范在第六章“艺术博物馆的典藏”中已经提到过，关于博物馆的盗窃防范还应该注意：

首先是博物馆建筑物本身在设计施工中需充分考虑到各项安全问题。在具体的防盗方面，一个合格的建筑物的外墙需要有坚强的防护，要有牢固的门、窗、天窗，在地下室出入口及其他可能进出的地点要上锁固定。要留意四周的清洁，以防止布展棚架之类没及时撤走的施工工具为犯罪者利用。夜间对博物馆建筑进行强光照明。一旦周边及内部保全设备与相关安全规定、城市环卫规定等相互抵触，有需要时，要向有关部门请示。

上面也同时提到了对安保设施的安装。市面上有各种监控与警报系统可供采用。不同的区域采用的监控、警报设施可能不同，如红外线摄影机、闭路电视、声波报警等，还有花费较小的无线电通联系统，博物馆可根据自身不同需求咨询专业机构，将不同的监控设施装备在最合适的地方。监控与警报系统并不能保证警方和博物馆安保人员可以当场抓获罪犯，但通常可能使罪犯无法得逞，并为检方和警方今后抓获与追索被窃物品提供线索与证据，同时成为要求保险公司赔付的证据。无论选择何种系统，博物馆要了解系统的安装与维护费用，需平衡安全系统所需费用与可能防治之风险。

安全策略中另一重要课题为钥匙保管，应该严格限制钥匙持有人数，建立仔细的管制检查制度，包括指定专人在领取和归还时签字，确保备份钥匙的放置安全等。

建议中国博物馆协会密切配合警检方，切实地承担起藏品盗窃的系统追索，一旦博物馆藏品失窃，要通告博物馆界、拍卖商和二级市场经销商，重要藏品要通报海关，对于失窃物的归属进行立法。

3. 紧急天灾防范措施

博物馆最常见的天灾是失火和水淹，最不易被察觉、引起重视的是虫灾。

博物馆应该装备有自动失火报警系统，一旦灾害发生，即刻示警，争取抢救时间。雷击、电线失修、干燥等，引起火灾的原因可能是天灾，可能是人祸。中国美术馆自免费开放后，使消防工作增加了难度。“禁止吸烟的警示牌在吸烟观众的面前形同虚设，有些人也照抽不误，而增加吸烟室又不现实。”[3]除了违规吸烟、乱扔烟头导致的火情，用火不慎，如焊接工作飞出可燃物，电气设备使用不当和线路老化都容易引发火灾。因此，博物馆首先要从这三个方面的源头对火灾进行防范，加强教育管理、注意工作安全、定期检测电气设施等。博物馆应有分区灭火方案和全体员工的灭火演习，使全体人员知悉火灾发生时应采取何种步骤。特别注意的是博物馆的灭火方案必须考虑到洒水器或灭火器也有可能对藏品、设施及人员造成危险。

即使是在干燥的北方城市，建筑物建造时就应该考虑到大雨给排水系统带来的压力，地下藏品库尤其要预防可能出现的危险。礼品店礼品、展厅式和非展厅典藏品放置的位置，也应考虑防水的物件与怕水物件的位置等。

在建造和环境维持上，坚决杜绝害虫滋生的条件。对于杀虫剂的使用，请参考国家相关标准和国际标准。美国 IPMC 发布的虫害管理相关规定是美国博物馆协会建议的参考资料。

下面是博物馆紧急预警计划和当危机出现后的应对措施。

博物馆紧急预警计划应包括以下内容：

（1）指出可能存在的最大风险；

（2）指出风险指挥系统上每一个岗位、每个人的责任、义务和合作方式；

（3）初步风险评估程序和紧急对策（具体到楼层）；

（4）危害测定和减灾计划，包括文件、藏品优先抢救计划，对不同的藏品面对不同紧急情况的最初反应；

（5）提供核对清单和供应方；

（6）特殊服务的联系人；

（7）紧急防范演习；

（8）维护清单；

（9）危害评估表和灾后报告表；

（10）资源和出处。[4]

面对危机应采取的步骤：

（1）开启警报系统；

（2）划出隔离区和安全区；

（3）发现问题来源；

（4）注意涉及保险的线索；

（5）集结处理问题的团队；

（6）初步判断灾害的危险性和危害；

（7）做记录；

（8）保护优先的藏品；

（9）稳定温度和湿度；

（10）计划下一步行动；

（11）聚集应对的装置；

（12）联系第一步需要的服务；

（13）建立一个实施抢救的区域；

（14）记录、沟通、协调。[5]

4. 破坏防范

一个设计良好的环境不容易招致破坏。如果破坏行为发生，例如墙壁被涂鸦或标签被破坏时，必须尽早将破坏痕迹除去，否则破坏行为会连续发生，产生无法避免且持续扩大的不良后果。博物馆内外标志的设计要能抵抗破坏，不使用有侵略性或消极的文字也会有所帮助；用一种友好及有礼貌的请求语句提醒到访者不要从事某种破坏行为，往往比命令的语气更能达到正面效果。

5. 食品卫生和健康

博物馆的咖啡厅、餐厅、宴会食品选择应该符合国家食品卫生、检疫及安全条例的相关规定，如果博物馆外包了关键配套设施与服务（如食物、博物馆商店、保洁、保安服务），则要在合同中明确要求承包人遵守国家法规。

6. 工作人员管理

博物馆要有足够的人手在白天照顾公共区域，包括控制台、陈列服务区及其他公共场所，例如广场、停车场或洗手间。博物馆的管理要做到区域到人、责任到人，并就接受答复询问定期培训员工（尤其是安保和导览人员），使其了解博物馆法令规章及订定原因，以及正确了解在紧急情况下如何反应等。博物馆应该有一本专门针对保安工作的指南，以形成标准化的无漏洞管理。博物馆保安工作的指南应包含以下内容：基本任务日程；博物馆开馆和闭馆的规则；营业时间后的巡视训练（带着计时器在博物馆内的不同地点）；递送物件和其他财务的流程指引；进出控制；锁门和确认锁门的规则；展厅巡视需求；人流控制方式；展览更换和搭建时期的安防指引；非公共时间的楼宇警示系统和所有危险的紧急处理方式。[6]除了保安人员和导览员，博物馆的安全事关每一位博物馆的员工。每一个博物馆员工在职责范围内必须接受训练，确保严格遵守程序，并鼓励提供改善的建议。经常对员工训练有助于提高警觉并增进对保全程序的了解，是安全工作的关键。

7. 安全管理程序

虽然前面一再提及，但还是有必须强调安全管理程序制度化的重要性。

首先，我们应该对博物馆的安保进行分级。博物馆的安保应该分为三个等级：高级安防是指展出超高价值和特殊要求的藏品，需要在 24 小时监控，同时在开放时间进行人工监控；正常安防是指博物馆中常规展示的艺术品，基本上正常的巡逻和监控就可以满足需求；普通安防是指一些复制品或者档案性、材料性的展品，一般交由相关责任人或者放置在为这类东西准备的安全的所在，无需专门配备安保设施或人员。[7]

将国家、地方政府、行业协会所有与安全相关的检查列入制度，严格达标。

对于巡逻（白天及夜间，建筑内部及外围）、各类设施的检测维护、健康（食品、清洁等）相关指标的视察严格定时定区定人，有具体的标准和制度说明，有程序及时公布视察出来的问题。

有细节化的防灾计划和灾害应急预案，按照机构需求和特殊情况，照顾到所有的员工、参观者、建筑、设施、环境和典藏的安全，说明可能发生的所有灾害和不同灾害发生后应采取的所有适宜与不宜行动，以及应寻求何种专业协助。注明设施的委托责任和在灾害中如何保护、撤退、修复典藏。一项有效的防灾计划通常能减轻自然或人为灾害所带来的伤害程度。为了减少可能发生的严重影响，需要包括管理在内的所有鉴定程序，将不确定事件的影响最小化。

博物馆有制度保证员工、志愿者有足够的培训，以正确的方式应对紧急事件，使每一个博物馆工作人员了解并熟练紧急事件发生后的应对计划、操作、演习。

8. 保险

博物馆的保险涉及不同层面，在美国一般此类事件由中介代理，并寻求和博物馆有固定关系的保险公司投保。投保过程中有几点是特别重要的：（1）所有博物馆的重要藏品最后都进行投保，并列明被保物件的材质，但也要注明“不限于”，以免有些没出现在保单上。（2）不仅是藏品，楼宇、电器系统等其他对博物馆运营有重要影响（或价值昂贵）的物件也最好参保。（3）评估这些参保物件的价值。（4）选择不同的中立评估方与保险公司达成物品估价。（5）对于租借出去的藏品一般由租借方和藏品所有者签署保险相关条款的合同。[8]

注释

1　Buck,A.R. & Gilmore,A.J.(editing)(2010) *Museum Registration Methods 5th Edition* Washington：The AAM Press p.352.

2　Lord，D.G. & Lord, B.(2009) *Manual Museum Management* Plymouth UK:Alta Mira Press p.193.

3　王月文：《博物馆防火研究》，载《2012 中国美术馆年鉴》，北京：中国美术馆，2012 年，第 828 页。

4　Buck,A.R. & Gilmore,A.J.(editing)(2010) *Museum Registration Methods 5th Edition* Washington：The AAM Press p.361.

5　Ibid. p.363.

6　Lord,D.G. & Lord, B.(2009) *Manual Museum Management* Plymouth UK: Alta Mira Press p.209.

7　Ibid. p.206.

8　Buck,A.R. & Gilmore,A.J.(editing)(2010) *Museum Registration Methods 5th Edition* Washington：The AAM Press pp.354-356.

第十四章　艺术博物馆的财务运营管理

“财务危机”大约是历来艺术博物馆（博物馆）馆长们最不愿意听到，却又无法回避的四个字。博物馆的馆长们大约都有这样的感叹：作为人类艺术宝藏与艺术精神之栖身地，博物馆这个行业的钱似乎怎样都不够花，再多的钱也不算多。遗憾的是，供博物馆发展的资金却总是有限的。事实证明，只有财务健全的博物馆，才有机会完成自己崇高的使命。所以当你成为博物馆的管理者的第一天，就意味着你同时背负起博物馆的财务责任。在这份责任的杠杆上，有博物馆的目标与使命、博物馆馆员的理想与工作，乃至全社会全人类的艺术、文明延续。

对于中国的艺术博物馆来说，国有和民营的财务安排又有所不同。正如我们在第九章“艺术博物馆的资金来源”中介绍的，国家的艺术博物馆属于国家事业单位，根据不同的评估标准（如自我盈利能力与意愿、级别、内容等）分为全额拨款（中国美术馆）、差额拨款（故宫博物院）和自营自收（国有较少，大部分民营艺术博物馆），国家下拨的资金严格按照财务规定和预算范围进行使用，每年文化部（或地方财政部门）都会从社会上的审计事务所公开招聘对下属的单位进行财务审计，考核内容除了资金使用的规范性，还包括预算计划是否使用完成（如果未完成则影响下年度的拨款和领导的管理评分）。这一套财务体系保障了大多数国有的艺术博物馆生计，也杜绝了在公共资金使用上的漏洞，但是由于艺术博物馆运营的特殊性，对于一些长远的展览、计划、收藏的不确定性无法照顾，显得灵活性和激励性有些不足。接下来我们介绍的财务预算方式是国际上比较通行的一种财务预算体系，主要针对民营艺术博物馆的实际情况或者将来可能面对的情况。不过因为国家的艺术博物馆财务管理体系中对于艺术博物馆专业研究特点的考量缺席，这些方式也许能给国家的艺术博物馆财务管理体系中的各部门一定的启发和借鉴。

我们先来看看博物馆的资金类型，看看博物馆花销的大致分类：

流动资金，指博物馆能自由运用，提供各部门日常活动与首要使命的资金。通常可以分为以下几类：工资和奖励；基础运营；策展和修复；展览和其他公共项目；市场；管理。[1]

投资资金，用来购置固定资产，包括设备、建筑物等的金额，也被称为“固定资产基金”。

专项资金，一种限定性基金，收入或通过投资收入所获收益，必须根据捐赠者和主管单位所订下的契约规范来使用。

典藏资金，是专门用于购藏或与之相关的保险、运输款项。

永久基金，被用作投资的捐款，亦有限定性与非限定性之分。捐赠本金是基金里一直维持原额，基本不会被动用且持续产生利息收入的部分。本金利息或其他收入用于适当的目的上。

都说花钱容易赚钱难。博物馆的“花钱原则”和“花钱方式”实际上是对博物馆管理水平的考验。博物馆对自身财力的了解、把握、控制是博物馆的行动基础。一套稳健的财务系统，实际上是要避免“花钱如流水”的状态，使“花钱”变成一件相对复杂、有程序、有道理、有规则的事，这是博物馆健康运营的保障。世界上最精美的馆藏、最优良的设备与规划、最好的馆员，甚至最丰厚的母基金都不能确保博物馆的财务稳定。许多博物馆的经验告诉我们，如果博物馆的发展脚步脱离了现实的经济基础，没有进行周详的财务预算，实施合理的预算管理，不符合严密的会计制度的要求，将会导致现金流量的枯竭和资金循环的停滞，直接引发博物馆的财务危机，其最终后果便是博物馆关门大吉。

在本节中，我们将重点探讨财务预算及其管理在博物馆管理中的应用。专业的财会制度如会计管理制度、会计档案管理、审计工作制度、统计管理制度、账款管理制度、财务控制与稽核审计制度、财产管理制度、财务部门负责人工作制度等在各企事业单位中都具备通用性，博物馆只要聘请了专业的财务人员，都能得到很好的规范。企业管理者对此唯一需要被提醒的是，所有财务管理程序应书面记载于财务手册中，如此博物馆方能持续并前后一致地处理财务工作。

一、财务预算

社会资本对艺术行业，尤其是对公益性的艺术博物馆的投入，受博物馆整个生态环境的影响很大，尤其是受经济与金融的影响更为明显。经济快速起飞带来的乐观主义一旦泡沫化，热钱充溢时期大手大脚的习惯和过于轻率的扩张决策，一旦陷入意想不到的资金瓶颈，不仅会使博物馆陷入进退维艰的境遇，还有可能会有博物馆因为无法“过冬”而倒闭。这一切都需要博物馆在其战略规划的基础上拟定、实施财务预算与财务监控。

企业财务预算是指未来一定预算期内预计财务状况和经营成果，以及现金收支等价值指标的各种预算的总称。企业财务预算的内容包括现金预算、财务费用预算、预计利润表、预计利润分配表、预计资产负债表和预计现金流量表、预计财务指标等。

博物馆的财务预算与企业的财务预算大致相同。“一个可持续运营的博物馆是建立在一个能够清楚地通过有着预算细节的项目来呈现其目标和需要。”[2] 预算是非常细节且高质量地达到组织目标的工具。专业的财务人员都能按照企业财务预算的常规方式进行。不过博物馆的财务预算不像企业财务预算一样强调利润，判断博物馆投入是否获“利”的标准亦不是“利润”。博物馆运营部门产生的“利润”（如博物馆商店），会按照国家公益博物馆政策的规定和董事会的批准，确立比例投入到博物馆的研究、教育等纯公益活动之中。

与企业高层管理人员对财务预算的全面关注略有不同的是，作为博物馆的高层管理者，最需要关注且最直观了解的是投资资金与流动资金。资本预算主要是博物馆对固定资产的投入与实现的价值，包括保留给预定的大型设备与系统添置投资的数额，以及整修、新建或更新馆址或博物馆建筑发展方面的投资。营业预算是指博物馆成本与收益的预算表，是完全按照战略规划而制定的，以部门甚至个人为单位监控博物馆投入与成效的工作表。

与企业财务预算制定时需要注意的事项略有不同的是，在博物馆制定财务预算时更需要关注以下 9 个方面：

1. 在博物馆策略规划的框架之下进行。在制定预算时，必须清楚地掌握博物馆的使命、组织目标和可用资源。

2. 预算周期的开始，是根据战略规划制定的优先项目并估算出需要的经费。博物馆预算分配的原则有两个，其一是根据策略规划确立资源分配的优先次序，使预算符合博物馆的目标达成，确保博物馆适当使用营收，维持合理的开销；其二是根据每一计划的预期成果分配资源，使特定计划的成本与成果更为清晰，不仅促使董事会与工作人员了解计划，在编制预算时就在职责、权限、成本指标上落实到各级管理者，动员、教育和激励全体人员积极参与，更能向潜在资助人和民众说明博物馆的需求。

3. 以数字为依据。上年度财务预算与本年年度报告之间的对比是重要的参考数据。

4. 预算编列的程序是：从员工的层级开始，直到董事会的最终审核批准，任何有责任执行活动的工作人员都应该对相关预算负起责任。也正因为预算涉及每一个部门、每一个人，馆内部门之间、人与人之间相互冲突的目标或利益在预算编列时就得以显现，可在计划执行前及时进行协调。

5. 为了避免预算不足，应高估成本或多编列 10% 左右的应急费用。收入的预估低出 10% 左右。在预算执行过程中，若有些营收不成比例，应予以取消或暂停。

6. 充分考虑现金流在时间上的错位，以免出现断档。比如某些账单会在不同期间支付，有些按季（如电话费），有些则要预付（如保险费）；有些工作或设备购置支出虽申请补助，但必须事先垫付。

7. 为了保证执行，同时不失弹性，财务预算的附件有必要涵盖以下内容：本年度预算工作组织情况、预算年度可能影响预算指标的事项说明（例如季节性波动、经济金融形势、薪资与效率、观众需求、政治与文化环境、行政成本增加、膨胀因素等）、预算执行的保障和监督措施（各部门的编制是否到位、预算启动时的流动资金是否充足符合预期等），预算指标及相应做出调整的说明。这些都是本年度预算编列的基础。

8. 博物馆预算的执行有一个重要的原则，即把预算范围内的钱花完；既不宜超预算花销（任何一个会计年度的支出金额均不宜大于收入金额），也不要使博物馆预算在执行后产生太大收益顺差，因为这表明没有使资金得到更妥善的利用，会显得馆方成绩不足，而非营运良好（这不等同不鼓励更多收入的产生），馆方完全可以把顺差部分用来改善公共计划、薪资、展示、藏品管理或博物馆营运的其他层面。

9. 在博物馆的董事会中，最好有一名财务经验丰富的董事，在预算制定中能够在账目和税捐方面给博物馆财务工作提出建议，并能将财务预算的内容向董事会成员做清楚的沟通。

二、预算管理

当内部资金分配好，财务控制范围确定，财务预算项目记录下来，运营处于财务监督状态，财务预算能作为一个博物馆检测运行的控制工具和测量标尺，是博物馆成功运营不可缺少的部分。[3]财务稳定并非偶然，而是主动进行预算管理的结果。财务系统必须建立财务目标以控制费用。[4]博物馆的预算一旦通过董事会审定与核准，就进入了财务管理阶段。博物馆财务部将执行关于预算成本、内部资金配置的决定，同时建立账目、记录财务往来、监管营运状况等。博物馆每个月的财务报表是博物馆日常财务管理中的控制机制，可供博物馆及时发现预算执行时的问题并提供协助。

预算管理是执行博物馆当前计划的关键。在博物馆预算的日常管理中有以下 4 点特别值得博物馆的管理者重视：

1. 参考英国泰特现代和纽约 MoMA 的公开财务报表，我们建议财务报表主要应该包含以下内容，首先是资产负债表，包含资产、负债和资金平衡状态；收入与支出表，主要是资产的变动；现金流量表，主要是现金的进出。

2. 除了月报表、季报表之外，博物馆的重大展览、重要的投资项目因为涉及的人、财、物比较多，跨时较长，需要单独设计预算报表。预算报表的收入与支出要一一对应，方便比较，及时调整，也为日后决策提供依据。

3. 在博物馆财务月报表、季报表、半年度报表、年度财务报告与相应的财务预算之间建立预警机制，博物馆的管理高层参考预算调整的指标，监控获利（不仅是现金收入）与支出情况，根据偏离程度，要求责任部门加以说明，并根据偏离的上下限（比如偏离率在 10% 以上）做出相应的调整决策。

4. 根据预算报表的内容，定期召开业务会议，在合适的范围内分析通报各部门的预算执行状况，加强部门负责人对财务形势的认识与相互监督、帮助。一群正襟危坐的管理者在黑暗的房间里盯着投影仪播放的财务数据争论不休的工作场景，基本上不会出现在中国的博物馆管理者中间。然而博物馆的工作绝不只是在优雅的咖啡厅坐而论道，或是高雅的宴会上举杯穿行，博物馆机构普遍欠缺的正是企业对数字的重视与热情，这与博物馆从业者群体的个性特点有关，当然也与中国的博物馆的体制根源和管理模式有关。

预算管理的最后一阶段是进行财务审计、制作年度财务报表。

笔者认为，虽然现在中国的博物馆生存环境还在完善的初始阶段，但如果你致力于一个博物馆的开创与建设，无论是国有民营，民营博物馆无论是否得到民政部门的批示，都应该向捐助方及社会公众公布你的年度财务报表，报告博物馆一年的收、支、捐款、负债、新购藏品等资金运行状况，以昭公信。西方的非营利的艺术博物馆（博物馆），基本上都会在自己的网站上公布年度财务报告。在 MoMA 2006 年的财务报告里，MoMA 理事会有一项特别的声明：

我们认为，这些随附财政状况的整理数据以及相关的非专有收入、开支、非专有净资产变动、净资产变动、现金流量是公正的，据所有的材料，2005 年及 2006 年 1 月 30 日整理的 MoMA 的财政状况及接下来的年末的净资产变动和现金流量，与通常美国所接受的会计准则相一致。这些数据的陈述是 MoMA 的职责，我们的职责是在会计审核的基础上对这些数据发表意见。我们引导审计人员遵守美国接受的审计原则，要求我们的审计人员核实这些财政数据没有材料上的误报。审计包括检查，在实验的基础上（on a test basis），举证那些支持数据或揭发财政状况的证据，核实所使用的会计准则及由运营管理做出的重要估价，并计算所呈现的所有财政数据。我们相信我们的审计人员为我们的意见提供了合理的根基。

这项陈述向我们透露出 MoMA 财务运营的几个要点：每年提供一份基于通用会计准则的、公正无误的财务报表，是博物馆应尽的义务；理事会（或董事会，成员主要为博物馆的重要出资人）应确认财务报表经过正确的稽核，在这个基础上对博物馆的运营发表意见、做出判断（包括是否进一步资助），同时据此确立下一年度的发展方向；独立或外部审计能增进博物馆的公信力，确认博物馆的公益性，满足捐资机构的要求，并协助董事会与馆员达到公共信托的要求。

三、进行财务预算及预算管理的好处

前面已多次提到没有稳健的财务运营，博物馆就会置身于危机之中。财务预算及预算管理在维持机构财务健康与未来发展上有着不可或缺的重要性。MoMA 曾经采用“放手”式管理架构，由每个部门的顶层策展人独自掌控策展、财政预算，从而导致缺乏调控、不时造成馆方财政赤字的状况。2000 年后，MoMA 开始采用财务预算与预算管理，由博物馆为每个部门都制定了固定预算，这使得一些不可预知结果且投资高的展览被放弃，资金得到了合理的分配，并且使整个 MoMA 的财政管理层拥有了非常和谐运作的能力，也使董事会对管理层的信任程度大大增强。

毋庸置疑，将企业财务管理的方式方法根据适用原则应用于博物馆，意义十分重要，主要体现在以下 6 个方面：

1. 驱动目标达成。财务预算及管理将全体馆员团结在同一个大目标之下，并要求所有馆员统一服从于博物馆整体战略目标的要求。同时还将其目标具体化、系统化、定量化，并将博物馆的支出与目标层层挂钩，责任到人，使每一位馆员对自己付出的价值、创造的价值、必须达到的价值都做到心中有数。另外对各部门的绩效进行跟踪、衡量，及时发现问题和调整偏差，使博物馆的活动按规划目标前进。

2. 有效分配资源。博物馆通常很难获得充裕的资金足以分配所需，若无财务预算对可用资源进行合理分配，博物馆就无法正常营运，更不用提永久保存馆藏的责任了。

3. 加强各级沟通。博物馆财务预算及管理是博物馆各阶层之间的一种沟通方式方法，使管理者从财务角度对博物馆的整体发展有清醒的认识，以财务指标全面、综合地协调、规划博物馆内部各部门、各层次的经济关系与职能，以此向所有馆员宣布机构的目标、计划与指令。

4. 有助于减少开支。管理者掌握对博物馆各个部门、各个环节的运行费用的把控，能有效减少支出，力求以最少的钱办最大的事。

5. 提升馆员热情。整个预算制定与执行过程中，馆员都会参与进来，这能有效提升馆员对博物馆工作的热情，并让馆员了解到博物馆财务来源、支出，以及博物馆事业的成本，可以更主动地掌握自己的命运。

6. 对博物馆的募款有所帮助。没有人愿意把钱送给一个“花钱无度”的机构。良好的财务营运机制是博物馆提高竞争力的关键，是评估博物馆运转状况的重要指标，是博物馆获得公信力的重要途径。在博物馆资金来源越来越少之际，博物馆必须显示出自身具备有效运用资源的能力，既吸引民众注意力增加营收，又可以激励捐助人慷慨解囊，还可以吸引业界著名的专业人才与精英加入。而且对项目及早做出预算，可以使发展计划成本分散到不同的时间，有充分的时间筹措资金。

注释

1 Lord, D.G.& Lord, B.(2009) *Manual Museum Management* Plymouth UK: Alta Mira Press p.252.

2 Genoways,H.H.& L.M.Ireland.(2003) *Museum Administration.* Oxford: Alta Mira Press p.93.

3 Ibid.

4 Lord, D.G.& Lord, B.(2009) *Manual Museum Management* Plymouth UK: Alta Mira Press p.250.

西班牙普拉多艺术博物馆（时光摄）

第十五章 艺术博物馆的人力资源管理

人是组织最重要的资产，也是组织竞争力的关键因素。人力资源管理是指围绕着组织的战略目标制定的一系列人力资源政策以及运用现代管理的方法，对选人、育人、用人和留人进行计划、组织、指挥、控制和协调等一系列管理活动。

博物馆最宝贵的资源与最重要的资产是人才，是专业人士的智慧经验和尊重艺术的热情。博物馆的终极目标是通过馆员和博物馆的志愿者们来共同实现的。关于人之于组织的重要性，富勒神学院主席马克斯·德普雷的“欠债”理论认为：“我们必须值得人家为我们努力工作，我们是欠他们的。他们并不一定要向我们承诺什么，他们是经过多方比较和慎重考虑后，才选择向我们承诺的。”马克斯先生还是两家企业的董事长，他的管理经验证实，“除非考虑到人们对有意义的工作、有机会发挥潜能和建立良好的社会关系网络的种种需求，否则我们的组织就不可能充满生机”。

博物馆的非营利性质，注定了为博物馆工作的人无论是否从博物馆支取薪酬，都带有一定的志愿性质。同样的付出，他们基本上不可能取得在企业中那样优厚的待遇。优秀的人才之所以选择服务于博物馆，主要是受到环绕在博物馆工作头顶的一层理想主义光环的感召，那正是每个博物馆的精神使命、社会责任、价值取向，也是博物馆之为博物馆的最高意义所在。博物馆人力资源管理的幸运在于，申请到博物馆来工作的人，本身的价值观就与博物馆的使命和价值观极其相似。具体到艺术博物馆，曾任台湾台北市立美术馆馆长、历史博物馆馆长的黄光男说，做艺术博物馆这一行，就像是神父布道。艺术博物馆对人类精神的抚慰与庇护，确实有一种类似于宗教的作用，艺术博物馆工作人员相应地也要具备像神职人员一样为艺术与公众奉献的精神。因此，艺术博物馆人力资源管理面临的挑战是，鼓励馆员在对艺术博物馆事业热爱、忠诚的气氛之下，让艺术博物馆的目标与馆员的目标、利益能够结合起来，最终达成艺术博物馆所设定的目标。

以中国目前的经济环境和文化政策，几年内建起多少座艺术博物馆这类的目标是很容易达到的。硬件永远是小问题，是可以速战速决的短期问题，但难以解决的长期问题是人才。艺术博物馆的运作要依靠一定数量与质量的专业人才，然而目前中国的艺术博物馆的实际情况是，与岗位有相匹配的受过专业训练的人才非常稀少。“文化机构的负责人周围通常是一个高水平的职业人士的团队，尤其是金融、市场调研、筹款和教育领域的人才，艺术只是其执行能力的一个侧面。”[1]更何况艺术博物馆（尤其是公立艺术博物馆）中比较多的是毫无视觉艺术方面的学习背景和相关专业素养的编制内行政人员，他们寄生于机关化管理模式，是艺术博物馆机构臃肿的重要原因；至于一部分来自于美术学院的美术史论专业或是艺术创作专业的馆员，能同时具备学术研究、高质量展览策划、懂得将展览以最适当的方式陈设出来的人才非常难得；既懂得企业经营、管理、营销与资本运作，又具备艺术专业知识，能够拿捏准艺术博物馆理想品质与在商业社会中生存的度，寻觅这样的人才更是难上加难。我们现在大多数艺术博物馆的工作就像盲人摸象，存在着许多经验主义的随意性和不确定性，缺少一种普遍实用的通行操作规范，面临国际合作时往往显得不够专业。这里的

“专业”，马利纳（D.A.Mariner）认为其指标包括：作为工作所需知识与技术的文化传统，确保得以扎实掌握上述文化传统的正式且学院环境的训练，包含伦理规范在内的确保知识与技术得以发挥的机制，专业组织或作为专业者之间交流用途的刊物等促进专业发展的社会机制、规范知识与技术实施的法律，社会对于此知识与技术价值乃至实施权力的肯定等五大项。[2]台湾历史博物馆馆长张誉腾认为，博物馆员的专业体现在几个方面：专业的知识，经由长期而密集的训练或教育所获得的专门知识和技能；专业的组织，成立专业的协会，制定专业评鉴制度，限制专业执照，争取法律保障，建立专业之独立自主权；专业的伦理，制定从事伦理，对内约束从业人员，培养责任意识；对外强调为大众服务的信念，不过分重视专业人员的物质报酬。[3]从这个指标去评估，对于一个短时间飞速发展的行业而言，专业人员的提升确实困难重重。

同时，中国的艺术博物馆的人力资源问题还存在人才结构明显失衡，学术人员与行政人员的比例不合理，人员的年龄结构与专业素质不理想，学术部门与行政部门的权力分配过于平均，本应社会化的一部分行政服务职能仍旧在固定编制之内“小而全”地运作等问题，这些都对中国的艺术博物馆的人力资源问题提出了许多新的课题与挑战。艺术博物馆应该是一个能够吸引人才、锻炼人才，最终又留得住人才的艺术行政机构。艺术博物馆的人力资源决策与管理的质量决定了艺术博物馆是否正在有效地运行，也决定了其使命、价值观和目标是否能切实可行。以下几节我们将从政策和实务层面向大家讲述艺术博物馆如何利用自身有限财力，将“人”这一无形资产充分发挥潜能，使艺术博物馆的价值最大化。

一、艺术博物馆的人力资源政策

人力资源日常管理活动是建立在人力资源政策的基础之上的，而博物馆人力资源政策又是建立在博物馆的使命与目标基础之上的。因此，人力资源政策的制定与规划处于决策层面，它直接参与博物馆的整体规划与决策，需要经过有专才的人士撰写，并经董事会通过方可执行。其目的是为了建立一种营运的连贯性，强化重大经营决策的完整性与确实性。

博物馆人力资源政策可以使博物馆厘清有关外部法规、职权委任、从属关系、申诉办法、解雇标准以及机构规划等基本问题，对机构和工作人员都有保护作用，人事政策可以根据馆与馆员的需求不断调整。

博物馆的人力资源政策包括：

1. 人事规划。根据博物馆的发展规划与布署，结合目前的人力资源状况，对未来人员的供需进行预测与平衡。人事规划的内容至少应该包括：人事结构、岗位配置、人事预算、人事应急预案等内容。最好规划中能照顾到博物馆所服务的社会群体的差异性以及合理的人事流动，为新血液输入提供机会。中国的艺术博物馆正处于变动中发展的时期，不过至少每年一度都应根据当年发展重点制定人事规划，对于已取得稳定发展的机构而言，三年、五年的人事规划也非常必要，这既能确保艺术博物馆在需要时能获得所需要的人力资源，同时也使各部门主管对机构未来发展侧重有所了解，对自己部门的岗位配置与人力分配做到心中有数。既定的人事规划经董事会同意确立后，各部门人员的增加都必须在规划内进行。各部门的超员申请都必须有充足的理由，经过严格的审批程序。因此人事规划的制定直接从制度层面控制了艺术博物馆在人力资源上的投入。

2. 岗位说明。首先在博物馆的规章制度中应该有一份正式授权的文件，确定管理当局的职责范围，确定馆长及是否由馆长全权、独立地运营及管理博物馆。管理当局的管理范围包括一致的确定使命、为运营制定政策方针、确保遵守宪章及规则、为机构制定计划、通过预算、建立财政控制、确保有足够的资源以实现博物馆的使命。馆长的岗位职责一般包括雇用及解雇员工、执行预算、贯彻政策、管理项目及员工等，授权应该保证受聘于管理机构的馆长不受干涉地实施自己的职责。没有阻碍的权利可以优化资源配置，使得机构实现更多。授权创造了明确的分工，当明确管理及运营的责任区分之后，各自就应当专注于自己需要去做的工作。其次，在岗位配置的基础上，对博物馆内部各个工作岗位的性质、层级、责任、流程，以及胜任该职位工作人员的素质、知识、技能等进行编写，同时对该岗位的工作内容、规范、目标进行说明。工作的职位描述一般相对准确地描述了相关部门的工作内容。具体到艺术博物馆的工作中，尤其是小型艺术博物馆，常常有一职多能的状况出现，这就特别要写清该职位的员工在各项业务上的百分比。岗位说明的主要目的在于围绕组织的总体目标，层层分解，逐级落实职责权限范围，既不能有职无权，也不能有责无权，更不能有权无责，必须职、责、权、利相互结合，这是员工间建立信任感的有效途径。岗位说明的另一个挑战在于，通过调查分析会得出某些特定的岗位，可以由志愿者和实习生完成。而详尽的岗位描述与规范，又将给非雇员的志愿者、实习生的行为具体的指导，有效地节省了艺术博物馆的人力支出。同时，艺术博物馆各个层面的员工都应该熟悉行政管理系统，了解管理机构、员工、志愿者的角色和职责，这样可以保证沟通效率，提高组织机构的有效性。岗位说明应在员工上岗首日由人力资源部以文字形式发放给员工（通常是结合绩效考核作为合同附件），当然，部门负责人应该知晓并适时根据工作需要调整部门的岗位说明。

3. 博物馆相关人事政策还包括：试用聘用及解聘（退职）制度、博物馆工作人员守则（行为规范与道德规范）、绩效考核制度、电话与网络的使用管理、固定资产使用保管、办公设备及用具的使用与保管等。出勤制度、假期、产假、病假、婚丧、工作时间、工作日期、加班政策。福利、工伤（安全）、退休、意外赔偿、骚扰等。这些相关人事政策通常也需要在员工受聘当日告知员工。

4. 一些博物馆的非核心工作，有时候委外可以取得更好的效果。随着博物馆的预算降低，需求外部的顾问和合作变成近些年国际博物馆的潮流，类似工程、设计、评价、宣传、筹资等，都可以广泛开展对外合作。[4]

二、艺术博物馆日常人力资源管理

加里·德斯勒（Dessler, G.）在他所著的《人力资源管理》一书中例举一家大公司人力资源管理者在有效的人力资源管理方面所负的责任，描述为以下十大方面：

1. 把合适的人配置到适当的工作岗位上；
2. 引导新雇员进入组织（熟悉环境）；
3. 培训新雇员适应新的工作岗位；
4. 提高每位新雇员的工作绩效；
5. 争取实现创造性的合作，建立和谐的工作关系；
6. 解释公司政策和工作程序；
7. 控制劳动力成本；
8. 开发每位雇员的工作技能；
9. 创造并维持部门内雇员的士气；

10. 保护雇员的健康以及改善工作的物质环境。[5]

下面我们具体来看看日常人力资源管理工作的主要内容：

（1）员工招聘与选拔。根据人力资源规划和岗位职责的要求，通过招聘、考试、测评、选拔，将人才录用并安排到一定岗位上。博物馆的招聘广告，除了在自己的网站、杂志上发布，也可以通过专业媒体发布，亦可以纸质印刷放在艺术博物馆前台、商店等合适的信息中心，在所在的社区以及相关的艺术院校亦可张贴相关海报，其内容除了描述清楚岗位职责，更应该强调艺术博物馆的公益特质，这不仅加强了工作性质对人的感召力（尤其是志愿者的招聘，更为必要），同时也是博物馆公益宣传的机会。

（2）绩效考核。无论是企业，还是非营利组织，绩效都是最终的检验标准。有效的绩效考核能让博物馆有效地运用其最重要的资产，也就是以最有效益的方式利用馆员的技能与时间。博物馆绩效考核的最重要前提是，不论是个别人或团队工作，都要设定工作目标。将博物馆的总体目标分阶段量化到每个部门、每位员工身上，确定每一个阶段每个部门、每位员工应该完成的任务，以此为杠杆，对部门的阶段性工作成效进行核定，作为对员工进行绩效考核的一个权重比例；对每位员工在此阶段的工作成果、工作态度、技能水平、取得的成绩进行全面考核、鉴定和评价，及时为相应的奖惩、升降、培训、去留等决策提供依据，以便提高和改善员工的工作绩效。

博物馆绩效考核的难度就在于杠杆与标准难以量化。不同于企业，博物馆许多部门的绩效都无法用财务标准来衡量。艺术博物馆许多核心业务部门，如学术研究、展览、教育部，所可能取得的金钱收益甚至远远低于支出。而核定这些部门的效果，尤其是学术效应和观众反响方面，人力资源部很难给出量化的标准，人力资源部应该协调相关部门，在对每个部门进行充分调查研究的基础上，逐条列出考核的项目并对之要达到的效果进行详细的说明，才能使绩效考核不流于形式。同时标准的设置应该略高于平均水平，是最优秀的员工所能达到的工作要求。

在绩效考核中，无论是部门绩效，还是个人绩效，通常都分为“他评”与“自评”两个部分。由于上述提到判断标准难以定死的原因，绩效考核的简易表格化常常容易使考核流于形式，自我评价的部分往往容易高于员工自身表现，主管对下属的评价往往处于中间状态，不是过高便是过低。对此，人力资源部一是注意绩效考核的机密性，上司对员工的评价不应该被公开。同时要求对无法量化的评价至少举出三个例证来进行说明，以事实为依据，避免主观臆断和感情色彩。

绩效考核的标准、时间、方法、程序等具体内容从员工刚进博物馆的试用第一天就应当由人力资源部所告知，并成为馆方对员工的基本要求。当员工被正式聘用时，绩效考核也应该作为合同的附件，以制度的形式说明博物馆对员工的期望，并按照制度的描述执行相关的奖惩、升降、培训、去留的决策。这会使艺术博物馆与员工之间的关系有章可循，减少人事纠纷。

（3）薪酬管理。因为不存在配股、分红等问题，相比企业而言，作为公益性机构的博物馆，薪酬结构更类似于事业性单位，相对简单、平稳，包括基本薪酬、绩效薪酬、奖金、津贴、保险以及福利等。一个相对稳定的团队和人才梯次的逐步形成，需要将绩效考核与薪酬管理紧密结合，形成员工的评价机制，这也可以带动人才健康流动。

（4）员工激励。员工投身博物馆工作的一个重要的原因是博物馆自身的公益性、艺术性在他们身上自发生成了精神催化，因此博物馆对员工的激励也主要来自于精神激励和精神满足。在博物馆的董事会或高层领导中发掘有煽动性演讲才能的人，适时对新老员工、义工进行座谈、演讲，认识与温故艺术博物馆的使命和愿景，这样能够鼓舞员工的士气。通过薪酬、考核、晋升等一系列管理活动，可保持员工的积极性、主动性、创造性。鼓励和关心员工的个人发展，帮助员工制订个人发展规划，以进一步激发员工的进取心，实现员工的自我发展与管理，使员工个人与博物馆共同成长和发展，达到双赢的目标。提供良好的劳动保障，创造安全、健康、舒适的工作环境，以增进员工满意感，使之安心满意的工作。提供相对完善的工作和组织条件，为馆员充分发挥其潜力提供所需要的各种支持。

（5）培训与开发。组织的发展由人的工作所带动。博物馆功能的彰显仰仗专业人员的素养。现在不管是社会组织、国家机关或是法人机构都越来越重视人才的培育，甚至不惜投入大笔资金举办教育培训。培育人才的目的在于组织整体能力的开发、提升或是经验的传承及核心能力的维系。一个专业的人才管理、培训体制的建立，将可以顺利完成组织内的新老交替。一个不重视人才养成及维系的组织，将丧失竞争力，面临无情的淘汰。

对于社会公众来说，博物馆是一所不断更新知识的学校。对于博物馆的每一位馆员而言，博物馆更是一所终身学习的课堂。博物馆的人力资源管理与一般企业人力资源的重要区别是，博物馆对馆员的教育与培训更为主动、重要，从头到尾贯彻在博物馆活动的每一个细节之中。由于博物馆工作的专业性，博物馆馆员教育与培训的成效是直接关乎博物馆整体绩效的。培训工作是博物馆的一项常规工作，宏观至艺术的发展趋势和博物馆行业的发展走势，微观至博物馆每一个展览的内容和基本意旨，从员工手册上对博物馆各方面内容的基本介绍，到博物馆所安排的各类学术研讨与讲座或是出国学习考察，这些都是博物馆培训的内容。

博物馆员工手册是博物馆的基本培训资料，每位馆员无论处在什么岗位、职位高低，自进馆的第一天起必须认真对待、先行学习员工手册的内容，人力资源部亦有必要为此安排新馆员进行测试。博物馆员工手册的基本内容主要包括：博物馆的创办或历史背景说明、使命、定位、目标规划、功能与职责、相关政策的摘要说明、建筑空间与基础设施、学术体制、组织架构、融资机制、各个部门及职责、会员招收基本内容、募款条件、资助博物馆的基本方式程序、交通、历史上的重要展览、重要的馆藏品、重要的教育及学术活动、重要出版物、博物馆工作者伦理道德等。对于一些特殊岗位，不仅有简单的说明，使博物馆的员工对其他部门的工作有所了解，更需要有细化的岗位职责和要求的说明。比如博物馆的保洁工作，保洁员的清洁范围、频率、每一个范围的具体标准，人力资源部的检查标准与奖惩措施等，都要非常细致地包括在内，建议可以拍成示范片，用于新上岗的保洁员的培训。

通过各种有针对性、不同形式的培训，进一步开发馆员的智力潜能，使博物馆馆员对博物馆的了解与认同进一步加深，有助于提高他们的知识、能力、综合素质和工作积极性，有助于提高工作绩效，增强人力资源的价值。科技的发展为培训工作提供了极大的便利，除了面对面的堂授方式，多媒体教学、视频会议、网络学习等使教育训练更接近员工的工作现场，带来更直接而快速的功效。

“学习型组织”的人力资源管理理论自20世纪90年代后便成为人力资源管理的一个经典理论。人力资源部因为承担着博物馆培训组织的工作，必须负起推动博物馆未来发展的责任，并以顾问的角色结合机构家的眼光，走在组织发展的前端。博物馆内部的培训不仅仅是人力资源部对其他部门，更多地发生在部门内部与部门之间，有些是针对全馆员工，有些则专门针对部分部门。人力资源部在其中的作用，首先是确立哪些内容是哪些部门必须在何时学习更新的，作为岗位规范写入岗位说明之中；其次是安排好合理的教育方式；再次是安排对学习效果的督察，并将之作为绩效考核的一个部分。比如博物馆每次展览的内容，是所有对外联系的员工都必须了解的，展览部、网站部或公关部（各博物馆根据不同的职位安排情况而论）通过博物馆官方网站适时发布，对于重要的展览，人力资源部不定期抽查馆员的了解情况，列入绩效考核。

（6）人力成本控制。对于一般博物馆来说，人力的支出都是博物馆重大的开销。博物馆对人力成本的控制在博物馆人事规划中的人事预算中就应该开始。人事预算是根据博物馆目前财务规模和博物馆的整体规划的人力需求，对博物馆将要投入的人力投资成本与取得的效益（主要有三个指标：收入增加、资产增加、使命达成）进行核算的工作。博物馆的人力资源部门应该与财务部门合作，建立一套自动化、信息化的人力资源会计体系。每个季度或半年为馆长和董事会提供一份部门人力成本与部门绩效的对比报告。对于重点的岗位，甚至可以细化到个人人力成本与个人绩效的对比报告。及时准确地提供决策依据。博物馆应该提出与机构需求和财务规模相匹配的工作内容之说明。

（7）人事关系管理。“帕累托 80/20 定律”在博物馆人力资源管理中同样适用。所谓“帕累托 80/20 定律”，是指总数中仅占 20% 的关键员工，不仅是 80% 企业价值的创造者，而且能带动其他 80% 的员工。因此人力资源管理的核心关注点在于促成、聚拢、保持这个 20% 的核心层、中坚层、骨干层员工队伍的效力发挥。

博物馆作为一个有崇高使命的社会公益机构，博物馆工作人员与博物馆之间天然具有一种文化上、精神上、艺术上的黏合度，比起一般的企业与员工之间的关系更为紧密。除了在相关法律规定下形成的合同关系，规定了馆员与博物馆之间的权利、义务关系，博物馆与馆员在共同愿景和核心价值观上也早已达成了共识。因此，我们说馆员与博物馆之间不仅有劳动契约，还有心理契约。至于志愿者，更是完全依靠心理契约为馆奉献。所以博物馆人力资源部应该把每一位馆员、志愿者执朋友之礼待之，不仅在工作方面给予积极的建议，促其成长，在生活细节方面，逢生日、婚庆、生育、大病等记挂关怀，这些都有助于博物馆与馆员之间的关系更为密切。

具体到艺术博物馆人事关系管理的难度在于，来自不同地方、有着不同背景的艺术专才组合在一起，可能对同一件事情难以形成一致看法，因此营造和谐的人际关系、良好的工作氛围、化解矛盾冲突、保障运营活动的正常开展是人力资源部门的主要任务。这一点在人事安排与配置、权责利分配时千万注意厘清，否则会造成严重的混乱。同时要将博物馆的目标、行为方式、态度与馆员、部门的目标、行为、态度形成一致，使之高度的合作与协调，强调团队精神，发挥集体优势。

（8）志愿者管理。欧美博物馆中，上至董事会的绝大多数董事，下至导览员，几乎每个部门都有志愿者在发挥作用。据统计，美国平均每两个成年人中就有一个志愿者，总数超过 8000 万，他们每周为一家或数家非营利组织工作近 5 个小时，相当于 1000 万个全职工作岗位，按照美国最低工资标准计算，志愿者每年的劳动力价值是 1500 亿美元，占美国 GDP 的 5%。[6] 据中国文化部有关统计资料，截至 2012 年年底，在志愿服务方面，24 家艺术博物馆的志愿者服务观众超过 686 万人次，累计服务观众时间超过 83 万小时。[7] 仅中国美术馆的“俄罗斯艺术三百年——国立特列恰科夫美术博物馆珍品展”的志愿招募就吸引了数百应征者，年龄最大的 50 岁，最小的才满 20 岁，最终 76 名义务讲解员在展览期间提供 1500 多个小时的服务，听众有近5万人。[8]志愿服务方向中，义务讲解占38%，其他占62%。湖北美术馆、上海证大喜马拉雅美术馆、宁波美术馆、中华艺术宫、今日美术馆、陕西省美术博物馆等各馆的志愿者都在1000人以上。在志愿者构成上，以性别来分，女性占72%，男性占28%。以年龄来分，18—30岁占70%，20—40岁占13%，18岁以下占5%，50—60岁占5%，40—50岁占4%，60岁以上占3%。以学历来分，本科占73%，本科以下占18%，硕士研究生占8%，博士研究生占1%。以职业来分，大学生占62%，在职人员占25%，退休人员占7%，中学生占4%，小学生占2%。[9]这些数据，博物馆可以在做自身志愿者规划时作为有益参考。

从博物馆的角度来说，随着单位人力成本以及博物馆参观人数的不断增加，用志愿者的工作弥补专业人力不足，提升服务品质，扩大服务层面成为博物馆迫切的现实需求。从志愿者的角度来说，社会认可、个人发展和志愿者利益三个方面构成了驱动博物馆志愿者报名踊跃的动因。[10]比如，社会上越来越多在退休后仍然渴望保持活力、参与社会活动、能用自己的体力和脑力为公益事业做贡献的退休群体的出现。另外，随着中国公益意识的深入发展，越来越多的学校强调学生的课外公益参与，比如中国美术馆的“小小志愿者”讲解服务与北京市史家小学联手，经过系统的专业培训，利用周末时间义务为社会公众提供生动活泼的展厅讲解，起到良好的公共教育效果，得到各界观众的普遍好评。[11]博物馆志愿者作为学生延展课堂知识、接触社会的绝好平台得到了空前重视。当然，参与博物馆志愿者工作，通过博物馆志愿者培训，可以让志愿者们得到珍贵的经验与学习的机会。

一般来说，对于志愿者的基本原则与工作标准应该与支薪员工并无二致，厚望常常会成为一种激励。如果馆方希望志愿者所完成的工作可以达到绩效考核的标准，那么馆方除了对志愿者提供必要的培训，更应该给予充分的尊重、关注、认可与鼓励，使志愿者充分享受工作本身带来的满足感。“您做出了宝贵的贡献。”这句并不困难的赞美对志愿者的管理来说却相当关键。

专为志愿者制作的手册，除了包括员工手册的基本内容，岗位说明、绩效考核（若支薪馆员的绩效与工资挂钩则不适用于志愿者，应做相应的修改），选取适用于志愿者的人事政策之外（例如与薪资有关的人事政策都不适宜于志愿者），还应该加入欢迎词、酬谢方式（如制作志愿者贡献奖章、网站志愿者之家鸣谢等）、相关福利说明（志愿者及家人免费参观博物馆并在卖店享受员工折扣等）、申诉程序（若志愿者不符合馆方期待被解雇或受到不公正之待遇，则可以通过相关程序向董事会提请申诉），等等。

在越来越强调以观众为中心的博物馆时代，志愿者的身份与奉献精神（尤其是在展览导览时启用志愿者）不仅让参与者收获一份骄傲，也可以视为博物馆公民教育的一条反哺途径，使博物馆与观众的情感互动更为深入，并与观众形成一种文化心理上的联系，成为博物馆建立与公众的深度联系的纽带。

注释

1 [法]弗雷德里克·马特尔（Martel, F.）：《论美国的文化——在本土与全球之间双向运行的文化体制》（*De la culture en Amérique : politique publique, philanthropie privée et intérêt général dans le système culturel américain*），周莽译，北京：商务印书馆，2013年版，第297—298页。

2 Mariner,D.A.(1972) *The Professionalizing the Museum Worker in Museum News*，参见张婉真《论博物馆学》，台北：典藏艺术家庭，2005年，第135—136页；参见黄光男《博物馆企业》，

北京：文化艺术出版社，2011 年版，第 49 页。

3　张誉腾：《论博物馆专业与博物馆人员从业伦理》，载《博物馆学季刊》第 4 卷第 4 期（1990 年 10 月），第 4 页，参见黄光男《美术馆管理》，北京：文化艺术出版社，2011 年版，第 65 页。

4　Wood,E.& Kiersten, F. Latham (2014) *Foundations of Museum Studies* Santa Barbara: Libraries Unlimited p.98

5　[美] 加里・德斯勒（Dessler, G.）：《人力资源管理》（*Human Resource Management*），刘昕译，北京：中国人民大学出版社，2012 年版，第 12 页。

6　张远凤：《德鲁克论非营利组织管理》，载《外国经济与管理》2002 年第 9 期。

7　杨应时：《国内美术馆志愿者工作调研报告》，载《2015 中国美术馆年鉴》，北京：中国美术馆，2015 年，第 96 页。

8　王玉庚:《中国美术馆的首批志愿者——在俄罗斯艺术三百年展上》,载《2006 中国美术馆年鉴》,北京：中国美术馆，2006 年，第 308—310 页。

9　杨应时：《国内美术馆志愿者工作调研报告》，载《2015 中国美术馆年鉴》，北京：中国美术馆，2015 年，第 96—97 页。

10　庞桂馨：《台湾地区美术馆教育的启示》，载《2011 中国美术馆年鉴》，北京：中国美术馆，2011 年，第 332 页。

11　杨兰亭：《建设专业化的中国美术馆志愿者队伍》，载《2012 中国美术馆年鉴》，北京：中国美术馆，2012 年，第 512 页。

英国泰特现代艺术博物馆新馆

第十六章　艺术博物馆的组织架构

艺术博物馆的有效运营建立在一个以馆长为中心的稳定的、机能良好的组织管理机构基础之上。每个艺术博物馆至少需要一份行政管理结构图，根据自身机构的特点，完完整整地囊括艺术博物馆各方面的职能，描绘出各主要管理机构及相关职能部门的人事结构和相互之间的工作关联性，让每一位馆员，包括馆长在内的各层管理人员，迅速地了解自己的工作与他人的工作、自己的部门与其他部门、自己和其他馆员之间的关系，使信息的传达与沟通更流畅，使资源分配更有效。最好在行政管理结构图的基础上，还有一份根据艺术博物馆规划制定的工作流程组织管理模式，使管理层级更合理、清晰，使工作进程制度化运行。

艺术博物馆的组织机构构架主要有三种不同的方式：直线式、扁平式和混合式。直线式的组织结构和扁平式的组织结构之间的区别在于，在董事会和馆长以下，直线式组织结构的管理层级更加密集，中层的权力相对放大。缺点是信息在一层一层的传达环节中容易遗失，责任在一层层传递中变小，因此执行效果较弱；优点是相对集权，容易推进，效率高。扁平式（又称“矩阵式”）组织结构的管理层级要少得多，众多部门都是直接向馆长负责。缺点是对馆员和馆长的沟通技巧要求很高，对于需要各部门协调、配合的工作，效率会降低；优点是各部门的执行能力增强，而且将决策机制下放到较低阶层，即实际执行层，馆员在每个环节都会为其行动负起更多责任，因此执行效果更好。为了保证工作弹性，还有一种混合式架构是完全根据工作流程，由不同项目组成跨学科团队，将不同职能的馆员分到各团队之中。笔者认为，这样的工作架构是在馆员的团队精神充分的理想状态才能高效发挥作用，这样的组织架构能够为艺术博物馆带来更多弹性，但只能作为传统管理阶层的附属辅助。当然，之所以提到这种架构，也确实因为项目组是博物馆工作中经常面对的一种工作方式。

不管以何种形式来架构组织，关键是能精简工作、减少官僚主义。尤其文化类机构，应该考虑如何在尽可能减短决策控制链的基础上提高沟通效率，即在矩阵式组织架构中营造协作精神。

下面我们将介绍英国泰特艺术博物馆、美国大都会艺术博物馆、法国卢浮宫、中国美术馆及今日美术馆的组织架构。

一、英国泰特艺术博物馆的行政结构

如图 16-1 所示，总馆长办公室下属五个单位：泰特英国博物馆、泰特现代艺术博物馆、泰特国家艺术收藏馆、代理馆长和首席运营官。

泰特英国博物馆分为馆长办公室、学术部。馆长办公室负责展览和英国艺术收藏。

泰特现代艺术博物馆分为馆长办公室和学术部。馆长办公室负责展览和国际艺术收藏。

泰特国家艺术收藏馆下属泰特利物浦美术馆和泰特艾弗斯美术馆。两馆都分设馆长办公室和执行馆长办公室，前者负责学术和展览，后者负责参观者服务及操作，对外学术交流联系和商业活动。

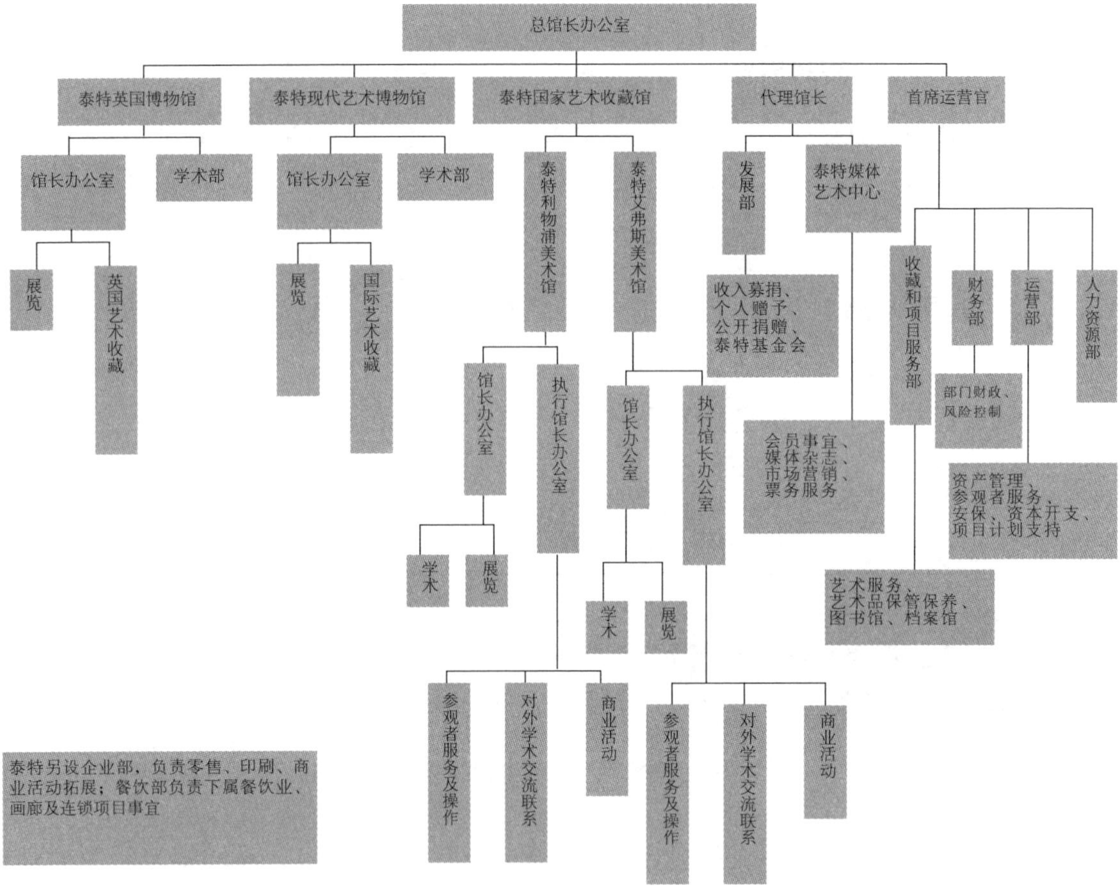

图 16-1　英国泰特艺术博物馆的行政结构

代理馆长负责泰特现代艺术项目组、泰特国家艺术收藏中心项目组和社区合作。其中下属两个部门分别为发展部和泰特媒体艺术中心。前者负责收入募捐、个人赠予、公开捐赠以及泰特基金会，后者负责会员事宜、媒体杂志、市场营销以及票务服务。

首席运营官负责商业计划和法务事宜，下属四个部门：收藏和项目服务部、财务部、运营部和人力资源部。收藏和项目服务部负责艺术服务、艺术品保管保养、图书馆、档案馆；财务部负责部门财政和风险控制；运营部负责资产管理、参观者服务、安保、资本开支及项目计划支持。人力资源部负责人力资源事宜。

泰特另设有一个分支机构为泰特企业部，负责零售、印刷、商业活动拓展。泰特餐饮部负责下属的餐饮业、画廊和连锁项目事宜。[1]

二、美国大都会艺术博物馆的组织结构

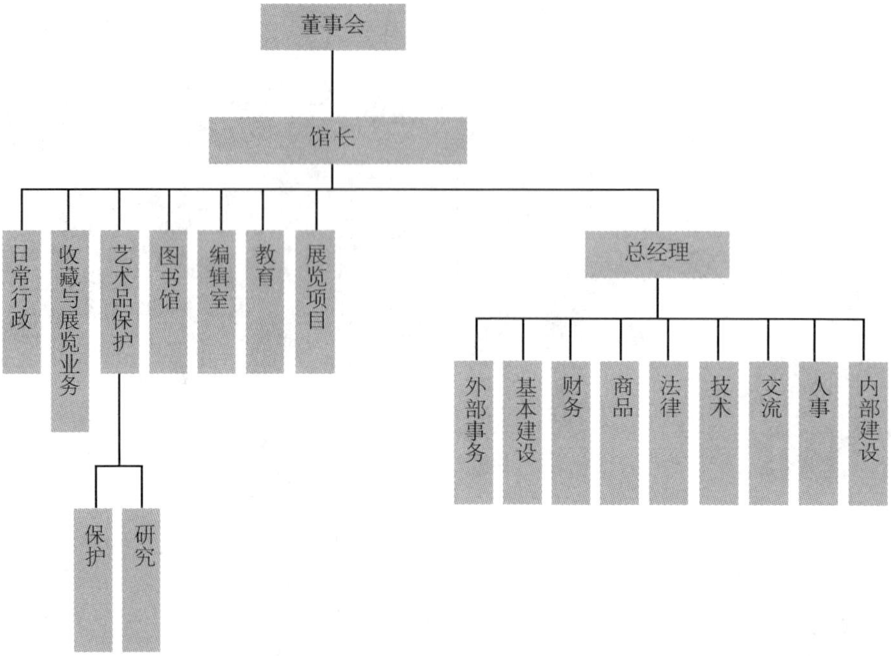

图 16-2　美国大都会艺术博物馆的组织结构

在美国，无论私立、公立艺术博物馆，都普遍实行“基金会和法人体制下的执行馆长负责制”，对于国有艺术博物馆来说，“基金会和法人体制”（常常具体表现为董事会制度）是艺术博物馆属于“公共财产”的具体象征；对私立博物馆来说，“基金会和法人体制”是“化私为公”的手段，在基金会和法人体制之下，艺术博物馆已不再是具体个人的私有财产，而成为事

实上“公有公营”的机构。

美国博物馆的组织结构基本大同小异，一般情况下会分为行政管理部门、业务部门和综合服务部门三大类。行政部门重点是决策、执行和日常管理。业务部门设置细微，主要体现艺术博物馆的基本功能。综合服务部门设置很全面，包括保安部、基建、设施等，重点是为各业务部门服务，整合业务部门的资源。

我们根据故宫博物院副院长段勇先生对美国大都会艺术博物馆的研究与叙述[2]，大致绘制出大都会博物馆的组织结构图（图 16-2）。

三、法国卢浮宫的组织机构[3]

卢浮宫自 1992 年开始成为一个有充分自治权的、具有行政特征和文化使命的公共机构，包括财务自治；在法国博物馆管理局监督下的行政管理自主；在国家博物馆联合会规范下享有的购买、出版和展览自主；在文化和交流部监管下拥有的政策自主权。卢浮宫馆长权限很大，以馆长为中心，馆办及内部质量官和馆长一道，管理下设的 8 个学术部门：绘画部、东方文物部、埃及文物部、书画刻印艺术部、伊斯兰艺术部、希腊和伊特鲁利及罗马文物部、中世纪和文艺复兴及近代雕塑部、中世纪和文艺复兴及近代物件部及德拉克罗瓦博物馆。与之并行，在运营方面，有文化项目协调、藏品研究管控、公众和接待以及监测、公共关系、建筑遗产花园设施、人力资源、财政与法律管理组成了行政管理系统。会计审计部、安全预防中心和捐赠由馆长直接管辖。

四、中国美术馆的组织机构 [4]

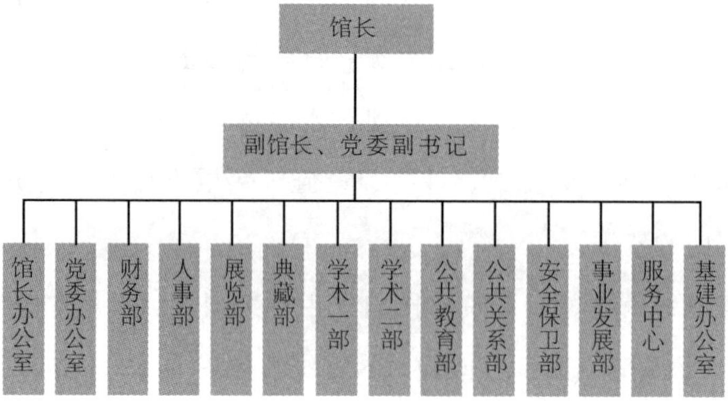

图 16-3　中国美术馆的组织机构

中国美术馆的组织机构是有中国特色的公立博物馆组织机构设置的范例。馆长办公室主要负责全馆综合性行政工作、馆长的相关公务、馆内重大会议、活动的协调、组织、接待工作，链接上级单位和相关公文及档案，负责本馆重大活动和重要事项的宣传工作，数字化相关部门以及领导交办的其他工作。党委办公室主要负责党务和退休人员的相关工作。财务部负责年度的预算、决算、财务管理和资金管理，资本核算和采购，以及发放工资福利。人事部则负责制定本馆人事管理的规章制度及人才开发规划，按照干部管理权限负责职工的录用、考核、调配、选拔、聘任、职称评审、退休和常规奖惩工作，管理职工工资、社保、户口、出国、福利、津贴等。安全保卫部负责本馆的安全保卫、消防、人防工作。事业发展部负责本馆主业延伸经营项目的开发、论证和经营管理，对独立本馆的经营实体进行监督、管理和相关费用收缴，同时积极筹措社会资金支持本馆。服务中心是行政后勤保障部门，负责设备的采购、登记及配置，国有资产的验收、保管、登记、报废及与财务核算对账，负责职工的住房、医疗报销、保健、防疫及计划生育、义务献血等工作，公用机动车辆的管理和交通安全管理工作，对售票处的管理，对物业公司工作的监督、检查、指导，协调相关关系等。基建办公室主要负责本馆基础建设相关的所有流程和工作细节，以及展览项目施工的工作。以上的部门都属于服务性部门。

业务部门主要由以下几个部门组成：展览部负责本馆展览工作的各项规章制度、计划、展厅安排、展览通过流程、展览合同、展品验收及安全，展览档案，展厅、展品中转车间的管理和维护，负责对展厅保安员工作进行指导、监督和管理。典藏部负责制定藏品的管理制度并遵照执行，藏品与藏品库、藏品信息的管理，收藏计划的策划、收藏与陈列展。学术研究分两个部：学术一部负责馆藏作品包括绘画、雕塑、建筑、设计、当代艺术等艺术门类（下同）的研究、鉴定及就以上门类展开收藏、捐赠、展览、陈列、档案、研究、出版、课题等相关工作，主要集中在近现代及当代美术史和相关课题、专题展览及艺术家个案的研究任务，关注并研究美术现状及演变趋势；学术二部负责馆藏作品包括民间美术、书法、摄影、陶瓷、工艺美术等艺术门类（下同）的研究和鉴定及就以上门类展开收藏、捐赠、展览、陈列、档案、研究、出版、课题等相关工作，并承担上述门类历史理论、相关课题及专题展览的研究活动，关注并研究上述专业门类的现状及演变趋势。公共教育部则负责制定本馆专业教育和社会培训计划并组织实施，策划并组织定期的学术报告、专业讲座，负责观众的咨询、服务、导览工作以及对社会观众群体的调查研究、信息反馈，并管理相关业务文书和承担艺术博物馆图书馆的管理工作，同时承担本馆展览票务的营销、推广，以教育为媒介研究开发利用馆内资源和社会资源，完成馆内下达的各项指标。公共关系部负责管理顾问委员会、艺术委员会、策展委员会、收藏评鉴委员会等专家系统以及中国博物馆学会美术专业委员会的日常工作，尤其是管理外事工作，包括战略、策展、研究、接待、文书、档案等方方面面。

五、今日美术馆的组织结构[5]

按照国际惯例，结合中国民营非企业艺术博物馆生存发展的现状，今日美术馆形成了一套理事会体制下的馆长负责制，以学术机制、基金发展机制、服务发展机制、综合管理机制四套机制，确保艺术博物馆的三驾马车——学术建设、资金链条与管理在保障观众最大利益的方向上正常运行，确保艺术博物馆的功能实现与使命达成。

北京今日美术馆理事会是今日美术馆的最高决策机构。理事会聘请馆长全面负责管理艺术博物馆的日常事务。请监事会直接监督艺术博物馆的财务、风险及战略。保证艺术博物馆的方向正确、财务透明与现金通畅及重大资本支出的安全。监事会是直接对理事会成员负责的单位，由国家文化部、民政部，北京市民政局、文化局的官员及美术界、文化界、传媒界、财经界的著名人士共同组成，有权对馆长的工作及艺术博物馆的财务提出质疑，监督今日美术馆各项资金的使用符合理事会的各项章程。

今日美术馆成立了由知名艺术专家、学者、评论家组成的学术委员会，是今日美术馆学术活动及其各项活动学术程序的最高决策机构。学术委员会定期召开学术会议，对艺术博物馆的学术方向、展况、出版物、公众教育传播活动及服务业务的学术环节进行分析和讨论，确定艺术博物馆多元、鲜明的学术指向，保证北京今日美术馆各项目活动的学术定位及品质。

经过三年的探索，基金发展委员会已形成了一套层次清淅、结构完备、管理程序严密、财务透明、资金循环优质的基金发展机制。围绕着不同的观众群和潜在观众群，分到馆观众、会员观众、捐赠者三个层次寻找、吸引着各类来自个人、企业的资金资助，并安排资金资助的回报、服务及资助程序的受理。

同样，围绕着观众日益增长的对艺术博物馆参观附加经验的要求，今日美术馆的服务发展中心加强了在书店、礼品、网络信息、餐饮、影像等方面对观众的服务，同时也期待这一部分成为艺术博物馆资金链上的一个重要环节。

随着机构体的日益庞大，艺术博物馆各业务部门对管理与行政服务效率的要求越来越高，艺术博物馆综合管理中心应运而生。同时，作为馆长综合调配资源的秘书部门，馆长办公室的作用和战略地位也进一步突显。这两个区块从管理细节和战略方向上保证了艺术博物馆综合管理功能的发挥。

注释

1　以上资料来自泰特艺术博物馆官方网站。

2　段勇：《当代美国博物馆》，北京：科学出版社，2003 年版，第 26 页。

3　[法] 皮埃尔·罗森伯格（Pierre Rosenberg）：《卢浮宫私人词典》（*Dictionnaire Amoureux du Louvre*），杨洁等译，上海：华东师范大学出版社，2015 年版，第 470、249 页。同时主要参考卢浮宫官网 http://www.louvre.fr/sites/default/files/medias/medias_fichiers/fichiers/pdf/louvre-musee-du-louvre-organizational- chart.pdf。

4　中国美术馆组织机构设置。

5　今日美术馆组织架构的描述符合 2012 年前的运营状况。

1997

第五部分

面向未来的艺术博物馆（美术馆）

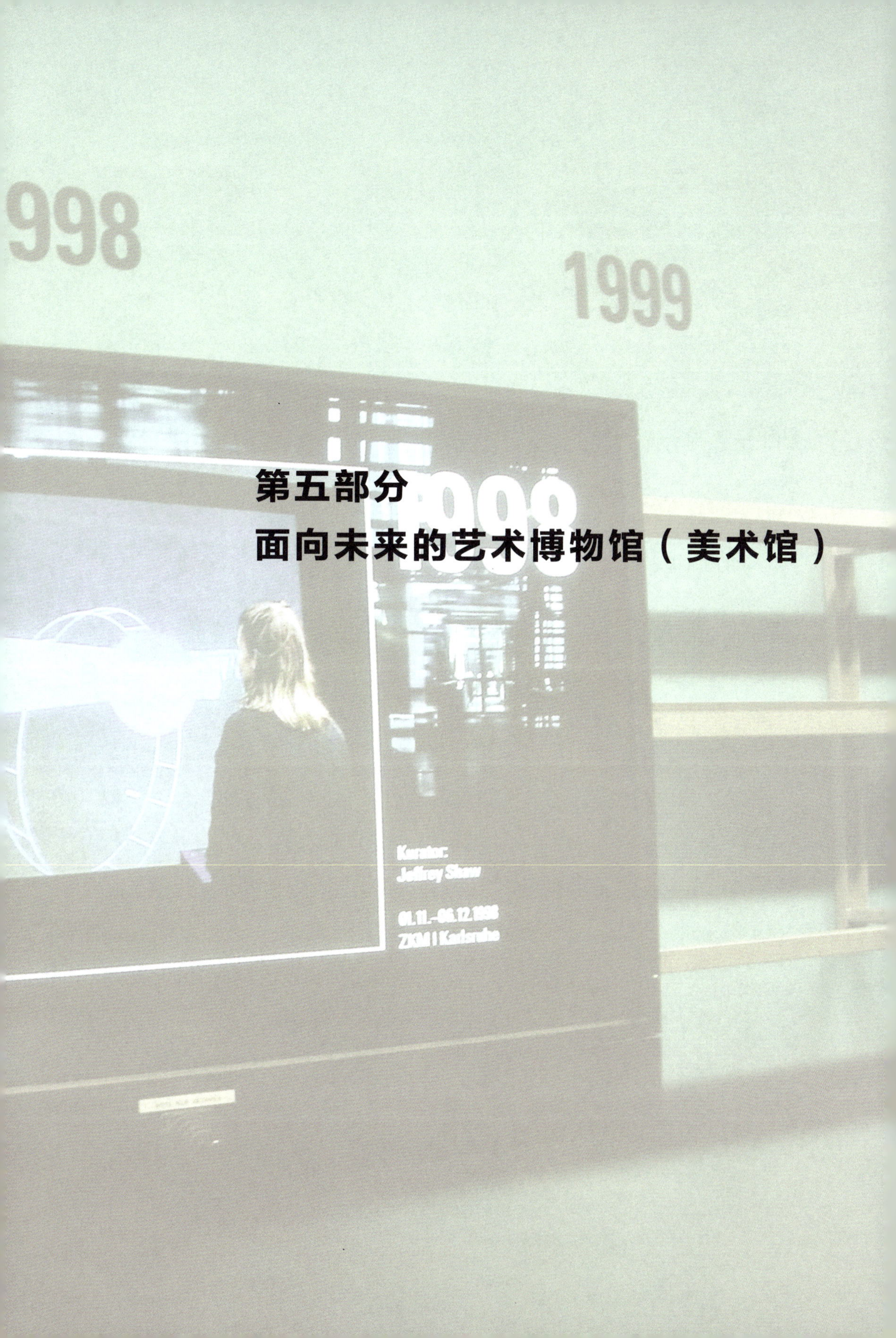

博物馆在面对未来的时候到底要面对什么?

在一项苏黎世大学2008年公布，2012年再版的关于未来的预测中，未来的世界是一个传统扩张、多样化价值盛行、消费文化持续、创新不断的世界；有更多恐惧更少秘密的一代人，他们相信学习的力量；在一个四分之一人口使用互联网的嘈杂世界里，全球化更进一步加剧，人们企图在虚拟世界中追求个性化，留下自我的图像；未来世界里有一半人生活在2%的地球表面，绝大多数是超级城市；老龄化、移民、城市病、贫富差距、人口危机（西方下降，工业国家增长）更严重地困扰未来人类，与之相对，中产在新兴市场国家崛起、女性成长、多文化融合、宗教复兴也许是关于未来的好消息……[1]

在本节中我们选取了三个自认为重要的侧面：全球化、数字化、资金短缺常态化来聚焦艺术博物馆即将面对的挑战。

我们不排除其他性质的博物馆也能借鉴到本部分的些微花火，但基于复杂而严峻的特殊现实，本部分的所有分析都是针对艺术博物馆而提出的。我们不得不说，其他很多情况也会影响艺术博物馆的发展，比如从观众层面要照顾“千禧一代”和“老龄化”人口的需求，比如城市化进程中私人空间的缩小对公共空间的品质及可达性提出的高要求，以及乡村建设中艺术博物馆是否或者起到作用……不过在文化多元的全球视野中，我们选择的三个方面是目前最严峻、最关键性、最急迫的问题，并尝试给出有针对性的解决方案——艺术博物馆作为“开源式服务方”（Open source server）。

古根海姆艺术博物馆前馆长托马斯·克伦斯把21世纪成功的艺术博物馆归结为：

1. 坐拥伟大的藏品和建筑；

2. 有精彩的特展和副展；

3. 可供选择的三两处购物和就餐场所；

4. 高科技网络门户；

5. 通过在世界不同地区建立分馆而实现规模化经济效应。[2]

对于已经拥有丰富条件和资源的艺术博物馆而言，这样的方向值得思考。但本书所提出的“开源式服务方”切入运营细节，更具广泛性的建议。

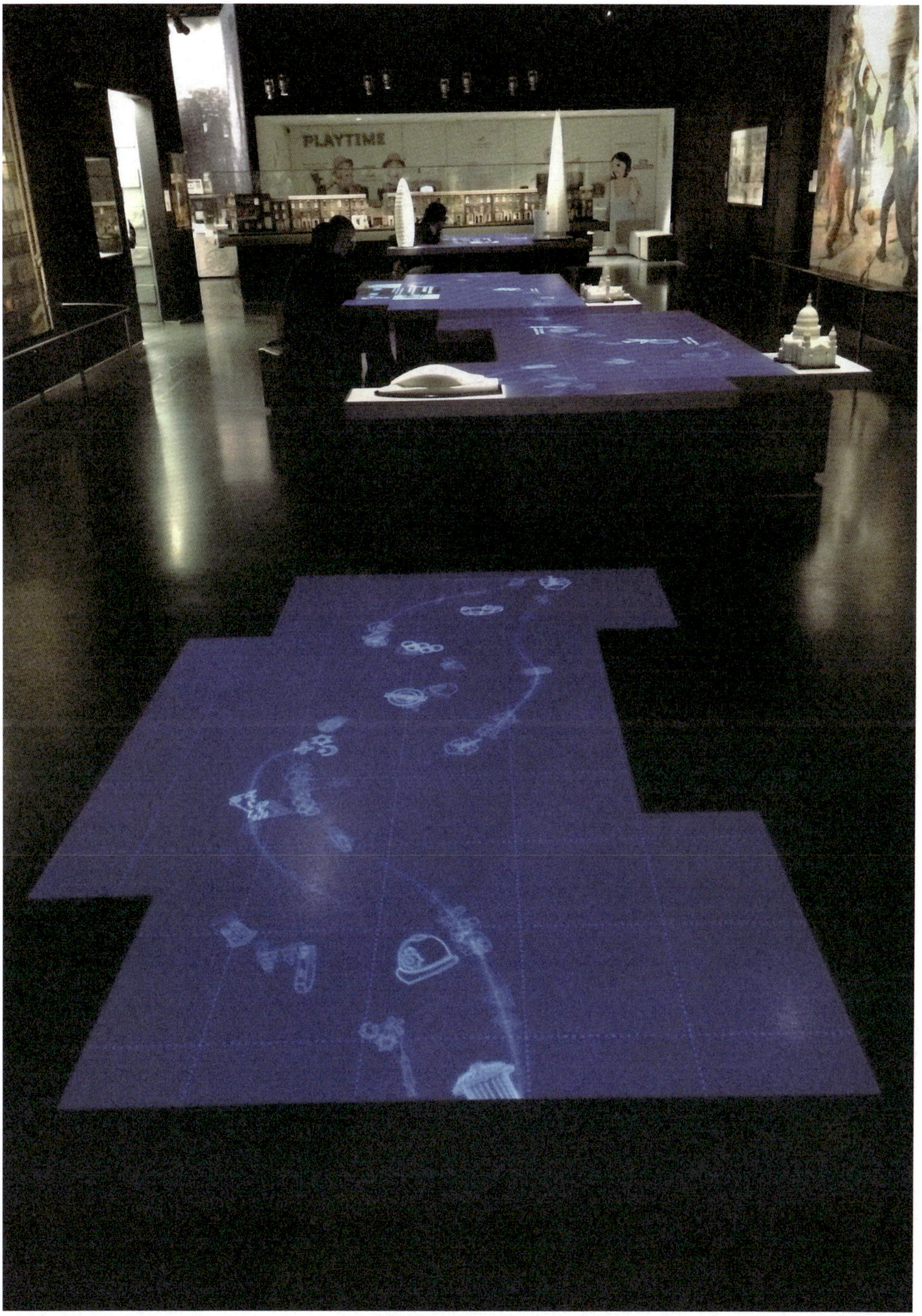

伦敦博物馆中的数字展示系统

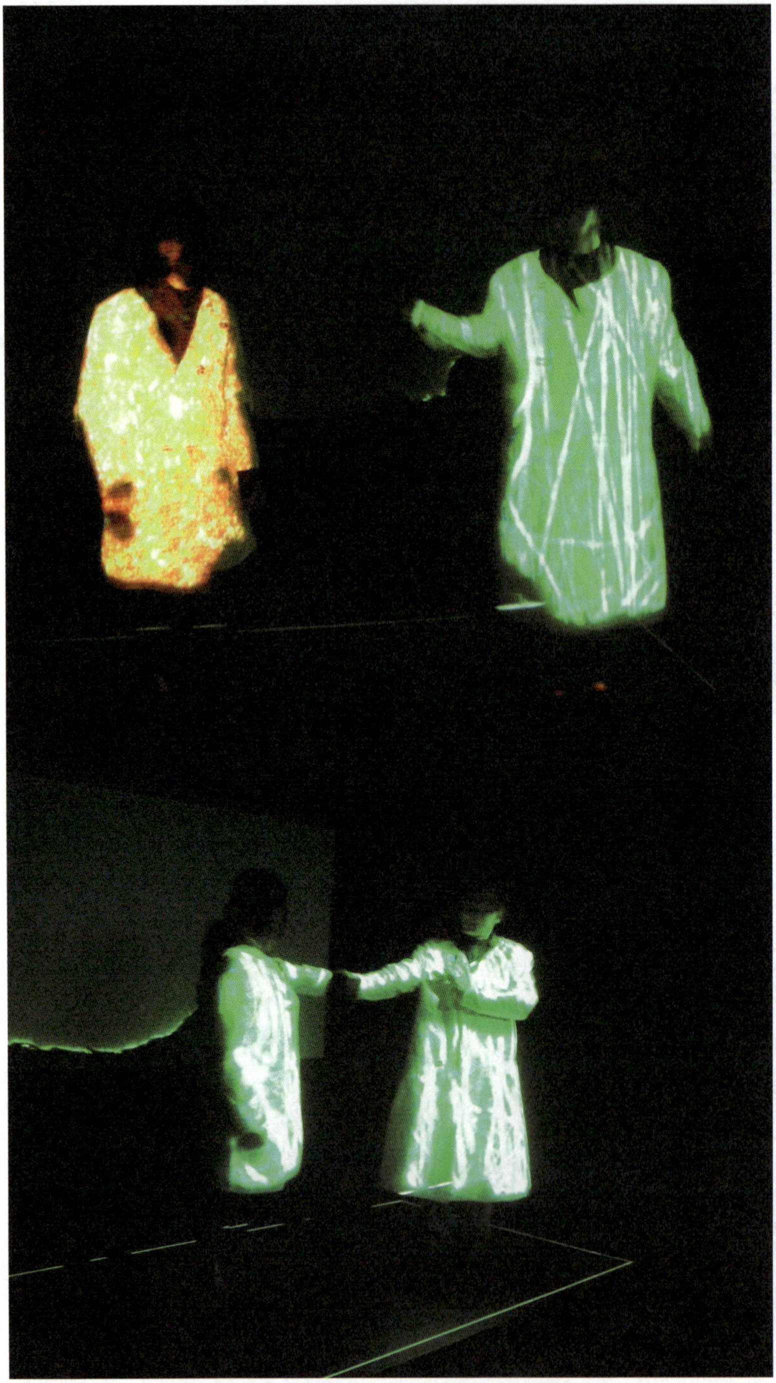

德国卡尔斯鲁厄艺术和媒体技术中心（ZKM）的多媒体作品制造特殊体验

第十七章　艺术博物馆的数字化

一、博物馆的数字化历史、意义、战略和目标

随着信息（数字）技术的发展，人类处于一个前所未有的数字化、网络化、信息化时代。这样的时代改变了人们生存的方式，改变了人们原有的认识事物、体验事物、观看事物的方式，当然也影响了艺术和博物馆的发展。尤其是越来越多没有实体建筑和收藏的虚拟博物馆开始出现（比如 Google 的网络博物馆项目），改变了人们对于博物馆的传统认识。同样改变的还有观众，从一代人到另一代人，“千禧一代”就是在网络大潮下生长的一代。博物馆数字化是传统博物馆适应信息时代发展要求、伴随观众变化的产物和趋势。现如今要打造一座博物馆，不仅仅要考虑实体建筑，还要创造一个与之平行的数字空间。

最早期的博物馆数字化应用或者说计算机在博物馆中被使用发生在 20 世纪 60 年代的美国。但由于早期的计算机是非常大型、昂贵的装置，因此使用并不广泛，主要是在财务层面和典藏整理层面。1982 年，一个专门为编目、研究和典藏管理而设置的大型互动计算系统“底特律艺术登记信息系统”（Detroit Arts Registration Information System）诞生，是博物馆信息首次面向公众，不过也只限于一些重要的博物馆。[3] 很快，基本上整个 20

世纪80年代，随着数字容量的增强，数字化管理已经成为博物馆管理系统中有力的工具。[4]到20世纪90年代，已经有最早的虚拟博物馆诞生——由苹果公司于1992年建立。[5]其后，比较多的虚拟博物馆会使用苹果公司开发的Quick Time（主要是压缩、储存和播放文本、声音、动画和图像，多被艺术博物馆用于网络三维空间的参观体验）软件。现在iBeacon（一种低功耗蓝牙通信功能的设备，用以向周围发送自己特有的ID，接收到该ID的应用软件会根据该ID采取一些行动）、Oculus Rift（一款为电子游戏设计的头戴式显示器）和谷歌眼镜等新技术也非常流行。自从互联网走进博物馆，安德烈·马尔罗（Malraux,A.）所说的"无墙博物馆"真的成为了现实。"互联网之于博物馆就像汽车之于我们的日常生活，使观众有机会在自己的时空进入博物馆（无论是在家里、休闲时间，还是工作状态）。毫无疑问，互联网改变了人们偶尔去参观的习惯，把博物馆的信息和知识放入了一个随身携带的日用品中。"[6]通过网络和社交媒体进行的虚拟邂逅的观众远远超过了实地到博物馆现场参观的人数。每年约有620万观众到访大都会艺术博物馆，大都会艺术博物馆的网络改版后，访问增加到5000万次。[7]

如今数字化对于博物馆的影响发生在多个层面，艺术博物馆的数字化价值更是具有划时代的意义，给艺术博物馆的建设和发展提供了广阔的空间。

第一，数字化全方位地参与到艺术博物馆的日常事务管理系统，比如运算技术、搜索技术、互联网技术在艺术博物馆的办公管理系统、安全管理系统、设施管理系统、典藏管理与修复系统等若干事务与业务层面，为艺术博物馆的现代化管理带来了巨大的方便，可以说成为实现艺术博物馆现代化管理的必由之路。对于现代艺术博物馆的工作来说，事无巨细，各流程逐步实现着全数字化或者人机互动化；随着中国的博物馆业发展大潮以及推动“智慧博物馆”的方向，不仅一些前沿的数据公司、机器人公司、互联网公司，也有很多军工、精工企业投入到辅助艺术博物馆工作升级的科技开发与生产中。

第二，数字化也为艺术博物馆的展览、教育、研究、典藏等艺术博物馆学术建设带来了新的机遇，也注入了新的内容。

第三，在观众服务层面，数字化带给艺术博物馆前所未有的公共性和开放性，通过数字平台，艺术博物馆的观众能够更积极地去质疑、参与和交换各自的见解，观众有更多的渠道参与到艺术博物馆中，对于观众服务的质量、层次、方向都大有提升。

关于第二、第三点，我们在下一节还会具体分析。

第四，在保障艺术博物馆的资金运行方面，数字化在艺术博物馆的市场、品牌、宣传、公关方面乃至直接的筹款、直接的商业部分运行（网络商店、书店、售票）层面发挥着不可或缺的作用。对数字资源合理地进行文创产品的开发，或者对博物馆累积的大数据资源的利用，都会给博物馆带来巨大的经济收益与社会效益，当然一些新的数字技术也直接应用到项目中，比如3D打印直接服务于艺术博物馆的衍生品开发和观众对衍生品的定制要求，等等。

第五，从一个更宏观的角度来看，数字化时代对博物馆人的思维颠覆，促成了艺术博物馆应对时代变迁带来的存在危机，促成日益僵化、精英化的艺术博物馆“体制”从更多层面对自己进行批判以及接受外界的批判，使得艺术博物馆更进一步拓展了其民主性、公共性的内涵，并因此维护了艺术博物馆的权威性。具体表现在：“互联网+”作为数字时代的主要特征，其去中心化的特质影响着博物馆再定位时强调自身的平台性，由此在管理方式上从封闭型转为开放型（只强调内部管理系统到吸收各方反馈引起管理方式变革）；由于搜索引擎的发展，信息壁垒被破除，博物馆学术部门最高决策转为广泛地收集、整理、编辑多方信息，甚至研究观众反馈，“跨界”作为一种思维方式和工作路径越来越受重视，学科交叉碰撞也越来越普遍，由此博物馆的智识生成方式从垂直型转为交叉型；在服务方式上则由单方向的供给型转为多元化的用户思维，在原来的基础上突出了互动、体验、定制等新内容。同时大数据作为数字化时代的核心表现方式，万物链接、数字经济的本质要求加强了博物馆的各项管理中的数字化程度。比如迪斯尼世界的神奇手环（Magic Band），不仅含门票功能、身份识别、与个人支付系统链接等，同时会记录下游客的停留时间、喜好特征、消费记录等，采用数字化管理产品为平台获取了数字资源，且使其具备了更高的后续价值。

务实地、有效地、有创造性地在博物馆的日常管理、学术建设、资金筹集、观众服务方面全方位地运用数字化技术是博物馆从档案仓库到交互式场所的转型中的必由之路，是当代博物馆管理中不可或缺的工作。大多数发达国家的博物馆都有自己的数字化发展战略目标。英国泰特艺术博物馆总馆长 Nicholas Serota 在谈到其艺术博物馆的数字化战略时说：“我们的目的是激发公众的参与感，营造更加公开、包容和富创造力的学习空间。”[8]一般来说，博物馆数字化的战略目标都会围绕着富有创造力、影响力、互动性的信息交换系统，高效率的信息管理系统，更紧密、更广泛、更牢固的公共关系系统，以及持续增长的博物馆数字资产、数字虚拟世界的品牌和通路而建立。有条件的博物馆不妨关注数字化文化遗产倡议（DCHIs, Digital Cultural Heritage Initiatives）的框架来规划自身的数字资产。[9]有些博物馆，比如大都会艺术博物馆还特别设立“首席数字官”这一职位，由斯瑞尼瓦桑（Sree Sreenivasan，在 2016 年年中严酷资金形势导致的大都会高层辞职潮中辞职）带领着一个 70 人的团队，与首席信息官

（CIO）、首席技术官（CTO)、市场总监（CMO）、首席设计官（CDO）合作，探索博物馆实践数字创新并负责管理博物馆的数字媒体部门，负责开发和管理以藏品档案和阐释材料为主的数字内容，并将这些信息传播给在线和实体展厅的多元观众群体。[10]

艺术与科技的联系其来有自，科技对艺术的影响是多个层面的。新的科学技术发明在艺术博物馆中的直接运用已经出现在不同的艺术博物馆不同层面的工作内容中。早在 1969 年至 1971 年间，洛杉矶郡立美术馆（LACMA）就试图为艺术家与科技企业搭线的“艺术 + 科技实验室”（Art+Technology Lab）项目，合作方向包括邀请艺术家与宇航企业合作进行感官方面的实验。2013 年，该馆通过与谷歌和美国太空探索技术公司（SpaceX）等企业合作，重启这一项目，并由艺术家及来自喷气推进实验室（Jet Propulsion Labs)、加州大学伯克利分校（UC Berkeley）等的专家学者组成的顾问委员会提供支持。2015 年 3 月，韩国汽车制造企业现代集团（Hyundai）宣布与洛杉矶郡立美术馆展开针对此项目的 10 年合作计划。“在艺术与科技融合的新一轮潮流中，科技为艺术带来的冲击与改变，二者之间的碰撞与融合将使艺术创作发生怎样的嬗变；艺术又将对互联网和新科技笼罩的当代生活进行怎样的回应和反思，也许才是真正值得期待的。”[11]

二、数字化在博物馆中的两个主要具体方向

近年来，博物馆信息化管理被更广泛地应用到支持使命的博物馆商业运营部分和一般的应用中，意味着人们已认识到信息技术将作为展览、互动教育、视频导览、移动设备开发、视频和在线出版、商店的登录和销售、一般筹款的自动管理工具和管理者，这将从根本上惠及博物馆。本节将主

要从信息管理、观众体验两个方面具体展开。

下面的表格反映了一般博物馆的信息资源和相关管理部门（表 17-1）。

表 17-1 博物馆的信息资源和责任部门[12]

信息资源	责任部门
入库登记	登记员
收藏目录	登记员
照片负片和数码档案	摄影师
图书馆目录	图书室
档案	档案管理员
藏品检查和修复记录	首席修复师
票务记录	观众服务经理
会员记录	会员服务经理
筹资和发展记录	拓展办公室
近期账目和金融记录	财务官
展览拓展日程	展览负责人
学校参观记录	教育负责人
数字出版信息	出版负责人
交互和多媒体项目	AV 工程师
计算机操作的秀	AV 工程师
评价记录	人力资源
个人记录	人力资源
志愿者申请和评价记录	人力资源
办公室自动化	行政总监
网络办公	行政总监
建筑系统记录	设施管理

在所有信息管理工作中，藏品的数字化信息管理是重中之重。建立一套支持加工、检索、统计、管理的藏品数字化管理系统是突破艺术博物馆藏品管理的瓶颈，提升藏品管理能力，确保藏品管理精细化、科学化、现代化的必由之路。世界上已经有非常成熟的博物馆—艺术博物馆藏品管理软件，不少软件还开发了中文版本。这些软件一般已经融入了世界一流博物馆的藏品管理经验，适宜于他们的藏品管理流程，有科学的藏品检索逻辑和结构，直观而易于掌握的导航系统、快速的反应能力、简洁的桌面设计，而且一般具备灵活的功能调整空间，可以根据博物馆的需求进行个性化定制。中国的博物馆只需要根据自己的需求选择即可。

将藏品数字化及对藏品的数字化信息进行数字化管理的终极目标是建构一套藏品体系，让更广域的人群不受时空限制地分享到博物馆的相关信息服务。这里的重中之重在于一套信息采集的标准——我们在本书的第六章“艺术博物馆的典藏”中有关典藏品的登录时曾经简要介绍过目前国家在博物馆中执行的藏品数字化登录的要求，涉及信息采集的标准结构等。事实是目前国有博物馆依照这套数字信息来整理进展得并不统一，有些工作的精细程度还有待加强。虽然数字化影像的质量提高得很快，数字化影像的投资也很大，但主要的发达国家博物馆的馆藏数字化历史都几乎与时代同步，或者正持续 + 同步更新中。比如泰特艺术博物馆已经有 7 万件艺术品公布，泰特档案馆（Tate Archive）有超过 52000 件信笺、素描本、照片以及其他 20 世纪英国艺术家的相关物品即将上线，供研究者研究。

最近这几年，数字化馆藏图像的高像素版权供公众免费下载共享成为了另一股潮流。这股潮流的领导者之一、荷兰国家博物馆（RIJKS）馆长维姆・贝维斯（Wim Pijbes）认为，公共收藏领域的艺术作品版权限制应该被取消。他在接受采访时说：“这些物品最重要的功能就是被观看。开放图片只是进一步扩展它们的这项功能——在教学中使用，把它们转发给朋友，或者写一些关于它们的文章。我们不希望人们只能在博物馆里观看这些物品，我们希望与参观者建立联系。”“博物馆藏品应该属于公共领域，任何人都可以自由使用，至少在文化用途方面。”[13]值得引起国内同行注意的是，近年来虚拟收藏体系在全世界的博物馆收藏中引起了高度重视。纽约刚落成的新艺术博物馆（New Museum）更以此作为自己的一大特色。虚拟典藏体系大受追捧，除了与电脑视频技术的发展、艺术博物馆自身经费、对学术完整性的要求相关，与如今创作媒介的电子化也有一定的关系。虚拟典藏的梳理，同样对美术研究、博物馆形象塑造有重要的作用。数字化影像对于典藏品的修复也有重要的意义。哈佛大学采用的是一种全新的光学复原法：将原本已褪色的画作与拍摄于20世纪60年代的画作相片运用影像补偿的方法进行分析，传输给一台数字投影仪，然后在投影时一个像素一个像素地进行覆盖，最终达到近乎完美的还原效果。[14]

显而易见，典藏数字化的关键点在于从实物到数字化影像资料的转化。对于一个即将开始的图像数字化项目，我们应该做好如下准备：

1. 清楚地指出数字化的意义，尤其是结点；

2. 头脑风暴：非科技的部分，找到最理想的结果；

3. 数字化的材料和功能要求；

4. 从观众需求和特殊功能方面指出数字化再生产的必要性；

5. 计划数字化再生产产品的使用期限；

6. 撰写项目计划、预算、时间安排和其他计划文件；

7. 基于扫描和编目以及不同简单材料基础上的预算和工作流程；

8. 培训的预算；

9. 执行；

10. 分批处理和质量控制；

11. 项目记录；

12. 经验总结报告，从失误中学习。[15]

另外，在艺术博物馆的观众体验方面，数字化体验建设已成为一种最新、最具潮流的、受到全世界著名博物馆重视和频繁使用的方式。比较直观地来看，我们概括为两种：一种是二维屏显，一种是多维浸入。

二维屏显的方式相对简单，主要是针对展示方式而言，常见于对展示相关信息的解读、对展示物的解读，或者本身就是展示载体。比如通过制作影像纪录片等方式在一个二维平面丰富展览信息的内容，或者通过二维扫码进行数字导览等。有些展示内容也能有人机交互的效果，关键要体现友好、快捷、方便。比如美国艺术与设计博物馆（MAD，即 The Museum of Arts and Design）通过数字化演示技术，在有限博物馆面积的局限下，发挥虚拟博物馆的无限体验与欣赏功能。比如美国克利夫兰艺术博物馆（Cleveland Museum of Art）强调艺术与科技的结合，通过展厅内安装的可互动触摸屏，实现多屏（在一个平面）多人交互，全方位地释放观众的触感来欣赏绘画和雕塑作品。再比如英国泰特现代艺术博物馆（Tate Modern）的儿童互动艺术体验展区通过搭建绘画互动平台，使小朋友在欣赏艺术品的同时也能创造和分享自己的绘画作品。

多维浸入的方式在博物馆中的应用则更加丰富多彩，我们将不限于参观者与一个平面之间发送关系的参观体验统一归纳为此，它不仅发生在展示层面，也涉及观众行为，避免了铺陈式观展容易产生的审美疲劳。多维浸入有时通过技术手段使参观者进入一个新创造的文化时空；有时博物馆会将策展叙事引入到参观者角色扮演（挑选）中，使观众成为参观情境的一部分，等等。比如近年流行的 VR（虚拟现实）、AR（增强现实）、MR

（混合现实）方式对博物馆的部分展品进行三维可视化，使观众在虚拟世界中进入艺术家的想象空间或者展示品原生的文化时空，得以进一步体验作品；仿真技术、可穿戴技术同样可以达到此等功效。可以预见，未来人工智能在视觉目标识别、机器翻译、语音识别方面以及更多方面的突出成果，会在更多我们今天无法想象的参观设计领域发酵。库珀·休伊特－史密森尼设计博物馆（Cooper Hewitt Smithsonian Design Museum）的数字笔可以扫描展品标签，建立自己的虚拟收藏，还可以在展厅内的互动桌上进行创作。离开博物馆时，参观者必须归还这支笔，但他们仍可以在网上登录自己的虚拟收藏作品集，下次再来参观时，系统也会自动识别出这些参观者。美国艺术博物馆（Smithsonian American Art Museum）的可视收藏中心（Luce Foundation Center Display Cases）给观众提供了参观艺术博物馆“后台”的经验，观众可以穿行在库房中并且看到秩序井然而编目清楚的收藏品。数字化的手段在此被充分利用，观众可以登录自己的博物馆账户后，通过扫描他们最喜欢的作品二维码为自己选择的作品建立一个档案并自己撰写作品说明，在网络策划属于自己的展览，参与博物馆为参观这个展区的观众准备的实时互动虚拟游戏社群。

三、数字博物馆与数字化展厅

网络博物馆，也被大家称为“数字博物馆”，其主要媒介是网站（包括博物馆官网和其他网站）和社交媒体。本节主要介绍这两个方面。

博物馆官网的内容结构基本上大同小异，主要是介绍博物馆、博物馆主要的运营内容以及近期举办的活动，同时链接到博物馆商店（根据情况给予独立的运营空间）。国内博物馆网站参差不齐，像故宫这样“每天点击率 100 万次以上”、“实现了 1807558 件套文物的总目网络全部公开”[16]的博物馆网站还是少之又少。对于博物馆的网站建设来说，要把握核心的 5 个基本原则：1. 博物馆网页要做好内容随时改变的预设，且内容的替换要简便可行。2. 网页应该利用强大的能量与粉丝互动。3. 博物馆应该利用网页的功能去呈现更多内在的东西，更多的博物馆之前没有展现给观众的知识层面。[17] 4. 博物馆网页的设计风格应该与博物馆的品牌定位尤其是视觉系统保持一致。5. 博物馆网页上应该包含完备的基础信息，如参观者访问博物馆所需要的信息：行车路线、开放时间、停车指引等。

在博物馆网站上，最吸引人的是一些特殊项目。比如大都会艺术博物馆为观众提供了包括 iPad 素描在内的上千种免费课程。比如要实体展示龙美术馆购自海外的文物收藏，需要通过保税借展的的方式，展期一般只能维持 3 个月，而通过在线展览，人们可以欣赏到国内难以看到的内容。[18] 再如泰特艺术博物馆“入夜之后”的核心是让公众畅游闭馆之后的艺术博物馆，操作方法是让观众在线远程操控 4 个配备有摄像头的机器人，将实时影像传送回该网站供所有访问者观看，创造了一个全然不同的闭馆后“个人专场”艺术体验。[19]“沃霍尔商店站”（One Stop Warhol Shop）作为艺术家安迪·沃霍尔身后的艺术基金会和博物馆展开的网络项目，也许是将艺术作品的观念和互联网方式进行了最好链接的典范之一。此站模仿杂货店清单，邀请游览者来网站“购物”建构自己的“沃霍尔”，在教授游览沃霍尔收藏方法以及他如何通过创作重塑流行文化的同时，瓦解了精英文化和大众文化的界限，也使购物本身成为一种创造性的活动。[20]

当然，基于网络的博物馆数字化项目实例太多，创新的方式方法除了以博物馆专业内容为中心，以有吸引力的表达为出发点，也很难总结其他更具普适性的整体规律，本书挂一漏万，是无法尽述的。不过对于社交媒体的使用，倒比较有章可循。泰特艺术博物馆认为社交媒体在泰特的关键价值是发布、倾听、对话、互动、促销。[21] 博物馆对于新兴社交媒体的关注需要时刻与时代保持更新同步，并充分对之进行利用——在线的传播分享、建立联系、筹措资金、在线推广、在线教育、观众调查，等等。

我们建议社交媒体采用以下战略目标：

（1）吸引更多的使用者，尤其让更多的员工参与到社交媒体管理、创作、发布中来，通过寻求员工的社交网络的传播来发展内部支持；

（2）更富想象力地使用社交媒体，并达到更高水平的互动；

（3）在收藏的基础上发展教育；

（4）鼓励更多地在现场使用社交媒体，针对临时展组织社群；

（5）设立有价值的工具：建立一个针对所有社交网络的信息平台，尤其应该有部门专门关注机构和同行业之间的互动，建立国际品牌形象，同时研究、比较、分析使用者的行为（与其他博物馆尤其是同类别博物馆的使用者）；

（6）致力于从内外两个方向不同合作发展数字资产。

我们综合古根海姆[22]、毕加索博物馆[23]、维多利亚与阿尔伯特博物馆[24]的经验，结合笔者自身操作经验，建议博物馆在使用社交网络时遵循以下 5 个原则：

（1）发送要求：随时随地让人们轻易地链接到主页上；定期跟踪结果，对网络粉丝、页面浏览等进行统计评估；不轻易删帖，除非侵占底线；始终保持透明。

（2）发送格调：在品牌传播上保持与自己的主页一致；所有的管理员发送时都需要意识到自己代表机构；使用一种非正式但是正确的说话方式，不时有些幽默感；处理负面评价时总是保持正常、礼貌的态度，解释艺术博物馆方面的原因，如果有必要为错误道歉，就事论事，不要有个人情绪，不要粗鲁，更不能显示私人化，要采用职业的方式；避免人身攻击；即使是批判的态度，在评论其他艺术博物馆的任何展览事件时应该采用积极的面向，不要把艺术博物馆放到任何负面批评者的位置上。

（3）发送频率：保证每天都要发一条，平均每天最多 3—4 条；避免一下发一堆，被自己的信息淹没，例外是现场论坛实时发送的时候；每天定时浏览三遍，看是否有内容要回复。

（4）发送内容：发送的内容要有价值；不要只是发自己博物馆的，也要发些和博物馆、艺术（或博物馆相关行业）、相关国际话题（与当前展览或者收藏有关）、社交媒体有关的信息和链接；坚决不在内容中进行广告宣传和销售；具体内容有丰富的类型可供参考：新闻，博物馆即将发生的事情、过程（更甚结果），链接一些新的博客与博物馆内容相关，艺术家（或相关行业名人）的话（最多一周一次），代表性的藏品，新项目，会议可公布的成果，在论坛和会议上的博物馆相关人员重要讲话，对正在发生的改变进行评论，新的照片和在其他社交媒体的短片，给观众的开放式问题以及回复，在博物馆学、艺术和社交媒体、教育方面的思考（即便是其他博物馆的，要把我们作为博物馆社区中的一员），推动博物馆在其他平台上的推广互动，发起一个对艺术创作和博物馆生活的讨论，发表关于博物馆的文章和报道……

（5）发送技巧：要对人们提出的要求、批评做出回应，感谢积极的评价，持续推动讨论——要有人在网上代表其他方与馆方互动，尽量带动使用者与博物馆的互动，如果能带动使用者之间的互动更好；最好利用资源，比如和员工、数字资产部分合作等；建立在线关系网络，扩充观众群；链接、提醒、互动，建立“病毒”内容传播并广泛创建和加入群组；激励浏览、评论，积极与在线观众讨论，有战略目的的与展览、项目、事件以及潜在观众链接的时间表。

一些应用软件比如APP也兼具社交媒体和网络社区的功能。2014年发布，被苹果评为苹果商店最佳新应用的Met APP，体现了简单、有用、有趣的三原则。该款软件涵盖了亮点采撷、每日活动、员工推荐、会员板块、最新活动以及最新的推文等内容。国内有故宫博物院作为国内博物馆数字化的模范，继2013年广受好评的《胤禛美人图》APP之后，2014年又相继推出《紫禁城祥瑞》、《皇帝的一天》两款APP，其中后者主要面对儿童。不仅如此，故宫开启与腾讯的数字战略合作，共同开发以数字版权（IP）为基础的新文创、新传播，可以说对博物馆来说，数字领域的合作内容和方式日新月异，故宫走在前端，非常值得关注与借鉴。

另外，文物博物馆的数字化展厅建设正方兴未艾，这股潮流虽然还未波及艺术博物馆，但笔者认为这将是一个明确的趋势。对于馆藏品丰富的艺术博物馆，数字化展厅将弥补更多展品无法展出的缺憾，一厅而百花齐放；对于馆藏品不足的艺术博物馆，数字化展厅可以通过高水准的学术研究和策划，丰富本馆的学术厚度和体现本馆的参观价值，一厅而传播有力；当然，藏品之外，数字展厅在针对具体的展览时以故事和情境来活化展示物、补充展示信息、创造特殊观展体验方面的功能被更为广泛地应用着。博物馆的数字展厅最关键的是将内容、表现形式、博物馆观众三个层面的深度发酵。要想做好博物馆数字展厅，有三个方面值得提请注意：（1）博物馆数字展示厅并不是一个单项的工作，不能简单视作一个多媒体展项，它紧密地和艺术博物馆的典藏、教育、展示、学术研究、观众服务各个核心部门相连，体现的是博物馆的综合成果，应该站在一个统合的角度来深入挖掘、清晰整理、生动展现；（2）博物馆数字展示厅的建设必须紧紧围绕着观众的需求，展示技术、参观形式、叙事能力缺一不可；（3）要深入地认识和了解到博物馆的局限，由此才能根据自身博物馆的情况充分发挥数字化对博物馆所具有的意义。

注释

1　Think Tank of Sanasin & University Zurich & Collegium Helvreticum(2012) *Mind the Future* Zurich:Sarasin.

2　[美]詹姆斯·库诺（Cuno, J.）：《谁的缪斯？——美术馆与公信力》（*Whose Muse? Art Museums And The Public Trust*），桑塔兰泰拉、张婷译，北京：中国青年出版社，2013 年版，第 51 页。

3　Williams,D.(1987) "A Brief History of Museum Computerization", in Parry R.(editing)(2010) *Museums In A Digital Age* New York:Routledge p.407.

4　Genoways, H.H. & L.M.Ireland (2003) *Museum Administration* Oxford:AltaMira Press p.350.

5　Huhtamo,E.(2002) "On the Origins of the Virtual Museum", in Parry R.(editing)(2010) *Museums In A Digital Age* New York:Routledge p.121.

6　Arvanitis K.(2005) "Museums Outside Walls: Mobile Phones and the Museum in the Everyday", in Parry R.(editing)(2010) *Museums In A Digital Age* New York:Routledge. p.171.

7　Thomas P. Campbell(2015) *Weaving Narratives in Museum Galleries*, in http://www.ted.com/speakers/thomas_ p_campbell.

8　Nicholas Serota：《21 世纪的泰特艺术博物馆是一个新型思想"共同体"》，《艺术新闻》中文版 2016 年 3 月 5 日，TANC 馆长讲坛。

9　Zorich, D.M.(2010) *A Survey on Digital Cultural Heritage Initiatives and Their Sustainability Concerns* Washington DC:Council on Library and Information Resources.

10　《大都会博物馆首席数字官：未来的关键在于讲故事》，湖南省博物馆网站 2015 年 2 月 3 日。

11　《当科技浪潮在艺术世界涌起》，"艺术新闻"中文版微信平台 2016 年 1 月 30 日。

12　Lord, D.G.& Lord, B.(2009) *Manual Museum Management* Plymouth UK:AltaMira Press p.95.

13 《博物馆藏品高清图为什么会开放互联网下载》，“艺术新闻”中文版 2014 年 9 月 13 日。

14 《艺术品修复不用颜料 哈佛尝试虚拟光学技术》，佩斯北京微信平台 2015 年 1 月 27 日。

15 Conway,P.(2000) “Rational for Digitization and Preservation”, in Parry R.(editing)(2010) *Museums In A Digital Age* NewYork:Routledge pp.376-377.

16 单霁翔：《把壮美的紫禁城完整地交给下一个六百年》，载中国博物馆协会博物馆专业委员会、上海博物馆编《智造展览》，北京：北京大学出版社，2014 年版，第 15 页。

17 Walsh, P.(1997) “The Web and the Unassailable Voice”, in Parry R.(editing)(2010) *Museums In A Digital Age* NewYork: Routledge pp.233-235.

18 彭菲：《Google 艺术计划实现艺术博物馆的数字时代》，载雅昌艺术网专稿 2015 年 5 月 19 日。

19 《与机器人一起在泰特共度“博物馆奇妙夜”》，《艺术新闻》中文版微信平台 2014 年 8 月 14 日。

20 莲安·麦克塔维希（McTavich, L.）：《访问虚拟博物馆：艺术和网上体验》，载 [美] 珍妮特·马斯汀（Marstine, J.）《新博物馆理论与实践导论》（*New Museum Theory and Practice*），南京：江苏美术出版社，2004 年版，第 278—279 页。

21 Katy Beale(2010) “Tate”, in *Twitter for Museums—Strategies and Tactics for Success* Edinburgh:Museums Etc p.314.

22 Lord, D.G.&Lord, B.(2009) *Manual Museum Management* Plymouth UK:AltaMira Press pp.141-143.

23 Roda,C.(2010) “Museum Picasso” in Alex Espinós, *Museums on Twitter : Three Case Studies of the Relationship Between a Museum and Its Environment* Spain：La Magnética p.240.

24 http://mw2015.museumsandtheweb.com/paper/museums-on-twitter-three-case-studies-of-the-relationship-between-a-museum-and-its-environment-museum-professionals-on-twitter/.

维也纳国家美术馆中严培明的当代作品与古老的祭台融为一体

第十八章　面对未来的艺术博物馆发展策略

一、当今艺术博物馆的发展情况

1. 全球化背景下艺术博物馆的发展现状和问题

全球化是 20 世纪 80 年代以来席卷了全世界经济、文化、政治等各个领域的潮流，是当今时代的基本特征。进入 21 世纪，随着信息通讯技术的日新月异，全球化的过程不断深化。在艺术市场与体制的跨国运作中，日益频繁的交流使共享同一个文化资源成为可能。目前席卷全球的文化冲突和对话，正体现出人类精神领域的不断交流、碰撞、融合。

艺术的全球化主要表现为艺术展览的全球化。每年大约有 200 项双年展和其他周期性艺术活动在世界各地举办，冠以“国际性”名义。比如最早的是 1895 开始的“威尼斯双年展”，结构如同艺术奥运会，艺术家的参展必须依照国家规定参加，接着有“圣保罗双年展”、“巴黎双年展”等。但是，所谓的“国际化”并不意味着各种文化多维度交流。早期的文化交流是建立在启蒙运动以来的欧洲为“中心化”价值观的扩张，[1]随后，正如美国推动法国的杜尚，这种“美国制造”的“欧洲元文化”随着美国的强势经济推动进一步“美国化”。综合来看，是一种建立在“西方范式与利益的基础上的‘普世价值’决定了整个世界的艺术价值”[2]，并垂直、单向度地影响了其他区域的艺术。从“被策划”的角度，甚至连欧洲也在某种程度上成为边缘。也就是说“艺术的全球化实际是西方艺术史在其线性的发展过程中，随着全球化进程成为视觉艺术交流的国际预言和世界性的文化及经济现象”[3]。这股潮流导致了艺术创作与艺术活动的趋同化，导致了艺术的“本土性”缺席以及“殖民化”倾向，也导致了全球艺术市场的高度中心化和垄断——在市场上，这是艺术作品呈现出金融化工具性特点的重要原因。

作为艺术生态的重要组成部分，链接着艺术生产、艺术批评、艺术公众利益、艺术商业，艺术博物馆从很大程度上需要承担这种全球化潮流中的风险性暗涌。对于处于“中心”的西方艺术博物馆，这种中心化导致的讨论单一性，使艺术博物馆越来越因为制式化、官僚化而失去活力。同时，这种“中心化”加强了一种“以艺术博物馆为中心”的“政治”，在空间上使艺术博物馆将自己绑在“一亩三分地”，远离了越来越多的艺术博物馆外的艺术项目发生地和艺术，使得其事实的中心地位被孤立。另外，受“中心化”的影响以及顶级市场的左右，文化审查以不同的形式在不同的国家发生。在西方发达国家主要体现在新帝国主义与全球资本主义势力联手，试图从资金支持的角度卡住艺术发展的咽喉，按照法籍华裔策展人侯瀚如的说法：“批评性的文化和艺术活动目前正被美国政府和‘美国资产阶级’系统地审查。”[4]艺术博物馆在某种程度上异化成为一个臃肿的行政机构，独立性受到影响。

危害最大的是对于非中心的艺术博物馆及其国家。一方面由于“中心化”导致了意识形态的偏见和文化上的盲点，艺术交流中“就有必要选择那些对于西方消费观念中所谓的民族代表图像的艺术作品”，同时为了树立国际形象，不得不“把民族的惯常视觉图像戏剧化，维持过去的光辉形象并增强模式化的差异”[5]。简单来说，就是以“中心化”的口味来决定艺术价值。这个倾向使“非中心”艺术博物馆失去了自己的思想阵地，失去了自身存在的历史意义和地位，甚至因为严重的误读失去了存在的现实价值。对于中国的艺术博物馆而言，表现为两个极端，一个极端导向西方口味下的“中国当代艺术”的符号化批判，另一个极端导向民间艺术、传统水墨、政治宣传范畴。另一方面由于这种中心化的“全球化”，使很多艺术家也不断加强自身的“民族身份，而其专业身份和个人身份却极度缺少开发”[6]。

2. 数字化时代艺术博物馆的发展趋势和问题

我们在前一章“艺术博物馆的数字化”中已经非常详尽地介绍了艺术博物馆数字化的历史、意义、战略、目标以及在博物馆日常工作中的应用与媒介。本节我们具体谈谈面对21世纪的全球数字化环境和时代背景，博物馆的发展趋势和所遇到的问题。

我们以罗伯特（Roberts,A.）于2010年在其文章《博物馆中信息专家的角色变换》中的观点为基础，从六个方面描述博物馆数字潮流：

（1）对信息系统更为宏大的不断投资。数字化的技术发展日新月异，尤其是近年VR（虚拟现实）、MR（混合现实）和AR（增强现实）技术在关键性应用领域取得突破后，可预期各种基于读屏世界（Screening）现实与机器人发展的日常生活应用将大大丰富，未来十年这个领域对人类生活的改变可能不亚于工业革命，并将成为信息革命带给人类的最深入的后果。因此，这个领域在博物馆的应用可以预见会越来越丰富，博物馆中将需要额外的信息技术专家支持更高级别和更为复杂的工作。而且技术带来的工作方式、内容、制度等改变可能波及博物馆的合作项目、图书馆和档案部门和博物馆的其他专业部门。

（2）博物馆数字化管理的焦点从登录系统到信息管理。这个焦点的变化将导致对登录、文献类工作到信息管理和应用的结构性改变。博物馆的数字化应用从信息采集到数字导览、展览的多媒体展项再到博物馆数字化系统建设，目前数字化渗透到博物馆工作的方方面面，且数据资源的运用将不仅服务博物馆内部，也可以在博物馆外部产生价值。

（3）强调员工对信息和网点的使用支持，重点强调内部培训、馆内的工作流动性和跨部门合作增强。

（4）发展并输出可进入的资源。虽然经历过图像知识版权保护的纠结，但像谷歌艺术项目（Google Art & Culture）这样将博物馆的藏品数字化并放置在其他开源式平台上的方式，已经被今天的大多数博物馆所接受。截止到 2016 年年中，根据公开的数据显示，从 2011 年开始的 Google 网络艺术博物馆已经完成全球 60 多个国家 900 个艺术机构 720 万件作品的电子化。典藏品通过数字的进一步开放是大势所趋。[7]

（5）强调观众使用和支持，倾听并容忍更多不同的声音，调整了精英式的博物馆实践。我们曾经在本书的第一部分“认识艺术博物馆（美术馆）”中指出，艺术博物馆的智识权威在变幻的时代潮流、技术革新、艺术创作与艺术史自身发展角度所面临的挑战，而唯一应对并维护的方式，便是通过公众成为各种声音的拥抱者，并以开放的状态进行自我调整。数字化技术和移动互联网时代为全球民主大环境下的艺术文化的共享和实验提供了最优质的公共公开的平台与界面。对集体与大众智慧进行启发、鼓励和应用，也将为博物馆带来更为积极的改变。

（6）数字化时代对艺术创作产生深远影响，也对艺术博物馆的自我创新提出了高的标准和要求。谷歌一直走在艺术与科技结合的最前沿。从2011年开始的网络艺术博物馆到“谷歌艺术项目”（Google Art & Culture），到进行可视化数据艺术实验的数据艺术团队（Data Arts Project）。及至2016年五六月间，Google的Magenta，一项机器人学习模拟艺术家神经思维进行独立或合作艺术创作的项目，以及使用激光和声纳系统捕捉高分辨率影像的、专门针对艺术品拍摄的艺术相机（Art Camera），还有一款专门针对VR开发的绘画软件“Tilt Brush”纷纷亮相。可以预见，不远的未来，人们将通过虚拟的空间观看［像英国电影《黑镜》（*Black Mirror*）中一样靠植入的信息交互芯片随时随地阅读观看是否很快实现也未可知］。观看方式的改变对艺术走向带来了剧烈的影响，也许将超越摄影术发明对绘画的影响。[8] 博物馆，尤其是艺术博物馆，应该对此做好积极的准备。另外，从观众体验方面，由于观看与科技结合带来的新体验，面对寻求吸引人、强有力的经验阅历，面对随时随地唾手可得清晰名画图像的观众，艺术博物馆在面对观众体验战略时需要不断地进行适应性调整与创新。

不过，无论是艺术博物馆的数字化，还是数字化艺术博物馆，都是对艺术博物馆的有力的辅助形式。在当今这个信息泛滥的世界，人们都在寻找可靠的信息来源。博物馆的品牌和身份往往有助于它成为受青睐的信息源。公众和任何时代的人们一样，需要有可信任的机构给他们提供价值引导——什么样的信息最重要。而且艺术博物馆之所以在信息化虚拟时代具备越来越重要的作用，是因为即便人们可以随时通过网络将“蒙娜丽莎”的眼睛在电脑屏幕上放大几倍进行欣赏，但还是会产生亲眼到卢浮宫一睹风采的冲动，这就是原作的魅力，也是现场的诱惑。谈到这个问题，约翰·伯格（John Berger）曾说：“从某种意义上，油画原作静谧而冷凝，信息却从不如此。在这方面，即使挂在墙上的复制品，也无法同原作比拟。”[9] 博物馆结缘数字化顺应的是时代发展，但数字化并不意味着要替代原有的现实博物馆。不仅如此，博物馆还应该警惕数字化可能带来的陷阱。

首当其冲是关于在数字化投资方面的把握。“技术和媒体不但是一场参观者的盛宴，也是一只需要喂养的野兽。”[10] 正如前面所指出的，数字技术的发展日新月异，更替速度非常快。博物馆应该有自己的判断，根据预算条件制定合适的投入项目和预算，在保证先进的信息化管理与应用方面应该有一种平衡的状态。建议使用成熟的、稳定的技术，尤其在面对大规模、高投入和结构性改变的项目时。

其次，清醒地认识到线上博物馆的复杂性、矛盾性和局限性。线上或虚拟博物馆所增加的互动主要是通过点击鼠标欣赏数字作品，“拷贝与原件这一博物馆的典型问题再次突出来”，这个方式“帮助的同时又限制了虚拟访客的游览”，“在削弱的同时，又加深了传统博物馆界限”，“它们不能简单地被认为是大众市场的工具，也不能被尊崇为能吸引并教育顾客的创新性机制”。因此，处理博物馆网站时，要对应用技术、作品安排（线上策展）、目标观众设想、博物馆界定进行综合考虑。[11]

最后，数字化时代的艺术博物馆需要考虑对于数字化技术过度依赖和过分夸大而可能产生的对于自身传统氛围的破坏。警惕数字化方式使用中的娱乐化、大众化趋向导致博物馆的庸俗化从而丧失权威。泰特艺术博物馆合作与项目总监卡洛琳·克莉尔（Caroline Collier）在采访中曾经警示说，当下我们认为聆听观众的意愿和期望以吸引他们到访，已经成为现代社会中博物馆面临的首要挑战。如果我们旨在倾听更多声音，意味着我们将失去某种控制吗？也就是说，博物馆当然需要考虑如何争取吸收不同的声音，甚至博物馆可以通过机制来保障决策机制的更加民主化，但更重要的还是针对每一个决策都是从专业角度得出的独立价值判断。

目前，中国的艺术博物馆事务管理系统的数字化还没有完全启动。艺术博物馆数字化中非常重要的艺术博物馆藏品的数字化系统还没有完全实现。中国的艺术博物馆的数字化体验工作在进一步加快，但仍局限于一些单体播放系统，与观众的互动和体验感欠佳。一些沉浸式数字音画展示项目的数量并不多。继2010年故宫已经与微软亚洲研究院及北京大学合作，进行馆藏作品的数字化演示——“走进清明上河图”之后，2014年12月国家博物馆又推出动画版《乾隆南巡图》第一卷，但比较大面积的展开工作还没有开始。艺术博物馆数字化、信息化建设的步伐和成果关系到艺术博物馆事业是否具有生机与活力，并将在很大程度上决定着艺术博物馆事业的生存方式和发展水平。由于艺术博物馆数字化的历史并不长，且相关的技术、研发在中国有投入成本优势。在这个方面进行研究和建设是可以达到并超越世界水平的，对于中国的艺术博物馆而言极具投入意义。我们也认为，对于目前没有条件进行数字化的艺术博物馆而言，在观众体验方面，彻底反其道而行之或者也不失一个很好的竞争策略。

3. 资金紧缺新常态时期艺术博物馆的发展现状和问题

艺术生态的变化对艺术博物馆的发展影响也是非常巨大的。十分肯定的是，过去的5—10年，针对非营利艺术博物馆的各种捐赠、拨款或者其他资金来源随着2009年经济危机以及西方经济持续衰落正在逐年减少，甚至相关政策的调整都进一步缩紧了艺术博物馆的银根。在英国，根据笔者对于2011—2015年的英国博物馆年度预算调查的研究，52%的博物馆的年度预算被减少，每年有超过10%的英国艺术博物馆的预算比上年减少超过30%（表18-1）。[12] 美国博物馆协会调查报告显示，当今美国博物馆的政府辅助款减少了三分之一，加上企业捐款锐减，比起过去的10年，博

表 18-1　英国博物馆资金投入下降趋势（根据英国博物馆联盟 2011—2014 年 4 份统计报表）

	2.5% + 下降	2.5% + 下降	5%-9% 下降	1%-4% 下降	持平	1%-4% 增长	5%-9% 增长	10%+ 增长	没回复
2014	11%	21%	7%	13%	24%	8%	6%	8%	1%
2013	4% (5)	19% (24)	14% (17)	12% (17)	31% (39)	7% (9)	6% (7)	5% (6)	2% (2)
2012	12% (14)	18% (21)	7% (8)	13% (15)	34% (39)	4% (4)	4% (5)	7% (8)	
2011	20% (28)	16% (23)	11% (15)	11% (16)	37% (52)	2% (3)	1% (1)	2% (2)	

年度	平均多少艺术博物馆	投入下降超过
2014	52%	22%
2013	49%	22%
2012	58%	5%
2011	50%	15%

物馆的经费预算大约减少了 40%，艺术文化机构的捐赠量也一直低于 2007 年的水平，[13] 且政府开始向部分原免税的实体征收税费、扩大税费范围或免税物品税费代收，“同额免税”的慈善捐赠的减免税政策也有受到威胁。根据 2010 年进行的“非营利监听站项目”调查结果显示，美国 4.3% 的博物馆已经支付“行业”税（大部分是门票税），53% 支付了市政公用设施等使用费。[14] 来自艺术领域的竞争以及其他休闲产业或其他慈善业的竞争

也加剧了艺术博物馆的资金收入情况的恶化。其实资金只是一个方面，竞争威胁还包括藏品、展览、最优秀的员工和最出色的理事会。此外，竞争还来自于艺术与娱乐、慈善以及商业间日渐模糊的区别。比如商业性的艺术活动，如博览会越来越多地致力于非商业活动的推广与艺术博物馆的活动形成同质化竞争，不仅事实上发挥着艺术博物馆的功能，也在利用着艺术博物馆的资源［如艺术巴塞尔（Art Basel）. 弗瑞茨艺术博览会（Frieze）的“公益性艺术项目”空间几乎都是来自艺术博物馆的策展人］，甚至谋求在原艺术博物馆建立的智识体系内进行革命性突破。依据卡佳·加西亚·安东（Katya Gracia-Anton）的描述，是“市场的扩张激励了新的艺博会形式，如伦敦的弗里兹艺博会（Frieze）（甚至还没开始正式估量它们的影响），就动摇了过去私人与公众、商业与非商业之间的界限……另一方面，重要的欧洲赞助人（包括个人和企业）近来决定开创自己的机构或者奖项，由此重新引导了一种极为重要的公众实体资金支持”[15]。

种种现状都加大了商业因素（资本）对艺术博物馆的干预，使当前的艺术博物馆体制开始过于依赖于艺术市场。这导致了艺术博物馆的基本性质全线受击：首先是艺术博物馆一旦受商业利益干扰，就将影响其对历史进行书写的视觉方式；其次艺术博物馆为了生存而制定的目标会破坏艺术博物馆的非营利性，对于恪守公共利益原则的西方艺术博物馆界，这是非常严重的失势；而且艺术博物馆正面临失去其智识权威并不得不向资本出售其权威信誉的危险。举例来说，在公众艺术博物馆展出的艺术作品现在越来越多来自私人资源。比如泰特现代艺术博物馆 2015—2016 年的跨年新展“世界更波普”（The World Goes Pop），在全部 158 件作品中，有 108 件来自私人资源，其中 72 件来自私人收藏，36 件来自艺术家——大多是当世艺术家。学术核心暧昧加剧了对展览的非议。[16] 最后，因为艺术博物馆所面对的财务窘境，艺术博物馆前所未有地陷入到被资本裹挟的困境中。策展人奥布里斯特（Hans–Ulrich Obrist) 在 2005 年预言了 2015 年艺术的全面“工具化”，“艺术服务于国家或欧洲的利益，又特别有助于构建或巩固具体身份。与此同时，艺术是一种可欲可求的商品。对收藏来说它很理想，对创造创意型就业机会亦有所帮助。参观博物馆和艺术中心成了一种流行简易的休闲活动。2015 年，艺术也用来规避社会上的法西斯主义和民族主义倾向”[17]。这个预言既表达了与现实利益的事实联系，表达了当时艺术界对于“艺术博物馆”被过度利用的普遍担心，同时这也是艺术界对人类现状的担心——如果批评性的文化和艺术活动处于各种政治、经济、意识形态以及社会力量的系统审查之下，甚至成为其有目的使用的工具，那么不仅意味着社会的容纳空间会缩小，更意味着从历史角度出发所看到的艺术价值的丧失。进一步说，如果体制缺乏可供艺术呼吸的毛孔，则必定会出现艺术体系的崩塌。

当然，即便西方的艺术博物馆普遍财务告急，但他们每年的投入（收入）还是高于绝大部分中国艺术博物馆的。只是他们一般家大业大花费大，与之前的水平相比有所降低，而且西方艺术博物馆的这种“资金紧缺新常态”已经引起了注意和准备。美国博物馆联盟 2012—2015 年连续四年的博物馆未来趋势观察，关于应对资金紧缺的问题，每年都会被特别关注，而且给出不同对策。

事物的矛盾性是普遍存在的，在一个全球博物馆资金紧缺的情况下，我们能看到新世界与旧世界之间的合作需求都在加强。那些在欧美大馆中尘封的、堆积如山的典藏正在寻找更合适的价值实现方式。正如卢浮宫前馆长皮埃尔·罗森伯格所说：“古老的欧洲在萎缩，如果欧洲想要留住那些通常被人指责为在许多世纪当中从或远或近的他国偷窃而来的文化遗产，就必须让这些遗产流动起来……”[18]阿布扎比的卢浮宫分馆和古根海姆博物馆分馆已经说明这样的流动正在进行中，而中国的博物馆（艺术博物馆）需要做的，也许是更加智慧的合作。

4. 面对未来的艺术博物馆发展策略：开源式服务方

针对全球艺术博物馆所面对的困境和挑战，“开源式服务方”（Open Source Server，简称 OSS）作为艺术博物馆的特征在运营概念里应该被强调。从整体上来说，OSS 给艺术博物馆提供了一个新的机会，既是指一种开源式的思维，也是指一种具体的执行方式。一个理想的 OSS 系统可以使艺术博物馆相关人员和艺术博物馆自发地互动。

首先，服务器兼具电脑服务和人性服务，意味着艺术博物馆不仅是一个展示空间，一个老师，一个娱乐设施，同时也是一个服务方，“服务于尽可能广的观众”[19]，并以服务自发地驱动艺术博物馆发展，同时自动更新艺术博物馆服务系统。“服务方”强调了艺术博物馆应该在不同层面运用最先进的科技，获得最好的管理系统；为观众提供更好的服务；帮助艺术家实现艺术想象；邀请公众更深入地参与到艺术中来，甚至成为艺术生产的一部分。这样的尝试尤其可以带动年轻的一代的观众。[20]

“服务方”还强调了一种主动式的数字化思维与主动性服务的结合。这样思维的结合的具体成果可以直接体现在艺术博物馆最紧要的资金来源问题上，我们总结出 6 点，都与一种“开源式的服务方”思维息息相关。

（1）对于国家和地区资助动态（如各基金会的变化、新基金会成立、政策、可能的遗赠等）的有效关注，向捐助人主动提供更多的捐助反馈和信息鼓励捐助。

（2）通过网络众筹等数字化的方式来筹集微小捐款。

（3）谨记并恪守自身非营利身份作为立身之本，争取更好的免税政策并免于政策改变带来的成本增加。

（4）更好地关注观众，关注观众结构变化，基于观众体验的各方面设计以提高艺术博物馆的重要性（尤其注重数字化体验对于观众的积极影响），从不同的面向获得更多的资金支持。

（5）在不干扰艺术博物馆非营利的前提下，开辟艺术博物馆的营利渠道，如更多地利用数字技术发展来简化艺术博物馆衍生品的生产和服务等。

（6）降低行政成本。比如通过众筹（crowdsourcing）的方式——一种利用互联网接受传播信息的方式，引入志愿者和创新，以降低成本。

其次，“开源”指向全方位、多层面、宽范围的开放式艺术博物馆运营和学习系统。艺术博物馆应该开放艺术边界，通过鼓励跨学科研究来引导艺术与其他学科，尤其是科技链接的潮流，并且进一步讨论艺术内容与形式的边界。同时，艺术博物馆还要从旧的艺术博物馆运营内容习惯中解放出来，在宗旨统一的基础上鼓励更多“非艺术博物馆”的行为和空间使用发生。现如今，在国际艺术博物馆范畴内发生的革新性的、革命性的策展内容和展览形式都表现了这一新潮流和新需求的诞生。比如泰特现代艺术博物馆2016年新开空间和纽约MoMA新空间中灰盒子（Grey Box）对行为艺术的重视，并将过往的行为艺术表演与如今的观众参观行为联系起来——几乎将展示空间转换成了剧场空间。纽约现代艺术博物馆馆长格伦·劳瑞（Glenn Lowry）看到一种新的艺术形式对于新的人群的可能性，甚至预见了一种新的机构形态：它根植于街道，并不将自己与社区分隔开来，意识到自己是城市脉动的一部分。艺术博物馆应该如何在跨学科、跨边界的联系中延续传统、把握边界、占领潮头？我们如何颠覆历史？在传统与颠覆之间我们如何选择？我们又该如何向传统致敬？将它们作为21世纪艺术博物馆思考的核心问题，我们就把握住了开源的中心。

最后，我们重点强调艺术博物馆应该打破艺术博物馆之间的界限，将国际合作作为发展战略，讨论更广泛的合作内容和范围，这些合作不应该是从“中心”向“非中心”的单向流动，任何国际展览如何“在地化”应该成为首要讨论的问题，这对于中心国或者正经历着艺术博物馆爆发的边缘国来说都会构成双赢。不过由于文化差异与文化偏见，这样的例子非常稀少，尤其是“非中心国”。中国在这样的文化交流中的自我意识需要被强调，我们建议从以下 4 个方面来思考：

（1）构建文化的主体意识。

对自我文化认知更新，任何文化都会遇到。对于中国文化来说，“问题的实质就根本不在于中西文化的差异有多大，而是在于：中国文化必须挣脱其传统形态，大踏步地走向现代形态”[21]。正确认识中西古今文化，解开掩盖在中西差异下的传统文化遗产和现代方式（包含西方带来的）之间的纠葛，建立当下的中国文化主体意识，既是一国文化强盛的必经之路，也是博物馆——艺术博物馆所要面对的重大问题。一种观点认为，艺术是超越国界的语言，尤其在全球化的时代，文化的国家性、地域性、民族性已经是过时的论调。然而“威尼斯双年展”开展百余年来，以国别馆展出的历史一直没有中断。范迪安先生在《中英策展人论坛——“当代艺术策划与文化环境”》一文中曾经提到，2002 年“威尼斯双年展”的主席大卫·克罗夫（Davide Croff）先生在遇到作为当年中国馆策展人的他时曾说“现在全世界都在以贪婪的目光看待中国”，这个“贪婪”中包含的兴趣、向往、警惕、疑惑等复杂的心情提醒他去思考用一种什么样的策划意识去向世界展示一个“中国形象”。[22] 在跨文化语境中重建文化的主体意识尤显迫切。我们经常说，民族的就是世界的。在全球化成为不可逆转的主旋律的今天，保持各国和各地区艺术的相对独立性，反而会使得全球化的内容和形式更加丰富。

（2）在一个共同体系讲自己的故事。

这个问题分两个层面，首先，正如费大为先生所言："我们只有通过对跨文化的、普遍性的共性问题的感知和介入，才能真正发现自己的特殊性，才能使我们的本土文化获得活力。"因此，找有共性的话题是我们进行文化交流的前提条件。其次，由于我们无法否认整个艺术博物馆的系统是承接欧洲启蒙运动的精神而创立的，对于跨文化意义的各项活动的内容定位，需要解决交流的语境并以接受者的接受范畴为定位方向，否则就只能是自说自话。尤其在"中国威胁论"和"中华复兴"的背景下，我们极容易抱持陈旧的文化交流方式而遭到攻击或者画地为牢。"现在只有让'本土文化'走出'本土文化'，才能成为真正的'本土文化'。"[23] 因此在国际的艺术博物馆和艺术交流中，只有在这个基础上进行的艺术对话、博物馆对话、艺术博物馆之间的对话才是有效的。

（3）Co-curating，主动谋求联合策划。

艺术博物馆之间的展览流动应该摆脱从中心国向非中心国单向的流入和简单的展览及服务购买方式。对于国际合作应该从战略高度以及合作初期就纳入参与方的代表策展人，不仅对展览的内容和传播有参与，同时对于展览预期的文化效果亦有估计，这样更加有利于展览的"在地化"（落地）并取得较好的策展效果。这种参与方联合策展的方式并非简单的平均化，而是使跨文化的交流在策划的层面上就能产生跨越国界的多样性与复杂性，并生成多样化丰富的展览。

（4）主动与其他非中心区域文化进行交流，并鼓励文化中出现的争议、交叉、融合，形成更有活力的文化。

在中国推动“南南合作”（发展中国家经济技术合作）和“一带一路”（“丝绸之路经济带”和“21世纪海上丝绸之路”）的背景下，关注更多非西方艺术应该成为重要方向和“补课”重点。艺术未来的一方面是以战略性的跨国合作与扩张为前提的。[24]受西方“中心化”影响，中国的艺术博物馆观众也许不缺乏对发达国家文化艺术的了解，可是对于“非洲当代艺术”或者“拉丁美洲艺术”等非中心国的文化艺术，尤其是当代文化艺术认识不足。“中心化”的问题不仅是全球性的，也是区域性的，虽然这种差异会更小。比如对于北京、上海这两大城市而言，当代艺术的展览资源是非常丰富的，可是对于其他任何中国城市，甚至是深圳、广州，可能获得的资源就少很多。像瑞典这种人口少而国界长的国家，在对展览进行评价时，就会把地理和社会因素都作为评价标准，并且为了让文化惠及每个地区和更广大的人群，政策允许公立艺术博物馆之间的展品可以互借。[25]

因此，艺术博物馆要取得广泛的影响力，尤其是中国的艺术博物馆，“中心国”不能作为唯一坐标，同时要关注“非中心”国家和本国的不同地区。艺术在不同文化的对话中得到给养，产生新的边界，在与异文化的对视中审视自身，学习、挪用、转化、吸收，成为对自己有益的。多边文化交流才能激发创新，寻求突破。模式化的交流会使艺术交流处于常规、惰性的状态，从而失去意义。因此，我们应该主动增加不同文化对话的丰富性、多向度。

二、中国的艺术博物馆发展问题和策略

与欧美情况不同的是，我国的博物馆事业起步晚，在很长的历史阶段的发展都处于停滞状态。民营的博物馆（艺术博物馆）更是用十来年的时

间走了西方发达国家的路。新世纪以来，中国艺术界的生态结构发生了重要变化，艺术市场、画廊、博览会和艺术拍卖会非常活跃，艺术家工作室、各种非营利机构和空间随着政策松动都有了更好的活动空间。这几年，国家对文化创意产业政策扶持与对文化产值认识持续升温，国家对国有艺术博物馆的建设投入与相关推动政策力度不断增加，越来越多的优秀人才投身于这个行业。虽然从数量与人口比重上，中国的博物馆数量与欧美国家仍然无法相提并论，但中国的博物馆尤其是私人艺术博物馆在后奥运时代的井喷式发展引起了世界范围的关注。

然而我们不得不面对中国的艺术博物馆的文化、体系和标准还没有成形的现状。艺术博物馆文化需要全社会的努力，也需要时间培养。体系和标准问题虽然不可能一步到位，但可以抓紧建立，其中涉及艺术博物馆发展中的诸多问题。

1. 从国家政策的监管层面，首先表现在“艺术博物馆”的正名上。从国有艺术博物馆的系统来看，中国的艺术博物馆行政管理系统仍有待完善，建章立制的工作普遍滞后，隶属关系相当混乱，有些艺术博物馆隶属于文广系统，有些艺术博物馆隶属于文联系统，有些艺术博物馆隶属于民政系统，有些艺术博物馆隶属于新闻出版系统，有些艺术博物馆隶属于侨办，有些隶属于外办，有些隶属于美协，有些隶属于学校，有些隶属于艺术研究创作机构……简直是五花八门；对于博物馆和博物馆中的艺术博物馆，一直是分开管理的。博物馆和艺术博物馆之间形成了一条人为的、含混的、复杂的，但又是绝对存在的分界线，且艺术博物馆的行政级别相对较低，上级主管机关要么是无暇顾及艺术博物馆的建设事业，要么根本无力为艺术博物馆的运作和发展争取足够的资源。

从民营艺术博物馆的发展来看，2006 年以前，民营艺术博物馆都是以

"美术馆公司"的方式注册。虽然自2006年今日美术馆成为中国第一家民营非企业注册艺术博物馆以来，民营艺术博物馆作为民政部门主管、各级文化部门业务主管下的民办非企业单位（使用非国有资产从事各种社会服务的实体型机构）已经清晰，但事实上，政策中对于国有企业为主体支持的艺术博物馆如何定性并没有明确规定。艺术博物馆和画廊也有分界线，然而却没有形成明晰的分界标准（即判断营利与非营利机构的标准）。虽然已有《社会团体登记管理条例》、《博物馆条例》等非营利组织的有关法规[26]，但是一整套与博物馆相关的非营利性组织的政策立法、成立认证、监督管理的系统还未建立完善，尤其是对相关细节缺乏明确的规定，严重滞后于非营利性博物馆尤其是艺术博物馆的发展需求。在很长时间里，商标局对"美术馆"三个字没有限制，管理当局对"美术馆"作为非营利机构的认识与监管不清晰，对于什么是公益性文化单位、准公益性文化单位和经营性文化单位，不同的单位政府采用什么样的支持与补助政策，都不明确。于是，在各种以民办为主要类型的"美术馆"和"非营利机构"中，不乏"浑水摸鱼"者，"掩耳盗铃"者，"挂羊头卖狗肉"者，"无知无畏"者。种种因素的影响，涉及"美术馆"之为"艺术博物馆"的根本——非营利性受到严重损害，使得"正名"问题成为艺术博物馆发展的原则性问题，至今仍然没有完全解决。非营利性身份若很难得到公众的认识与信任，则导致艺术博物馆无法充分展示出艺术博物馆的社会功能，充分发挥艺术博物馆的价值。

不仅如此，由于缺乏统一的管理，无法妥善协调各种社会资源，对各种类型的博物馆（其中包括艺术博物馆）进行专业管理。从城市的文化规划的角度，由于缺乏整套的宏观视野，艺术博物馆的成立与定位基本上是"盲人摸象"，针对什么样的城市应该建设艺术博物馆？按照人口和教育程度的比例计算，一座城市应该有多少座艺术博物馆？不同的艺术博物馆在规划时的地理位置应该怎样选择？按照营销学原则，在行业内部对目标客户进行细分时，艺术博物馆应该细分成多少种类？每个艺术博物馆如何突出自身个性，实行收藏与研究的独立定位？同一城市的多座艺术博物馆在总体上应该怎样实现资源上的互补和互动？艺术博物馆的建筑设计、使用功能与城市文化怎样和谐统一？这些问题都没有一套科学的、行之有效的、普遍适用的思考、论证和决策程序，在艺术博物馆建立之前无法有效地避免与防范规划性失误以及对有限资源的浪费，而且对艺术博物馆在发展中遇到的问题缺乏实际的指导。

对策：

国家有关政策已经从“美术馆”这个名称的源头上对民营艺术博物馆行业进行规范，并开放、放宽非营利艺术博物馆的设置门槛，取消营利性的“美术馆公司”的注册，为从“美术馆”这个称谓上便体现出机构的非营利性，避免鱼龙混杂、混淆视听起到了很好的作用。问题是这些措施提纲挈领，放开在监管和条件上的要求有些失衡，而且对之前既定的“美术馆公司”的清理不够，有些痼疾还未清除，新的合法“A 货艺术博物馆”开始抬头（指未经审查的赝品藏品公开展示的场馆）。

其实无论是美国还是英国，由于博物馆并不是既定好框架再向前发展的，因此无法从名称上根据是否带有 Museum 来绝对区分、判定机构的公益性与非公益性。比如美国的性博物馆（Sex Museum），是打着博物馆旗号的营利机构。不过这样的情况在美国只占博物馆总比例的 0.7%[27]。再比如著名的美国国家艺术博物馆（National Gallery Art）、英国国家艺术博物馆（The National Gallery），被称为 Gallery（国内译作“画廊”时，多指商业机构），而且有些艺术博物馆甚至不叫 Gallery，也不叫 Art

Museum，而是称之为“中心”、“艺术宫”等。我们可以想见，“野生”的发展在历史中是很常见的。不过，无论英美，由于美国博物馆协会和英国博物馆协会都有极具公信力的、严格的对非营利艺术博物馆的认定程序，人们并不在乎“艺术博物馆”的称谓。从这个角度看，与我们的情况十分不同。

国家已经颁布了相关“博物馆法”，对于民营艺术博物馆的准入制度、基本标准与管理体系进行了描述，但是对于行业规范和管理体系还有需要完善之处，如对于目前大量存在的BOT项目，一般都是由大型国有企业承接，艺术博物馆的建设资金按理说也属于国有资产，但却与其他民营非企业注册的艺术博物馆一样，没有体现出区别化管理，这对国有资产管理的清晰度会有隐患。

另外，国家急需一套基于艺术博物馆的整体管理系统，建立一套艺术博物馆建设的专业硬件标准和软件标准，由专门、统一的部门站在整体艺术发展的高度对全国各层次的艺术博物馆进行监管，同时加强对非营利组织的立法工作，引导和加强艺术博物馆的自律机制建设，构建多元的评估体系，以促进艺术博物馆的健康发展。

2. 在国家政策的资金支持层面，从整体上来说，缺乏与艺术博物馆发展相适应的优惠筹资政策，主要体现在“免税制度”和“公益艺术基金会制度”两个方面。首先，无论国有或私立，几乎所有的中国艺术博物馆都在对艺术博物馆接受捐赠的“同额免税”政策翘首以盼，然而目前我国仍然没有放宽对艺术博物馆实行相关免税的限制。截至2008年8月，税务部门和政府部门对非营利性（包括民营、公立）的艺术博物馆免税的标准是：艺术博物馆所接受捐赠的部分，艺术博物馆方可以享受免税；提供捐赠的组织或企业可将相当于捐赠额度10%的企业成本进行免税。这比之绝大部分欧美国家实行的捐赠“同额免税”相差甚远，而“同额免税”原则是许多发达国家为博物馆、艺术博物馆所提供的造血机制，这一先进的国际化立法原则从根本上保障了艺术博物馆的生存可能。目前我国没有适宜非营利组织发展的税收法律体系，而有限的赞助资源正面临来自体育、影视、演艺等大众娱乐项目的激烈竞争，这类项目在知名度、投资回报等方面的优势显然是绝大多数视觉艺术项目所不能比拟的。另外，赞助者为艺术博物馆的运作项目投入资金后，通常还要为这笔文化事业的赞助经费另行交纳税金，这种近于惩罚性的税收制度在很大程度上打击了赞助者的积极性，对当前日趋国际化的艺术博物馆运作模式造成了致命的阻碍。其次，海外艺术生态中的基金会制度也是私立艺术博物馆赖以生存的重要方面。许多投资和赞助的企业家并没有时间和精力直接与艺术机构发生关系，所以大部分捐款人是将自己的资金捐献给专业的艺术基金会。基金会则组织专业人员对申请进行审核，然后再决定资助什么项目。基金会的作用之一是避免了资金对艺术和文化项目的干预。

具体到有些国有艺术博物馆，还要面对一个特殊的情况。由于国家提供全额的资金，艺术博物馆并不缺乏基础的运营费用，但是由于艺术博物馆自己营收的资金需要上交，甚至可能由于自身营运能力增强而引发下一年拨款减少，导致国有艺术博物馆干多干少一个样，打击了其开拓进取的积极性。

对策：

目前，急需健全的是扩大优惠税种和税收优惠对象，以及享受捐赠税收扣除优惠的范围和捐赠渠道，这样可以促进基金会的成立和健康发展，为艺术博物馆发展争取更多的资金。同时设立专门部门或者增进民政部门对非营利艺术机构的确认标准、监督体系以及基本税收政策的职能，一方面有利于组织的发展，另一方面也有利于防止产生税收漏洞。同时，对于此类机构（无论国有私营）进行严格的财务监督和财务公开制度，保证艺术博物馆通过自身努力赚取的营业收入再次投入到公益事业的发展中，使其良性循环。针对国有艺术博物馆营运能力的提升，国家应于下一年增加相应比例的拨款。

同时放宽对设置公益性艺术基金的限制。鼓励设立公立、私立及企业艺术基金会。基金会主要分为公立、私立和企业基金会，无论哪种基金会都是为公共利益而设立。美国有5万多家各类基金会，其中85%是私立的，5%是企业基金会。我国的基金会有1200家，多为公立的，无论数量和质量上均与美国存在着巨大差异。美术类基金会的数量就更少了，由于得不到税收实惠，大大影响了企业捐助的热情。我们应该完善和发展国务院2004年颁布实施的《基金会管理条例》，一方面要明确基金会在税收优惠等方面的政策，另一方面要加强对基金会的监督，鼓励民间基金会的成立和发展，鼓励海内外民间资金的进入。

无论何种政策，目的是通过一套有效的机制（政策）让目前各自为中心的政府机构、私人企业、公共机构、非营利机构、慈善收藏家、研究机构和大众团结在一个以艺术博物馆为中心的普遍利益之下。

3. 从艺术博物馆自身发展的层面，从艺术博物馆运营的核心内容来说，许多艺术博物馆，即使是公立艺术博物馆的展览，绝大多数来自政府指派、私人资源（对外出租场地），且与商业目的相关更是显著事实，这也是中国目前绝大多数艺术博物馆面临的巨大难题。

对策：

对于国有艺术博物馆必须加强主动性，对于“历史遗留的美术馆公司”，解决问题的关键在于先“名正言顺”。大多数民营艺术博物馆的企业身份，使艺术博物馆群在争取税收、政策等各种政府扶持上节节失据。艺术博物馆希望获得更大的发展空间，确保其非营利性，艺术博物馆必须先脱离企业，获得独立的社会身份，企业的资金投入只是作为捐赠，而不是向下属的文化产业部门投资。在这个过程中，尤其是对于艺术博物馆的收藏需要有清晰的交代。

艺术博物馆的发展应该和政策体制的健全过程同步进行，艺术博物馆需要时间完善自身，体制的健全更需要一个过程。只有制定出符合国情的方针政策，才能真正促进艺术博物馆的健康发展。

注释

1 [美]苏珊·桑塔格（Sontag, S.）：《重点所在》（*Where the Stress Falls*），陶洁译，上海：上海译文出版社，2004年版，第341页。

2 [古巴]赫拉尔多·莫斯克拉（Mosquera,G.）：《无界之岛：艺术、文化与全球化》(*Infinite Islands: Art, Culuture, and Globalization*)，孙越译，北京：金城出版社，2014年版，第94页。

3 巫鸿：《作品与现场：巫鸿论中国当代艺术》，广州：岭南美术出版社，2005年版，第49页。

4 [法]侯瀚如、[瑞士]奥布里斯特（Hanru,H. & Obrist,H.U.）：《策展的挑战》（*Curatorial Challenges*），顾灵译，北京：金城出版社，2013年版，第12页。

5 Sherman, J.D. and Rogoff, J. "Selling Nations:International Exhibitions and Cultural Diplomacy", Wallis, B. *Museum Culture* Minneapolis: The University of Minnesota Press(1994) pp. 269–271.

6 卢迎华：《回到当代：怀负当代，多重世界》，载[美]e-flux Joural编《什么是当代艺术？》（*What is Contemporary Art?*），陈佩华、苏伟等译，北京：金城出版社，2012年版，第190页。

7 Roberts,A.(2010) The Changing Role of Information Professionals in Museums, in Parry R.(editing)(2010) *Museums In A Digital Age* NewYork:Routledge p.27.原文有11条(未经解释)，基本总结入此处前三条，并附加了我们的解释，第四条、第五条、第六条为作者所加。

8 [英]约翰·伯格（John Berger）：《观看之道》（*Ways of Seeing*），桂林：广西师范大学出版社，

2015 年版，第 18 页原文写道："运用透视法的每幅图画都在提醒观赏者他是世界唯一的中心。照相机——尤其是电影摄影机——表明中心是不存在的。"

9 [英] 约翰·伯格 (John Berger)：《观看之道》(*Ways of Seeing*)，桂林：广西师范大学出版社，2015 年版，第 41 页。

10 莲安·麦克塔维希 (McTavich,L.)：《访问虚拟博物馆：艺术和网上体验》，载 [美] 珍妮特·马斯汀 (Marstine,J.)《新博物馆理论与实践导论》(*New Museum Theory and Practice*)，南京：江苏美术出版社，2004 年版，第 164 页。

11 同上。

12 Museum Association(2012–2015) *Cuts Survey:2011,2012,2013,2014* London:http://www.museumsassociation. org/campaigns/funding–cuts/cuts–survey (Accessed:22 Nov 2015). PS:An analysis of funding reduction1,analyzed and drawn by Luo Yi, based on date from this reference.4.Museum Association(2015)Campaigning against the cuts — museums and collections are at Risk London:http://www. museumsassociation.org/campaigns/funding–cuts/fighting–the–cuts(Accessed:22 Nov 2015).

13 Elizabeth Merritt(2012) *Museum and Pulse of the future*, at http://futureofmuseums.org/reading/publications/trendswatch.cfm.

14 Ibid.

15 [西班牙] 帕科·巴拉甘 (Paco Barragan)：《艺博会时代》(*The Art Fair Age*)，孙越译，北京：中国青年出版社，2013 年版，第 47 页。

16 *The World Goes Pop*(2015) [exhibition]. London:Tate Modern Museum.17 September 2015 – 24 January 2016.

17 [法] 侯瀚如、[瑞士] 奥布里斯特 (Hanru,H. & Obrist,H.U.) ：《策展的挑战》(*Curatorial Challenges*)，顾灵译，北京：金城出版社，2013 年版，第 53 页。

18 [法] 皮埃尔·罗森伯格 (Pierre Rosenberg) ：《卢浮宫私人词典》(*Dictionnaire Amoureux du Louvre*)，杨洁等译，上海：华东师范大学出版社，2015 年版，第 33 页。

19 Moore,K. (2000) *Museum and Popular Culture* Leicester:Leicester University Press.

20 Bröcker,B. (2015) 4 *Things I Learned from "Museum of the Future" – an Event for the Sina–British Year of Cultural exchange* London: http://blog.vastari.com/post/131560701729/4–things–i–learned–from–museum–of–the–future?utm_content=bufferca41a&utm_medium=social&utm_

source=twitter.com&utm_campaign=buffer (Accessed:22 Nov 2015).

21 甘阳：《古今中西之争》，北京：生活·读书·新知三联书店，2012 年版，第 46 页。

22 《中英策展人论坛——“当代艺术策划与文化环境”》，载《2007 中国美术馆年鉴》，北京：中国美术馆，2007 年，第 357 页。

23 卢迎华：《回到当代：怀负当代，多重世界》，载 [美]e-flux Joural 编《什么是当代艺术？》（*What is Contemporary Art?*），陈佩华、苏伟等译，北京：金城出版社，2012 年版，第 196 页。

24 [法] 侯瀚如、[瑞士] 奥布里斯特（Hanru,H. & Obrist,H.U.）：《策展的挑战》（*Curatorial Challenges*），顾灵译，北京：金城出版社，2013 年版，第 53 页。

25 “Travelling Exhibits: the Swidish Experience”, in Hjorth, J. *Towards the Museum of the Future* London: Routledge, 1994, p.105, p.72.

26 中华人民共和国文化部令第 35 号《博物馆管理办法》。

27 段勇：《当代美国博物馆》，北京：科学出版社，2003 年版，第 11 页。

今日未来馆的展览

深圳城市规划与当代艺术博物馆

第十九章　在中国建设一家艺术博物馆

一、中国的艺术博物馆建设趋势和存在的问题

我们在本书第一章“什么是艺术博物馆”中着重介绍了中国的艺术博物馆发展历史。从中国的博物馆建设所处的环境来看，中国确实到了博物馆——艺术博物馆建设发展的最好历史时机。首先是艺术发展相关的经济、市场、消费的高成长。中国经济超过 35 年持续的高增长，自 2010 年超过日本成为全球 GDP 排名第二的国家，这个地位至今就一直没动摇。与之相应的是中国消费市场的高增长，根据 2014 年中国文化产业年度发展报告，相比发达国家，中国的文化消费市场占 GDP 比例过低，有 3.66 万亿之巨可待开发。具体到艺术市场，根据欧洲艺术基金会《TEFAF 2014 全球艺术品市场报告》，2011 年，全球艺术品交易额中国排名第一（48 亿美元），占全球市场的 40%，此后中国连续两年蝉联全球艺术品交易的第二位，占全球艺术品市场份额的 24% 左右。资本正大量从制造业、国际贸易、房地产业涌向休闲旅游、艺术文化娱乐这些朝阳产业。其次，从政策角度，自《“十二五”规划纲要》中明确提出“推动文化产业成为国民经济支柱性产业”后，这些年中，与博物馆相关的建设与产业发展不断被写入国家规划并列为发展重点。“国家艺术基金会”的成立以及各地

的文化基金对艺术博物馆的支持力度都不断增加。2015 年 3 月，我国第一个博物馆行业全国性法规文件《博物馆条例》出台，明确规定：国家在博物馆的设立条件、提供社会服务、财税扶持政策等方面，公平对待国有和非国有博物馆，政府应当对向公众免费开放的博物馆给予必要的经费支持，同时取消了成立博物馆的审批制。在经济与政策双向利好的形势下，博物馆的建设，尤其是私有博物馆的建设达到了历史新高。据国家文物局最新统计数据显示，截至 2014 年年底，全国博物馆总数达到 4510 家，比 2008 年度增加了 52%。其中，非国有博物馆达 982 家，比 2008 年度新增了超过 200%。

表 19-1 中国博物馆统计汇总[1]

年份	全国博物馆总数	非国有博物馆数量	非国有博物馆所占比例
2008 年底	2970	319	10.70%
2009 年底	3020	328	10.90%
2010 年底	3415	456	13.30%
2011 年底	3589	535	14.90%
2012 年底	3866	647	16.70%
2013 年底	4165	811	19.50%
2014 年底	4510	982	21.80%

博物馆的建设虽然呈现井喷爆发趋势，但我国的人均博物馆数量还是远远落后于发达国家，以我国 2014 年人口普查数据约 13.7 亿（1370536875）人来计算，我国大约每 30 万人拥有一座博物馆。在日本，全国有 5360 家

博物馆和类博物馆的设施，日本有1.3亿人，平均每2.5万人拥有一座博物馆，平均每人每年造访博物馆2.1次；美国全国有1.2万余座博物馆和类博物馆设施，其中有6000余家是艺术博物馆；瑞士有700万人，约600座博物馆，约每1.1万人拥有一座博物馆。[2]

由此看来，所谓的“井喷”主要是由于中国的博物馆发展基础比较差决定的。在这几年过快的发展中，尤其是艺术博物馆的过快发展中，出现了许多行业性的问题：

1. 艺术博物馆的定位。定位首先要关注的问题在于建设目的，我们不能忽视有很多房地产开发企业因为开发中碰到土地规划部门对兴建文化设施的要求，于是以艺术博物馆的名义建设空置展厅以“掩耳盗铃”。艺术博物馆可以只在最初和检查时开放，这似乎是回应这个要求性价比最好的方法。另外，即便艺术博物馆主要推动者的初衷是要认真兴建和运营一个艺术博物馆，几乎所有的艺术博物馆在建馆初期都没有明确的定位，对于艺术博物馆功能对建筑的要求也不甚了解，对于艺术博物馆发展的当地文化艺术生态也考虑不足，主要奔着“大而全”、“国际化”去。孰不知建筑的“大而全”不是艺术博物馆的“大而全”，找一个国外的建筑师也不能解决艺术博物馆的“国际化”，甚至有重要的典藏（大多数没有典藏或者典藏计划）也不知道如何去规划学术方向。至于艺术博物馆内部的人才引进与培养、管理与制度、程序与标准、运营与可持续发展的方向，通常无法与“大而全”和“国际化”相称。因此，出现了许多艺术博物馆建成后空间空置甚至开了一段时间门便关门的境况，造成了公共资源的巨大浪费。

2. 艺术博物馆的政策。相比2006年第一个民营非企业艺术博物馆今日美术馆诞生时期的艺术博物馆政策生态，2016年的艺术博物馆建设发展环境已经发生了巨大的转变。2002年，今日美术馆注册时全名为“今日美术馆有限公司”，可以肯定当年大多数人都是在没有认清艺术博物馆的概念和“性格”的情况下，便稀里糊涂注册了“美术馆公司”，政府也批准了“美术馆公司”。任何一家“美术馆公司”都会简称为“美术馆”，无论是企业Logo，还是对外宣传，都会以艺术博物馆的形象出现在公众视线中，甚至“美术馆”的员工也不见得了解其中的差别。自2006年9月至2008年12月，在北京市民政局注册的民办非企业艺术机构仅有“今日美术馆”和“观复博物馆”两家。可以想见，当时几乎所有的“艺术博物馆”都是“艺术博物馆有限公司”，这种人人都称“艺术博物馆”和“非营利机构”的状况，不仅使“美术馆”和“非营利机构”的形象在人们心中有所折扣，也使“美术馆”行业缺乏规范。反观现在的艺术博物馆发展政策，可以说是空前利好，各类支持和鼓励措施陆续出台，《博物馆管理办法》、《全国重点美术馆评估办法》等对于艺术博物馆的管理具有重要的指导作用，艺术博物馆的发展在大方向上和大框架上的制度准备逐步完善，在此基础上，我们建议推动以下三个方向的工作，以使政策向更完善的方向发展：①更为明确、公开、简洁的整体制度性的安排，尽量减少制度中不公平、低效率、浑水摸鱼的因素。②更为细节的、有针对性的、以公共利益为基本原则点的制度建设和鼓励措施。③更加规范、可行、细致、具备引导性的准入门槛、审查程序、管理标准、监督机制。简单举例，国家对建设博物馆审批制的取消被视为利好消息，同时是否可以在管辖中保证博物馆的典藏品不是赝品，从而不让李鬼当道，享受到国家给博物馆的优惠政策？是否可以从制度层面将艺术博物馆的学术自主性保护起来，使其不受其他非学术因素的干扰？等等。

3. 艺术博物馆的管理标准。从使命定位、建筑空间（功能）、基础设施设备（技术）到管制模式、道德标准、项目运营、典藏管理等，哪些是一个优秀的艺术博物馆的标准？目前政策中缺乏对这些方面的具体细节化的指引。

4. 人才。我们在第十五章“艺术博物馆的人力资源管理”中具体谈过博物馆人才管理缺乏的现实。中国目前的情况，基层人员没经验，中层人员没观念，高层馆长尤其缺乏。国外专家缺乏中国语境的经验；国内的批评家根本没有管理经验；艺术专门学校也没有培养这类专业人员，但无论如何，艺术领域里的专家仍然是未来艺术博物馆馆长的主要来源。有智识、有策略、有资源、有经验，募集资金的能力、专业方面的经验以及学术领域的判断，对于一个艺术博物馆馆长而言，哪一样都不能少。

二、在中国建设一家艺术博物馆

1. 所做的准备

在建立了艺术博物馆基本概念和认识的前提下，如果希望建立一个正规的非营利艺术博物馆机构，在申请注册之前，需要在行动和思想上做好以下准备：

（1）对“非营利组织”的规定要有所了解：“资金或其他资源提供者在将资源投入到民间非营利组织后不再享有相关所有者权益，不能按照其所提供的资金或财产比例获得经济利益，收支结余不得向出资者进行分配。”[3] 打个比方，A 出资 1000 万元建立艺术博物馆，A 须保证艺术博物馆的非限定性资产（= 所有者权益 = 实收资本 + 未分配利润）一直不少于 1000 万元，若某天 A 不再希望承担艺术博物馆的社会责任，A 却无法从艺术博物馆的非限定性资产中拿走一分钱，同样也还要保证艺术博物馆的非限定性资产一直不少于 1000 万元。虽然民政部门的监管规章细节有待完善，不过相关的民政单位每年都有指定的会计师事务所对非营利机构的财务进行检查，以确保其非限定资产不低于注册资金。而且即便真的建成了一个真正意义的艺术博物馆，获得了社会与政府非营利的身份，目前在税收、捐赠等政策上优惠力度并不大。

（2）运营的资金准备。艺术博物馆虽然有运营盈利的能力和可能，但指望艺术博物馆直接赚钱是不可能的事情——按照规定，非营利机构的盈利不得分红，必须持续投入其发展。另外，即便艺术博物馆希望通过自身运转产生造血功能，则需要非常的人才智慧与行业资源，以及相当长时间的投入准备。这一点我们在第三部分“艺术博物馆（美术馆）的资金链条”中已经介绍过了。运营一个艺术博物馆大约需要多少钱？当然，根据不同艺术博物馆的情况会十分不同。一般来说，一个40人左右、展场面积4000平方米的艺术博物馆，一年包括水电、人力等在内的运营成本在2000万元人民币左右。震旦博物馆馆长赖任辰表示，震旦博物馆初期的每月预估运营成本为400万元，每年约有5000万元的运营投入，这部分投入主要用于房屋租金、建设工程摊提、人力、营销、管理维护费等。费大为在接受采访时表示：“如果要选择一个地理位置佳的场馆，每平米的运营成本是2.2万，运营5000平米的艺术博物馆则需要1.1亿。”[4]

这些参考数字值得准备投入艺术博物馆的人好好参考和思索，如果投入不能进入稳定的、可持续性的状态，对艺术博物馆的生存和发展来说，可以说是致命性的。每个艺术博物馆根据自身情况的不同，在这两大类收入类别上估计出适合本馆的收入比例，在运营投入时有的放矢，可以使艺术博物馆的资金运转处于比较健康的状态。就资金来源的类同性而言，中国大致有以下三种艺术博物馆的类型，笔者分别给出建议的资金来源比例方案，不同的艺术博物馆应根据本馆的实际情况做出调整：

①类似于中国美术馆、上海美术馆、广东美术馆这样的国家大馆，事业性单位，属于国家差额拨款单位，人事支出与基本的行政运营费用由国家负担，但是国家拨款并不能完全解决发展需求，支撑艺术博物馆发展的其他拨款并不多。这种类型的艺术博物馆的优点在于没有基本生存压力，以政府之力更易集中各类优良的资源，引进和策划优秀的展览。缺点是结构庞大、人事复杂、运营不够灵活、效率不够高，同时展览内容和展厅安排受干扰的情况比较多、比较大，很难严格按照艺术博物馆的明确方向和定位选择全部的展览，展厅资源被“征用”的现象相当普遍。这样的艺术博物馆，建议政府拨款占二分之一，会员和门票收入占六分之一，企业赞助与捐赠占六分之一，副业占六分之一。

②类似于今日美术馆这样的民营美术机构，只享有国家相关的非营利文化机构的相关政策，虽然有很大的策展与展厅安排的自由，但国家没有一分钱直接拨款，母基金的数量也非常有限，属于完全自负盈亏的单位。好处是运营非常灵活，工作节奏和效率高，没有冗员负担。

这样的艺术博物馆主要靠自身经营获得艺术博物馆持续发展的资金，比较现实的收入比例为：其他副业占收入的三分之一，场租（这是目前在中国无法回避的情况，以场所使用作为服务回报的企业赞助行为）占收入的三分之一，会员和门票收入占六分之一，理事会收入、私人捐赠、政府拨款、母基金利息占六分之一（有些母基金稍多）。

③对于还没有取得国家政策支持的艺术博物馆公司和非营利机构，一般有大资金在背后支持，但任何投资都不可能失去底线。这样的机构发展有三种分流，一类是作为企业形象和品牌战略的一部分，保持性生存；一类是朝商业大画廊的方向发展；一类是尽快取得国家政策扶持，尽可能使自身资金状况像 B 类艺术博物馆一样层次丰富起来。

（3）管制模式的认识。对于民营艺术博物馆的建设来说，无论我们的企业家有多么优异的艺术才能、多么雄厚的资本、多么伟大的“馆长梦”，艺术博物馆都不能够在组织架构和资金来源上完全沦为企业的下属分支，必须摒弃投资人的“任性化”管理，否则艺术博物馆便不存在公益性形象，其学术性、独立性都将受到资本的制约，要知道资本是永远都不会放弃话语权和主导权的。如果艺术博物馆依然属于企业，政府绝不会给予非企业的政策优惠，任由企业成为双重的获利者，社会捐助亦不会倾向于“公司型艺术博物馆”。艺术博物馆必须先脱离企业，获得独立的社会身份，企业的资金投入只是作为捐赠，而不是向下属的文化产业部门投资。在目前的政策环境下，最佳解决方案是法人体制下的馆长负责制，即成立由结构丰富的捐助人组成的执委会（或理事会），对艺术博物馆负有法律和财政上的责任；由专业团队组成的学术委员会对艺术博物馆的使命与功能负责，两套班子共同管理（参见第十六章中“今日美术馆的组织结构”一节）。

（4）调整对筹备、申请的预期。目前设立非营利性艺术博物馆虽然可以参考《博物馆管理办法》的相关规定来申请，门槛似乎有所降低（取消审查），但是对于稳定的展馆空间、学术建制、建筑规格、学术规划、组织安排与人事结构、资金后续保障都有相应的要求。作为第一个吃螃蟹的人，当时今日美术馆甚至不知道找谁申请，依据什么法规，以什么程序办理。对文化局和民政府局来说，这样的申请也是一个新课题，大家都是摸着石头过河。最后，今日美术馆首先注销了“北京今日美术馆有限公司”，在领到北京市文化局对成立公益性艺术博物馆的批复（001号文件）后，才根据这个文件在北京民政局申请注册的。从现在来说，虽然已经一切申请有据可依，但是提交文件相对之前更为严格了。

（5）搞清定位功能、理性专业建设。为了避免在建设过程中出现反复与调整、修改，直至妥协于变异，从而增加大量的时间、机会、人工、工程成本，需要与专家科学地确定与落实定位、规划、专业指导、管理准备，或者最好请到合适的馆长（在中国需要有真正国内艺术博物馆建设管理经验的馆长，否则也只能先找顾问），一起制定定位和规划，然后选择合适的建筑师团队。

2. 进行的步骤

运营一个博物馆之前，一般要在以下几个方面有清晰的认识：整体机构层面的规划、市场分析、收藏分析、公共项目计划、公共关系网络、员工计划、设施计划、资本预算、收入预期、筹资战略、实施流程。[5]一般来说在美国建设一个艺术博物馆的具体步骤有：（1）确定名字；（2）组建一套领导机制；（3）有组织使命声明；（4）法律咨询等相关顾问；（5）了解当地文化政策；（6）注册一个公司可以开始雇人；（7）请有第三方财务审计；（8）在一个认证的公共账号基础上，发展可信赖的记录保持系统；（9）下载并了解免税规定；（10）申请非营利组织；（11）申请与税务相关的事务；（12）简单的组织原则和规则。

在美国成立博物馆一般主要考虑的是法律的公正性、财务的公共性以及与之相关的非营利组织申请问题。[6]在申请非营利组织的过程中（一般是通过三年的运营之后做出判断），美国博物馆协会资格认证委员会在审理博物馆资格时，要求博物馆提供以下和管理相关的文件，作为资格审查的一部分：任务声明；制度计划；公司条例、宪章、立法或其他创建文件；博物馆管理下的规章制度、规则、意愿书或其他文件；如果博物馆有一个母组织：关于博物馆对母组织重要性的证明文件、阐述母组织对博物馆的支持；与其他组织的运营关系关系到博物馆的管理或运行；管理机构现有成员的名单；管理机构授权馆长或相应职位以运营艺术博物馆的授权证明；管理手册内容的列表；博物馆的组织图，包括母组织、管理机构、合作机构、顾问团、协助组织、员工、志愿者；道德制度规则；两年的财政数据报告以及核准人员致客户书；当年的业务预算及非运营类的开支。另外，下述文件不做硬性要求，但是可以的话需提供：博物馆用以评估的样本，不管它们是否达到了目标；视觉 / 价值体系；关于任何提供咨询的国内的非政府组织的材料；投资政策；最近三年内的年度报告。

在中国，无论是国有还是民营博物馆，建议采用下列步骤（有些步骤可以调换或者同时进行）：

（1）做好前期的认识准备；

（2）确定想要运营的内容、定位；

（3）在一个合法机构下组织一个前期工作小组（可以是外聘顾问或者管理团队进驻），进一步调研、定位、了解当地的艺术生态和艺术政策、相关优惠、申请程序；

（4）确定博物馆建筑的地点，并确保其稳定性，选择建筑师开始修建；

（5）确定馆名；

（6）根据《博物馆管理办法》的要求准备申请前期的工作（注意按规定申请结束半年后需要开馆），如果是民营博物馆，主要是先确立地方文化主管单位对其的批准，然后是地方民政申请单位的批准；

（7）根据研究申请政策优惠，主要是开始准备税务方面及基金申请方面；

（8）制定简单的管制模式、组织原则和规则；

（9）按规定进行内务公开；

（10）尽快确定前期运营团队，并制定运营短中长期规划。

注释

1 根据 2008—2014 年正式登记注册的博物馆的数量统计。

2 何琳：《博物馆的公共教育》，载《2007 中国美术馆年鉴》，北京：中国美术馆，2007 年，第 216 页。

3 徐军：《民间非营利组织会计制度相关知识读本》，北京：民主与建设出版社，2014 年版。

4 《一座民营艺术博物馆的账单》，99 艺术网 2014 年 9 月 3 日。

5 Lord, D.G. & Lord, B.(2009) *Manual Museum Management* Plymouth UK:Alta Mira Press.

6 Walhimer Mark(2015) *Museuem 101* Maryland:Rowman & littlefield p.176.